Notre monde

HBJ
Foreign Language Programs

FRENCH

- **Nouveaux copains**
  Level 1

- **Nous, les jeunes**
  Level 2

- **Notre monde**
  Level 3

Notre monde

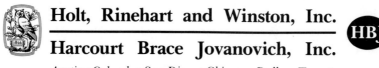

Holt, Rinehart and Winston, Inc.

Harcourt Brace Jovanovich, Inc.

Austin • Orlando • San Diego • Chicago • Dallas • Toronto

For permission to reprint copyrighted material, grateful acknowledgment is made to the following sources:

A.R.P. Inter Marketing: Movie poster for "Black MicMac 2."
Automobiles Peugeot: Advertisement, "405, un talent fou!"
Bayard Presse: "Mon Rêve : Devenir Actrice" from "Votre Rêve" and adapted from "Astronome," adapted from "Pilote de chasse," "Journaliste-reporter," "Médecin sans frontières," and adapted from "Devenir protecteur des races" from "Vos mille rêves!" from *Okapi*, August 15–31, 1989, pp. 2, 24, 25, & 26. Copyright © 1989 by Bayard Presse. Illustration from "Pardonner?" by Roger Blachon from *Okapi*, November 1–15, 1989, p. 15. Copyright © 1989 by Bayard Presse. Adapted from "Avez-vous le bon look?" by Bruno from "Débat—Débat—Débat" from *Phosphore*, no. 94, November 1988, p. 56. Copyright © 1988 by Bayard Presse. From "Cannes, Si On Allait Au Cinoche" (Retitled: "Le fossé des générations") by Wolinski from *Phosphore*, no. 88, May 1988, p. 56. Copyright © 1988 by Bayard Presse. "Cinéma US Go Home!" by David from "Courrier" from *Phosphore*, no. 106, November 1989, p. 54. Copyright © 1989 by Bayard Presse. "L'Ecologie sans douleur" by Bruno from *Phosphore*, no. 100, May 1989, p. 53. Copyright © 1989 by Bayard Presse. Illustration from "Mettez des méthodes dans votre moteur" by Frank Margerin from *Phosphore*, no. 92, September 1988, p. 13. Copyright © 1988 by Bayard Presse. Adapted from "Spécial Orientation 88" by Brigitte Morin and 2 illustrations (one slightly adapted) from *Phosphore*, no. 87, April 1988, pp. 12, 13, & 15. Copyright © 1988 by Bayard Presse. "La Terre en Danger" by Anne-Emmanuelle from "Débat—Débat—Débat" from *Phosphore*, no. 98, March 1989, p. 56. Copyright © 1989 by Bayard Presse.
Biscuits LU: Advertisement, "Lu Petit Beurre."
Centre National de la Photographie: Adapted from advertisement, "La Photographie Britannique" from *l'officiel des spectacles*, 43e année, no. 2166, June 29-July 5, 1988, p. 29.
Le Conservatoire Libre du Cinéma Français: Advertisement, "Le Conservatoire Libre du Cinéma Français" from *Elle*, no. 2278, September 4, 1989.
Copain Copine® Sportwear: Advertisement, "Nous avons la 'combine' nous portons. Copain Copine® Sportwear. Et vous?"
Ecole supérieure de secrétariat: Adapted from advertisement, "Ecole supérieure de secrétariat."
Editions Calmann-Levy SA: Adapted from *Les nouveaux aristocrates* by Michel de Saint Pierre. Copyright © 1960 by Calmann-Lévy.
Editions du Seuil: Excerpt from *Une Tempête* by Aimé Césaire. Copyright © 1980 by Editions du Seuil.
Editions Gallimard: From *L'Homme qui plantait des arbres* by Jean Giono, illustrated by Willi Glasauer. Copyright © 1983 by Editions Gallimard. "Désintéressement" from *Madame Curie* by Eve Curie.
Editions J'ai lu: Cartoon strip from *Gaston : Gaffes à GoGo* by Franquin & Jidéhem. Copyright © 1987 by Editions J'ai lu.
Energym' Club: Adapted from Advertisement, "Energym' Club."
Fédération nationale de l'équipement électrique: Adapted from comic strips from brochure, *Un métier branché . . . Electrotechnicien.*
Fondation des Amis de l'Arche: Adapted from brochure, "l'Arche. Communautés fondées par Jean Vanier."
Fondation Toxicomanie et Prévention Jeunesse: Poster, "Sans drogue, Vivre libre. Tout simplement."
France Télécom: Advertisement, "Ah c'est malin! Casser une cabine c'est minable!" for Télécom Nord Pas-de-Calais.

(continued on page 324)

Printed in the United States of America
ISBN 0-15-381800-X

123456 036 765432

iv

• **Writer**
Emmanuel Rongiéras d'Usseau

• **Contributing Writers**

Guy Capelle
Université de Paris VIII
Paris, France

Noëlle Gidon-Capelle
Université de Paris VIII
Paris, France

William F. Mackey
Université Laval
Québec, Canada

• **Consultants and Reviewers**

Nunzio Cazzetta
Smithtown High School West
Smithtown, NY

Melinda Jones
Diamond Bar High School
Diamond Bar, CA

Barbara Kelley
Parkway Central High School
Chesterfield, MO

Robert J. Ludwig
Mont Pleasant High School
Schenectady, NY

Ilonka Schmidt Mackey
Université Laval
Québec, Canada

Sally Sieloff Magnan
University of Wisconsin
Madison, WI

Vincent Sausto
Pascack Valley Regional High School
Montvale, NJ

Stephen A. Wildfeuer
The Mercersburg Academy
Mercersburg, PA

• **Field Test Teachers**

Deanna Bueno
Midwood High School
Brooklyn, NY

Robert J. Drelick
Smithtown High School
Smithtown, NY

Mary L. Kracht
Midland Public Schools
Midland, MI

Karen L. Mentz
Appleton High School West
Appleton, WI

Carol Nasby
Fairmont High School
Fairmont, MN

Scott Underbrink
Natrona County High School
Casper, WY

Deborah J. Volk
Streetsboro High School
Streetsboro, OH

ACKNOWLEDGMENTS

We wish to express our gratitude to the people pictured in this book and to the many others who assisted us in making this project possible.

In some instances, the people whose photos appear in the book have been renamed. Listed here, in alphabetical order, are their real names, their role(s) in the book in parentheses, and the unit(s) in which their photos appear.

Siobhan Armitage (Christelle), Units 1, 2, 3, 4; Dominique Corneille (Mireille), Units 5, 6, 7, 8; Vincent Courtadon (Steve), Units 7, 8; Ciryl Depont, Unit 3; Dorothée Dumont, Unit 6, (Virginie), Unit 9, (Sylvie), Unit 11; Eric Eouzan (Eric), Units 1, 3; Grégory Ferrière (Grégory), Units 1, 3, 4; Frédérick Foulon (Florent), Unit 11; M. Jean-Louis Gannero (M. Mignard), Unit 2; Johann Geffray, Units 1, 3; Mme Geffray (Mme Mignard), Unit 2; Paola Gerti, Unit 3; Lionel Gosse (Lionel), Units 1, 4, (Christophe), Unit 11; Fleur Gourou, (Pascale) Unit 9, (Isabelle), Unit 10; Grégory Hervelin

(Didier), Units 9, 11; Raphael Hitier, Unit 6; Karine Igonet, Unit 3; Americ Lacroix, Unit 6; Claude Lineri, Unit 3; François Louis (Julien), Units 5, 6, 7, 8; Fabienne Malaussena (Fabienne), Units 1, 2, 3, 4; Mme Ajir M'beye, (Mme Caillat), Unit 2; Ali M'beye (Ali), Unit 1; Aude Merlin (Isabelle), Unit 6; Christophe Nocard (Didier), Unit 1; Boris Pantel (Boris), Unit 1; Mme Corinne Polycarpe (Mme Morin), Unit 5; Jean-Marie Racon (Laurent), Units 8, 9, 10, 11, 12; Amel Remouga (Amel), Unit 1; Marianne Rochin, Unit 3; Anne Rohr, Unit 6; Alexandre Sarlié (Simon), Units 9, 10; Christelle Saugneaut (Marianne), Unit 1; Sophie Savy, Unit 3; Magalie Souchet (Pauline), Unit 11; Blandine Vincent (Vanessa), Units 6, 9, 11, 12; Eric Vinson (Fabien), Unit 6.

Our special thanks to the principal of the Lycée Jeanne d'Arc in Clermont-Ferrand for allowing us to photograph him and his school.

CONTENTS

PREMIERE PARTIE

CHAPITRE 1
Vive le look! 1

BASIC MATERIAL

SECTION A
A chacun son look   2
La rentrée   6

SECTION B
La fête chez Eric   10

FAITES LE POINT
Un bon look, ça coûte cher!   17

Vérifions!   20
Vocabulaire   21

A LIRE
La Journée d'un mannequin   22

COMMUNICATIVE FUNCTIONS	GRAMMAR	CULTURE
Socializing ■ Getting someone's attention **Expressing attitudes, opinions** ■ Asking and giving opinions	Review of object pronouns	French fashion
Expressing attitudes, opinions ■ Asking opinions **Socializing** ■ Paying and acknowledging compliments	Review of reflexive pronouns Reflexive verbs	The way the French accept compliments Attitudes of French young people toward dress
Recombining communicative functions, grammar, and vocabulary		French proverbs
Reading for practice and pleasure		A day in the life of a French model

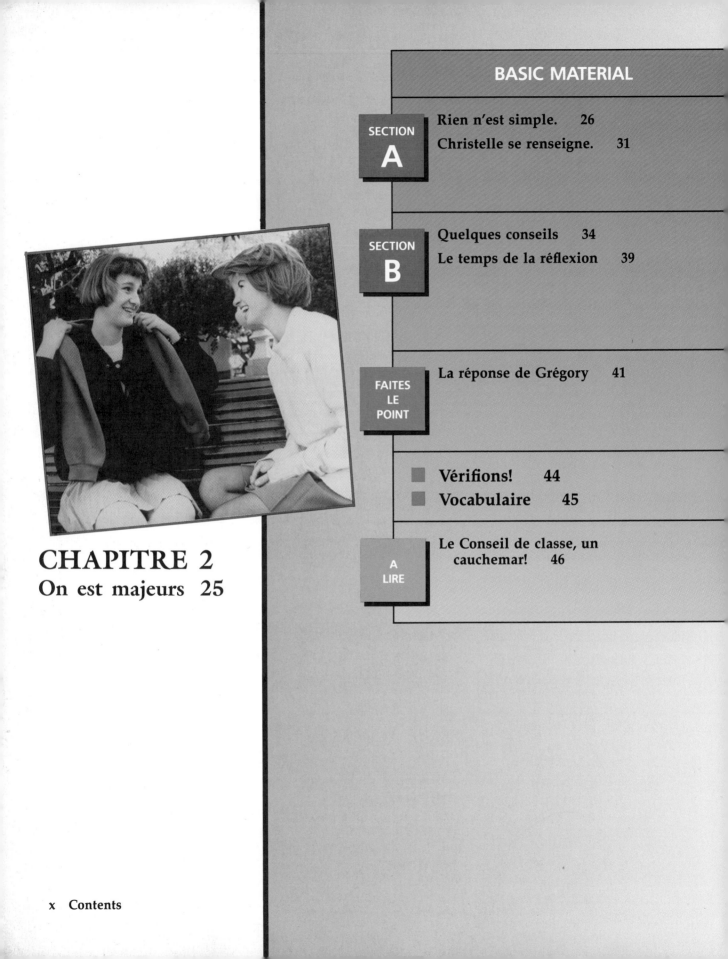

BASIC MATERIAL

SECTION A
Rien n'est simple.   26
Christelle se renseigne.   31

SECTION B
Quelques conseils   34
Le temps de la réflexion   39

FAITES LE POINT
La réponse de Grégory   41

Vérifions!   44
Vocabulaire   45

A LIRE
Le Conseil de classe, un cauchemar!   46

CHAPITRE 2
On est majeurs 25

COMMUNICATIVE FUNCTIONS	GRAMMAR	CULTURE
Exchanging information ■ Requesting information **Socializing** ■ Writing a letter	Review of **je voudrais, j'aimerais,** and **tu devrais** The conditional	Rights of French young people Alternatives to the French **lycée**
Persuading ■ Giving advice **Exchanging information** ■ Asking about someone's plans **Expressing attitudes, opinions** ■ Expressing indecision	Review of the subjunctive and the infinitive	Parental involvement in education The **baccalauréat**
Recombining communicative functions, grammar, and vocabulary		Obstacles to a visit to the United States
Reading for practice and pleasure		The **conseil de classe** in French schools

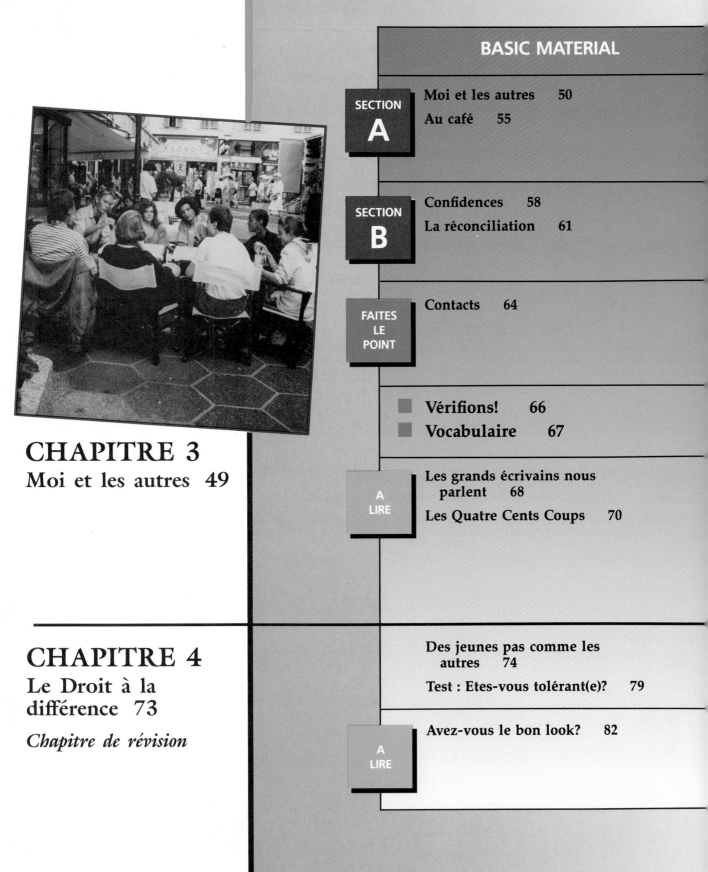

BASIC MATERIAL

SECTION A
Moi et les autres   50
Au café   55

SECTION B
Confidences   58
La réconciliation   61

FAITES LE POINT
Contacts   64

Vérifions!   66
Vocabulaire   67

A LIRE
Les grands écrivains nous parlent   68
Les Quatre Cents Coups   70

CHAPITRE 3
Moi et les autres 49

CHAPITRE 4
Le Droit à la différence 73
Chapitre de révision

Des jeunes pas comme les autres   74
Test : Etes-vous tolérant(e)?   79

A LIRE
Avez-vous le bon look?   82

COMMUNICATIVE FUNCTIONS	GRAMMAR	CULTURE
Socializing ■ Hesitating, then accepting or refusing suggestions ■ Arranging to meet friends	Review of reflexive pronouns Reciprocal pronouns Possessive pronouns	The role of the **café** in French life
Expressing feelings, emotions ■ Apologizing ■ Accepting apologies	Reciprocal pronouns with the **passé composé**	French film director François Truffaut
Recombining communicative functions, grammar, and vocabulary		French pen pals
Reading for practice and pleasure		Words of wisdom from seventeenth-century writers: La Bruyère, La Fontaine, Fontenelle, Molière, Pascal, La Rochefoucauld The film **Les Quatre Cents Coups**
Reviewing communicative functions, grammar, and vocabulary		Military, civil, or humanitarian service
Reading for practice and pleasure		Individualism in dress

DEUXIEME PARTIE

BASIC MATERIAL

SECTION A

La pub, pour ou contre?   86

Au travail!   90

SECTION B

Itinéraire d'une publiciste   94

Cherchons des slogans!   99

FAITES LE POINT

Une publicité bizarre   102

Vérifions!   104

Vocabulaire   105

A LIRE

Gaston, inventeur   106

Les Zappeurs   108

CHAPITRE 5
La publicité,
attention!   85

COMMUNICATIVE FUNCTIONS	GRAMMAR	CULTURE
Expressing attitudes, opinions ■ Expressing indignation, approval, indifference ■ Making observations	Review of demonstrative pronouns Interrogative pronouns	Attitudes toward advertising in France Forms of advertising in France
Exchanging information ■ Telling what someone said or asked **Socializing** ■ Gaining time to think	The past perfect	Creativity in French advertising
Recombining communicative functions, grammar, and vocabulary		A strange ad
Reading for practice and pleasure		A famous French cartoon character **Les zappeurs** cope with commercials

BASIC MATERIAL

SECTION A

Ce n'est plus possible!   110
Création du journal   113

SECTION B

C'est à nous!   116
La page courrier   121

FAITES LE POINT

La mairie lance une enquête.   124

Vérifions!   126
Vocabulaire   127

A LIRE

Le Meneur   128

CHAPITRE 6
A nous, les médias!   109

COMMUNICATIVE FUNCTIONS	GRAMMAR	CULTURE
Expressing attitudes, opinions ■ Complaining **Expressing feelings, emotions** ■ Expressing futility **Persuading** ■ Expressing necessity ■ Giving advice	The verbs **servir** and **se plaindre** The subjunctive after impersonal expressions	Extracurricular activities in a French **lycée**
Expressing attitudes, opinions ■ Expressing intentions **Expressing feelings, emotions** ■ Expressing surprise, regret, wishes, and fear	The present participle	School newspapers in France
Recombining communicative functions, grammar, and vocabulary		**Clermont-Ferrand** polls its youth
Reading for practice and pleasure		From a novel by Michel de Saint Pierre: radical ideas in an editorial lead to trouble

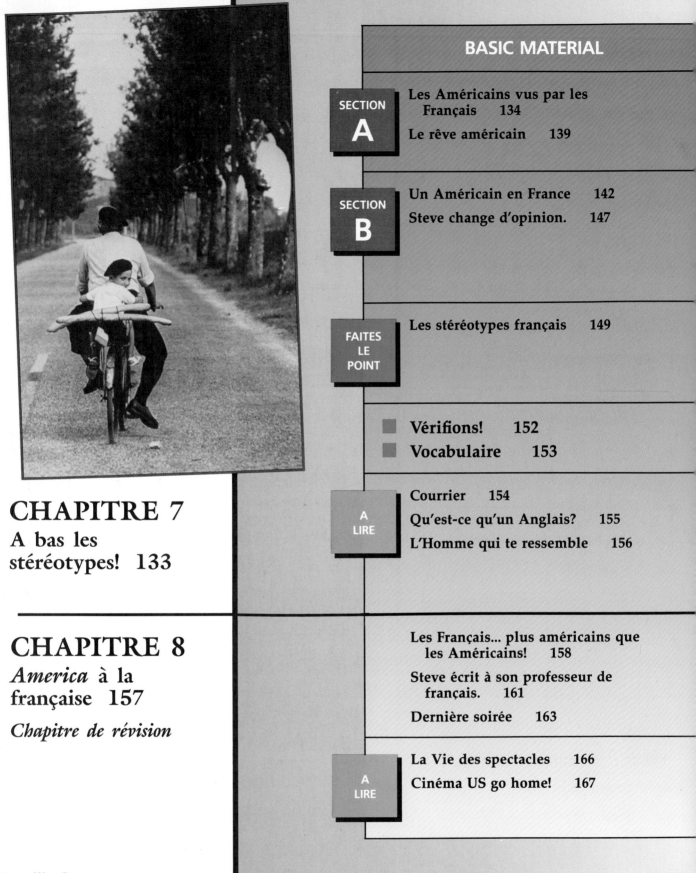

BASIC MATERIAL

SECTION A

Les Américains vus par les Français   134

Le rêve américain   139

SECTION B

Un Américain en France   142

Steve change d'opinion.   147

FAITES LE POINT

Les stéréotypes français   149

■ Vérifions!   152
■ Vocabulaire   153

A LIRE

Courrier   154

Qu'est-ce qu'un Anglais?   155

L'Homme qui te ressemble   156

CHAPITRE 7
A bas les stéréotypes!   133

CHAPITRE 8
America à la française   157

Chapitre de révision

Les Français... plus américains que les Américains!   158

Steve écrit à son professeur de français.   161

Dernière soirée   163

A LIRE

La Vie des spectacles   166

Cinéma US go home!   167

COMMUNICATIVE FUNCTIONS	GRAMMAR	CULTURE
Expressing attitudes, opinions ■ Giving your impressions **Exchanging information** ■ Relating hearsay	Review of making comparisons Making comparisons with verbs	American impressions of France French views of America
Exchanging information ■ Telling what you've realized and noticed	Review of negatives and other words used with **ne** The negatives **ne... personne** and **ne... ni... ni...**	**Auvergne** Vercingétorix Pascal The Michelin brothers
Recombining communicative functions, grammar, and vocabulary		Regional stereotypes in France
Reading for practice and pleasure		French students in the United States An Englishman, according to Pierre Daninos An African poet's plea
Reviewing communicative functions, grammar, and vocabulary		American influence in France
Reading for practice and pleasure		American movies in France A French student's lament

TROISIEME PARTIE

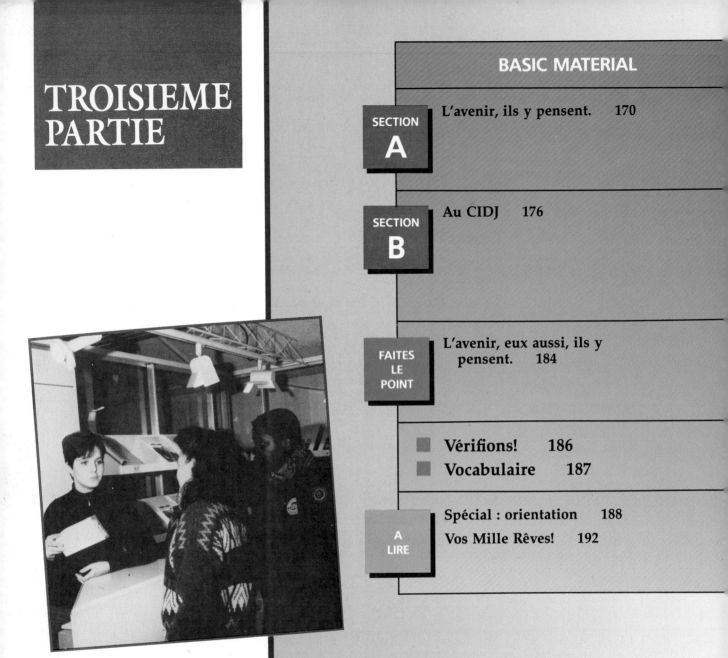

BASIC MATERIAL

SECTION A   L'avenir, ils y pensent.   170

SECTION B   Au CIDJ   176

FAITES LE POINT   L'avenir, eux aussi, ils y pensent.   184

- Vérifions!   186
- Vocabulaire   187

A LIRE   Spécial : orientation   188
          Vos Mille Rêves!   192

CHAPITRE 9
L'avenir, j'y pense 169

COMMUNICATIVE FUNCTIONS	GRAMMAR	CULTURE
Expressing attitudes, opinions ■ Expressing indecision and possibilities ■ Making hypotheses	Review of the future and conditional	The **baccalauréat** and beyond
Persuading ■ Forewarning someone	Review of the uses of the subjunctive The subjunctive after **pour que, avant que,** and **jusqu'à ce que**	The **Centre d' information et de documentation jeunesse**
Recombining communicative functions, grammar, and vocabulary		French students share their goals for the future
Reading for practice and pleasure		Advice to French students on preparing for the future

BASIC MATERIAL

SECTION A

Un vrai copain?   194

Mardi soir, devant chez
    Laurent   198

SECTION B

Dur réveil!   200

FAITES LE POINT

Un test : Quelles sont vos
    valeurs?   207

Vérifions!   210
Vocabulaire   211

A LIRE

La Parure   212

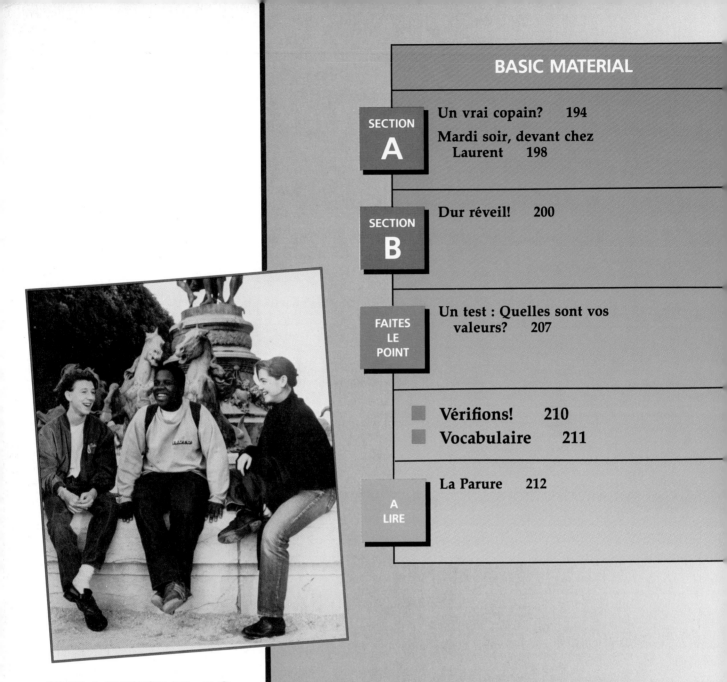

CHAPITRE 10
On y croit   193

COMMUNICATIVE FUNCTIONS	GRAMMAR	CULTURE
Persuading ■ Cautioning someone ■ Reassuring someone	Review of object pronouns Double object pronouns	Values held by French young people
Expressing attitudes, opinions ■ Making hypotheses **Expressing feelings, emotions** ■ Reproaching others and yourself	The past conditional	Driving restrictions in France
Recombining communicative functions, grammar, and vocabulary		A French magazine's test of values
Reading for practice and pleasure		A case of misplaced values in a story by Guy de Maupassant

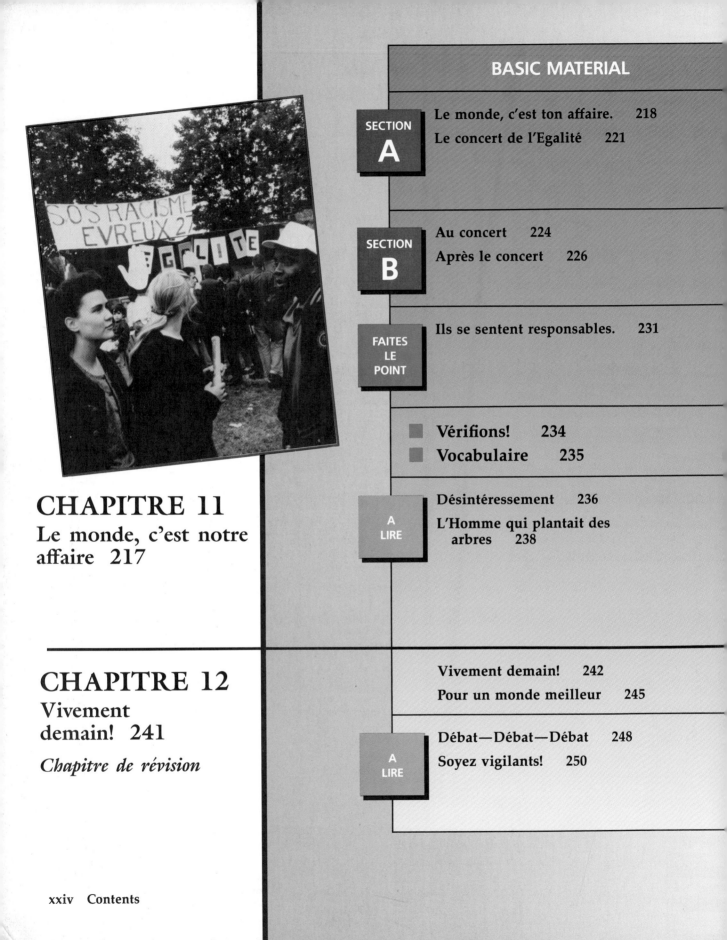

BASIC MATERIAL

SECTION A

Le monde, c'est ton affaire.   218

Le concert de l'Egalité   221

SECTION B

Au concert   224

Après le concert   226

FAITES LE POINT

Ils se sentent responsables.   231

■ Vérifions!   234

■ Vocabulaire   235

A LIRE

Désintéressement   236

L'Homme qui plantait des arbres   238

CHAPITRE 11
Le monde, c'est notre affaire   217

Vivement demain!   242

Pour un monde meilleur   245

A LIRE

Débat—Débat—Débat   248

Soyez vigilants!   250

CHAPITRE 12
Vivement demain!   241

Chapitre de révision

COMMUNICATIVE FUNCTIONS	GRAMMAR	CULTURE
Persuading ■ Justifying your actions ■ Rejecting others' excuses **Exchanging information** ■ Telling what someone said or asked		Humanitarian efforts in France to combat racism, drugs, and unemployment
Expressing attitudes, opinions ■ Asking someone's impressions ■ Giving opinions ■ Asking for and giving explanations	The future perfect	Humanitarian efforts in France to help the homeless
Recombining communicative functions, grammar, and vocabulary		French youth give their time and energy to help others
Reading for practice and pleasure		Eve Curie tells a story about her parents, Marie and Pierre Curie Jean Giono writes of a miracle in **Provence**
Reviewing communicative functions, grammar, and vocabulary		Ecological concerns in France
Reading for practice and pleasure		Our planet is in danger! The debate is open! Simple ways to protect the environment

MAPS

France (political and topographical)   xxvii

Paris (center—streets and monuments)   xxviii

French-speaking World (political)   xxix

FOR REFERENCE

Summary of Functions   253

Grammar Summary   264

Verb Index   271

Pronunciation   284

Numbers   285

French-English Vocabulary   286

English-French Vocabulary   304

Grammar Index   320

LA FRANCE

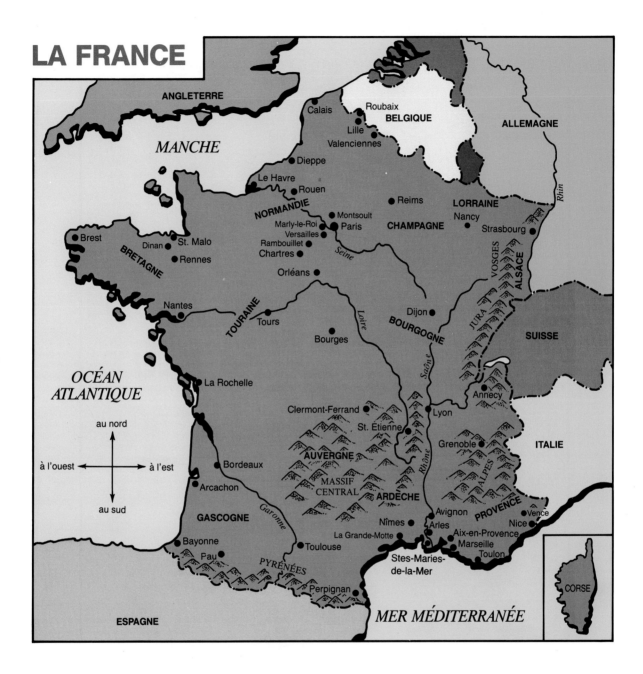

ANGLETERRE

MANCHE

Calais · Roubaix
BELGIQUE
Lille ·
Valenciennes ·
· Dieppe
Le Havre ·
· Rouen
NORMANDIE
· Reims
LORRAINE
Nancy ·
Montsoult ·
Marly-le-Roi · Paris ·
CHAMPAGNE
Strasbourg ·
Versailles ·
Rambouillet ·
Seine
Chartres ·
VOSGES
ALSACE
Brest ·
Dinan · St. Malo ·
· Orléans
BRETAGNE
· Rennes

ALLEMAGNE

Rhin

Nantes ·
TOURAINE
· Tours
Loire
Dijon ·
BOURGOGNE
JURA
SUISSE
Bourges ·

OCÉAN
ATLANTIQUE
La Rochelle ·
Saône
Annecy ·

au nord

à l'ouest
à l'est
Clermont-Ferrand ·
Lyon ·
St. Étienne ·
Grenoble ·
ITALIE
AUVERGNE
Bordeaux ·
au sud
MASSIF
CENTRAL
ALPES
Arcachon ·
ARDÈCHE
Rhône
Garonne
Avignon ·
PROVENCE
Vence ·
GASCOGNE
Nîmes ·
Arles ·
Nice ·
Bayonne ·
La Grande-Motte ·
Aix-en-Provence
Pau ·
Toulouse ·
Marseille ·
Toulon ·
PYRÉNÉES
Perpignan ·
Stes-Maries-
de-la-Mer
CORSE
ESPAGNE
MER MÉDITERRANÉE

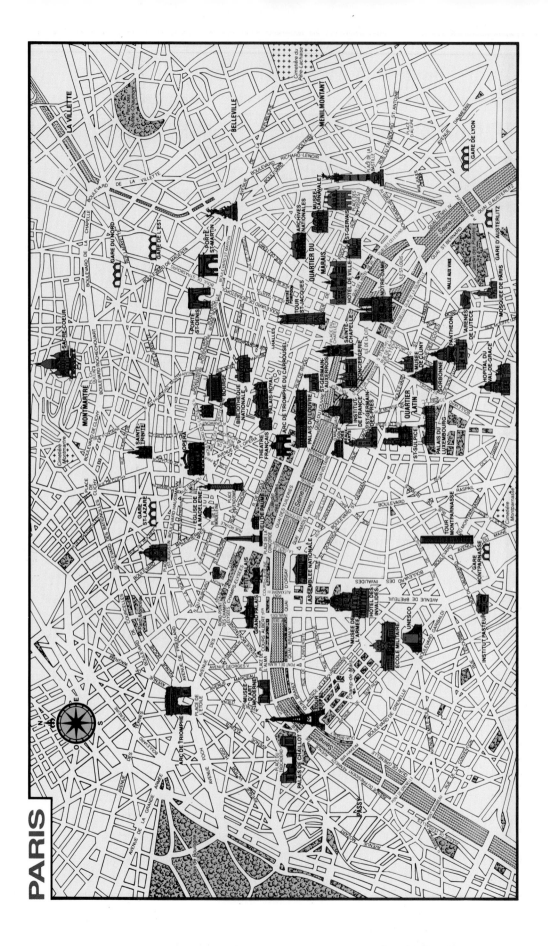

PARIS

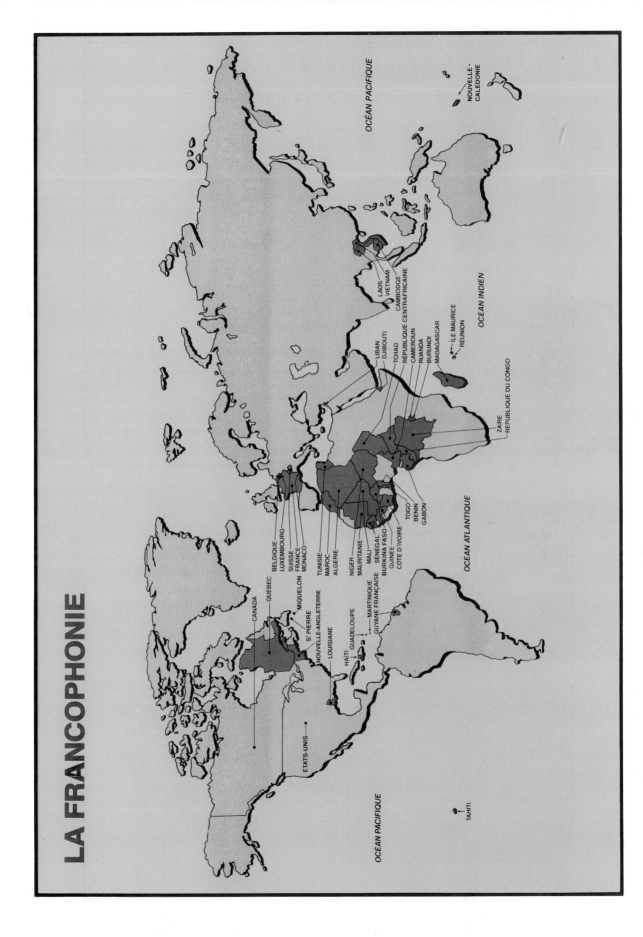

LA FRANCOPHONIE

OCÉAN PACIFIQUE

NOUVELLE-CALÉDONIE

OCÉAN INDIEN

LAOS
VIETNAM
CAMBODGE
RÉPUBLIQUE CENTRAFRICAINE

LIBAN
DJIBOUTI
TCHAD
CAMEROUN
RUANDA
BURUNDI
MADAGASCAR

ÎLE MAURICE
RÉUNION

ZAÏRE
RÉPUBLIQUE DU CONGO

BELGIQUE
LUXEMBOURG
SUISSE
FRANCE
MONACO

TUNISIE
MAROC
ALGÉRIE

NIGER
MAURITANIE
MALI
SÉNÉGAL
BURKINA FASO
GUINÉE
CÔTE D'IVOIRE

TOGO
BÉNIN
GABON

OCÉAN ATLANTIQUE

QUÉBEC

MIQUELON
S! PIERRE
NOUVELLE-ANGLETERRE
LOUISIANE
HAÏTI
GUADELOUPE
MARTINIQUE
GUYANE FRANÇAISE

CANADA

ÉTATS-UNIS

OCÉAN PACIFIQUE

TAHITI

PREMIERE PARTIE

CHAPITRE 1
Vive le look!   1

With the opening of school in Avignon only two days away, Christelle, Fabienne, and their friends go shopping for new clothes. On opening day, Grégory and Eric tease the girls about their concern for their **look,** but Christelle and Fabienne expose the boys' hypocrisy. Opinions and compliments about everyone's **look** abound at Eric's birthday party. How important is one's appearance?

CHAPITRE 2
On est majeurs   25

Christelle tells her parents that she wants to quit high school and attend a dance school in Nice. Her parents are concerned: Where will she live? What will she do for money? Christelle doesn't have any answers, so she writes to the dance school for information. Then she writes to a young people's magazine for advice. After all this, will she quit high school? What would you do in her place?

CHAPITRE 3
Moi et les autres   49

Getting along with others can be difficult, as Eric discovers when his phone call to Christelle ends in anger. Arguments over small issues persist, preventing Eric and Christelle's true feelings for each other from surfacing. Christelle pours out her troubles in a letter to her friend Nathalie. Has she acted foolishly? What should she do? Telephone Eric? Apologize? A reconciliation has to be tried.

CHAPITRE 4   *Chapitre de révision*
Le Droit à la différence   73

Christelle has her own **look.** Lionel likes to read and spend time alone. Grégory would rather listen to classical music than rock and roll. And Fabienne wants to go into the army. How tolerant would you be of people who are "different?" Take the test and find out!

CHAPITRE 1
Vive le look!

Vive le look! Ça, c'est vrai! Pour la rentrée, on ne s'habille pas n'importe comment. Surtout pas! Il faut épater les copains. Mais peut-être préférez-vous vous habiller avec discrétion et porter quelque chose de très spécial : des boucles d'oreilles originales ou des chaussures super chics? Alors, être à la mode ou être différent? A chacun sa réponse. L'important, c'est d'avoir son look, son style.

	In this unit you will:
SECTION **A**	get someone's attention . . . ask and give opinions
SECTION **B**	ask opinions . . . pay and acknowledge compliments
FAITES LE POINT	use what you've learned
A LIRE	read for practice and pleasure

1

getting someone's attention . . . asking and giving opinions

Vive le look! Vous êtes d'accord? En France, on fait très attention à son look. On veut à tout prix être «branché», «dans le vent», «à la mode». On choisit ses vêtements avec soin, et on regarde les autres pour leur «piquer» des idées. Chacun veut créer son propre look, parce que le look, c'est un reflet de la personnalité. Vous ne trouvez pas?

A1

A chacun son look 📼

Pour les lycéens, le look, c'est très important. Deux jours avant la rentrée des classes, un groupe de copains d'Avignon fait du lèche-vitrines.

MARC	Eh, tu as vu! Il est super, ce blouson!
FABIENNE	Oui, mais tu as vu le prix!
ALI	Oh, regarde! Elle te plaît, cette veste?
FABIENNE	Non, je la trouve horrible. C'est triste, le gris. Je préfère les trucs plus colorés... Tiens, ces sweats! Ils sont pas mal, non?
ALI	Oui, ils sont marrants... Le jaune est assez joli.

GRÉGORY	Dis donc, elles sont chics, ces chemises, non? Tiens, comment tu trouves la verte?
LIONEL	Berk! Elle est moche. Moi, je déteste le vert.
SYLVIE	Eh, viens voir! Tu n'aimes pas ce genre de chaussures?
CHRISTELLE	Ah non! Elles sont ridicules! Je ne mettrai jamais ça.
SYLVIE	C'est pas ton style, mais moi, j'aime!

Activité • Vrai ou faux?

D'après «A chacun son look», les phrases suivantes sont-elles vraies ou fausses? Corrigez les phrases incorrectes.

1. Le blouson est trop cher.
2. Lionel adore les vêtements verts.
3. La veste qu'Ali aime est grise.
4. Fabienne n'aime pas les sweats.
5. Christelle et Sylvie ont les mêmes goûts.
6. Sylvie offre une paire de chaussures à Christelle.

Activité • Qu'est-ce qui fait le look?

Lisez ce sondage réalisé auprès des jeunes français. Est-ce que vous êtes d'accord avec eux? A votre avis, qu'est-ce qui est le plus important dans le look? Pourquoi? Discutez avec un(e) camarade.

—A mon avis, c'est... qui est le plus important.
—Moi, je pense que c'est...

LES COMPOSANTES DU LOOK

Pour vous, quelles sont les choses qui contribuent le plus à un look «branché»?

	G	F	Ensemble
Jean	61%	69%	65%
Chaussures	42%	44%	43%
Blouson de cuir	46%	37%	41%
Largeur du bas de pantalon	26%	39%	32%
Tennis/baskets	34%	18%	26%
Boucles d'oreilles	16%	36%	26%
Décoration du tee-shirt ou du sweat-shirt	33%	17%	25%
Maquillage	5%	43%	24%
Bijoux fantaisie	7%	40%	23%
Chaussettes	29%	15%	22%
Sac à dos	15%	26%	21%
Coupe de cheveux	12%	28%	20%

Les 15/24 ans
Tous les jours, ils utilisent :
Shampooing :
39% des 15/24 ans
Produits de maquillage :
66% des filles

Eau de toilette :
46% des garçons
53% des filles
Produits pour la douche :
24% des garçons
32% des filles

Déodorant :
23% des garçons
51% des filles

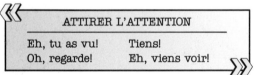

Les Français aiment la mode. Ils la suivent
avec plaisir et la font avec talent. Pour la
haute couture *(high fashion)*, ils ont de célèbres
créateurs comme Yves Saint-Laurent,
Pierre Cardin et Christian Dior. Les jeunes,
eux, s'habillent plutôt «à l'américaine».
Ils préfèrent les vêtements sport larges
et souples. Leurs marques *(brands)* préférées sont
des marques américaines comme «Levi's», ou
françaises comme «Chevignon», «Lacoste»
et «Naf Naf». Mais ne croyez pas qu'ils
s'habillent tous pareil. Le secret de
leur look? Ils s'habillent un peu comme
les autres, et un peu différemment.

A5   Activité • Et vous?

1. Connaissez-vous des marques de vêtements françaises? Italiennes? Américaines?
2. Quelles sont les marques de vêtements que vous préférez?
3. D'habitude, où est-ce que vous achetez vos vêtements? Pourquoi? Préférez-vous y aller seul(e) ou avec des amis? Pourquoi?
4. Aimez-vous le look d'un personnage célèbre (un musicien, un comédien...)? Qui est ce personnage? Pourquoi aimez-vous son look?
5. Dans certaines écoles, les élèves doivent porter un uniforme. Qu'en pensez-vous? Faites une liste des avantages et des inconvénients d'un uniforme.

A6   COMMENT LE DIRE
Getting someone's attention

ATTIRER L'ATTENTION	
Eh, tu as vu!	Tiens!
Oh, regarde!	Eh, viens voir!

Asking and giving opinions

DEMANDER L'OPINION DE QUELQU'UN	EXPRIMER SON OPINION	
	POSITIVE	NEGATIVE
Comment tu trouves cette chemise?	Elle est bien(pas mal) (chic)(jolie).	Elle est moche (horrible)(triste).
Qu'est-ce que tu dis de ça?	Ça, c'est bien toi.	Ce n'est pas ton style.
Il te plaît, ce blouson?	Oui, j'aime ce genre de blouson.	Non, je n'aime pas ce genre de blouson.
Il est chic, ce pantalon, non?	Oui, il est chouette.	Non, je trouve qu'il est horrible.
Tu n'aimes pas ce genre de chaussures?	Oui, elles sont marrantes.	Non, je les trouve ridicules.

A7   Activité • Le catalogue

Regardez ces publicités tirées d'un catalogue français. Comment trouvez-vous ces vêtements?
Faites un dialogue avec un(e) camarade. Utilisez les expressions présentées dans A6.

—Comment tu trouves ce jean?
—Il est original. Et toi, comment tu trouves?
—Moi, je n'aime pas ce genre de jean.

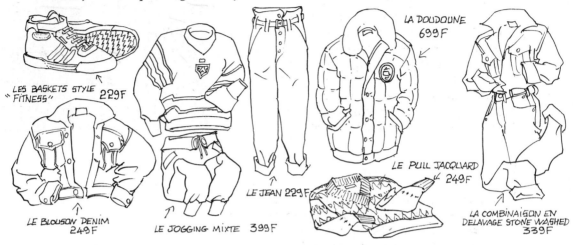

LES BASKETS STYLE "FITNESS"   229F

LE BLOUSON DENIM   249F

LE JOGGING MIXTE   399F

LE JEAN   229F

LA DOUDOUNE   699F

LE PULL JACQUARD   249F

LA COMBINAISON EN DELAVAGE STONE WASHED   339F

A8   Activité • Les modes vont et viennent

Voici des dessins de mode à différentes époques. Dites ce que vous pensez des modèles
présentés. Choisissez l'époque que vous préférez et justifiez-vous. Pensez à la longueur
des jupes, à la largeur des pantalons...

1. 1925   2. 1949   3. 1958   4. 1968

Vive le look!   5

La rentrée 📼

Le jour de la rentrée des classes, au lycée Aubanel d'Avignon, les commentaires sur le look vont bon train.

GRÉGORY Ouah, quel look!

ERIC Quoi? Qu'est-ce qu'il a, mon look?

GRÉGORY Tu mets une veste et une cravate, maintenant?

CHRISTELLE Dis donc, tu es chic!

ERIC Oui, oh, bof... Je n'avais rien d'autre à me mettre. Mon frère m'a prêté cette vieille veste, et cette cravate, je l'ai trouvée dans les affaires de mon père... Moi, tu sais, le look, je m'en fiche.

FABIENNE Mon œil!

FABIENNE Et toi, Grégory, tu as un sweat super! Où est-ce que tu l'as acheté?

GRÉGORY Oh, dans une petite boutique, il y a longtemps.

FABIENNE Il est vraiment chouette. Tu l'as payé cher?

GRÉGORY Non, il était en solde. Je n'aime pas dépenser beaucoup d'argent pour m'habiller.

FABIENNE Je vois, tu es comme Eric. Le look, tu t'en fiches.

GRÉGORY Exactement!

ERIC Nous ne sommes pas comme vous, les filles.

GRÉGORY Non. Pour nous, il y a des choses plus importantes que le look dans la vie.

CHRISTELLE Vous dites ça, mais je suis sûre que vous passez des heures à vous habiller!

GRÉGORY
ET ERIC Nous? Jamais!

FABIENNE C'est vrai, ce mensonge?

GRÉGORY
ET ERIC Euh...

A10 Activité • Quel look!

Répondez aux questions suivantes sur le look des garçons d'après «La rentrée».

1. Que porte Eric? Où a-t-il trouvé ses vêtements?
2. Et Grégory, que porte-t-il? Où l'a-t-il trouvé?
3. Comment trouvez-vous leur look?

A11 Activité • Devinez leurs sentiments

Dans «La rentrée», les quatre amis expriment des sentiments différents. Dites qui exprime quoi, et comment.

1. l'ironie
2. l'indifférence
3. l'admiration
4. le scepticisme
5. la certitude
6. la gêne (embarrassment)
7. l'indignation
8. la curiosité

A12 Activité • Jouons l'indifférence

Des camarades de classe font des commentaires sur votre look. Vous jouez l'indifférence. Qu'est-ce que vous dites? Faites de courts dialogues avec un(e) camarade. Utilisez des expressions ou des phrases présentées dans A9.

1. On admire votre look.
2. On trouve que vous êtes chic.
3. On aime beaucoup votre pantalon.
4. On vous demande où vous avez acheté votre sweat.
5. On vous demande si vous avez payé cher vos chaussures.
6. On trouve que vous faites très attention à votre look.

A13 VOUS EN SOUVENEZ-VOUS?
Object pronouns

You've been using direct- and indirect-object pronouns with both present and **passé composé** verb forms. Look at the following sentence fragments taken from A1 and A9.

> je la trouve horrible
> elle te plaît
> je l'ai trouvée
> mon frère m'a prêté

What are the English equivalents of **la, te, l'** and **m'** in these fragments? Where do the object pronouns appear when the verbs are in the present tense? And in the **passé composé**? Can you make these verbs negative, using **ne... pas**? In the fragments above, can you tell whether the pronouns are direct or indirect objects of the verbs? Don't forget that it's important to know the difference when you're writing, because you may have to change the spelling of the past participle of a verb in the **passé composé**. Remember? Look at these sentences.

> Cette cravate, je **l'ai trouvée** dans les affaires de mon père.
> Mon frère **m'a prêté** cette vieille veste.

Why is **trouvée** written with an additional **e** in the first sentence? Why didn't the spelling of **prêté** change in the second sentence? If you need further review of object pronouns, turn to page 268 in the Reference section.

A14 Activité • Que de questions!

Le look est un sujet de conversation quotidien. Répondez aux questions suivantes en utilisant des pronoms objets.

—Comment tu trouves le look d'Eric? (bien)
—Je le trouve bien.

1. Où as-tu acheté ton pantalon? (au Printemps)
2. Combien tu as payé tes chaussettes? (30 F)
3. Tu aimes mon sweat? (ne... pas du tout)
4. Qu'est-ce qu'on offre à Christelle? (une jupe)
5. Tu as mis ton nouveau jean pour la rentrée? (oui)
6. Où as-tu trouvé cette jupe? (dans une petite boutique)

A15 Activité • Ecrit dirigé

Christelle a envoyé une carte postale à sa cousine pour lui raconter sa rentrée. Mais la pluie a effacé certaines lettres. Pouvez-vous réécrire sa carte avec les mots qui manquent ou qui sont incomplets? Attention aux accords!

> Ça y est, c'est la rentrée! J'ai retrouvé les copains. Tu ███ connais tous, je crois. Je ███ ai revu ███ avec plaisir. Eric ███ invité ███ pour son anniversaire. Qu'est-ce que je peux ███ offrir? Je vais réfléchir. Je mettrai ma nouvelle jupe. Tu ███ verras quand tu viendras. Fabienne ███ trouve très chouette. Je ne ███ pas payé ███ cher. Je ███ ai trouvé ███ dans une petite boutique. Je ███ téléphonerai bientôt. Raconte-moi ta rentrée!
>
> Mélodie Du
> 45, rue des tr
> 91600 Savigny

A16 Activité • Vous aimez?

Demandez à un(e) camarade de classe s'il (si elle) aime les vêtements, la coupe de cheveux, le look des quatre personnages. Puis inversez les rôles. Utilisez les expressions présentées dans A6 et les pronoms objets.

—Tu aimes la coupe de cheveux du rocker?
—Ah oui, je la trouve super. Et toi, tu aimes ses lunettes?
—Non, je les trouve ridicules.

1. le rocker

2. le punk   3. le funky   4. le skin

A17 Activité • Comparez avant d'acheter

Vous venez d'acheter de nouveaux vêtements dans un magasin, et vous êtes très content(e) de vous. Mais votre camarade a trouvé un magasin moins cher. Comparez les prix des deux endroits et créez un dialogue sur le modèle suivant.

—Tu as vu mes chaussures? Comment tu les trouves?
—Elles sont chouettes. Tu les as achetées où?
—Au Printemps.
—Et combien tu les as payées?
—400 F.
—400 F? C'est cher! Moi, mes chaussures, je les ai payées 270 F.
—Ah bon! Où tu les as trouvées?
—A Prisunic.

Au Printemps

chaussures	400F
pantalon	310F
sweat-shirt	100F
chemise	132F
chaussettes	32F
blouson	1800F

A Prisunic

chaussures	270F
pantalon	285F
sweat-shirt	86F
chemise	122F
chaussettes	28F
blouson	1234F

A18 Activité • Ecrit dirigé

Pour mieux connaître ses clients, un grand magasin leur a demandé de bien vouloir répondre à un petit questionnaire. Répondez aux questions en utilisant les pronoms objets.

Pour mieux vous connaître

Visitez-vous souvent notre magasin? _____

Comment avez-vous trouvé nos vêtements? _____

Où avez-vous acheté les vêtements que vous portez? _____

Offrez-vous des vêtements à vos amis? _____

Aimez-vous le look de nos vendeurs (vendeuses)? _____

A19 Activité • Ecoutez bien

Ecoutez cette conversation qui se déroule dans une boutique de vêtements. Est-ce que les phrases suivantes sont vraies ou fausses d'après la conversation?

1. Grégory a déjà une veste.
2. Fabienne aime bien la veste que Grégory essaie.
3. Fabienne préfère les vestes en cuir aux vestes en jean.
4. La veste va avec le pantalon que Grégory porte.
5. Grégory a assez d'argent pour acheter la veste.
6. Grégory n'avait pas envie d'acheter la veste.

asking opinions . . . paying and acknowledging compliments

Pourquoi faites-vous attention à votre look? Pour affirmer votre personnalité? Pour vous faire remarquer? Pour attirer le regard des autres? C'est normal! On aime tous se faire remarquer et recevoir des compliments.

B1 La fête chez Eric 📼

Eric a organisé une fête pour son anniversaire. Les invités commencent à arriver, et les premières conversations s'engagent.

LIONEL Il est joli, ton sweat. Il te va bien.

FABIENNE C'est vrai?

LIONEL Oui, il est de la même couleur que tes yeux. Attention! Ce n'est pas pour te faire un compliment. C'est sincère.

FABIENNE Oui? Et bien, ils ne sont pas bleus, mes yeux, figure-toi!

LIONEL Ah non?

FABIENNE Non. Ils sont marron.

LIONEL Excuse-moi, je me suis trompé.

AMEL Tu as vu? Je me suis acheté cette jupe. Comment tu la trouves?

MARIANNE Pas mal.

AMEL Et mon maquillage? Pas trop ridicule? Je me suis maquillé les yeux en cinq secondes.

MARIANNE Non, tu es très chouette comme ça.

AMEL Vraiment? Mais, dis donc, tu as changé de coiffure!

MARIANNE Oui! Ce matin, je me suis levée, et hop, j'ai décidé de changer de look. Alors, je me suis coiffée comme ça. Comment tu me trouves?

AMEL C'est tout à fait toi!

MARIANNE C'est vrai, ça te plaît?

GRÉGORY	Regarde comment Fabienne s'est habillée. Tu n'aimes pas?
BORIS	Si, beaucoup. Elle est drôlement mignonne. Je vais l'inviter à danser.
GRÉGORY	Ah non, moi d'abord!
BORIS	Tu ne vas pas l'inviter comme ça! Si tu voyais un peu tes cheveux... Va te peigner avant!
GRÉGORY	Et toi, regarde comment tu t'es rasé!

CHRISTELLE	Tu n'as pas mis de cravate aujourd'hui?
ERIC	Non, pourquoi?
CHRISTELLE	Tu en avais une le jour de la rentrée.
ERIC	C'est vrai, mais c'était pour changer. Aujourd'hui, je me suis habillé cool. J'ai l'air de quoi avec une cravate?
CHRISTELLE	Fabienne trouve que tu as l'air très chic.
ERIC	Et toi?
CHRISTELLE	Moi... eh bien, euh... je t'aime mieux sans cravate.

B2 Activité • A votre avis

D'après ce que vous savez des personnages de «La fête chez Eric», qui... ?

1. aime faire des compliments
2. n'ose pas dire ce qu'il pense
3. aime changer de look
4. prend des décisions rapidement
5. aime recevoir des compliments
6. est jaloux

B3 Activité • Actes de parole

Pouvez-vous trouver dans «La fête chez Eric» trois façons de demander l'avis de quelqu'un et trois façons de faire des compliments? Utilisez ces mêmes expressions dans de courts dialogues avec un(e) camarade.

B4 Activité • Quel look ont-ils?

Regardez les photos dans B1. Pouvez-vous définir le look de chaque personne avec un seul mot? Quel mot? Chic, cool, ridicule, distingué, décontracté *(relaxed)*... ? Demandez à un(e) camarade s'il (si elle) est d'accord avec vous. Il/Elle vous répond. Justifiez votre opinion.

—Moi, je trouve le look de Lionel... parce que... Tu es d'accord avec moi?

Vive le look! 11

Activité • Jeu de rôle

Un peu plus tard, au cours de la soirée, tout le monde parle avec tout le monde. Pouvez-vous imaginer des dialogues entre Fabienne et Boris, Amel et Lionel, Marianne et Eric, Christelle et Grégory? Aidez-vous des dialogues présentés dans B1, des photos, et surtout de votre imagination. Travaillez avec un(e) camarade.

B6   Savez-vous que... ?

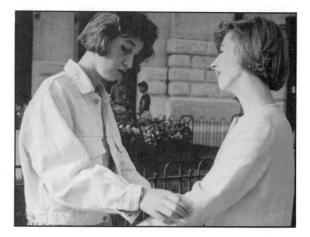

En règle générale, les Français font moins de compliments que les Américains. De même, quand on leur fait un compliment, ils répondent rarement «Merci» comme le font les Américains, mais ils ajoutent une petite phrase du genre «C'est vrai?» «Tu aimes?» «Ça te plaît vraiment?», comme s'ils voulaient être sûrs de la sincérité du compliment. Parfois aussi, ils feignent (*pretend*) l'indifférence : «Oh, ce jean, je l'ai depuis longtemps!»

B7   COMMENT LE DIRE
Asking opinions and paying compliments

DEMANDER L'OPINION	✳ FAIRE UN COMPLIMENT
J'ai l'air de quoi?	Tu as l'air très bien(chic).
	Tu es classe.
Tu crois qu'il/elle me va?	C'est tout à fait toi!
Qu'est-ce que tu penses de ma robe?	Ça te va super bien!
Tu aimes ma jupe?	Oui, je l'aime beaucoup.
	Elle est parfaite (super)...
Il me va, ce pantalon?	Oui, il te va très bien.
Ça me va, cette couleur?	Oui, ça te va très bien.
	Ça va avec tes yeux.

See A6 for other ways to ask someone's opinion.

Acknowledging compliments

ACCEPTER UN COMPLIMENT		
C'est vrai?	Bof! Je l'ai depuis	Oh, tu plaisantes!
Tu trouves?	longtemps.	Arrête un peu!
Ça te plaît vraiment?	C'est un vieux pantalon.	Tu rigoles!
Ah oui, tu aimes?	Je n'avais rien d'autre	Tu exagères!
C'est gentil!	à me mettre.	
Tu es sympa.		

Activité • Que de compliments!

Regardez ces personnages. Ils sont tous habillés d'une façon différente. Jouez le rôle d'un de ces personnages, et demandez à un(e) camarade son opinion sur votre look. Inversez ensuite les rôles.

PIERRE   J'ai l'air de quoi?
NATHALIE Tu as l'air chic. J'aime beaucoup ta cravate.
PIERRE   Elle te plaît vraiment?

Pierre

Amélie

Nathalie

Marc

Fabien

B9   Activité • A vous maintenant!

Faites un compliment à un(e) camarade de classe sur ses vêtements.

B10   Activité • Ecrivez

Regardez le dessin et écrivez un paragraphe sur «le fossé (gap) des générations». Voici quelques questions qui pourront vous guider.

1. Existe-t-il des conflits entre votre génération et celle de vos parents?
2. Pouvez-vous en citer quelques exemples?
3. D'après vous, quelles sont les causes de ces problèmes?
4. Avez-vous des solutions à proposer?

ARGH!

STYLE MADONNA-HALLES-SKINETTE

BON, J'AI PITIÉ DE TOI

APRÈS TOUT TU ES MON PÈRE

Le fossé des générations

VOUS EN SOUVENEZ-VOUS?
Reflexive pronouns

Do you remember the reflexive pronouns? Do you recall why these object pronouns are called reflexive pronouns (**pronoms réfléchis**)? Look at the following sentences taken from A9.

> Je n'aime pas dépenser beaucoup d'argent pour m'habiller.
> Vous passez des heures à vous habiller!
> Le look, tu t'en fiches.

Can you identify the reflexive pronouns in these sentences? And the subjects they represent? How would the reflexive pronoun change if you changed the subject to **elle** in the first sentence, to **nous** in the second, and to **je** in the third?

Now look at these sentence fragments taken from B1.

> je me suis trompé
> Fabienne s'est habillée
> tu t'es rasé

What tense are these verbs in? What is the auxiliary verb? Where are the reflexive pronouns placed? Can you make the verbs negative, using **ne... pas**? How would the fragments read if you changed the subject to **nous** in the first one, to **vous** in the second, and to **il** in the third? Why is the past participle **habillée** written with an additional **e** in the second fragment?

Look at these sentence fragments taken from B1.

> je me suis levée
> je me suis maquillé les yeux

Can you identify the reflexive pronouns? Why is the past participle **levée** written with an additional **e**, while the past participle **maquillé** is not? Can you find a sentence in B1 in which the reflexive pronoun is not the direct object, but the indirect object of the verb? The English equivalent of the second fragment is *I made up my eyes*. How does the French differ from the English? Can you imagine why the French do not use the possessive adjective **mes** before **yeux** in this case? If you need further review of reflexive pronouns, turn to page 268 in the Reference section.

If you need further review of reflexive pronouns, turn to page 268 in the Reference section.

B12 STRUCTURES DE BASE
Reflexive verbs

1. Some verbs in French require a reflexive pronoun to express their meaning. Such verbs are called reflexive verbs (**verbes pronominaux réfléchis**). Many of these reflexive verbs have to do with personal habits and grooming.

se coiffer	*to do one's hair*
se coucher	*to go to bed*
se couper les cheveux	*to cut one's hair*
s'habiller	*to get dressed*
se laver	*to wash oneself*
se lever	*to get up*
se maquiller	*to put on makeup*
se mettre du rouge à lèvres	*to put on lipstick*
se peigner	*to comb one's hair*
se raser	*to shave*

For other reflexive verbs that you've seen, turn to the vocabulary list on page 21.

2. Sometimes a verb that is not usually associated with a reflexive pronoun may be used with one to show that the subject is doing something *to* or *for* itself.

Elle **a acheté** une jupe.	*She bought a skirt.*
Elle **s'est acheté** une jupe.	*She bought herself a skirt.*
Je **leur ai offert** un cadeau.	*I gave them a gift.*
Je **me suis offert** un cadeau.	*I gave myself a gift.*

Notice that the auxiliary verb **être** must always be used to form the **passé composé** of a verb that has a reflexive pronoun.

B13 Activité • Jeu de mime

Un(e) élève mime les actions suivantes : se coucher, se lever, se laver, se raser, se maquiller, se peigner, se coiffer, s'habiller et s'admirer. Les autres élèves doivent deviner ce qu'il/elle fait.

B14 Activité • Une histoire qui finit bien

Racontez deux fois l'histoire suivante, en utilisant des pronoms personnels objets ou des pronoms réfléchis. Mettez d'abord les verbes au présent, et ensuite, au passé composé.

1. regarder

2. se trouver moche

3. téléphoner

4. se maquiller

5. bien s'habiller

6. offrir le cinéma

7. remercier, dire au revoir

8. s'admirer, se trouver beau

B15 Activité • Ecrivez

Est-ce que vous vous habillez de la même façon quand vous êtes chez vous et quand vous sortez? Il y a certainement des occasions où vous faites plus attention à votre look. Décrivez une de ces occasions, et dites comment vous vous préparez en utilisant des verbes pronominaux réfléchis.

B16 Activité • Fabienne se prépare

La mère de Fabienne regarde sa fille se préparer. Avec un(e) camarade, complétez leur conversation en mettant les verbes à la forme et au temps corrects.

— Tu (se mettre) du rouge à lèvres?
— Oui, maman. Je (se maquiller) maintenant.
— Ça te va bien. Mais à mon avis, tu devrais (se coiffer) autrement.
— C'est que je (se laver) les cheveux hier soir, et aujourd'hui, je n'arrive pas à (se peigner) autrement. Je trouve que c'est pas mal, non?
— Euh... oui. Et tu (s'habiller) comment? En pantalon ou en jupe?
— Je vais (se mettre) la jupe de Christelle et mon sweat bleu.

B17 Activité • A vous maintenant!

Vous avez certainement eu l'occasion de soigner votre look dernièrement pour sortir. Parlez de cette sortie avec un(e) camarade. Il/Elle vous pose des questions en utilisant des verbes pronominaux réfléchis au passé composé. Vous répondez.

— Je suis allé(e) à une soirée super dernièrement.
— Raconte! Comment tu t'es habillé(e)?

B18 Activité • Débat

Un magazine pour jeunes a publié des lettres sur le thème du look. Qu'en pensez-vous? Faites une discussion en classe.

Dans mon lycée, les profs n'aiment pas quand on a un look bizarre. Un garçon a été renvoyé parce qu'il s'était rasé la tête. Ce n'est pas juste. Pourquoi juger les gens sur leur look? On devrait pouvoir faire ce qui nous plaît.
Arthur

Pour avoir le bon look, il ne faut pas imiter les autres. Il faut chercher des vêtements originaux dans les petites boutiques. Je déteste quand tout le monde s'habille pareil. Il y a dix, cent, mille looks!
Isabelle

Ce n'est pas important, le look. Le principal, c'est d'être à l'aise dans ses vêtements. Je ne comprends pas les jeunes qui dépensent beaucoup d'argent pour s'habiller. Moi, je préfère économiser pour mes vacances. Le look, ce n'est pas l'essentiel.
Jean-Pierre

B19 Activité • Ecrivez

Ecrivez une petite lettre au magazine pour jeunes. Dites ce que vous pensez du look.

B20 Activité • Ecoutez bien

Pendant que vous faites des achats dans un grand magasin, vous entendez cette annonce. Ecoutez-la, et ensuite, notez le prix des vêtements suivants.

200 F   150 F   20 F   80 F   176 F

1. des sweat-shirts   **3.** des tee-shirts   **5.** un jean
2. une chemise   **4.** des chaussettes

1

Un bon look, ça coûte cher!

Pour Paul, le look, ce n'est pas important. Il s'habille un peu n'importe comment. Il ne se rase pas, il se coiffe rarement, mais il est heureux. Malheureusement pour lui, son amie Suzanne, qui est toujours très à la mode, a décidé de changer son look. Elle lui a proposé de faire les boutiques avec elle. Il a accepté pour lui faire plaisir.

1. — Tiens, essaie ça!
— Oh, tu crois? Tu es folle!
— Mais non! C'est tout à fait ton style!

2. — Alors, ça te plaît?
— Bof...
— Moi, je trouve que ça te va très bien.
— Ce n'est pas trop ridicule?
— Pas du tout!

3. — J'aime beaucoup ce chapeau.
— Mais ça fait démodé!
— Au contraire, c'est original. Ça va avec ton pantalon.

4. — Super jolies, ces chaussures.
— J'ai l'air d'un idiot avec ça aux pieds.
— Mais non, tu es très chic et tu peux les mettre pour toutes les occasions.

5. — J'ai eu tort d'acheter tous ces vêtements!
— Pourquoi? Ils te vont bien.
— Oui, mais j'ai dépensé tout mon argent. Maintenant, il va falloir que je trouve un job!

2   Activité • Actes de parole

Quelles expressions Suzanne emploie-t-elle pour faire des compliments à Paul?

3   Activité • Répondez

1. Qu'est-ce que vous pensez du look de Paul sur le premier dessin?
2. Et Suzanne, comment la trouvez-vous?
3. A votre avis, pourquoi est-ce que Suzanne veut que Paul change de look?
4. Est-ce que vous croyez que Suzanne est sincère sur le premier dessin? Pourquoi?
5. Pourquoi la bande dessinée s'appelle-t-elle «Un bon look, ça coûte cher»?

4   Activité • Devant la vitrine

Vous admirez la vitrine d'une boutique de vêtements . Discutez avec un(e) camarade. Vous lui demandez son opinion sur chaque vêtement. Il/Elle vous répond.

—Comment tu trouves le pantalon?
—Je le trouve très joli.

5   Activité • Des objets fous!

Utilisez les expressions que vous avez déjà apprises pour inventer des slogans publicitaires qui font l'éloge des produits suivants.

1. des lunettes fluo
2. une montre en forme d'animal
3. une horloge juke-box
4. un stylo radio

6   Activité • Situations

Vous avez vécu les situations suivantes. Vous racontez à un(e) camarade ce qui vous est arrivé. Il/Elle vous pose des questions pour avoir plus de détails : Où? Combien? Pourquoi? Comment? Utilisez des pronoms objets et des pronoms réfléchis.

1. Vous avez acheté de nouveaux vêtements, mais quand vous êtes rentré(e) chez vous, vous les avez trouvés moches. Qu'est-ce que vous avez fait?
2. Vous avez invité un(e) ami(e) à une soirée. Vous vous êtes habillé(e) avec soin. A la soirée, vous l'avez attendu(e), mais il/elle n'est pas venu(e). Qu'est-ce que vous avez fait?

7   Activité • Vive la fête!

Votre lycée prépare une fête ou un bal. Vous aimez être différent(e) des autres, mais pas trop. Vous demandez à deux ou trois camarades de classe comment ils/elles vont s'habiller, s'ils (si elles) vont s'acheter de nouveaux vêtements... Ils/Elles vous répondent et vous posent des questions sur votre look pour cette soirée.

8   Activité • Ecrivez

Vous écrivez une lettre à un(e) correspondant(e) français(e) pour lui parler du look des jeunes américains. Dites ce qui fait leur look, comment ils s'habillent, s'ils s'habillent toujours pareil, et s'ils jugent les autres sur leur look. Terminez votre lettre en disant ce que vous pensez du look des jeunes français. Comment les trouvez-vous?

9   Activité • Proverbes

Voici deux proverbes français. Pouvez-vous deviner leur équivalent anglais?

L'habit ne fait pas le moine°.
Il ne faut pas juger les gens sur la mine.
moine *monk*

10   Activité • Un défilé de mode

Préparez un défilé de mode. Travaillez en groupe pour créer un look et écrire un commentaire. Ensuite, un membre du groupe sera le mannequin, et les autres feront le commentaire à la classe. Après le défilé, vos camarades de classe vous diront ce qu'ils en pensent.

Soignez votre style

Lionel s'adresse à une amie. Transformez ce qu'il dit dans un style plus formel.

Comment tu trouves ce pantalon?   Comment trouvez-vous ce pantalon?

1. Ça coûte combien, ce blouson?
2. Tu trouves ça original, toi?
3. T'as acheté ça où?
4. Tu les as payées combien, ces chaussures?
5. Pour moi, le look, c'est pas important.

VERIFIONS!

SECTION A

Savez-vous exprimer votre opinion?
Répondez aux questions suivantes.

1. Elle est chic, sa jupe, non?
2. Comment trouves-tu ce pull?
3. Tu n'aimes pas ce genre de sweat?
4. Elle te plaît, cette chemise?

Savez-vous utiliser les pronoms objets?
Répondez à ces questions en utilisant des pronoms objets.

1. Est-ce que Christelle trouve ton sweat joli? (oui)
2. Est-ce que Grégory et Eric aiment Fabienne? (oui)
3. Est-ce qu'Eric téléphone à Fabienne? (non)
4. Est-ce que tu trouves Christelle mignonne? (oui)
5. Est-ce que Christelle et Fabienne ont offert un cadeau à leurs parents? (non)
6. Est-ce que tu as acheté cette jupe hier? (non)

SECTION B

Savez-vous demander l'opinion des autres et faire des compliments?

1. Vous avez changé de coiffure. Vous demandez l'opinion de vos amis. Ils vous font des compliments.
2. Votre père a acheté des vêtements très cool. Il vous demande ce que vous en pensez. Vous répondez.
3. Votre ami(e) vous a invité(e) à sortir. Il/Elle s'est acheté un blouson super. Il/Elle vous demande si vous l'aimez. Dites ce que vous en pensez.
4. Vous avez mis un pantalon vert avec une chemise jaune. Vous demandez à votre ami(e) si les couleurs vont bien ensemble.

Savez-vous utiliser les verbes pronominaux réfléchis ?
Complétez le paragraphe suivant avec les verbes **s'habiller, se raser, se préparer, se laver, se regarder, se lever** et **se coiffer** au présent ou à l'infinitif.

Aujourd'hui, premier jour de travail pour Paul. Il _____ à sept heures, parce qu'il lui faut du temps pour _____ . Avant de prendre son petit déjeuner, il _____ dans la glace, puis il _____ et il _____ . «Comment est-ce que je _____ ?» Un costume et une cravate. C'est ce qu'il a de mieux. Il ne lui reste plus qu'à _____ , et il est prêt!

Mettez les verbes entre parenthèses au passé composé dans le dialogue suivant. Faites les accords nécessaires.

—Tu (se mettre) du parfum?
—Oui, tu n'aimes pas?
—Si, beaucoup. Pourquoi tu (se coiffer) comme ça?
—Je trouve que c'est plus moderne. Je (se maquiller) aussi les yeux.
—Tu (se maquiller), tu (se parfumer) et tu (se coiffer). Tu n'es pas un peu amoureuse?
—Euh... si. Comment tu as deviné?

VOCABULAIRE

SECTION A

les **affaires** (f.) *things*
Berk! *Yuck!*
coloré, -e *colored*
un **commentaire** *comment*
une **cravate** *tie*
exactement *exactly*
se ficher de *not to care about*
s'habiller *to get dressed*
marrant, -e *funny*
un **mensonge** *lie*
moche *ugly*
œil : Mon œil! *Yeah, right!*
la **personnalité** *personality*
piquer : piquer des idées *steal ideas*
le **prix** *price*
un **reflet** *reflection*
ridicule *ridiculous*
soin *care*
une **solde** *sale*
un **sweat(-shirt)** *sweatshirt*
train : aller bon train *to go at a good pace*
un **truc** *gadget, thing*
une **vitrine** *store window*

SECTION B

affirmer *to affirm, state*
aise : être à l'aise *to be at ease*

l' **apparence** (f.) *appearance*
attirer *to attract*
bizarre *odd, strange*
classe : être classe *to be classy*
se coiffer *to do one's hair*
s'engager *to begin*
exagérer *to exaggerate*
se figurer : Figure-toi! *Believe it or not!*
hop *bam*
imiter *to imitate*
un(e) **invité, -e** *guest*
juger *to judge*
le **maquillage** *makeup*
se maquiller *to put on makeup*
pareil, -le *alike*
se peigner *to comb one's hair*
le **principal** *the important thing*
publier *to publish*
se raser *to shave*
remarquer *to notice*
renvoyer *to suspend (a student)*
rigoler *to laugh, have fun*
le **rouge à lèvres** *lipstick*
une **seconde** *second*
sincère *sincere*
le **thème** *theme*
se tromper *to be mistaken*
les **yeux** (m.) *eyes*

(Review: reflexive verbs)
s'adapter *to adapt*
s'amuser *to have fun*
s'appeler *to be named*
s'arrêter *to stop*
se défendre *to defend oneself*
se dépêcher *to hurry*
s'ennuyer *to be bored*
s'entendre bien (avec) *to get along well (with)*
s'entraîner *to work out, train*
s'en ficher (fam.) *not to care less*
se forcer *to force oneself*
se marier (avec) *to get married (to)*
se nourrir *to nourish oneself*
s'occuper (de) *to take charge (of)*
se plaindre (de) *to complain (about)*
se promener *to take a walk*
se reposer *to rest*
se sentir *to feel*
se soigner *to take care of oneself*
se souvenir de *to remember*
se tromper (de) *to be mistaken (about)*

Pièges à éviter

Some words that are singular in French are plural in English.

un pantalon   *a pair of pants*
son jean   *his/her jeans*
ce pantalon   *these slacks*

In the following paragraph, can you find French singular words that have English plural equivalents?

Après avoir lavé la vaisselle, Christelle monte l'escalier pour se préparer. Elle prend un nouveau shampooing, lit le mode d'emploi, ouvre la bouteille, et examine le contenu.

La Journée

Avant de lire

Regardez le titre et les photos.
1. Quelle est la profession de Didier?
2. Connaissez-vous des mannequins célèbres?
3. Pensez-vous que la vie d'un mannequin soit facile ou difficile? Intéressante ou amusante?
4. Voulez-vous être mannequin? Pourquoi? Pourquoi pas?

Didier a dix-huit ans, et il est mannequin. Il a déjà obtenu plusieurs contrats. Même le week-end, Didier se lève tôt! A huit heures, il prend un petit déjeuner à la fois léger° et riche en protéines : yaourt, toasts et céréales. Il faut bien prendre des forces, et Didier en a besoin car sa journée est chargée de rendez-vous.

Aujourd'hui, il a mis une tenue° décontractée : jean, polo, baskets. Il s'est rasé de près. Dans son sac, il a entassé un survêtement, un walkman, et un roman pour faire passer le temps.

Sa journée commence par une séance de jogging dans un parc près de chez lui.

---

léger *light;*   **tenue** *outfit*

Puis, à dix heures, Didier se rend° à son premier rendez-vous. Il y a déjà onze garçons qui attendent! Ça va être long. Il s'assied et lit son roman... On l'appelle. On regarde attentivement son «book». C'est pour présenter des tenues sportives. Ça va marcher... Il note la date de la séance de photos.

Il est déjà presque midi. Aujourd'hui, il a le temps de rentrer chez lui, se changer et aller déjeuner. Juste un steak-salade!

Il appelle l'agence. On ne sait jamais... Un rendez-vous a peut-être été annulé. Non. Tout va bien. Il faut qu'il aille à une séance de photos à deux heures, pour une présentation de costumes d'été. Il fait chaud dehors. Il attend le photographe avec cinq autres mannequins. Le photographe arrive. Il faut faire croire par son sourire qu'on est bien dans ses vêtements... alors que le soleil est brûlant!

Ensuite, à quatre heures, il a un autre rendez-vous, à l'autre bout de la ville. Il faut qu'il prenne le bus. Il ne sera jamais à l'heure... Si! Il écoute les explications du scénario de la publicité à tourner°. Il faut quelqu'un qui puisse se mettre en colère°, danser, réciter des vers. On donne rendez-vous à Didier pour faire un essai devant la caméra.

A sept heures, il rentre chez lui, fatigué. Il écoute les messages sur son répondeur. L'agence annule une séance de photos prévue pour le lendemain. Françoise veut qu'il la rappelle. Elle veut qu'il vienne avec elle et des amis au restaurant ce soir. Juste le temps de prendre un bain et de se préparer avant d'aller chez Françoise. Déjà huit heures. Il sonne chez elle.

---

se rend *goes;* **tourner** *to film;* **se mettre en colère** *to get angry*

Ils vont tous les quatre au restaurant. Là, ils bavardent, ils s'amusent, ils passent une soirée agréable. Mais il est dix heures! Il faut rentrer. Un mannequin ne se couche jamais tard. S'il a mauvaise mine... le chômage°!

Avez-vous compris?

Quels sont les différents moments de la journée de Didier? Résumez-les en quelques mots.

8h00   Il se prépare et prend son petit déjeuner.

1. 10h00   **3.** 16h00   **5.** 20h00
2. 14h00   **4.** 19h00   **6.** 22h00

Dites pourquoi

Pouvez-vous dire pourquoi Didier fait ces choses d'après «La Journée d'un mannequin»?

1. Il prend un petit déjeuner riche en protéines.
2. Aujourd'hui, il prend un steak-salade.
3. Il a très chaud pendant la séance de pose.
4. Il prend le bus.
5. Il risque de ne pas obtenir de contrats s'il se couche tard.

Ecrivez

Vous êtes Didier. Racontez votre journée dans une lettre à un(e) de vos ami(e)s.

Jeu de rôle

Un(e) élève joue le rôle de Didier. Les autres élèves sont des journalistes qui veulent l'interviewer. Voici des questions pour vous aider.

Est-ce que votre métier vous plaît? Pourquoi?
Racontez-nous une journée typique.
Qu'est-ce qu'il faut faire pour être mannequin?
Quel conseil donnerez-vous à un jeune qui veut devenir mannequin?

Etre mannequin, c'est bien?

Quels sont les avantages et les inconvénients du métier de mannequin d'après cette histoire? Faites une liste. Est-ce que vous pouvez trouver d'autres avantages, d'autres inconvénients?

Ecrivez

Un(e) de vos ami(e)s veut être mannequin. Vous lui écrivez pour lui dire que vous avez rencontré Didier et que, s'il y a des avantages au métier de mannequin, il y a aussi des inconvénients.

chômage *unemployment*

CHAPITRE 2

On est majeurs

Etre majeur? Mais qu'est-ce que ça veut dire pour les jeunes? En France, on peut conduire une voiture ou voter. On devient aussi indépendant de ses parents. Mais être majeur, ça veut également dire être responsable, être capable de faire des choix et de prendre de grandes décisions. Et ça, ce n'est pas toujours facile...

	In this unit you will:
SECTION A	request information . . . write a letter
SECTION B	give advice . . . ask about someone's plans . . . express indecision
FAITES LE POINT	use what you've learned
A LIRE	read for practice and pleasure

25

requesting information . . . writing a letter

Il y a des moments dans la vie où il faut prendre de grandes décisions. Il faut bien réfléchir, peser le pour et le contre, demander des conseils et parfois, si on n'est pas majeur, convaincre ses parents.

A1   Rien n'est simple. 📼

Christelle adore faire de la danse. Elle aimerait entrer dans une école spécialisée pour se perfectionner. Mais il faut d'abord qu'elle en discute avec ses parents. Eux, bien sûr, ils préféreraient qu'elle passe le bac.

CHRISTELLE	Maman, papa, je voudrais vous parler de quelque chose. Voilà... euh, c'est difficile à dire.
MME MIGNARD	Tu es amoureuse?
CHRISTELLE	Mais non! C'est sérieux!
M. MIGNARD	Bon, vas-y, on t'écoute.
CHRISTELLE	Voilà... je... j'aimerais arrêter le lycée.
M. MIGNARD	Quoi? Arrêter le lycée?
CHRISTELLE	Euh, oui, mon prof de danse m'a parlé de l'Ecole Off Jazz, une école de perfectionnement à Nice. J'aimerais beaucoup y aller l'année prochaine.
M. MIGNARD	Et ton bac, alors?
CHRISTELLE	Mais, papa! C'est la danse qui m'intéresse avant tout!
MME MIGNARD	Et où est-ce que tu habiterais là-bas?
CHRISTELLE	Euh... je ne sais pas. Il y a sans doute des foyers pour étudiants à Nice ou dans les environs.
M. MIGNARD	Et comment tu trouverais l'argent?
CHRISTELLE	L'argent?... Eh bien... je... je chercherais un job. Je me débrouillerais.

M. MIGNARD	Tu ferais de la danse et tu travaillerais en même temps! Tu crois vraiment que c'est possible?
CHRISTELLE	Euh...
MME MIGNARD	Combien de temps est-ce que tu resterais à Nice?
CHRISTELLE	Ça, je ne sais pas. Je n'y ai pas encore réfléchi.
M. MIGNARD	Dis-moi, tu n'as pas l'air de savoir grand-chose sur cette affaire. Avant d'aller plus loin, je crois que tu devrais te renseigner sur cette école. Après, on pourra peut-être en discuter.
CHRISTELLE	Tu as raison... Vous savez ce qui est énervant?
MME MIGNARD	Non. Quoi?
CHRISTELLE	C'est qu'avec vous, rien n'est jamais simple!

A2   Activité • Répondez

Répondez aux questions suivantes d'après «Rien n'est simple.»

1. Quelle est la passion de Christelle?
2. Qu'est-ce qu'elle aimerait faire l'année prochaine?
3. Qu'est-ce que ses parents aimeraient mieux qu'elle fasse?
4. Qui a donné à Christelle l'idée d'aller à Nice?
5. Qu'est-ce que ses parents veulent savoir?
6. Qu'est-ce que son père lui conseille de faire?

A3   Activité • Christelle parle à Fabienne

Christelle raconte à son amie Fabienne la conversation qu'elle a eue avec ses parents. Imaginez le dialogue avec un(e) camarade de classe.

A4   Activité • A vous maintenant!

Pensez à une chose que vous voulez vraiment faire, mais pour laquelle vos parents ne veulent pas vous donner la permission. Avec un(e) camarade qui joue le rôle de votre père ou de votre mère, faites un dialogue. Il/Elle veut avoir plus de renseignements. Essayez de le/la convaincre.

—J'aimerais...

A5   Activité • Et vous?

1. A quel âge peut-on arrêter ses études aux Etats-Unis?
2. Préférez-vous arrêter vos études ou continuer jusqu'à ce que vous ayez un diplôme? Pourquoi?
3. Qu'est-ce qu'on peut faire aux Etats-Unis quand on arrête ses études avant d'avoir obtenu un diplôme?
4. Quand vous avez une décision difficile à prendre, décidez-vous tout(e) seul(e) ou préférez-vous demander des conseils? A qui est-ce que vous parlez?
5. Quelles sont les décisions importantes qu'un(e) adolescent(e) américain(e) de seize à dix-sept ans doit prendre?

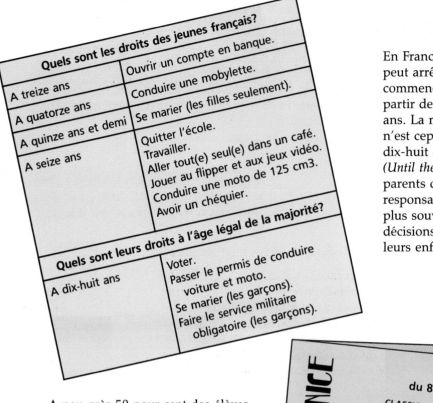

Quels sont les droits des jeunes français?	
A treize ans	Ouvrir un compte en banque.
A quatorze ans	Conduire une mobylette.
A quinze ans et demi	Se marier (les filles seulement).
A seize ans	Quitter l'école. Travailler. Aller tout(e) seul(e) dans un café. Jouer au flipper et aux jeux vidéo. Conduire une moto de 125 cm3. Avoir un chéquier.
Quels sont leurs droits à l'âge légal de la majorité?	
A dix-huit ans	Voter. Passer le permis de conduire voiture et moto. Se marier (les garçons). Faire le service militaire obligatoire (les garçons).

En France, un adolescent peut arrêter ses études et commencer à travailler à partir de l'âge de seize ans. La majorité légale n'est cependant fixée qu'à dix-huit ans. Jusque-là (*Until then*), ce sont les parents qui sont responsables et qui, le plus souvent, prennent les décisions qui concernent leurs enfants.

A peu près 50 pour cent des élèves quittent l'école avant de passer le baccalauréat, soit pour travailler, soit pour entrer dans une école spécialisée. L'Ecole Off Jazz de Nice, où veut aller Christelle, est une de ces écoles. Elle prépare les élèves au métier de danseur et au CAP (le Certificat d'aptitude professionnelle) qui permet d'enseigner la danse.

OFF JAZZ NICE

ÉTÉ à NICE
du 8 juillet au 20 août

CLASSIQUE
Jacqueline RAYET
Andrej GLEGOLSKI
Rafaël REYES
Mireille MARCHANDOU
Corinne LE LAGADEC

MODERNE
Jean-Marc BOITIERE
Martine KAISSERLIAN

MODERN' JAZZ
Derek WILLIAMS

JAZZ
Gianin LORINGETT
Patrice VALERO
Wayne BARBASTE
Géraldine ARMSTRONG
Philippe MADALA
Laurence GEBHARDT
Michel SEBBAN
REDHA

AFRO JAZZ
Germaine ACOGNY
Stéfane MENSAH

BARRE A TERRE
PERCUSSIONS

A7   Activité • Français ou américain?

Est-ce que les affirmations suivantes sont vraies uniquement en France, uniquement aux Etats-Unis ou bien dans les deux pays? Si vous ne savez pas quels droits ont les adolescents américains, renseignez-vous avant de répondre!

1. Un jeune a le droit d'ouvrir un compte en banque à treize ans.
2. On peut conduire une mobylette à quatorze ans.
3. On peut obtenir un permis de conduire à seize ans.
4. Les filles peuvent se marier à quinze ans et demi.
5. Les jeunes ont le droit de vote à dix-huit ans.
6. On ne peut pas quitter l'école avant seize ans.
7. Les jeunes sont majeurs à dix-huit ans.
8. On peut avoir un travail régulier à partir de seize ans.
9. Les garçons sont obligés de faire leur service militaire à partir de dix-huit ans.

VOUS EN SOUVENEZ-VOUS?
The uses of **je voudrais, j'aimerais,** *and* **tu devrais**

You've been using the phrases **je voudrais, j'aimerais,** and **tu devrais** to express yourself in certain situations. Find sentences in A1 that contain these phrases. Which of these phrases would you use to express a wish? To give someone advice? To make a polite request? Look carefully now at the verbs **voudrais, aimerais,** and **devrais.** Do you recognize the ending **-ais**? And the stems **voudr-, aimer-,** and **devr-** ?

A9 **STRUCTURES DE BASE**
The conditional

1. **Voudrais, aimerais,** and **devrais** are conditional forms of **vouloir, aimer,** and **devoir.** To make the conditional, you combine the future stem with the imperfect endings.

	-er Verbs	*-ir Verbs*	*-re Verbs*
Future Stem	**aimer-**	**sortir-**	**prendr-**
Conditional	j'aimer**ais** tu aimer**ais** il/elle/on aimer**ait** nous aimer**ions** vous aimer**iez** ils/elles aimer**aient**	je sortir**ais** tu sortir**ais** il/elle/on sortir**ait** nous sortir**ions** vous sortir**iez** ils/elles sortir**aient**	je prendr**ais** tu prendr**ais** il/elle/on prendr**ait** nous prendr**ions** vous prendr**iez** ils/elles prendr**aient**

2. Remember, there are several irregular verbs that have special future stems. You'll need to use them to make the conditional forms of these verbs. If you need to review these future stems, turn to pages 271–83 in the Reference section.

3. Don't forget that there are a few **-er** verbs whose spellings change slightly in the future. These same spelling changes occur in the conditional as well.
   a. Verbs like **acheter** add an **accent grave** to the stem: **j'achèterais.**
   b. Others, like **appeler,** double the consonant before the **-er: elle appellerait.**
   c. And in a few others, like **s'ennuyer,** the **y** in the stem before the **-er** changes to **i: tu t'ennuierais.**

4. The conditional is the equivalent of the *would* form in English.

A ta place, je **réfléchirais.**	*If I were you, I would think it over.*
Si ses parents étaient d'accord, Christelle **irait** à Nice.	*If her parents were in agreement, Christelle would go to Nice.*
Si Christelle allait à Nice, elle **ferait** de la danse.	*If Christelle went to Nice, she would study dance.*

5. The conditional lets you express yourself politely. Look at the sentences below, and compare the meanings of the verbs in the present with those in the conditional.

Tu **dois** me téléphoner.	*You must call me.*
Tu **devrais** me téléphoner.	*You should call me.*
Tu **peux** me téléphoner ce soir.	*You can call me tonight.*
Tu **pourrais** me téléphoner ce soir.	*You could call me tonight.*
Je **veux** te parler.	*I want to speak to you.*
Je **voudrais** te parler.	*I would like to speak to you.*

A10 Activité • Quels sont vos projets?

Sans projets, la vie serait triste. Quels sont vos projets pour le week-end prochain? Pour vos prochaines vacances? Pour l'année prochaine? Préparez un dialogue avec un(e) camarade. Il/Elle trouve vos projets ridicules et vous conseille de faire autre chose.

> —Qu'est-ce que tu vas faire le week-end prochain?
> —J'aimerais...
> —Quelle idée! Tu sais, tu devrais...

A11 Activité • On s'inquiète!

Mme Mignard est inquiète. Elle parle des projets de sa fille à l'une de ses amies. Mettez les verbes entre parenthèses au conditionnel.

MME MIGNARD	Christelle (vouloir) arrêter le lycée cette année. Elle (aimer) faire de la danse à Nice.
MME CAILLAT	Elle (aller) à Nice toute seule? A seize ans?
MME MIGNARD	Mon mari et moi (préférer) qu'elle passe d'abord son bac.
MME CAILLAT	Et qu'est-ce qu'elle (avoir) comme formation?
MME MIGNARD	Elle (faire) de la danse à temps complet. Après, elle (être) danseuse ou elle (enseigner).
MME CAILLAT	Vous (devoir) essayer de lui faire changer d'avis!

A12 Activité • Qu'est-ce qu'ils feraient?

Certains élèves veulent arrêter leurs études, mais qu'est-ce qu'ils feraient?

> Fabienne aime les vêtements chics.
> Elle travaillerait dans une boutique.

1. Mes amis ont toujours besoin d'argent.
2. Tu parles bien l'espagnol.
3. Philippe et toi, vous adorez voyager.
4. Arnaud joue bien de la guitare.
5. Eric et Grégory n'aiment pas travailler.
6. Boris et moi, nous sommes indécis.

trouver un job

faire le tour du monde

ne pas savoir quoi faire

aller en Espagne

avoir beaucoup de temps libre

travailler dans une boutique

être musicien

A13 Activité • Situations

Que feriez-vous dans les situations suivantes? Pour chaque situation, trouvez trois possibilités. Utilisez le conditionnel.

1. Si vous trouviez 50 dollars dans la cour de l'école?
2. Si votre professeur de français était malade?
3. Si on vous demandait de prêter vos disques pour une soirée?
4. Si vous n'aviez pas d'argent pour entrer à l'université?
5. Si vous perdiez le livre qu'un(e) ami(e) vous a prêté?
6. Si on critiquait votre look?

A14 Christelle se renseigne. 📼

Christelle écrit à l'école de danse pour avoir des renseignements.

CM

Christelle Mignard
6, rue du Pont
71 000 Chalon - sur - Saône

Madame la Directrice
de l'École Off Jazz
42, rue Cassini
06 300 Nice

Madame la Directrice,

J'ai entendu parler de votre école par mon professeur de danse, Mlle Blanchot, qui a suivi vos cours.

J'ai seize ans et je termine ma classe de première. Je fais de la danse depuis sept ans et je voudrais me perfectionner. Pourriez-vous m'envoyer votre brochure? J'aimerais savoir ce qu'il y a comme cours. Pourriez-vous me dire combien d'heures de cours il y a par semaine, combien de temps durent les études, et s'il y a un diplôme à la fin de la formation? Je voudrais aussi connaître vos prix.

Dans l'attente d'une réponse, je vous prie d'agréer, Madame la Directrice, l'expression de mes sentiments respectueux.

Christelle Mignard

A15 Activité • Mettez dans l'ordre

Pouvez-vous mettre ces événements dans l'ordre chronologique?

Elle demande des renseignements.
Elle dit comment elle a entendu parler de l'école.

Elle dit pourquoi elle voudrait y suivre des cours.
Elle emploie une formule de politesse.
Christelle se présente.

> ### DEMANDER DES RENSEIGNEMENTS
>
> J'aimerais avoir des renseignements.
> Je voudrais savoir quels sont les prix.
> Pourriez-vous (Est-ce que vous pourriez) me dire combien de temps durent les études?

A17   Activité • Des renseignements, s'il vous plaît

Vous téléphonez au secrétariat de l'Ecole Off Jazz pour obtenir des renseignements. Demandez les conditions d'inscription, le prix des cours, combien de temps durent les études, ce qu'il y a comme cours... Utilisez les expressions présentées dans A16. Un(e) camarade regarde la brochure de l'école et vous répond.

ECOLE OFF JAZZ DE NICE

Que faut-il pour s'inscrire?
■ Avoir seize ans et savoir danser

Que trouverez-vous chez nous?
■ Des professeurs compétents
■ Un entraînement intensif (25h/semaine)
■ Des cours passionnants : chant, musique, danse (classique/moderne/jazz), claquettes, maquillage de scène, vidéo, histoire de la danse

Durée des études?
■ Cycle long : quatre ans pour les débutants
■ Cycle court : deux ans pour les élèves avancés

Nos prix?
■ 1 800 F par mois ou 4 900 F par trimestre

A18   COMMENT LE DIRE
Writing a letter

	INFORMELLE	✳ FORMELLE
FORMULE INITIALE	Cher (Chère)... , Salut... ,	Cher (Chère) Monsieur (Madame), Monsieur (Madame),
FORMULE FINALE	Amitiés. (Bien) Amicalement. Avec toutes mes amitiés. Bien à toi. Je t'embrasse. Affectueusement. (Grosses) Bises.	Je vous prie d'agréer, Monsieur (Madame), l'expression de mes sentiments distingués. Veuillez agréer, Monsieur (Madame), l'expression de mes sentiments dévoués (respectueux). Sincèrement.

The closings above are called **formules de politesse.** Although the formal closings are long, they are essentially the equivalent of *Sincerely yours* or *Very truly yours* in English.

Activité • Ecrivez

Vous avez une passion (la photographie, la mode, l'informatique…), et vous voulez devenir professionnel(le). Vous écrivez au directeur d'une école. Vous lui demandez des renseignements : les conditions d'inscription, ce qu'il y a comme cours, combien de temps durent les études, s'il y a un diplôme à la fin des études… Inspirez-vous de la lettre de Christelle, et utilisez les expressions présentées dans A16 et A18.

LE CONSERVATOIRE LIBRE DU CINEMA FRANÇAIS
depuis 1963, vous permet d'accéder aux métiers techniques du cinéma, de la télévision et de l'audiovisuel : assistant-réalisateur°, scripte, monteur, monteuse°, grâce à deux formules d'enseignement. Cours par correspondance (1re année théorique seulement, quel que soit votre lieu de résidence). A Paris, cours théoriques et cours pratiques en studio et salles de montage sur matériel professionnel. Se présenter, écrire ou téléphoner : C.L.C.F. Studio e, 16, rue du Delta, 75009 Paris.
Tél. : (1)48.74.65.94

Cours privés
FORMATION PROFESSIONNELLE ARTISTIQUE
MJM
DECORATEUR D'INTERIEUR
GRAPHISTE PUBLICITAIRE°
STYLISTE° - MODELISTE°
PHOTOGRAPHE
Formation pratique et technique dans nos ateliers en 2 ans. Stages en milieu professionnel au cours de la dernière année. Aide au placement.
Renseignements - Inscriptions
PARIS : M.J.M.
138, quai de Jemmapes
75010 (m. République)
Tél. : (1)42.88.41.00

ECOLE SUPERIEURE DE SECRETARIAT
Enseignement privé
EN 1 OU 2 ANS, DEVENEZ L'INDISPENSABLE ASSISTANT QUE RECHERCHENT ENTREPRISES ET MEDECINS
56, rue de Liège, 75008 Paris
Tél. : 43.78.38.85

assistant-réalisateur *assistant director;* **monteur, -euse** *film editor;* **graphiste publicitaire** *graphic designer in advertising;* **styliste** *clothing designer;* **modeliste** *dress designer*

Activité • Ecoutez bien

Vous aimeriez faire de la danse. Vous téléphonez à une école de danse. L'école est fermée, mais il y a un répondeur. Ecoutez le message, et prenez des notes.

Heures d'ouverture de l'école :

Dates d'inscription :

Conditions d'admission pour les non-bacheliers :

Durée des études pour les bacheliers :

pour les non-bacheliers :

Dates de début et de fin des cours :

Coût de la formation :

Diplôme final :

giving advice . . . asking about someone's plans . . . expressing indecision

C'est vrai, rien n'est simple. Plus on réfléchit à un problème, plus il semble compliqué. Toutes les difficultés surgissent. Ah, si la vie était simple!... Mais elle serait ennuyeuse. En tout cas, si vous avez du mal à prendre une décision, faites comme Christelle : demandez des conseils. Peut-être que ça vous aidera.

B1   # Quelques conseils 📼

Comme elle n'arrivait pas à se décider, Christelle a écrit à un magazine pour jeunes. On lui a répondu.

Au secours!

Je voudrais arrêter le lycée et entrer dans une école de danse, mais mes parents préfèrent que je passe le bac. Je ne pourrai jamais patienter encore un an. Je sens que je perds mon temps. Ecrivez-moi si vous avez vécu ce genre de situation. Et donnez-moi des conseils. Je suis un peu perdue.

Christelle

Tu sais, Christelle, à mon avis, tes parents ont raison. Je pense que tu ferais mieux de passer ton bac. Un an, ce n'est pas très long. Après, tu pourras faire ce que tu veux. Tu auras un diplôme. Tu vois, moi, j'ai envie de faire du théâtre. J'en fais tous les soirs, mais je n'ai jamais pensé arrêter mes études. D'ailleurs, mes parents ne seraient pas d'accord. Je verrai après ce que je veux faire.

Simon

D'abord, il faut que tu sois sûre de toi. Pourras-tu vraiment réussir dans la danse? Parce que c'est ça, le problème. Tu ferais bien de penser à ton avenir. Avant de prendre une décision, il vaudrait mieux que tu ailles voir ton prof de danse. Explique-lui ton problème. S'il pense que tu es bonne danseuse, il pourra parler à tes parents et t'aider à les convaincre. En tout cas, réfléchis bien.

Frédéric

Si j'étais toi, j'insisterais. J'ai eu le même genre de problème que toi. Mes parents ne voulaient pas que je parte en vacances avec des copains. Ils avaient peur. On a eu une discussion animée, et finalement, ils ont accepté. Ce qu'il faut, c'est trouver des arguments. Je leur ai montré qu'ils n'avaient aucune raison d'être inquiets. Je leur ai dit où j'allais et avec qui. Je leur ai donné le numéro de téléphone de tous les parents. Ça, ça les a rassurés. Tu ne devrais pas abandonner. Bon courage!

Pascaline

B2   Activité • Complétez

Complétez les phrases suivantes d'après «Quelques conseils».

1. Frédéric conseille à Christelle de...
2. Pour Frédéric, le problème principal, c'est...
3. Simon conseille à Christelle de...
4. Il lui dit qu'après le bac, elle...
5. Pascaline conseille à Christelle de...
6. Pascaline a eu une discussion avec ses parents parce qu'elle voulait...

Activité • S'ils étaient à sa place,...

D'après ce que Frédéric, Simon et Pascaline conseillent à Christelle, pouvez-vous dire ce qu'ils feraient s'ils étaient à sa place? Utilisez le conditionnel.

B4   Activité • Et vous?

Avec qui êtes-vous d'accord? Avec Frédéric, Simon ou Pascaline? Pourquoi? Donnez un exemple tiré de votre expérience personnelle.

B5   Activité • Ecrivez

Avez-vous remarqué? Dans leurs réponses, Frédéric, Simon et Pascaline emploient certaines expressions pour donner des conseils à Christelle. Faites une liste de ces expressions. Répondez ensuite à Christelle en les utilisant. Qu'est-ce que vous lui conseillez?

B6   Savez-vous que... ?

En France, la question des études est souvent l'un des motifs principaux des conflits entre parents et enfants. Les parents suivent de près l'éducation de leurs enfants et surveillent leurs notes.

REPUBLIQUE FRANÇAISE
ACADEMIE DE GRENOBLE
BACCALAUREAT DE L'ENSEIGNEMENT DU SECOND DEGRE

Le Recteur de l'Académie de Grenoble, soussigné, certifie que
M. ALFONSI   PASCAL JEAN HENRI
NE LE   05/09/72   75
A PARIS
a été jugé digne du grade de Bachelier de l'enseignement du second degré

SERIE   A4   PHILOSOPHIE-LETTRES

le _____29 juin 1989_____

avec la mention ____A. Bien____

Avis très important—L'intéressé, appelé à justifier de son grade, devra lui-même établir une copie du présent certificat qu'il fera certifier conforme par le Maire ou par le Commissaire de police de sa résidence.—**Il n'est délivré qu'un certificat.**
Après un délai d'un an environ, l'intéressé peut adresser à la Division des Examens–3ème bureau–7, place Bir-Hakeim –38000 Grenoble, une demande de diplôme accompagné du présent certificat (et non une copie) ·sauf pendant le période du 1er mai au 31 juillet.
N. B.—En cas d'erreur dans la rédaction du présent certificat, prière de le retourner immédiatement pour rectification.

Dans un pays où le taux de chômage (*unemployment*) est relativement élevé, le baccalauréat est un diplôme indispensable. Il est obligatoire pour entrer à l'université. Les jeunes qui n'ont pas leur baccalauréat risquent d'être handicapés plus tard pour trouver du travail. Le gouvernement français voudrait que 80 pour cent des jeunes français obtiennent le baccalauréat.

You've been using **vouloir, aimer (mieux), avoir envie de, préférer,** and other verbs to express wishes or preferences. Look at the following sentences taken from B1.

Je **voudrais** arrêter le lycée.

Moi, j'**ai envie de** faire du théâtre.

How many subjects are there in each of these sentences? How many verbs? Look at the verbs following those in boldface type. What form are they in?

Now look at these sentences taken from B1.

Mes parents **préfèrent** que je passe le bac.

Mes parents ne **voulaient** pas que je parte en vacances avec des copains.

How many *different* subjects do you see in each of these sentences? And how many verbs? Once again, look at the verbs after those in boldface type. What form are they in?

To say, in French, that *you* want to do something, use the infinitive form after **vouloir, préférer,** and other verbs that express wishes or preferences. To say that you want *someone else* to do something, use **que** plus the subjunctive after these verbs.

B8 Activité • Qui veut quoi?

Dites ce que Christelle veut faire et ce que ses parents veulent qu'elle fasse.

B9 Activité • Et vous?

Travaillez avec un(e) camarade de classe. Dites-lui au moins trois choses que vous voulez faire et que vos parents ne veulent pas que vous fassiez. Dites-lui ensuite trois choses que vos parents veulent que vous fassiez et que vous ne voulez pas faire. Votre camarade réagit en utilisant les expressions suivantes. Inversez ensuite les rôles.

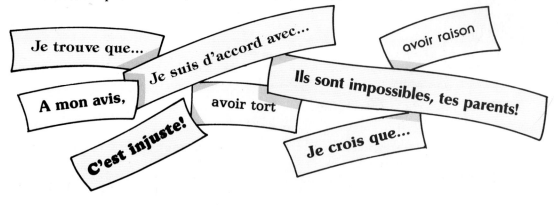

Activité • Ce n'est pas une vie

Regardez ces dessins. Puis faites des phrases pour dire ce que le garçon veut faire et ce que ses parents veulent qu'il fasse. Employez les verbes **vouloir, avoir envie de** et **préférer**.

B11 **COMMENT LE DIRE**
Giving advice

DONNER DES CONSEILS

1 Tu devrais *Should*
2 Tu pourrais *could*   } parler avec tes parents.
3 Tu ferais bien (mieux) de *would*

4 Il vaudrait mieux que *subjunctive* } tu ailles voir ton professeur.

5 Si j'étais toi (à ta place), } j'irais à Nice.
6 Si c'était moi,

imparfait   *conditionel*

B12 Activité • **M. Mignard donne des conseils**

Le père de Christelle ne veut pas lui imposer sa volonté. Transformez ses ordres en conseils. Utilisez les expressions présentées dans B11.

   Je veux que tu restes au lycée.
   Il vaudrait mieux que tu restes au lycée.

1. Tu dois terminer tes études.
2. Il faut que tu passes ton bac.
3. Je veux que tu ailles à l'université.
4. Il faut que tu prennes l'avis de ton professeur.
5. Je veux que tu te renseignes.
6. Nous voulons que tu réfléchisses.

Activité • Les conseils de Mlle Blanchot

Christelle explique ses projets à son professeur de danse et lui demande des conseils. Imaginez le dialogue avec un(e) camarade. Variez les expressions. Attention au subjonctif!

—J'aimerais quitter l'école...
—Avant de prendre une décision, tu devrais...

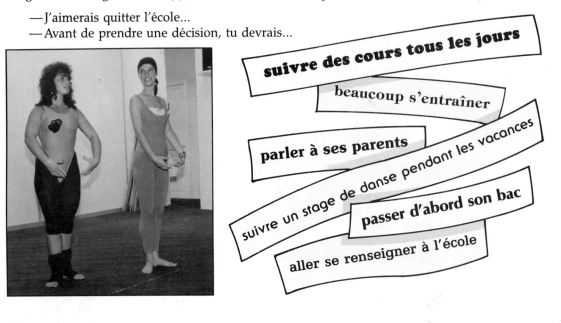

suivre des cours tous les jours

beaucoup s'entraîner

parler à ses parents

suivre un stage de danse pendant les vacances

passer d'abord son bac

aller se renseigner à l'école

B14   Activité • Ecrivez

Ces jeunes sont dans des situations impossibles. Ecrivez un petit mot à chacun pour lui donner au moins deux conseils. Utilisez les expressions présentées dans A18 et B11.

1. Fabienne a cassé la chaîne stéréo de sa sœur.
2. Eric avait rendez-vous avec Christelle pour aller au cinéma, mais il a complètement oublié. Maintenant, il ne sait pas quoi faire.
3. Grégory veut faire de la musique, mais ses parents ne sont pas d'accord.
4. Lionel a besoin d'argent pour s'acheter une mobylette.

B15   Activité • A vous maintenant!

Vous aimeriez faire quelque chose l'année prochaine, mais il y a un problème et vous avez besoin de conseils. Discutez-en avec un(e) camarade.

—Dis, j'aimerais bien arrêter mes études, mais mes parents ne sont pas d'accord.
—Eh bien, moi, à ta place, je passerais mon bac.

Désirs	Problèmes	Conseils
arrêter ses études	parents pas d'accord	passer le bac
acheter une chaîne stéréo	pas d'argent	chercher un job
faire du ski	pas de neige	aller dans les Alpes
jouer de la musique	n'avoir jamais joué	suivre des cours
avoir le bac	mauvaises notes	travailler le soir
être architecte	être nul(le) en maths	suivre des cours particuliers
se marier	pas de petit(e) ami(e)	attendre un peu

Qu'est-ce que vous voudriez faire plus tard? Discutez-en avec un(e) camarade. Il/Elle vous donne des conseils pour réussir : quelles matières vous devez étudier, s'il vaut mieux passer le bac, dans quelle université il faut aller, si vous devez en parler à vos parents ou à vos professeurs...

—Moi, j'aimerais être...
—Si j'étais toi, je...

Médecin?   Mécanicien?   Programmeuse?

Avocate?   Pilote?   Commerçant?

B17   Le temps de la réflexion 📼

M. MIGNARD	Alors, tu as pris ta décision pour cette école?
CHRISTELLE	Non, pas encore. Je n'arrive pas à me décider.
M. MIGNARD	Pourquoi? Qu'est-ce qui se passe?
CHRISTELLE	Euh, rien. Mais j'hésite. Je me suis renseignée : l'école est chère. Et puis, Nice, c'est loin, et il vaut peut-être mieux que je passe mon bac.
M. MIGNARD	J'espère que tu ne dis pas ça pour nous faire plaisir. Tu peux très bien ne pas être d'accord avec nous.
CHRISTELLE	Oui, je sais. Mais je ne sais plus ce que je veux. L'ennui, c'est que les inscriptions sont cette semaine.
M. MIGNARD	Pourquoi tu ne t'inscris pas? Ça ne coûte que 500 F. Tu pourras toujours dire non plus tard.
CHRISTELLE	Bonne idée, papa! Ça me donne le temps de réfléchir!
M. MIGNARD	Et à nous, le temps de trouver d'autres arguments!

B18 Activité • Répondez

Répondez aux questions suivantes d'après «Le temps de la réflexion».

1. Pourquoi est-ce que Christelle hésite à prendre une décision?
2. Quel est son dilemme?
3. Quelle solution propose son père?
4. D'après Christelle, pourquoi est-elle indécise? Et d'après son père?
5. Pourquoi est-ce que Christelle trouve que c'est une bonne idée de s'inscrire? Et son père?
6. Que feriez-vous si vous étiez à la place de Christelle? Pourquoi?

B19 COMMENT LE DIRE
Asking about someone's plans
Expressing indecision

S'INFORMER DES PROJETS DE QUELQU'UN	EXPRIMER L'INDÉCISION
Tu as pris une décision? Tu sais ce que tu vas faire? Quels sont tes projets? Alors, qu'est-ce que tu as décidé?	Non, pas encore. Non, j'hésite. Non, je ne sais pas quoi faire. Je ne sais pas encore. Je n'arrive pas à prendre une décision. Je ne sais plus ce que je veux.

B20 Activité • Pauvre Christelle!

Tout le monde veut savoir si Christelle a pris sa décision. Eric, Fabienne, Grégory et Mlle Blanchot lui demandent, chacun d'une manière différente. Elle est indécise et donne chaque fois de nouvelles raisons pour ne pas se décider. Jouez les scènes avec plusieurs camarades.

B21 Activité • Ça se termine comment?

Christelle annonce sa décision à ses parents. Ses parents lui posent beaucoup de questions et lui donnent encore des conseils. Faites la conversation avec deux camarades.

B22 Activité • Ecrivez

Un magazine publie des lettres de jeunes qui exposent un problème personnel. Ecrivez une lettre. Expliquez votre problème. A qui en avez-vous déjà parlé? Avez-vous demandé des conseils? Qu'est-ce qu'on a répondu? Avez-vous pris votre décision ou hésitez-vous encore?

B23 Activité • Ecoutez bien

Ecoutez cette conversation téléphonique entre Grégory et Eric. A votre avis, qui... ?

1. s'énerve facilement
2. veut faire du théâtre
3. est raisonnable
4. donne de bons conseils
5. est en conflit avec ses parents
6. n'a pas envie de passer son bac
7. veut que son ami vienne au cinéma avec lui

1 # La réponse de Grégory 📼

Grégory a reçu une lettre de son cousin Christophe qui habite aux Etats-Unis et qui l'invite au mois d'août. Il lui répond.

> Salut, Christophe !
>
> J'ai bien reçu ta lettre. Je te remercie de ton invitation. J'aimerais beaucoup venir te voir, mais je ne sais pas si je pourrai. Ça sera difficile. Mes parents préféreraient que j'aille au bord de la mer avec eux. L'année dernière, déjà, ils n'ont pas voulu que je parte camper avec des copains. Ils sont très stricts. Il y a aussi un autre problème : je n'ai pas beaucoup d'argent. Je ne sais pas si mes parents seront d'accord pour me payer le voyage. Surtout que cette année, j'ai de mauvaises notes. Ils aimeraient que j'étudie pendant les vacances. En tout cas, je vais essayer de leur en parler. Souhaite-moi bonne chance. A cet été peut-être ...
>
> Amitiés,
>
> Grégory

2 Activité • Répondez

Répondez aux questions suivantes d'après «La réponse de Grégory».

1. Pourquoi Christophe a-t-il écrit à Grégory?
2. Que pense Grégory de son invitation?
3. Pourquoi pense-t-il que ce sera difficile d'aller aux Etats-Unis?
4. Pourquoi ses parents ne seraient-ils pas d'accord pour payer son voyage?
5. Qu'est-ce qu'il décide de faire?

3 Activité • Conversation téléphonique

Vous téléphonez à Grégory pour lui demander s'il part ou ne part pas. Imaginez le dialogue avec un(e) camarade.

4 Activité • Quelles solutions?

Grégory a un problème, mais à tout problème, il y a une solution. Faites une discussion en classe pour essayer de trouver des solutions au problème de Grégory. Utilisez le conditionnel.

> —Moi, je pense que Grégory pourrait...

5 Activité • Ecrivez

Un(e) ami(e) français(e) aimerait venir aux Etats-Unis, mais il/elle ne sait pas ce qu'il y a d'intéressant à faire et à voir. Ecrivez-lui un petit mot pour lui donner des conseils. Qu'est-ce qu'il/elle devrait visiter? Où est-ce qu'il/elle pourrait aller?... Utilisez le conditionnel.

6 Activité • A vous maintenant!

Voudriez-vous aller en France? Qu'est-ce que vous feriez là-bas? Faites un dialogue avec un(e) camarade. Il/Elle vous pose des questions. Vous lui répondez. Puis inversez les rôles.

> —Je voudrais aller en France.
> —Qu'est-ce que tu ferais là-bas?
> —Je visiterais la tour Eiffel, et toi?
> —Moi, je...

prendre le TGV
faire les boutiques
aller au café
avoir des amis français
aller sur la côte d'Azur
perfectionner son français

7 Activité • Encore à vous!

Enfin! Vous avez décidé(e) d'aller en France. Vous téléphonez au consulat français pour avoir des renseignements. Imaginez le dialogue avec un(e) camarade qui joue le rôle de l'employé(e). Décidez quelle région de France vous voudriez visiter. Demandez à l'employé(e) ce qu'il y a d'intéressant à voir, quand on peut visiter ces endroits, combien ça coûte pour y aller...

> —Allô? C'est bien le consulat français?
> —Oui, monsieur (mademoiselle). Est-ce que je peux vous aider?
> —...

8 Activité • Situations difficiles

Un(e) camarade de classe vous interroge sur vos projets. Vous lui confiez vos hésitations, et vous justifiez votre indécision. Votre camarade vous donne des conseils.

1. Vous aimeriez partir en vacances sans vos parents, mais vous ne voulez pas voyager seul(e), vous ne savez pas où aller, vous n'avez pas beaucoup d'argent...
2. Vous voudriez changer votre look, mais vous ne savez pas quel look vous irait bien, vous ignorez quels vêtements sont à la mode, vous connaissez mal les boutiques, vous n'aimez pas dépenser beaucoup d'argent pour vous habiller...
3. Vous voudriez arrêter le lycée et faire votre service militaire, mais vous n'êtes pas en pleine forme, vous êtes bon(ne) élève, vos parents ne sont pas tellement d'accord...

9 Activité • Si jeune!

Imaginez que votre meilleure amie vous annonce qu'elle va se marier. Vous êtes surpris(e). Se marier à l'âge de seize ans! Quelles seraient les difficultés? Faites le dialogue avec un(e) camarade. Utilisez le conditionnel.

10 Activité • Ecrivez

Vous voulez faire quelque chose, mais vos parents ne veulent pas. Vous écrivez à un(e) ami(e) pour lui parler de votre problème. Vous lui dites ce que vous voulez faire, pourquoi vos parents ne veulent pas, à qui vous avez demandé des conseils, ce qu'on vous a répondu, si vous avez pris votre décision et pourquoi. (Si votre décision n'est pas prise, demandez-lui des conseils.)

11 Activité • Que faire?

Vos grands-parents vous ont donné 2 500 F. Vous ne savez pas quoi faire de cet argent. Vous demandez conseil à un(e) camarade, mais chaque fois qu'il/elle vous donne un conseil, vous trouvez une raison de ne pas le suivre... et il/elle vous en donne un autre.

— Qu'est-ce que je pourrais faire de cet argent?
— Si j'étais à ta place, j'achèterais une voiture.
— Mais je ne sais pas conduire!
— Alors, tu pourrais...

Soignez votre style

Vous avez fait une liste de cinq choses que vous voudriez dire au maire de votre ville, mais vos phrases ne sont pas assez formelles. Réécrivez-les en utilisant le conditionnel, si possible. Formulez vos questions avec **est-ce que** ou l'inversion.

1. Je veux qu'il y ait plus de salles de jeux dans la ville.
2. Pourquoi la ville n'organise pas des courses cyclistes?
3. Pourquoi on ne peut pas aller dans un café tout seul, avant seize ans?
4. Une patinoire qui est ouverte tous les jours, c'est pas une mauvaise idée!
5. La ville d'à côté a un grand ciné-club. On peut pas en avoir un, nous aussi?

VERIFIONS!

SECTION A

Savez-vous utiliser le conditionnel?
Dites ce que ferait Christelle si elle faisait de la danse. Utilisez **aller, devenir, travailler.**

1. Christelle _____ à Nice.
2. Elle _____ pour avoir un peu d'argent.
3. Elle _____ peut-être une grande danseuse.

Savez-vous demander des renseignements?
Vous voulez passer votre permis de conduire. Vous téléphonez à l'auto-école pour demander des renseignements. Trouvez les questions.

—...
—Ça coûte 100 F de l'heure.
—...
—Trois heures de cours par semaine.
—...
—Il faut environ deux mois de cours avant de pouvoir passer le permis.
—...
—Oui, vous pouvez suivre des cours avant votre majorité.

Savez-vous terminer une lettre?
Donnez une formule informelle et une formule formelle pour terminer une lettre.

SECTION B

Savez-vous utiliser le subjonctif ou l'infinitif après les verbes de volonté et de préférence?
Complétez cette conversation entre Christelle et Eric.

CHRISTELLE Eric, je veux (faire) de la danse.
ERIC Pour ça, tu dois quitter l'école?
CHRISTELLE Oui, mais mes parents aimeraient mieux que (continuer). Moi, j'ai envie d'(arrêter) cette année et d'(aller) à Nice.
ERIC Moi, je préfère que (rester) ici!

Savez-vous donner des conseils?
Donnez des conseils à un(e) ami(e). Utilisez chaque fois une nouvelle expression.

1. Je voudrais travailler cet été, mais je ne sais pas comment faire pour trouver du travail. (passer une annonce)
2. J'aimerais acheter une moto, mais je n'ai pas assez d'argent. (trouver un job)
3. Je voudrais arrêter mes études quand j'aurai seize ans. (réfléchir encore)

Savez-vous exprimer votre indécision?
Répondez à ces questions en exprimant votre indécision.

1. Est-ce que vous savez si vous irez à l'université?
2. Avez-vous décidé ce que vous ferez pendant vos vacances?
3. Qu'est-ce que vous ferez ce week-end?

SECTION A

arrêter : arrêter le lycée *to quit high school*

l' **attente : dans l'attente d'une réponse** *awaiting your reply*

avant tout *above all*

une **brochure** *brochure*

ce qui *what*

la **(classe de) première** *junior year*

convaincre *to convince*

se débrouiller *to manage*

un **diplôme** *diploma*

doute : sans doute *undoubtedly*

énervant, -e *irritating*

entendre parler de *to hear about*

les **environs** (m.) *outskirts*

la **formation** *education*

des **foyers pour étudiants** (m.) *student housing*

grand-chose *a lot*

majeur, -e *of age*

des **moments** (m.) *moments*

où *when*

perfectionnement : une école de perfectionnement *professional school*

se perfectionner *to improve*

peser : peser le pour et le contre *to weigh the pros and cons*

possible *possible*

prie : je vous prie d'agréer l'expression de mes sentiments respectueux *sincerely yours*

réfléchir *to reflect*

se renseigner *to get information*

simple *simple*

spécialisé, -e *specialized*

terminer *to finish*

SECTION B

accepter *to accept*

animé, -e *lively, heated*

des **arguments** (m.) *arguments*

aucun, -e : ne... aucun *no, not any*

comme *since*

compliqué, -e *complicated*

courage : Bon courage! *Cheer up!*

d'ailleurs *besides*

un(e) **danseur, -euse** *dancer*

les **difficultés** (f.) *difficulties*

en tout cas *in any case*

finalement *finally*

les **inscriptions** (f.) *registration*

s' **inscrire** *to register*

insister *to insist*

se passer : Qu'est-ce qui se passe? *What's going on?*

patienter *to be patient*

rassurer *to reassure*

la **réflexion** *reflection, thought*

sembler *to seem*

une **situation** *situation*

sûr, -e *sure*

surgir *to crop up*

Pièges à éviter

When you want to say in French that someone can do something, you have the choice of the verb **pouvoir** or **savoir**. How do you know which one to choose? Look at the following sentences and their French equivalents.

Christelle is of age.	Christelle est majeure.
She can drive now.	Elle **peut** conduire maintenant.
But can she drive?	Mais **sait**-elle conduire?

You generally use **pouvoir** to say that someone can do something. But when *can* means "to know how," as it does in the third sentence, you must use **savoir**. Now it's your turn. Can you say the following sentences in French?

1. Christelle can dance well, but she can't go to the Off Jazz school in Nice.
2. Can you give her some advice?
3. Grégory can't write his letters in English.
4. Can you help him?

LE CONSEIL DE CLASSE, UN CAUCHEMAR!

Pour comprendre l'histoire suivante, il faut que vous sachiez qu'un conseil de classe est une réunion de professeurs qui a lieu à la fin de chaque trimestre. Les professeurs parlent des élèves, discutent de leurs notes, disent qui doit redoubler et qui doit passer dans la classe supérieure. Bref, ils décident de l'avenir des élèves. Si un élève veut être ingénieur et s'il n'est pas bon en mathématiques, le conseil l'orientera vers une autre section. En règle générale, un délégué des parents d'élèves et deux délégués des élèves de la classe assistent au conseil de classe.

Avant de lire

Regardez le titre de cette histoire.

1. Qu'est-ce que c'est qu'un cauchemar?
2. Dans cette histoire, quel est le cauchemar?
3. Avez-vous déjà eu un cauchemar? Racontez-le.

Comment ça s'est passé? Je ne sais pas très bien. Je suis devenu délégué° des parents d'élèves. Il y a eu un vote des parents, et j'ai été choisi pour les représenter au conseil de classe. Pourquoi moi? Aucune idée. Peut-être parce que personne d'autre ne voulait être délégué. J'ai protesté : «Mais c'est impossible! Je n'y connais rien! Je n'ai pas le temps!» «Ce n'est pas grave, ont répondu les autres. Vous avez l'air sympathique et c'est le principal. Nous vous faisons confiance!»

Le jour du conseil de classe, j'étais nerveux. Moi, je veux que mon fils passe le bac C. Le bac C, c'est le bac des élèves brillants, des forts en maths, des futurs ingénieurs et médecins. C'est le bac royal. Simon, mon fils, veut faire de la musique, c'est tout. Nous avons eu une discussion animée, et pour me faire plaisir, il a accepté de passer le bac C. Le conseil de classe sera-t-il d'accord? Les notes de mon fils en maths ne sont pas excellentes... Et puisque je suis le délégué des parents d'élèves, il faut aussi que je parle au nom des autres élèves. Ils ont toujours des tas d'idées, ces parents! Ils veulent que leurs enfants soient astronautes, chimistes, chanteurs d'opéra! Et c'est à moi de convaincre les professeurs! Ah, si je pouvais, je resterais chez moi!

—Bonjour, monsieur.
—Bonjour... Voilà, je suis M. Fabre, le délégué des parents d'élèves.
—Asseyez-vous.

Ça y est, je suis dans la salle des professeurs! Malheureusement, je suis en retard. Ils me regardent bizarrement. Je reconnais Mme Ducrot, le professeur de mathématiques. Elle n'a pas l'air commode° avec son tailleur gris! M. Dodu, le professeur d'anglais, est là, lui aussi.

—Vous êtes le père de Simon Fabre?
—Euh, oui.
—C'est un gentil garçon, Simon.
—Je vous remercie.
—Mais il est complètement nul en anglais!

---

délégué *representative;* **commode** *easy-going*

—Ah?

—Vous devriez l'obliger à travailler... ou bien l'envoyer en Angleterre pendant les vacances.

—Oui, c'est une bonne idée.

Aïe, ça commence bien! Si j'envoyais Simon en Angleterre, il serait furieux. Il ne verrait plus ses amis et ne pourrait plus répéter avec son groupe de musiciens!

—Bien, nous avons déjà assez perdu de temps. Nous allons commencer... Sylvie Brunetière?

—Excellente en français. Beaucoup de sérieux dans son travail.

—Pareil en histoire-géographie.

—Rien à lui reprocher en mathématiques.

—Brillante élève. Son anglais est irréprochable.

—Qu'est-ce que ses parents veulent qu'elle fasse?

—Bac C, puis université pour être médecin.

—Accordé... Suivant.

—Farouk Ben Jaoui.

—Garçon intelligent.

—Participe activement au cours de géographie et...

Ce n'est pas possible! Ils sont tous excellents, ces élèves! Je n'ai même pas besoin de les défendre. C'est merveilleux! A mon avis, c'est parce que ces professeurs sont sympa. Ils comprennent qu'il vaut mieux être indulgent. Ils ont raison. Simon n'est pas très bon élève, mais je suis sûr qu'ils voudront bien qu'il passe le bac C.

—Simon Fabre!

—Ah! Voilà un cas intéressant!

—Ah oui?

—Très intéressant! En physique, il a une moyenne de 0,5 sur 20°.

—En anglais, comme je l'ai dit, il est complètement nul.

—Nul aussi en biologie.

—Ne parlons pas de l'histoire-géo. Il ne sait même pas où se trouve la Bretagne.

—Vous êtes sûre? Parce que nous avons une maison en Bretagne et...

—Il ne sait pas qui est Molière°.

—Ça, ce n'est pas vrai! Nous sommes allés ensemble voir une pièce de Molière!

—En mathématiques, c'est la catastrophe.

—Pour conclure, c'est un élève qui n'écoute rien, ne comprend rien, ne fait rien et ne sait rien.

—Mais...

—Nous voulons connaître les intentions du père.

—Mes intentions?... Moi, je voudrais qu'il passe son bac C et qu'il entre dans une grande université° pour...

—Le bac C!

—Une grande université!

—Mais cher monsieur, je crois que vous rêvez! Et votre fils, qu'est-ce qu'il veut faire?

—Oh, lui, il n'aime que la musique.

—La musique? Tiens...

—C'est drôle, en cours, il passe son temps à taper sur sa table avec sa règle, comme un batteur°.

---

une moyenne de 0,5 sur 20 *an average of 1/2 out of 20 (a very poor grade);* *seventeenth-century French playwright;* **grande université** *top university;* *drummer*

Molière

batteur

—En histoire, il ne s'intéresse qu'à l'histoire du jazz.
—Un jour, en physique, il a écouté le cours : c'est la fois où j'ai parlé des problèmes d'acoustique.
—Il est bon en solfège°. Votre fils ferait mieux d'être musicien! C'est plus son genre!
—Oui, musicien! Vous savez, c'est un beau métier, M. Fabre!
—Mais vous n'y pensez pas! Il n'y a pas d'avenir dans la musique!
—Vous croyez qu'il y a de l'avenir en section C quand on est nul en mathématiques?
—Décidé! Simon Fabre sera musicien!... Suivant!
—Non, attendez! Vous ne pouvez pas décider de l'avenir de mon fils comme ça! C'est de la folie!... Eh, écoutez-moi!

Mais ils ne m'écoutent pas! C'est comme si je n'existais pas! Je crie : «Je suis le délégué des parents d'élèves! Je ne veux pas que mon fils soit musicien!» Mais qu'est-ce qu'ils ont? Ils rigolent!

C'est alors que je me suis réveillé, en sueur°. Simon était à côté de moi.

—Eh bien, papa, qu'est-ce que tu as? On t'entend crier dans toute la maison.
—Euh, ce n'est rien... Je crois que j'ai fait un cauchemar.
—Tu sais, si j'étais toi, je me dépêcherais parce que tu vas être en retard pour le conseil de classe.
—Oui, oui, je me dépêche... Dis, tu es sûr que tu veux passer le bac C?

Quelle est la situation?

1. Qui est le délégué des parents d'élèves à ce conseil de classe?
2. Qu'est-ce que le délégué des parents doit faire?
3. Où doit avoir lieu ce conseil?
4. A quel moment de l'année sommes-nous?
5. Pourquoi ce conseil est-il très important?

Qu'est-ce qu'ils en pensent?

1. Que voudrait Simon?
2. Que voudrait monsieur Fabre?
3. Que pensent les professeurs de Sylvie Brunetière et de Farouk Ben Jaoui?
4. Que pensent-ils de Simon?

Discussion

Comparez les systèmes d'éducation français et américain du point de vue de l'orientation des élèves. Qu'est-ce qui est différent? Parlez du redoublement, de l'importance des notes, du rôle des parents, du rôle des professeurs, du choix d'orientation des élèves.

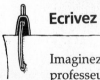

Ecrivez

Imaginez que vous soyez élève en France. Aujourd'hui, c'est le conseil de classe. Vos professeurs discutent de vos notes et décident de votre avenir. Ecrivez la conversation.

solfège *music class;* **en sueur** *in a sweat*

CHAPITRE 3

Moi et les autres

Ah, les copains! Ils sont irremplaçables!
Qu'est-ce qu'on ferait sans les copains? Au
lycée, au café, dans la rue, le week-end, la
semaine, on se voit, on se téléphone, on
s'amuse, on discute, on se dispute. C'est ça, la
vie avec les copains. Ce n'est pas merveilleux?

	In this unit you will:
SECTION A	hesitate, then accept or refuse suggestions . . . arrange to meet friends
SECTION B	apologize . . . accept apologies
FAITES LE POINT	use what you've learned
A LIRE	read for practice and pleasure

hesitating, then accepting or refusing suggestions . . . arranging to meet friends

Eric s'entend bien avec ses parents. Christelle, elle, se dispute parfois avec les siens. Et vous?
Comment ça va avec les vôtres? Et avec vos copains? Vous avez le même genre de rapports avec
tout le monde? Non, bien sûr. Tout le monde est différent.

A1

Moi et les autres 📼

Eric et Christelle se téléphonent pour faire plus ample connaissance.

CHRISTELLE	Tu connais Grégory depuis longtemps?
ERIC	Ah oui! On se connaît depuis l'âge de huit ans. C'est la personne avec qui je me sens le mieux.
CHRISTELLE	Et comment ça va avec ta famille? Moi, je m'entends bien avec la mienne.
ERIC	Moi aussi, mais ce n'est pas pareil. Je ne parle pas des mêmes choses avec Greg ou toi, qu'avec mes parents.
CHRISTELLE	Ah non? Avec les miens, on se dit tout.
ERIC	Je n'ai pas dit que...
CHRISTELLE	Parfois, on se dispute. Surtout avec ma mère. On a le même caractère. Il faut toujours qu'elle ait raison.
ERIC	Pas avec la mienne. Elle...
CHRISTELLE	Tu as des frères et des sœurs?
ERIC	Non, mais j'ai des cou...
CHRISTELLE	Moi, j'ai deux frères. Tu peux imaginer! Ils n'arrêtent pas de m'embêter. J'ai aussi des tas de cousins qui...
ERIC	Moi, les miens, ils...
CHRISTELLE	Oh, tu vas me laisser parler?
ERIC	Quoi? C'est toi qui me coupes toujours la parole!
CHRISTELLE	Moi! Ah, ça, c'est trop fort!
ERIC	Bon, ne te fâche pas! Je t'écoute!
CHRISTELLE	Non, tu ne m'écoutes pas! D'ailleurs, je dois m'en aller. Salut.
ERIC	Attends! Quand est-ce qu'on se voit?
CHRISTELLE	Je ne sais pas. On se téléphone... Bye.
ERIC	Ah, les filles!

A2   Activité • Qui est-ce?

D'après «Moi et les autres», qui... ?

1. s'entend bien avec ses parents
2. parle de tout avec ses parents
3. a le même caractère que sa mère
4. a des frères
5. a des cousins
6. coupe toujours la parole à l'autre

Activité • A votre avis

Voici quelques adjectifs. Lesquels *(which ones)* décrivent le mieux Eric et Christelle? Pourquoi?

A mon avis, Eric (Christelle) est... parce que...

ouvert	passionné	secret	romantique
bavard	tolérant	curieux	intelligent
égoïste	compréhensif	timide	spontané
attentif	amoureux	sensible	

Regardez les adjectifs. Quelles sont les cinq premières qualités que vous appréciez chez un(e) ami(e)? Comment faut-il qu'il/elle soit?

A4   Activité • A vous maintenant!

Regardez ce que fait Eric avec ses parents et ses copains. Et vous? Qu'est-ce que vous faites avec les vôtres? Parlez-en à un(e) camarade.

1. Eric et sa mère adorent parler ensemble.

2. Il va souvent au café avec des copains.

3. Tous les samedis, il fait du jogging
avec Grégory.

4. Son père et lui ont une même passion :
le cinéma.

A5  Activité • Ecrivez

En France, le sujet principal de dispute entre parents et enfants, c'est les études. Mais bien sûr, il y a d'autres raisons de se disputer : la télévision, la nourriture, les sorties, les vacances, les amis... Quels sont vos sujets de dispute avec vos parents? Avec vos amis? Quels sont vos arguments et ceux de vos parents ou de vos amis? Décrivez au moins deux disputes.

VOUS EN SOUVENEZ-VOUS?
Reflexive pronouns

You've been using reflexive pronouns with certain verbs. Do you recall these pronouns? Can you explain why they're called *reflexive* pronouns? Look at this sentence:

> Elle se repose.

What is the English equivalent of this sentence? Does the reflexive pronoun in this sentence have an English equivalent?

Now look at the following sentence:

> Ils se sont lavés.

What is the English equivalent of the reflexive pronoun in this sentence?

Do you remember that some verbs require a reflexive pronoun to complete their meanings? What are the French verbs that correspond to these English verbs: *to be mistaken, to get up, to have fun?*

A7 STRUCTURES DE BASE
Reciprocal pronouns

1. Of the reflexive pronouns **(pronoms réfléchis)**, you may also use the plural pronouns **nous, vous,** and **se** as reciprocal pronouns **(pronoms réciproques).**

2. **Nous, vous,** and **se** are *reflexive* when you use them to express the idea that subjects are doing something *to themselves, individually.*
   Nous nous lavons.   *We are washing (ourselves).*
   In the above sentence, each of us is washing himself/herself.
   Elles se lèvent.   *They get (themselves) up.*
   In the above sentence, each of them is getting (herself) up.

3. These same pronouns, **nous, vous,** and **se,** are *reciprocal* when you use them to express the idea that subjects are doing something *to each other* or *to one another.*
   Elles se parlent.   *They are talking to each other (one another).*
   Ils se voient souvent.   *They see each other (one another) often.*

4. You use the reciprocal pronoun that represents the subject. Obviously, to express *(to) each other* (two people) or *(to) one another* (more than two people), the subject of the verb will always be plural, so you should expect to use only **nous, vous,** or **se** as reciprocal pronouns.
   Nous nous écrivons.   *We write to each other (one another).*
   Vous vous téléphonez?   *Do you phone each other (one another)?*
   Elles se parlent.   *They are talking to each other (one another).*

5. Remember that the subject pronoun **on,** although it takes a singular verb, may refer to several people.
   On se voit rarement.   *We (They) rarely see each other (one another).*

6. Like a reflexive pronoun, a reciprocal pronoun may be the direct object of the verb.
   On se comprend.   *They (We) understand each other (one another).*
   It may also be the indirect object.
   Nous nous racontons des blagues.   *We tell each other (one another) jokes.*

A8 Activité • Interrogez Eric

Vous ne connaissez pas bien Eric. Vous lui posez des questions. Il répond en utilisant les pronoms réfléchis et réciproques. Faites le dialogue avec un(e) camarade.

—Il y a longtemps que vous vous connaissez, Grégory et toi?
—On se connaît depuis l'âge de huit ans.
—Tu t'entends bien avec tes parents?
—...
—Ta mère et toi, vous vous parlez souvent?
—...
—Vous vous ressemblez, ton père et toi?
—...
—Christelle et toi, vous vous retrouvez où, d'habitude?
—...
—Vous vous téléphonez souvent, Christelle et toi?
—...
—Vous vous disputez quelquefois?
—...

A9 Activité • Ecrit dirigé

Dans une lettre à un ami, Grégory parle de son copain Eric. Complétez sa lettre avec les verbes réciproques appropriés.

| se téléphoner | se connaître | se disputer |
| se comprendre | se parler | se voir |

Eric est formidable! On _____ depuis l'âge de huit ans. Tous les jours, on _____ au lycée, et le soir, on _____ pendant des heures. On _____ de tout : du cinéma, du lycée, et bien sûr, des filles! On _____ rarement, sauf quand on est amoureux de la même fille. Enfin, on _____ bien.

A10 Activité • A vous maintenant!

Demandez à un(e) camarade de classe comment sont ses rapports avec les gens. Posez-lui des questions sur ses parents, ses frères et ses sœurs, ses copains, ses meilleurs amis (réels ou imaginaires). Puis changez de rôle. Utilisez ces verbes réciproques.

—Ça marche avec tes parents?
—Oui, ça va. Avec ma mère, on...

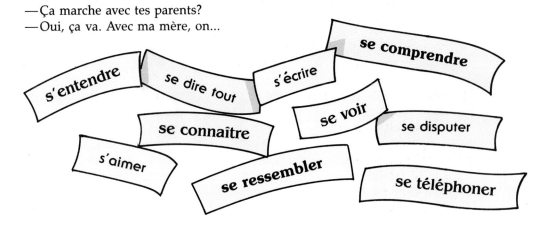

1. Possessive pronouns refer to nouns (people or things) preceded by a possessive adjective.

—Je m'entends bien avec **mes parents.**
—Moi, je me dispute souvent avec **les miens** *(mine).*

—**Ta sœur** va au lycée?
—Oui, et **la tienne** *(yours)*?

2. Possessive pronouns agree in gender and number with the nouns they refer to.

Singular	Plural
Masculine/Feminine	*Masculine/Feminine*
le mien/la mienne	**les miens/les miennes**
le tien/la tienne	**les tiens/les tiennes**
le sien/la sienne	**les siens/les siennes**
le nôtre/la nôtre	**les nôtres/les nôtres**
le vôtre/la vôtre	**les vôtres/les vôtres**
le leur/la leur	**les leurs/les leurs**

3. The contractions **du, des** and **au, aux** may be used before the masculine singular, masculine plural, and feminine plural possessive pronouns.

J'en ai parlé **à mon frère.** Elle en a parlé **au sien?**
Tu as écrit **à tes copains?** J'ai écrit **aux miens.**
Je me souviens **de mes anciennes amies.** Il se souvient **des siennes?**

Eric téléphone à Grégory. Complétez leur conversation en utilisant les pronoms possessifs.

—Salut, Greg. Mes parents veulent bien. Tu as demandé aux _____ ?
—Oui. _____ ne veulent pas que je sorte en semaine.
—Ah, c'est dommage! Dis, ma mob ne marche plus. Tu pourrais me prêter _____ ?
—Ce n'est pas _____ . Elle est à mon frère.
—Ah bon? Je croyais que c'était _____ .
—Non, c'est _____ . Mais il voudra bien que tu la prennes.

Imaginez ce que ces personnes disent. Utilisez des pronoms possessifs.

1.

2.

3.

Au café 📼

A14

Après les cours, Christelle, Fabienne, Grégory et Eric aiment se retrouver au café. Mais il arrive un moment où il faut se quitter.

FABIENNE	Bon, il faut s'en aller.
ERIC	Quand est-ce qu'on se voit? Vous êtes libres demain?
FABIENNE	Euh... C'est-à-dire que...
CHRISTELLE	Moi, j'ai quelque chose de prévu.
GRÉGORY	Allez, les filles! Ça vous dit d'aller au cinéma?
FABIENNE	O.K. Ça va. On se retrouve où?
GRÉGORY	On peut se donner rendez-vous devant le cinéma.
ERIC	Quel film on va voir? Tu as une idée?
GRÉGORY	Non, je ne sais pas très bien.
FABIENNE	On n'a qu'à se téléphoner demain.
ERIC	C'est d'accord. Tu viens avec nous, Christelle?
CHRISTELLE	Je t'ai dit que je ne suis pas libre.
ERIC	Allez, viens!
CHRISTELLE	Non, je suis prise. Salut.
GRÉGORY	Qu'est-ce qu'elle a, Christelle?
ERIC	Je ne sais pas. L'autre jour, on s'est disputés. Depuis, elle fait la tête.
GRÉGORY	Ne t'inquiète pas. Ça s'arrangera.

A15   Activité • Actes de parole

Dans «Au café», trouvez des expressions pour...

1. quitter ses amis.
2. demander un rendez-vous.
3. hésiter.
4. accepter une invitation.
5. refuser une invitation.
6. proposer un rendez-vous.
7. insister.
8. rassurer quelqu'un.

A16   Activité • A vous maintenant!

Vous proposez à un(e) camarade de faire quelque chose. Il/Elle refuse. Vous insistez, mais il/elle trouve une bonne raison. Faites le dialogue.

—Tu veux partir en vacances (aller au cinéma demain) (jouer aux échecs) avec moi?
—Non, je ne peux pas.
—Pourquoi? Allez, viens!
—Non, je dois travailler. (Mes parents veulent que...) (Il faut que je...)

A17   Activité • Et vous?

D'habitude, qu'est-ce que vous faites après le lycée ? Où est-ce que vous aimez vous retrouver, vous et vos copains? Citez les activités et les endroits par ordre de préférence.

Moi et les autres   **55**

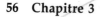
Le café est un endroit typique de la vie française. C'est un lieu agréable : en hiver, il y fait chaud, et en été, quand les chaises et les tables sont dehors, on peut profiter du soleil et du spectacle de la rue. Les écrivains, les artistes ou les hommes politiques ont leurs cafés. A Paris, les cafés le Flore et les Deux Magots sont célèbres parce que des écrivains américains (Ernest Hemingway, F. Scott Fitzgerald...) et français (Jean-Paul Sartre, Simone de Beauvoir...) y venaient pour discuter et écrire.

A proximité des lycées et des universités, il y a toujours des cafés où se retrouvent les lycéens et les étudiants. Ils y viennent pour manger des sandwiches, discuter, faire leurs devoirs ou tout simplement pour passer le temps. Leurs cafés préférés sont ceux où ils ne sont pas obligés de trop consommer.

A19   COMMENT LE DIRE

Hesitating, then accepting or refusing suggestions

HESITER	ACCEPTER	REFUSER
Euh... A vrai dire... C'est-à-dire que... Je ne sais pas très bien.	Oui, je suis libre. C'est d'accord. Ça va. Je n'ai rien de prévu.	Non, je suis pris(e). Je ne suis pas libre. J'ai quelque chose de prévu.

Arranging to meet friends

FIXER UN RENDEZ-VOUS	
Où est-ce qu'on se retrouve? A quelle heure est-ce qu'on se donne rendez-vous? Quand est-ce qu'on se téléphone? Quand est-ce qu'on se voit?	On peut se retrouver au cinéma. On se donne rendez-vous à sept heures. On n'a qu'à se téléphoner demain. On se voit ce soir.

Activité • Si on sortait?

Avec des amis, vous décidez de sortir ensemble samedi, et vous regardez le programme des activités culturelles dans le journal. Mais ce n'est pas facile : personne n'est libre en même temps. Vous essayez quand même de vous donner rendez-vous et de fixer l'endroit et l'heure. Faites une conversation en groupe. Utilisez les expressions présentées dans A19.

—Si on allait... ?
—C'est-à-dire que... (C'est d'accord.) (Je ne suis pas libre.)
—Bon. Où est-ce qu'on se retrouve?
—...

★ ★ ★ ★ ★ ★ ★ ★ SPECTACLES ★ ★ ★ ★ ★ ★ ★ ★

DANSE

Rudolf Noureev
«Raymonda», d'après
Marius Petitpa.
Opéra de Paris.
jusqu'au 17/11.

American Indian Dance Theatre
Chants et danses des nations
indiennes d'Amérique du Nord.
Casino de Paris.
A partir du 25/11.

CINEMA

Gaumont Ambassade, 50, av. des
Champs-Elysées. Pl. : 37F.
TR 27F : lundi étu., CV, FN du
dim. 20h au ven. 18h, - de 18 ans
du dim. 20h au mar. 18h.
1) *Séances : 14h15, 17h15, 21h.*
Film 20 mn après (pl. : 40 et 30F) :
   Pelle le conquérant (vo)
2) *Séances : 11h35 (sf dim.),*
13h40, 15h45, 17h50, 19h55,
22h. Film 20 mn après. Sam.
séance suppl. à 0h05 :
   Qui veut la peau de Roger
   Rabbit? (vo)

THEATRE

Le Retour au désert
Bernard-Marie Koltès
Théâtre Renaud-Barrault
Ma-sam 20h30 (Sam-dim 17h)
120-180F.

Réveille-toi, Philadelphie
François Billedoux
Théâtre de la Colline
20h30 (sam 15h, dim 17h30)
Sauf lun. 75 à 110F.
Jusqu'au 18/11.

MUSIQUE

Village Rock.
Du 11 au 17 novembre,
concerts de 11 à 18h (4 groupes).
Tremplin, 18h30 à 21h30.
Parc Expositions.
Porte de Versailles.
Hall 7.
Niveau 1.

Huey Lewis And The News
Palais Omnisports de Bercy
8 bd de Bercy,
20h. Loc. Bercy.
140F. 25/11.

Activité • Qu'est-ce qu'on fait?

Ce week-end, vous avez envie de faire quelque chose avec un(e) camarade. Proposez-lui quelque chose. Il/Elle hésite, puis accepte ou refuse. Finalement, vous vous mettez d'accord.

Activité • Ecoutez bien

Christelle téléphone à son amie Fabienne. Ecoutez-la parler. Dites ensuite si les phrases suivantes sont vraies ou fausses. Corrigez les phrases incorrectes d'après la conversation.

1. Christelle a envie de voir Fabienne.
2. Christelle et Fabienne vont se voir aujourd'hui.
3. Christelle s'est disputée avec sa mère.
4. Le père de Christelle va bien.
5. Elles vont se téléphoner demain soir.

apologizing . . . accepting apologies

Vous avez déjà eu des conflits avec quelqu'un? Oui, sans doute. Les relations avec les autres ne sont pas toujours parfaites. Dans ces cas-là, on aimerait se réconcilier, mais ce n'est pas facile de faire le premier pas.

B1

Confidences 📼

Quand Christelle a besoin de se confier, elle écrit à Nathalie, une amie d'enfance, qui habite maintenant à Lyon.

Chère Nathalie,

Comment vas-tu ? J'espère que tu t'es réconciliée avec Benjamin. Tu sais, c'est normal de se disputer de temps en temps. Vous ne vous connaissez pas depuis longtemps. Tu ne devrais pas t'inquiéter.

Moi, avec Éric, ça ne va pas très bien. Je t'ai déjà parlé de lui. On s'est rencontrés au lycée. Il est drôlement sympa, assez mignon, mais il a un sale caractère ! La semaine dernière, on s'est disputés pour une bêtise. Depuis, on s'est revus, mais ce n'est plus la même chose. Avant, on s'entendait bien. Maintenant, on ne se parle plus. Quand je suis avec lui, je ne suis pas à l'aise. Aujourd'hui, il m'a proposé d'aller au cinéma avec lui et des copains. Comme une idiote, j'ai refusé. Je ne sais vraiment plus quoi faire. Si tu étais là, tu pourrais m'aider. Peut-être que je ferais mieux de lui téléphoner ? Enfin, je t'ennuie avec mes histoires. Tu dois me trouver ridicule, comme toutes les amoureuses !
Bises,
Christelle

B2 Activité • Complétez

Complétez les phrases suivantes d'après la lettre de Christelle.

1. Christelle écrit à Nathalie pour...
2. Avant, Nathalie et Benjamin...
3. Maintenant, Christelle et Eric...
4. Christelle a refusé...
5. Si Nathalie était là,...
6. Pour se réconcilier avec Eric, Christelle...

B3 Activité • Ecrivez

Répondez à Christelle. Donnez-lui au moins cinq conseils pour se réconcilier avec Eric. Utilisez les expressions suivantes.

Tu devrais...   Tu pourrais...
Tu ferais bien de...   Si j'étais à ta place, je...

B4 Activité • A vous maintenant!

Un(e) ami(e) se trouve dans des situations impossibles. Il/Elle vous demande conseil. Vous lui répondez.

1. Votre ami(e) aimerait inviter un(e) ami(e) à une soirée, mais il/elle n'ose pas.
2. Votre ami(e) a rencontré quelqu'un qu'il/elle voudrait revoir, mais il/elle ne sait pas comment faire.
3. Votre ami(e) est amoureux (amoureuse) de la même personne que vous.
4. Votre ami(e) est amoureux (amoureuse) de quelqu'un, mais cette personne ne le sait pas.

B5 STRUCTURES DE BASE
Reciprocal pronouns with the passé composé

If you use a reciprocal pronoun with the **passé composé** of a verb, you must use **être** as the auxiliary verb. Remember to make the past participle agree in gender and number with the preceding reciprocal pronoun, if the pronoun is the direct object of the verb.

Ils **se** sont regardés.   *but*   Ils **se** sont téléphoné.
Elles **se** sont revu**es**.   *but*   Elles ne **se** sont pas parlé.

B6 Activité • Qu'est-ce qui s'est passé?

Christelle vous raconte son aventure avec Eric. Complétez le dialogue en utilisant les verbes entre parenthèses au passé composé.

VOUS	Où est-ce que vous (se connaître)?
CHRISTELLE	On (se rencontrer) au lycée.
VOUS	Et vous (se revoir)?
CHRISTELLE	Oui, on (se revoir) et on (se disputer).
VOUS	Vous (ne pas se réconcilier)?
CHRISTELLE	Non, on (se retrouver) au café et on (se quitter) sans se donner rendez-vous.
VOUS	Vous (se téléphoner)?
CHRISTELLE	Non, on (ne pas se téléphoner).

Regardez les dessins, et racontez l'histoire des deux personnages en utilisant les verbes au passé composé.

1. se rencontrer

2. s'aimer

3. se disputer

4. se téléphoner

5. se donner rendez-vous

6. se parler

7. se disputer de nouveau

8. se quitter définitivement

Activité • Ecrit dirigé

Ecrivez l'histoire dans B7 comme si c'était la vôtre. Utilisez le pronom **on**.

B9 Activité • A vous maintenant!

Pensez à une dispute (réelle ou imaginaire) que vous avez eue récemment. Dites à la classe avec qui vous vous êtes disputé(e), pour quelle raison et comment vous vous êtes réconcilié(e)s.

passé composé
who you disputed w/ what problem was, + how you solved it

B10 La réconciliation 📼

Finalement, Christelle a téléphoné à Eric. Ils se sont donné rendez-vous pour aller au cinéma. En attendant le bus, ils s'expliquent.

ERIC	Je m'excuse pour la dernière fois.
CHRISTELLE	Allez, ce n'est pas grave.
ERIC	Si. J'ai été stupide de me fâcher.
CHRISTELLE	Mais non, c'est de ma faute. Je suis désolée. Je ne sais pas pourquoi je me suis énervée.
ERIC	Ça ne fait rien.
CHRISTELLE	Je sais que j'ai un sale caractère.
ERIC	Mais non! Tu...
CHRISTELLE	Si, tout le monde le dit. Ma mère...
ERIC	Je ne suis pas d'accord. Je trouve que...
CHRISTELLE	Dis, tu me laisses parler?
ERIC	Mais... Stop! On arrête!
CHRISTELLE	Tu as raison, on ne va pas recommencer... Excuse-moi.
ERIC	Oh, ce n'est rien.
CHRISTELLE	Si on parlait d'autre chose? Tu sais quel film on va voir?
ERIC	Non... Ah, si! Un film de Truffaut!

B11 Activité • Répondez

Répondez aux questions suivantes d'après «La réconciliation».

1. Qu'est-ce qu'Eric s'excuse d'avoir fait?
2. Et Christelle, de quoi est-ce qu'elle s'excuse?
3. D'après Christelle, qu'est-ce que sa mère dit d'elle?
4. Pourquoi est-ce qu'Eric crie : «Stop!»?
5. Pensez-vous qu'ils vont voir le film qu'Eric a choisi?

Activité • A vous maintenant!

Un(e) de vos camarades veut aller au cinéma avec son ami(e), mais il/elle ne sait pas quel film voir. Donnez-lui des conseils.

> —Vous devriez aller voir...
> —Ah oui? Pourquoi?
> —Parce que...

B13   **Savez-vous que... ?**

François Truffaut (1932–1984) est un réalisateur *(director)* de cinéma français très apprécié par les jeunes. Il a commencé par être critique de cinéma, et dans les années cinquante, il a fait connaître le cinéma américain au public français. François Truffaut et un autre réalisateur, Jean-Luc Godard, ont lancé «la nouvelle vague» de cinéastes au début des années soixante.

Le premier film de Truffaut, *Les Quatre Cents Coups* (1959), l'a rendu célèbre dans le monde entier. Il a fait une série de films pour montrer, avec humour, la difficulté des relations entre les gens.

Le jeune acteur Jean-Pierre Léaud dans *Les Quatre Cents Coups*

B14   **Activité • Et vous?**

1. Connaissez-vous des réalisateurs de cinéma?
3. Quels films ont-ils faits?
2. Quels sont vos réalisateurs de cinéma préférés? Pourquoi?

B15   **Activité • Rendez-vous manqué**

Regardez ce dessin, et racontez l'histoire. Imaginez avec qui et pourquoi cet homme s'est donné rendez-vous, pourquoi cette personne n'est pas là et ce qui va arriver ensuite.

COMMENT LE DIRE
Apologizing and accepting apologies

S'EXCUSER	ACCEPTER LES EXCUSES
Je m'excuse pour la dernière fois.	Ce n'est pas grave.
Je suis désolé(e) d'être en retard.	Ce n'est rien.
Pardonne-moi de ne pas t'avoir téléphoné.	Ça ne fait rien.
Excuse-moi de m'être fâché(e).	Je te pardonne.
	C'est de ma faute.

B17 Activité • **Quel embarras!**

Vous avez complètement oublié votre rendez-vous avec un(e) ami(e). Votre ami(e) accepte volontiers vos excuses, mais vous êtes vraiment embarrassé(e). Vous inventez des raisons. Il/Elle veut vous arrêter, mais vous continuez à trouver des excuses.

—Je suis vraiment désolé(e) de ne
   pas être venu(e) au rendez-vous...
—Ce n'est pas grave...
—Si, excuse-moi. Je voulais venir mais...
—Ce n'est rien.
—Et puis, je...

> **Vos raisons**
> Vous avez oublié.
> Vous faisiez vos devoirs.
> Vos parents ne voulaient pas.
> Vous aviez un autre rendez-vous.
> Vous avez raté l'autobus.

B18 Activité • **Faites des excuses**

Trouvez des excuses pour chacune des situations suivantes. Un(e) camarade vous répond. Jouez la situation, et inversez ensuite les rôles.

1. Vous avez emprunté des disques à un copain. Vous deviez les lui rendre dans la semaine. Il vous téléphone un mois plus tard. Vous ne lui avez toujours pas rendu ses disques.
2. Vous avez rendez-vous avec votre mère à six heures pour faire des courses. A sept heures, vous êtes encore au café avec des copains. Vous retrouvez votre mère à sept heures et demie.
3. Une de vos amies a des problèmes. Elle vous a demandé de lui téléphoner le soir. Vous avez oublié. Vous l'appelez le lendemain.
4. Vous vouliez aller voir un match de foot, mais votre ami(e) voulait aller au cinéma. Vous vous êtes disputé(e)s et chacun(e) est parti(e) de son côté. Vous lui téléphonez quelques jours plus tard.

B19 Activité • **Ecoutez bien**

Ecoutez cette conversation entre deux amis qui se retrouvent. Ensuite, pour chaque paire de phrases, choisissez la phrase qui est vraie d'après la conversation.

1. Paul et sa femme sont en forme. ✗
   Paul n'est pas en forme.
2. André est marié depuis vingt ans.
   André cherche une femme. ✗
3. Paul a rencontré sa femme dans un bal. ✗
   Paul et André se sont rencontrés dans un bal.
4. La femme d'André est belle.
   André veut une belle femme. ✗
5. Paul trouve qu'André a raison.
   André pense qu'il a raison. ✗

using what you've learned

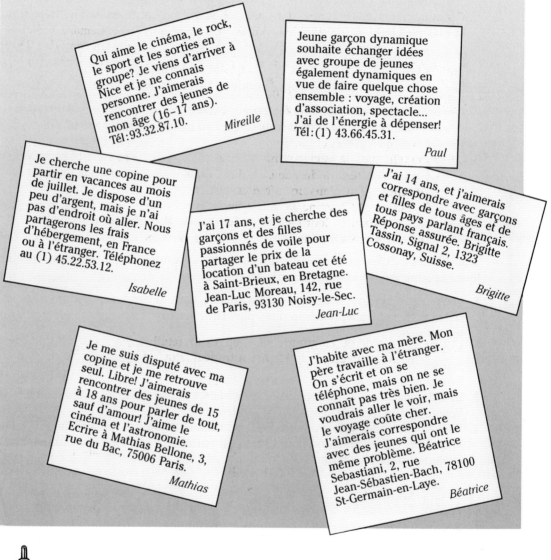

1 Contacts 📼

Un bon moyen de trouver des amis ou des correspondants est de mettre une petite annonce dans un magazine pour jeunes.

Qui aime le cinéma, le rock, le sport et les sorties en groupe? Je viens d'arriver à Nice et je ne connais personne. J'aimerais rencontrer des jeunes de mon âge (16–17 ans).
Tél: 93.32.87.10.
Mireille

Jeune garçon dynamique souhaite échanger idées avec groupe de jeunes également dynamiques en vue de faire quelque chose ensemble : voyage, création d'association, spectacle...
J'ai de l'énergie à dépenser!
Tél: (1) 43.66.45.31.
Paul

Je cherche une copine pour partir en vacances au mois de juillet. Je dispose d'un peu d'argent, mais je n'ai pas d'endroit où aller. Nous partagerons les frais d'hébergement, en France ou à l'étranger. Téléphonez au (1) 45.22.53.12.
Isabelle

J'ai 17 ans, et je cherche des garçons et des filles passionnés de voile pour partager le prix de la location d'un bateau cet été à Saint-Brieux, en Bretagne. Jean-Luc Moreau, 142, rue de Paris, 93130 Noisy-le-Sec.
Jean-Luc

J'ai 14 ans, et j'aimerais correspondre avec garçons et filles de tous âges et de tous pays parlant français. Réponse assurée. Brigitte Tassin, Signal 2, 1323 Cossonay, Suisse.
Brigitte

Je me suis disputé avec ma copine et je me retrouve seul. Libre! J'aimerais rencontrer des jeunes de 15 à 18 ans pour parler de tout, sauf d'amour! J'aime le cinéma et l'astronomie. Ecrire à Mathias Bellone, 3, rue du Bac, 75006 Paris.
Mathias

J'habite avec ma mère. Mon père travaille à l'étranger. On s'écrit et on se téléphone, mais on ne se connaît pas très bien. Je voudrais aller le voir, mais le voyage coûte cher. J'aimerais correspondre avec des jeunes qui ont le même problème. Béatrice Sebastiani, 2, rue Jean-Sébastien-Bach, 78100 St-Germain-en-Laye.
Béatrice

2 Activité • Ecrivez

1. Répondez à une des annonces dans «Contacts». Parlez de vous, de votre famille et de vos copains. Dites ce que vous aimez faire.
2. Vous voulez rencontrer des gens. Ecrivez une petite annonce.

3 Activité • On vous répond

Quelqu'un a répondu à votre annonce. Vous lui téléphonez pour décider de ce que vous allez faire et pour fixer un rendez-vous. Utilisez les expressions que vous avez apprises dans A19. Faites le dialogue avec un(e) camarade.

4 Activité • Mini-scénarios

La télévision est pleine de feuilletons. Voici le résumé de quelques épisodes de l'un d'eux. Imaginez les situations, et jouez les rôles de Christine, Michel, Patricia et Jean-Pierre avec plusieurs camarades.

1. Christine a rencontré Michel dans une soirée. Ils ont dansé ensemble. Ils se sont quittés tard et se sont donné leur numéro de téléphone. Le lendemain, Christine a attendu un coup de téléphone de Michel, et Michel a attendu un coup de téléphone de Christine. Finalement, ils ne se sont pas téléphoné. Christine raconte son histoire à Patricia et lui demande des conseils. Michel fait de même avec Jean-Pierre.
2. Christine et Michel se revoient. Ils vont voir un film ensemble. A la sortie, ils se disputent. Christine a aimé le film, mais Michel l'a détesté. Ils se quittent fâchés. Christine demande à Michel quand ils vont se revoir, et lui, il répond : «Je ne sais pas. On n'a qu'à se téléphoner!»
3. Christine téléphone à Michel pour s'excuser. Elle dit pourquoi elle s'est énervée. Michel aussi s'excuse : il dit que c'est de sa faute. Ils décident de se revoir et se donnent rendez-vous dans un café pour discuter.
4. Au café, Michel et Christine se réconcilient. Ils parlent de ce qu'ils ont fait pendant la semaine. Ils parlent de leur famille, de leurs amis. Bref, ils font connaissance.
5. Christine téléphone à son ami Patricia pour lui raconter son aventure. Michel fait de même avec Jean-Pierre.

5 Activité • Ecrivez

Avec un(e) camarade ou en groupe, développez un feuilleton en plusieurs épisodes avec au moins quatre personnages. Puis écrivez votre feuilleton, et ensuite, jouez-le pour la classe.

Soignez votre style

Voilà des phrases que votre professeur de français a écrites au tableau. Transformez-les en un style plus formel en utilisant les mots suivants.

1. Ça boume entre tes parents et toi?
2. Vous vous voyez où, d'habitude?
3. Ma mob ne marche plus. Tu pourrais pas me prêter la tienne?
4. On va au cinoche demain.
5. J'ai pas le temps, j'ai du boulot.

s'entendre   cinéma   en panne   se rencontrer   travail

VERIFIONS!

SECTION A

Savez-vous utiliser les pronoms réciproques?
Mettez les verbes entre parenthèses au présent en ajoutant un pronom réciproque.

1. Christelle et moi, on (voir) ce soir à six heures.
2. Avec Grégory, c'est fantastique! Nous (regarder) et nous (comprendre) tout de suite.
3. Mes parents ne (disputer) jamais.
4. D'habitude, Nathalie et toi, vous (retrouver) chez des amis?
5. Fabienne et Grégory (donner) rendez-vous devant le cinéma.
6. Eric et ses copains (téléphoner) tous les jours.

Savez-vous fixer un rendez-vous?
Complétez le dialogue en utilisant les verbes **se retrouver, se donner rendez-vous** et **se voir**.

—Salut, alors... ?
—Ce week-end, je n'ai rien à faire.
—D'accord... où?
—Chez moi, c'est plus pratique.
—A quelle heure... ?
—Viens à cinq heures. On aura le temps de se parler.

Savez-vous utiliser les pronoms possessifs?
Remplacez les mots soulignés par des pronoms possessifs.

Eric s'entend très bien avec sa mère. Moi, avec ma mère, ça ne marche pas toujours très fort. Eric a vraiment de la chance! Son père lui pose rarement des questions. Mon père, c'est le contraire. Il me demande toujours ce que je fais. Les copains d'Eric lui téléphonent. Mes copains sont très gentils, mais on s'appelle rarement. Eric, il voit son meilleur ami tous les jours. Moi, mon meilleur ami habite à l'étranger. Et vous, votre meilleur ami, vous le voyez quand?

SECTION B

Savez-vous former le passé composé avec les pronoms réciproques/réfléchis?
Ecrivez les phrases suivantes en mettant les verbes au passé composé.

1. Eric et Christelle se parlent.
2. Ils se disputent.
3. Christelle s'excuse.
4. Ils se réconcilient.

Savez-vous faire des excuses et répondre quand on vous en fait?
Faites des excuses et des réponses dans les situations suivantes.

1. Vous avez oublié de téléphoner à votre mère.
2. Un(e) ami(e) vous a attendu(e) pendant une heure.
3. L'autre jour, vous vous êtes fâché(e) avec quelqu'un.

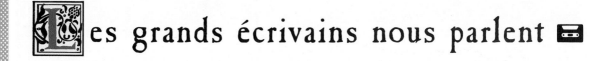

Les grands écrivains nous parlent 📼

Moi et les autres! Les rapports humains! De grands auteurs français du XVIIᵉ siècle —
moralistes, philosophes, romanciers, poètes, dramaturges — ont beaucoup écrit à ce propos.

Avant de lire

1. Pensez à quelqu'un avec qui vous vous entendez bien. Pourquoi est-ce que vous
avez de bonnes relations avec cette personne?

2. Ensuite, pensez à quelqu'un avec qui vous ne vous entendez pas bien. Pourquoi est-ce
que vos rapports avec cette personne ne sont pas bons?

Les Ficanas
Par LACOMBE et CUADRADO

TU SAIS, UN GRAND HOMME A DIT : "S'AIMER, CE N'EST PAS SE REGARDER L'UN ET L'AUTRE....

...MAIS REGARDER DANS LA MÊME DIRECTION".

QU'EST-CE QU'IL Y A CE SOIR À LA TÉLÉ?

Nous aurions souvent honte° de nos plus belles actions, si le monde voyait
tous les motifs qui les produisent.
 — La Rochefoucauld, *Maximes*, 1665

Personne ne parle de nous en notre présence comme il en parle en notre
absence.
 — Pascal, *Pensées*, 1657

ALCESTE Je veux que l'on soit homme, et qu'en toute rencontre
Le fond de notre cœur dans nos discours se montre;
Que ce soit lui qui parle, et que nos sentiments
Ne se masquent jamais sous de vains compliments.

PHILINTE Serait-il à propos° et de la bienséance°
De dire à mille gens tout ce que d'eux l'on pense?
 — Molière, *Le Misanthrope*, 1666

Qu'un ami véritable est une douce chose!
Il cherche vos besoins au fond de votre cœur;
Il vous épargne° la pudeur°
De les lui découvrir vous-même.
Un songe°, un rien, tout lui fait peur
quand il s'agit de° ce qu'il aime.
 — La Fontaine, *Fables*, 1668–1692

---

honte *shame;*   **à propos** *appropriate;*   **bienséance** *decorum;*   **épargne** *spares;*
pudeur *embarrassment;*   **songe** *dream, thought;*   **il s'agit de** *it's a question of*

SECTION A

aller : s'en aller   *to leave*
ample : faire plus ample connaissance   *to get better acquainted*
arranger : Ça s'arrangera.   *Things will turn out all right.*
attentif, -ive   *attentive*
bavard, -e   *talkative*
le **caractère**   *personality*
compréhensif, -ive   *understanding*
couper : couper la parole   *to interrupt*
se fâcher   *to get angry*
fort : Ça, c'est trop fort!   *That's going too far!*
irremplaçable   *irreplaceable*
laisser   *to allow, let*
le **leur, les leurs, la leur, les leurs**   *theirs*
le **mien, les miens, la mienne, les miennes**   *mine*

le **nôtre, les nôtres, la nôtre, les nôtres**   *ours*
prévu : quelque chose de prévu   *something planned*
les **rapports** (m.)   *relationships*
se retrouver   *to get together*
romantique   *romantic*
secret, secrète   *secretive*
sensible   *sensitive*
le **sien, les siens, la sienne, les siennes**   *his, hers*
spontané, -e   *spontaneous*
tête : faire la tête   *to sulk*
le **tien, les tiens, la tienne, les tiennes**   *yours*
tolérant, -e   *tolerant*
le **vôtre, les vôtres, la vôtre, les vôtres**   *yours*

SECTION B

un **cas**   *case*
les **confidences** (f.)   *confidences*

se confier à   *to confide in*
un **conflit**   *conflict*
s'énerver   *to get upset*
ennuyer   *to bore*
s'excuser de   *to excuse oneself for*
une **faute**   *fault, mistake*
un(e) **idiot(e)**   *idiot*
le **pas**   *step*
la **réconciliation**   *reconciliation*
se réconcilier   *to reconcile, make up*
les **relations** (f.)   *relations, relationships*
rendez-vous : se donner rendez-vous   *to agree to meet somewhere*
sale (fam.)   *nasty*
stupide   *stupid*

Pièges à éviter

When you read French, you'll want to be able to tell when the object pronouns **me, te, nous,** and **vous** are used in a reflexive/reciprocal sense. Study these sentences:

Je me parle.   *I talk to myself.*
Elles me parlent.   *They talk to me.*

Notice that in the first sentence, both the object pronoun **me** and the subject pronoun **je** represent the same person. Therefore, **me** is used in the reflexive sense. In the second sentence, the object pronoun **me** and the subject pronoun **elles** represent different people, so **me** is neither reflexive nor reciprocal.

In the following pairs of sentences, can you tell whether or not the object pronoun is used in the reflexive/reciprocal sense?

Tu t'es amusé(e)?   **Ils nous rencontrent.**
Ça t'a amusé(e)?   **Nous nous rencontrons.**

Je m'ennuie.   **Vous vous soignez?**
Il m'ennuie.   **Elle vous soigne?**

Nous voulons juger de nous, nous en sommes trop près; nous voulons juger des autres, nous en sommes trop loin.

— Fontenelle, *Entretiens sur la pluralité des mondes*, 1686

∽∞∽

L'on ne peut aller loin dans l'amitié, si l'on n'est pas disposé à se pardonner les uns aux autres les petits défauts. Les manières, que l'on néglige comme de petites choses, sont souvent ce qui fait que les hommes décident de vous en bien ou en mal : une légère attention à les avoir douces et polies° prévient° leurs mauvais jugements.

— La Bruyère, *Les Caractères*, 1688

Qui a dit que (qu')... ?

1. il y a des gens qui parlent différemment de nous en notre absence
2. il faut pardonner les défauts à nos amis
3. on ne peut pas dire aux autres tout ce que l'on pense d'eux
4. nous sommes trop proches pour pouvoir nous juger
5. on peut accomplir une bonne action pour des motifs douteux
6. un ami véritable devance *(anticipates)* nos besoins

A vous maintenant!

Pour chaque écrivain, illustrez la réalité de chaque pensée par un exemple.

Et vous?

Racontez une relation que vous avez eue avec quelqu'un et qui illustre la pensée de Pascal, la maxime de La Rochefoucauld ou ce que dit l'un des autres grands écrivains.

Ecrivez

Ecrivez en deux ou trois lignes vos réflexions sur les rapports humains.

polies *polite;* **prévient** *prevents*

Les Quatre Cents Coups° ▣

oici le résumé du premier long métrage *(full-length film)* du réalisateur François Truffaut. Le titre est tiré de l'expression «faire les quatre cents coups» qui veut dire *to lead a reckless, disordered life*. *Les Quatre Cents Coups*, c'est le monde des enfants mal compris par les adultes, monde que François Truffaut lui-même a connu.

Avant de lire

Il est normal que les adolescents exercent leur indépendance en se créant une identité. Quelquefois, un esprit de révolte se manifeste par des actes antisociaux.
1. Pouvez-vous citer quelques-uns de ces actes?
2. A votre avis, quelles sont les causes de la conduite antisociale parmi les jeunes?

Nous sommes dans une des salles de classe d'une école du 18ème arrondissement°, un quartier pauvre de Paris. Le professeur a fort à faire°. Ses élèves sont turbulents. Ils n'écoutent pas, parlent entre eux et regardent des journaux pendant son cours. Exaspéré, il décide de sévir°, et il punit un jeune garçon qui n'a rien fait : Antoine Doisnel.

Antoine n'est pas à l'aise dans cette classe. Il se sent un peu différent de ses camarades car il vient d'un autre lycée. Il n'est pas encore bien intégré.

Est-ce que les choses vont mieux chez lui? Malheureusement non! Son père est un petit employé à l'esprit étroit°, sans culture, qui croit aimer son fils mais qui ne le comprend pas. Il ne s'intéresse pas à son travail, ni à ce qu'Antoine aime. Il ne sait pas parler avec lui ni l'écouter. Si bien que lorsqu'Antoine a un problème, il ne se confie jamais à son père.

Sa mère est très occupée. Elle n'a pas le temps de s'occuper de lui. Elle aussi a ses propres problèmes, son travail, sa relation avec son mari.

De plus, la maison est triste. Il n'y a ni livres ni disques. Antoine n'a pas d'endroit à lui pour travailler. Il fait ses devoirs sur la table de la salle à manger. Rien chez lui qui puisse lui plaire, l'intéresser, lui donner envie de rester chez lui pour se distraire°, travailler ou discuter avec ses parents.

Dès qu'il prend ses livres, sa mère lui dit :

«Ce n'est pas le moment! Tu vas me faire le plaisir de débarrasser la table et de mettre le couvert.»

Aussi Antoine va-t-il perdre son intérêt pour l'école, et s'arranger une vie à lui, en dehors de ses parents. Truffaut nous montre alors comment l'enfant va être pris par l'engrenage° de la solitude, de l'abandon moral jusqu'à la délinquance.

---

70 Chapitre 3

coups *blows, hits;* **18ème arrondissement** *borough in the north of Paris, including Montmartre;*
fort à faire *a lot to do;* **sévir** *to deal severely with someone;* **à l'esprit étroit** *narrow-minded;*
se distraire *to enjoy himself;* **engrenage** *chain*

Le premier pas, c'est quand il manque l'école : un matin, sa mère le réveille brutalement. Il part en colère° et, dans la rue, rencontre un camarade, René. Antoine est en retard et n'ose pas aller à l'école. Ils décident de faire l'école buissonnière°.

René lui propose d'aller d'abord au cinéma et de payer avec l'argent donné par son père pour la cantine. A midi, ils mangent du pain et du chocolat puis vont se promener.

Ils commencent par la tour Eiffel. Tout leur semble neuf°. Ils sont heureux. Puis ils arrivent dans une fête foraine°. Ils regardent les gens, montent sur des manèges, s'amusent. Mais, soudain, Antoine aperçoit° sa mère. Elle est en train de se promener la main dans la main avec un homme qui n'est pas son père. Antoine la regarde disparaître°. Puis, il quitte son ami et rentre chez lui sans un mot. A partir de ce moment°, il n'est plus le même.

Le jour suivant, il veut aller à l'école. Il lui faut un mot d'excuse qu'il n'ose pas demander à son père car il ne lui a pas dit qu'il avait manqué. René lui dit d'écrire un mot lui-même. Sans savoir ce que c'est, il fait un faux.

En rentrant le soir, son père le prévient° que sa mère rentrera tard «à cause de son travail». Antoine a compris et il commence à mépriser° son père qui, lui, ne sait toujours rien.

Quand il se couche, sa mère n'est pas encore rentrée. Beaucoup plus tard, il l'entend. Son père est en colère et tous deux se mettent à crier. Antoine comprend qu'ils parlent de lui. Il entend son père dire : «Je lui ai donné un nom, je le nourris... » Il est abasourdi°. Ce père-là n'est pas son vrai père. Il l'a seulement accepté, reconnu...

Le matin suivant, retour à l'école. Antoine est embarrassé. Il n'a pas osé donner le mot. Il faut qu'il trouve une excuse. Tout à fait affolé°, il dit : «Ma mère est morte.»

Mais sa mère en personne arrive... C'est un scandale. Antoine se sent perdu. Il décide de s'enfuir°. Le deuxième pas est fait.

Il va chez René. Celui-ci lui donne à manger, puis le conduit dans une maison vide où il dormira.

Au matin, il marche dans les rues, sans savoir où aller. Il vole° une bouteille de lait, se lave à une fontaine. Puis il retourne à l'école et c'est là que son père vient le chercher.

Sa mère, en le retrouvant, montre qu'elle n'a rien compris au comportement° de son fils.

Antoine, fatigué, et pour avoir la paix°, promet de bien travailler. Il essaie. Il se met à lire. Il lit de tout. Un jour, pour un devoir, il recopie une page de Balzac, un célèbre écrivain français. Il est très content de lui. Mais le professeur n'apprécie pas. Il se met en colère contre Antoine. Celui-ci se rend compte° que les adultes n'arrivent jamais à le comprendre. Il décide de partir une deuxième fois.

Il retourne chez son ami, René Bigey. Les parents de celui-ci sont riches, ils ont un grand appartement mais n'y sont jamais ensemble. Le père travaille peu. La mère est presque folle°.

---

en colère *angry;* **faire l'école buissonnière** *to play hookey;* **neuf** *new;* **fête foraine** *carnival;* **aperçoit** *catches sight of;* **disparaître** *to disappear;* **à partir de ce moment** *from this moment on;* **prévient** *informs;* **mépriser** *to despise;* **abasourdi** *stunned;* **affolé** *frightened;* **s'enfuir** *to run away;* **vole** *steals;* **comportement** *behavior;* **paix** *peace;* **se rend compte** *realizes;* **folle** *crazy*

Moi et les autres 71

Là, encore, l'enfant est tout seul. Antoine va vivre chez René, en se cachant°. Ils mangent grâce à de l'argent que René vole à sa mère. Ils ne vont plus du tout à l'école, se promènent boulevard de Clichy, vont au cinéma, fument et dorment toute la journée.

Pendant ce temps, le père d'Antoine le fait rechercher par la police. M. Bigey ne veut plus le garder. Antoine doit partir.

Ne sachant° plus quoi faire, pour avoir un peu d'argent, il vole une machine à écrire au bureau de son père. Seulement, c'est très difficile à vendre. Alors, il la remet au bureau. C'est alors qu'il est surpris par le gardien°. Celui-ci appelle M. Doisnel et le troisième pas est fait lorsque celui-ci emmène Antoine à la police.

On l'enferme dans une maison «d'éducation surveillée».

Il est seul. Loin de René. Loin de ses promenades dans Paris. Déjà loin de son enfance.

Il a l'impression que les adultes ne comprendront jamais rien, que ce sont des ennemis.

Il a pris l'habitude de la prison et du malheur.

Puis, un jour, pendant un match de football, il arrive à s'enfuir. Il monte dans un camion° qui passe sur la route. Ce camion va à Fourcroy-sur-mer. Antoine descend en marche le long de la mer. La mer... Il la voit pour la première fois. La mer... C'est la liberté. C'est sa vie qui commence.

Il écrit à René pour lui demander de venir.

Et la dernière image nous le montre, seul, libre, courant vers la mer.

Avez-vous compris?

1. Quels sont les trois «pas» qui conduisent (lead) Antoine à la délinquance?
2. Antoine est déçu par les adultes. Dites à quels moments et pourquoi.
3. Qu'est-ce que la mer signifie à la fin du film?

Jeu de rôle

Imaginez que vous soyez scénariste (script writer). Avec un(e) camarade, choisissez une des situations suivantes, et écrivez la scène.

1. Un matin, la mère d'Antoine le réveille brutalement. Il part en colère.
2. René et Antoine décident de manquer l'école et d'aller au cinéma, à la tour Eiffel, dans une fête foraine...
3. Antoine retourne à l'école. Il n'a pas osé donner le mot. Il faut qu'il trouve une excuse.
4. Antoine a un rendez-vous avec un(e) conseiller (conseillère) à la maison «d'éducation surveillée».

Ecrivez

Jouez le rôle d'Antoine, et écrivez une des choses suivantes.

1. Le faux mot pour expliquer votre absence à l'école
2. La lettre à René de la maison «d'éducation surveillée»
3. La lettre à René pour lui demander de venir à la mer

Les Quatre Cents Coups II

Vous êtes réalisateur et votre camarade est scénariste. Travaillez ensemble pour créer une suite (sequel) au film *Les Quatre Cents Coups.*

Le Droit à la différence

Faire comme tout le monde, penser comme tout le monde... Comme ce serait ennuyeux! Heureusement, nous sommes tous différents! Mais la société nous impose parfois des comportements, des styles ou des idées. Est-ce que vous appréciez l'uniformité, ou est-ce que vous préférez l'originalité?

Des jeunes pas comme les autres 📼

Christelle, Lionel, Grégory et Fabienne se sentent tous un peu différents.

Je n'aime pas m'habiller comme les autres. L'uniformité, ce n'est pas pour moi! Au lycée, presque tous mes amis portent des jeans. Quelle banalité! Moi, je préfère créer mon style. Je mets des jupes ou des pantalons qu'on ne voit pas partout. Quand je vois un vêtement qui me plaît, je ne regarde pas la marque. Je l'essaie, et s'il me va, je l'achète. Suivre la mode, ça ne m'intéresse pas!

(Christelle)

Beaucoup de gens me trouvent bizarre. Pourquoi? Parce que j'apprécie la solitude. Je m'entends bien avec mes parents et mes amis, mais j'aime souvent être seul. Je n'ai pas les mêmes goûts que la plupart de mes copains. Le foot? Les sorties au café? Bof... je trouve tout ça ennuyeux. Je vais souvent au cinéma, mais je vois surtout de vieux films ou des films étrangers. Je lis beaucoup. Bizarre, moi? Pas du tout! Juste un peu différent.

(Lionel)

Pas facile d'être un passionné de musique classique, en France! J'entends toujours des bêtises du genre : «Tiens, tu écoutes le dernier tube de Mozart?» Mes amis ne connaissent pas la musique classique. Eux, ils écoutent du rock. Moi, je n'aime pas tellement, mais je veux bien en écouter de temps en temps... Je ne suis pas intolérant, moi! A mon avis, mes amis devraient écouter aussi un peu de classique. Mais non, eux, ils refusent parce que «ce n'est pas de la musique pour les jeunes»! Je crois qu'on devrait être ouverts à ce qu'on ne connaît pas!

(Grégory)

Moi, j'aimerais bien faire le service militaire. Il y a très peu de filles qui le font. Mes amies ne me comprennent pas et trouvent que je suis folle. Les garçons se moquent de moi et m'appellent «petit soldat». Mes parents, eux, voudraient que j'entre à l'université tout de suite après le bac. Ils disent que je perdrais mon temps dans l'armée. Je ne suis pas d'accord. Je voudrais faire du parachutisme ou entrer dans la marine et voyager sur un bateau. J'ai envie de nouvelles expériences!

(Fabienne)

2   Activité • A votre avis

D'après ce que vous savez de leur caractère, pouvez-vous dire si c'est Christelle, Lionel, Grégory ou Fabienne qui... ?

1. aime prendre l'avion
2. va parfois à l'opéra
3. n'aime pas les uniformes à l'école
4. préfère la lecture au sport

5. a des idées pour après le bac
6. connaît bien le cinéma américain
7. a des amis intolérants

3   Activité • Différences

Ces quatre jeunes ne sont pas comme les autres. D'après ce qu'ils disent, pouvez-vous deviner comment sont «les autres»? Complétez le tableau suivant.

Des jeunes pas comme les autres	Les autres
Christelle n'aime pas s'habiller comme les autres...	Ils mettent des jeans. ...
Lionel...	

4   Activité • Conseillez Lionel

Lionel vous inquiète. Vous trouvez qu'il est trop solitaire, et vous lui conseillez de sortir. Vous lui proposez des activités différentes, mais naturellement, Lionel refuse. Utilisez les expressions **Tu pourrais... , Tu ferais bien (mieux) de... , Si j'étais toi,...** Jouez les rôles avec un(e) camarade. Inversez ensuite les rôles.

—Lionel, tu devrais aller danser ce week-end!
—Non, samedi soir, je dois faire du baby-sitting.
—Alors, tu pourrais aller danser vendredi soir... Tu sais, ça te ferait du bien de sortir un peu!

5 Activité • A vous maintenant!

Etes-vous un(e) jeune «comme les autres», ou vous sentez-vous différent(e)? Que feriez-vous dans les situations suivantes? Trouvez trois possibilités pour chaque situation.

1. Si on vous invitait à un concert de musique classique?
2. Si on vous refusait l'entrée de votre lycée à cause de votre look?
3. Si tous vos amis voulaient voir un film et vous vouliez aller voir un autre film?
4. Si on vous conseillait d'entrer dans l'armée avant de faire vos études à l'université?

6 Activité • Encore à vous!

Il y a un disque, un livre ou un film que vous aimez beaucoup. Vous conseillez à vos camarades de l'écouter, de le lire, de le voir. Mais ils/elles ne sont pas très intéressé(e)s. Insistez! Dites pourquoi vous l'aimez.

> —Vous devriez écouter le disque de...
> —Tu crois?
> —Oui, il est super! Je l'ai écouté à la radio. Il...

7 Activité • Pourquoi?

La plupart des jeunes aiment les activités suivantes. Et vous, aimez-vous les faire? Et vos parents, est-ce qu'ils aiment que vous les fassiez? Dites pourquoi.

1. écouter du rock
2. faire du sport
3. manger dans un fast-food
4. regarder la télévision jusqu'à minuit
5. aller au cinéma
6. choisir son propre look

8 Activité • Ah, les parents!

Trouvez quelque chose que vos parents ne veulent pas que vous fassiez. Demandez ensuite à un(e) camarade si c'est la même chose avec les siens.

> —Moi, mes parents ne veulent pas que je m'habille n'importe comment. Comment sont les tiens?
> —Moi, les miens, ils veulent bien que je m'habille comme je veux.

9   Activité • Donnez rendez-vous

Vous voulez faire connaître à un(e) camarade
quelque chose que vous aimez beaucoup : une
exposition, une salle de gym... Créez un
dialogue. Décidez où vous allez, quel jour et
à quelle heure. Utilisez **se voir, se retrouver** et
se donner rendez-vous.

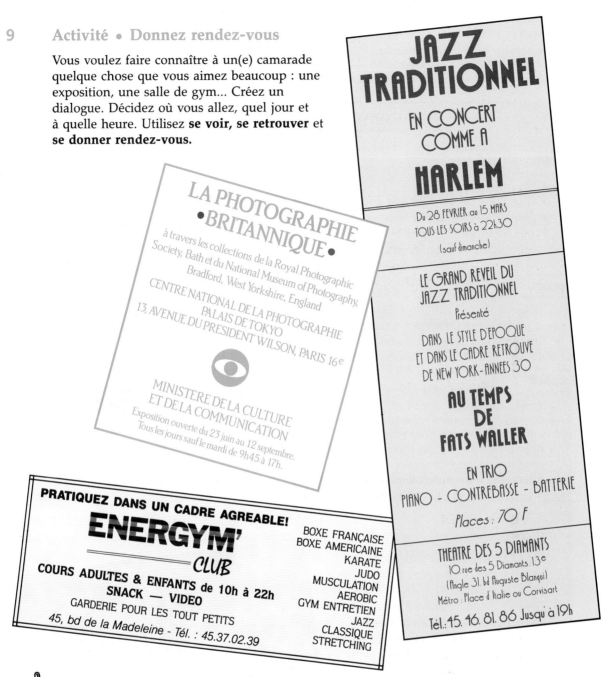

LA PHOTOGRAPHIE
•BRITANNIQUE•

à travers les collections de la Royal Photographic
Society, Bath et du National Museum of Photography,
Bradford, West Yorkshire, England

CENTRE NATIONAL DE LA PHOTOGRAPHIE
PALAIS DE TOKYO
13, AVENUE DU PRESIDENT WILSON, PARIS 16e

MINISTERE DE LA CULTURE
ET DE LA COMMUNICATION

Exposition ouverte du 23 juin au 12 septembre.
Tous les jours sauf le mardi de 9h45 à 17h.

JAZZ TRADITIONNEL
EN CONCERT COMME A
HARLEM

Du 28 FEVRIER au 15 MARS
TOUS LES SOIRS à 22h30

(sauf dimanche)

LE GRAND REVEIL DU
JAZZ TRADITIONNEL

Présenté

DANS LE STYLE D'EPOQUE
ET DANS LE CADRE RETROUVE
DE NEW YORK-ANNEES 30

AU TEMPS DE FATS WALLER

EN TRIO
PIANO - CONTREBASSE - BATTERIE

Places : 70 F

THEATRE DES 5 DIAMANTS
10, rue des 5 Diamants, 13e
(Angle 31, bd Auguste Blanqui)
Métro : Place d'Italie ou Corvisart

Tél.: 45. 46. 81. 86 Jusqu'à 19h

PRATIQUEZ DANS UN CADRE AGREABLE!
ENERGYM'
CLUB
COURS ADULTES & ENFANTS de 10h à 22h
SNACK — VIDEO
GARDERIE POUR LES TOUT PETITS
45, bd de la Madeleine - Tél. : 45.37.02.39

BOXE FRANÇAISE
BOXE AMERICAINE
KARATE
JUDO
MUSCULATION
AEROBIC
GYM ENTRETIEN
JAZZ
CLASSIQUE
STRETCHING

10   Activité • Ecrivez

Ecrivez un paragraphe pour parler d'un(e) ami(e) qui est différent(e) de vous. Dites où et
comment vous vous êtes rencontré(e)s. Puis expliquez pourquoi il/elle est différent(e) de
vous, et pourquoi vous êtes ami(e)s.

11   Activité • Comment voudriez-vous être?

Imaginez que vous puissiez choisir une nouvelle identité et une nouvelle personnalité. Qui
seriez-vous? Comment seriez-vous? Où vivriez-vous? Que feriez-vous?

Le service militaire dure un an. Il est obligatoire pour les hommes et volontaire pour les femmes. Elles ont les mêmes droits que les hommes. Elles font aussi bien du secrétariat que du parachutisme. Il y a environ 1 500 femmes par an qui font leur service militaire.

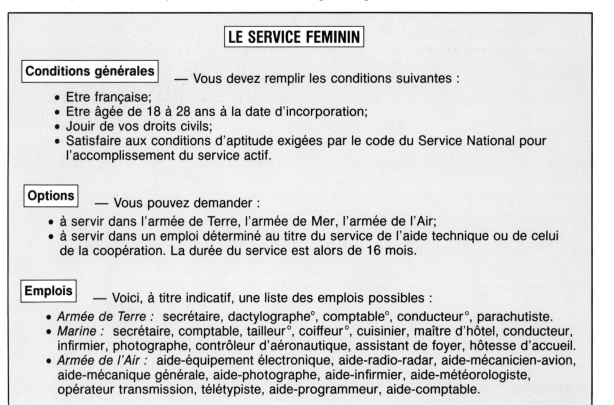

LE SERVICE FEMININ

Conditions générales   — Vous devez remplir les conditions suivantes :

- Etre française;
- Etre âgée de 18 à 28 ans à la date d'incorporation;
- Jouir de vos droits civils;
- Satisfaire aux conditions d'aptitude exigées par le code du Service National pour l'accomplissement du service actif.

Options   — Vous pouvez demander :

- à servir dans l'armée de Terre, l'armée de Mer, l'armée de l'Air;
- à servir dans un emploi déterminé au titre du service de l'aide technique ou de celui de la coopération. La durée du service est alors de 16 mois.

Emplois   — Voici, à titre indicatif, une liste des emplois possibles :

- *Armée de Terre :* secrétaire, dactylographe°, comptable°, conducteur°, parachutiste.
- *Marine :* secrétaire, comptable, tailleur°, coiffeur°, cuisinier, maître d'hôtel, conducteur, infirmier, photographe, contrôleur d'aéronautique, assistant de foyer, hôtesse d'accueil.
- *Armée de l'Air :* aide-équipement électronique, aide-radio-radar, aide-mécanicien-avion, aide-mécanique générale, aide-photographe, aide-infirmier, aide-météorologiste, opérateur transmission, télétypiste, aide-programmeur, aide-comptable.

Si quelqu'un ne veut pas servir dans l'armée, il peut partir «en coopération», c'est-à-dire travailler pour les services français à l'étranger. Dans ce cas-là, le service dure 16 mois. Dans la coopération, les volontaires participent à des travaux dans ces domaines : diffusion culturelle, recherche, enseignement, action sanitaire et sociale, agriculture, industries, commerce et travaux publics.

Si un jeune s'oppose à l'usage des armes pour des raisons philosophiques ou religieuses, il peut être «objecteur de conscience» et travailler bénévolement pour une association humanitaire en France. Ce genre de service civil dure deux ans.

---

dactylographe *typist;*   **comptable** *accountant;*   **conducteur** *driver;*   **tailleur** *tailor;*
coiffeur *hairdresser*

13 Activité • Avantages et inconvénients

Mettez-vous à la place des jeunes français. Vous devez servir dans l'armée, la coopération ou le service civil. A votre avis, quels sont les avantages et les inconvénients de chacun. Avec un(e) camarade, faites une liste.

14 Activité • Une décision difficile

Un ami français vient d'avoir dix-huit ans. Comme il n'est pas étudiant cette année, il sait qu'il doit faire son service national, et qu'il faut servir dans l'armée, la coopération ou le service civil. Demandez-lui ce qu'il va faire. Quand il exprime son indécision, donnez-lui des conseils en utilisant la liste que vous avez préparée dans l'Activité 13. Imaginez un dialogue avec un(e) camarade de classe. Inversez ensuite les rôles.

—Alors, tu sais ce que tu vas faire?
—Non, pas encore.
—Tu sais, si j'étais à ta place,...

15 Test : Etes-vous tolérant(e)? 📼

Quand les gens vous énervent, essayez-vous de les comprendre, ou les jugez-vous sans preuves? Pour savoir, passez d'abord ce test. Interprétez ensuite vos résultats.

1. **Vous donnez rendez-vous à un copain...**
   a. en fixant avec précision tous les détails.
   b. en tenant compte de son emploi du temps.
   c. en cherchant un endroit qui vous arrange tous les deux.

2. **Vos parents vous donnent une heure déterminée pour rentrer. Vous vous dites :**
   a. «Je vais discuter pour obtenir une heure de plus.»
   b. «C'est vrai que j'ai encore des devoirs à terminer.»
   c. «Pas de problème, je vais m'arranger!»

3. Dans la rue, une brute vous bouscule.
   a. S'il n'était pas si grand, vous le bousculeriez.
   b. Fâché(e), vous serrez les dents.
   c. Vous roulez les yeux et pensez : «Encore un de pressé!»

4. Vous êtes en retard à un rendez-vous. C'est sûr, votre ami...
   a. va s'impatienter.
   b. va s'énerver.
   c. va vous critiquer.

5. Quand vous retrouvez votre ami, il est en train de rire avec un copain. Vous pensez :
   a. «Tant mieux, on n'a pas remarqué mon retard.»
   b. «Je ne connais pas ce type, mais il a l'air sympa!»
   c. «Il aurait pu me dire qu'il amenait un copain!»

6. Vous allez voir un film sur les Noirs d'Afrique du Sud parce que...
   a. cette situation est aussi intolérable que l'esclavage.
   b. vous avez toujours du mal à croire que ça existe réellement.
   c. vous êtes très sensible à la cause des Noirs.

7. Une discussion animée éclate entre vos copains.
   a. Vous ne dites rien, mais vous n'en pensez pas moins.
   b. Vous trouvez qu'ils ont tous deux raison.
   c. Vous n'êtes pas d'accord, et vous le dites.

Résultats

Pour chaque question, regardez la lettre qui correspond à votre réponse. Comptez combien vous avez de réponses par ligne. (Quand la lettre est soulignée, comptez deux points.) Votre catégorie est la ligne où vous avez le plus de points. Vous avez le plus de points à la première ligne? Vous êtes tolérant(e) avec patience.

1	2	3	4	5	6	7	VOUS ETES TOLERANT(E)
c	a	b	a	<u>b</u>	c	a	Avec patience
b	c	<u>c</u>	c	a	<u>b</u>	b	Avec indulgence
a	b	a	b	c	a	<u>c</u>	Par principe

Avec patience

Vous essayez de comprendre avant de réagir. Quand vous vous sentez attaqué(e) par des remarques ou des actes que vous désapprouvez, vous préférez donner aux autres une chance de s'expliquer. Ensuite seulement, vous cherchez à les persuader. Mais s'ils continuent, vous vous fâchez avec eux.

Avec indulgence

Vous avez du mal à critiquer les gens, même s'ils vous énervent. Vous choisissez simplement de les éviter, et vous recherchez ceux en qui vous pouvez avoir toute confiance. Votre gentillesse vous permet de voir qui est honnête et sincère. Pour vous, il serait intolérable d'être maltraité(e) par un(e) ami(e).

Par principe

Pour vous, le premier pas vers la tolérance, c'est de respecter la liberté de chacun. Vous tenez aussi bien à défendre votre propre territoire qu'à protéger celui des autres. De nature indépendante, vous condamnez ceux qui jugent sans preuves, ceux qui imposent leurs idées sans la moindre discussion. Si vos besoins sont insupportables à certains, tant pis pour eux!

16   Activité • Faites une enquête

Pensez à ce que vous aimez et à ce que vous faites d'habitude : à la musique que vous écoutez, au(x) sport(s) que vous pratiquez, à vos rapports avec vos copains et avec les autres, à l'importance que vous donnez à votre look... Préparez six questions que vous voudriez poser à vos camarades à propos de leurs goûts. Puis posez vos questions à deux ou trois camarades. Dites ensuite à tout le monde si vous êtes semblable ou différent(e) d'eux.

17   Activité • Ecoutez bien

Yannick est sénégalais, mais il a vécu longtemps en France. Ecoutez son témoignage (*account*), et dites si les phrases suivantes sont vraies ou fausses.

1. Yannick n'aime pas la France.
2. Il fait généralement plus chaud au Sénégal qu'en France.
3. Au Sénégal, on ne s'habille pas en jean et en baskets.
4. Au Sénégal, on n'écoute pas de musique française.
5. Les Africains sont des gens ouverts.
6. Les Français sont moins indépendants que les Africains.

Avez-vous le bon look?

Voici une lettre extraite d'un magazine pour jeunes.

Avant de lire

Regardez le titre, le dernier paragraphe et le nom. Dites qui a écrit cette lettre, en quelle classe est l'auteur, quel âge il peut avoir, et pourquoi il a écrit au magazine.

Est-ce débile° d'avoir un look qu'on ne croise° pas partout? Moi, j'ai adopté un style que j'appellerais «New Cold Wave». C'est-à-dire que je m'habille strictement en noir avec une touche de rouge ou de blanc. Je porte une chaîne à mon pantalon, un imper noir, un chapeau noir et un anneau, un collier et une bague-oreille à l'oreille ainsi qu'une trentaine de bracelets noirs et un bracelet rouge.

Alors, à chaque fois que je sors, les gens me regardent, mon père me dit que je ne travaillerai pas au lycée. Ne croyez-vous pas qu'on peut allier look et travail? En fait, si je m'habille ainsi, c'est parce que je trouve les autres d'une banalité à mourir. Partout, les gens sont habillés de la même façon. Peut-être suis-je un révolté? Mais en tout cas, pas un révolté qui se prend au sérieux.

Vous qui êtes dans mon cas, écrivez à ce magazine pour prouver qu'on peut avoir un look hors du commun sans être un délinquant.

Bruno, 1re ■

Le droit à la différence!

Qu'est-ce que Bruno n'aime pas chez les autres? Quelles raisons donne-t-il pour s'habiller comme il le fait?

A votre avis

1. Comment trouvez-vous le look de Bruno? Provocant *(Defiant)*? Débile? Extravagant? Recherché *(Elaborate)*? Chic? Bizarre?
2. Croyez-vous, comme Bruno, qu'on puisse allier un bon travail scolaire à un look différent? Donnez vos raisons.
3. D'après vous, quel genre de garçon est Bruno? Un garçon ordinaire? Un garçon sensible? Un révolté? Un délinquant?

---

débile (fam.) *crazy;* **croise** *come across*

Qui est Bruno?

Relisez la lettre de Bruno, et dites lequel des dessins suivants représente son look.

1.   2.

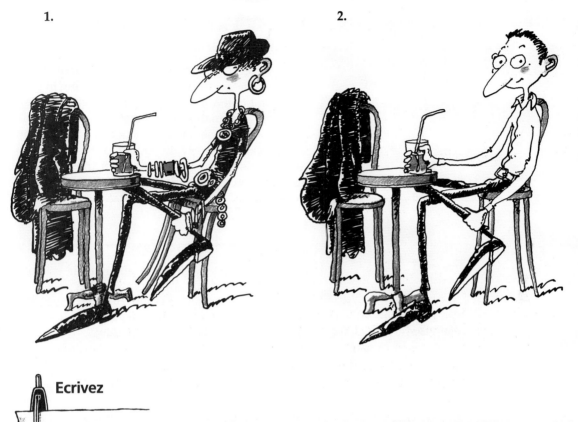

Ecrivez

Qu'en pensez-vous? Est-ce «débile» d'avoir un look pas comme les autres? Peut-on avoir un look révolté sans être un délinquant? Ecrivez votre réponse à la lettre de Bruno. Donnez des raisons.

Look à la mode

Pensez à un look qui est à la mode aux Etats-Unis. A votre avis, qu'est-ce que les personnes qui ont ce look veulent exprimer? Est-ce que vous aimez ce look? Pourquoi?

A vous maintenant!

Créez votre propre look révolté. Dessinez-le, et ensuite, écrivez-en la description.

Encore à vous!

Montrez le dessin de votre look révolté à deux ou trois camarades de classe. Demandez à chacun(e) son opinion. Il/Elle vous fera des commentaires. Répondez-y!

Réfléchissez

«Chacun de nous entend son tambour. Tu marches au son du tien. Je marche au son du mien.»
—Aimé Césaire, *Une tempête*

Marchez-vous au son de votre tambour *(drum)*? Qu'est-ce que vous faites d'original qui vous distingue des jeunes de votre âge?

DEUXIEME PARTIE

CHAPITRE 5
La publicité, attention!   85

A lively classroom discussion about the merits of TV commercials expands to include advertising in general. For homework, Mireille and Julien have fun selecting and analyzing a variety of ads. Mireille records an interview with her mother's friend who works in an ad agency. Intending to ask the class to compose advertising slogans, Julien tries to create his own. You be the judge!

CHAPITRE 6
A nous, les médias!   109

Julien complains to Mireille about their school's problems and about students who don't seem to care. Mireille tells Julien that if he wants to change things, he should start a school newspaper. They ask the principal for permission to start the paper; then they find friends to work on it. You'll get to see part of the first issue and learn about their plans for the next one.

CHAPITRE 7
A bas les stéréotypes!   133

Mireille takes a poll of her friends' impressions of Americans. (Can you imagine the results?) She reacts strongly to Julien's romantic, unrealistic vision of life in the United States. When Julien's American pen pal Steve arrives for his first visit to France, Julien finds himself correcting Steve's own romantic vision of life in France. (You can imagine what that might be!)

CHAPITRE 8   *Chapitre de révision*
America à la française   157

Steve, Julien, and Mireille go to an American movie, eat in a fast-food restaurant, and watch an American show on TV. Surprised by the influence that America has on France, Steve writes a letter to his French teacher. Before Steve leaves for home, Pascale, Julien, and Caroline play a little joke on him.

CHAPITRE 5

La publicité, attention!

Ah, la publicité, ou la «pub», tout simplement! Elle énerve ou elle charme, mais elle ne laisse personne indifférent. Avec sa musique, ses images, son humour, elle fascine les jeunes français. Quand ils vont au cinéma, ils ne ratent jamais les publicités qui précèdent le film. Ça fait partie du plaisir. Mais surtout, travailler dans la «pub» attire de plus en plus de jeunes. C'est le monde du rêve... et de l'argent, bien sûr!

	In this unit you will:
SECTION A	express indignation, approval, indifference . . . make observations
SECTION B	tell what someone said or asked . . . gain time to think
FAITES LE POINT	use what you've learned
A LIRE	read for practice and pleasure

expressing indignation, approval, indifference . . . making observations

La publicité est partout : dans les journaux, à la télévision, au cinéma, dans les rues, dans le métro... Nous sommes sans cesse bombardés de mots et d'images. Tantôt elle nous divertit, tantôt elle nous exaspère. En fait, la publicité est surtout faite pour vendre des produits.

A1   # La pub, pour ou contre? 📼

Avant de commencer un cours sur la publicité, Mme Rigout, professeur de français au lycée Jeanne d'Arc de Clermont-Ferrand, a posé cette question à ses élèves : «Que pensez-vous des coupures publicitaires dans les films, à la télévision?» Le débat est lancé.

JULIEN   C'est vraiment pénible! A cause de ça, je regarde de moins en moins la télé. Je préfère aller au cinéma.

VÉRONIQUE   Tu as raison, Julien. Ça ne devrait pas exister. Il y a beaucoup trop de pub.

ANNE   Moi, je m'en moque! Nous, on n'a pas la télévision chez nous!

PHILIPPE   Moi, ça m'est égal. Ça permet de faire une pause et d'aller manger quelque chose.

FAROUK   Moi, j'adore la pub et j'admire les types qui la font. Ils sont drôlement créatifs! Et puis, ça peut être utile. Regardez la pub contre la drogue. Ce n'est pas bien, ça?

PHILIPPE   Si, tu as raison. Mais par contre, je trouve qu'il y a un problème. A mon avis, il faudrait interdire la publicité pour l'alcool et le tabac sur les affiches et dans les journaux, comme à la télévision. Je trouve ça scandaleux!

STÉPHANE   Tout à fait d'accord avec toi, Philippe! Tout le monde dit que l'alcool et le tabac favorisent le cancer, mais on continue à faire de la pub pour eux. C'est une honte!

MIREILLE   Vous êtes rigolos! De toute façon, même sans pub, les gens boivent et fument. Alors? Pourquoi l'interdire? Les gens sont assez grands pour savoir ce qui est bon pour eux!

Activité • Chacun son opinion

Qu'est-ce qu'ils pensent de la publicité?

1. Julien   **2.** Véronique   **3.** Anne   **4.** Philippe   **5.** Farouk   **6.** Mireille

A3   Activité • Ecrivez

Faites une liste d'arguments pour et contre la publicité d'après la discussion dans «La pub, pour ou contre?»

Pour	Contre
On peut aller manger pendant les coupures.	Il y a des coupures dans les films.

A4   Savez-vous que... ?

Depuis 1986, les chaînes de télévision françaises privées sont autorisées à couper les films par des spots publicitaires. Mais les publicités pour l'alcool et les cigarettes sont interdites à la télévision et au cinéma.

La France a souvent été pionnière dans le domaine de la publicité. C'est un Français, Jean-Claude Decaux, qui a imaginé les abri-bus pour y mettre de la publicité.

Les cartes de téléphones deviennent aussi des supports publicitaires.

Comme aux Etats-Unis, le sponsoring est aussi une forme de publicité. De grandes sociétés (*companies*) sponsorisent des événements sportifs ou culturels.

S'INDIGNER	APPROUVER	RESTER INDIFFERENT
C'est scandaleux.	Je trouve ça bien	Je n'ai pas d'opinion.
C'est pénible. (fam.)	(super) (génial).	Ça me laisse indifférent(e).
Je trouve ça insupportable	Moi, j'aime ça.	Ça me laisse froid(e).
(incroyable).	Ça permet de...	Ça m'est égal.
C'est une honte.	C'est utile.	Je m'en moque.
Ça ne devrait pas exister.	Je suis tout à	
Il faudrait interdire ça.	fait pour.	

Pour marquer son indignation, on met un accent d'insistance *(emphatic stress)* sur la première syllabe des mots qu'on veut souligner (scandaleux, incroyable, insupportable...), et on isole chaque syllabe par une très légère pause pour mieux insister (C'est in-cro-yable!).

A6 Activité • Indignez-vous!

Citez à un(e) camarade des faits qui vous indignent. Il/Elle vous donne son opinion.

> la faim dans le monde
> —La faim dans le monde, je trouve ça insupportable.
> —Moi aussi, je trouve ça scandaleux.

1. les accidents de centrales nucléaires
2. la pollution
3. la guerre
4. les épidémies
5. le terrorisme
6. le vandalisme

A7 Activité • Point de vue

Donnez à un(e) camarade votre point de vue, et demandez-lui ensuite le sien sur les choses suivantes. Utilisez les expressions présentées dans A5.

> la publicité dans la rue
> —La publicité dans la rue, je trouve ça bien. Et toi?
> —Moi, je trouve ça insupportable!

1. la publicité pour l'alcool
2. la publicité au cinéma
3. la publicité pour les cigarettes
4. l'utilisation des enfants dans la publicité
5. la publicité sexiste
6. la publicité humanitaire contre la drogue, le SIDA...

A8 Activité • Et vous?

1. D'habitude, où est-ce que vous voyez des publicités?
2. Quelles sont les publicités que vous aimez et celles que vous n'aimez pas? Pourquoi?
3. Est-ce qu'une publicité vous a particulièrement influencé(e) pour acheter quelque chose? Quelle publicité? Qu'est-ce que vous avez acheté?
4. Que pensez-vous du rôle des femmes dans la publicité? Et celui des hommes? Des minorités raciales? Des enfants? Des animaux?

A9 Activité • A vous maintenant!

Voici quelques avis lancés dans la conversation. Etes-vous d'accord ou pas avec ces opinions? Pourquoi?

1. Les coupures publicitaires dans les films, c'est vraiment pénible.

2. Les coupures publicitaires à la télé, ça permet d'aller manger quelque chose.

3. La publicité, c'est utile.

4. La publicité pour l'alcool et le tabac, c'est une honte!

5. Les personnes qui font la pub sont créatives.

6. Il y a trop de pub.

A10 Activité • Réagissez (React)

Travaillez par groupes de trois ou quatre. Regardez ces publicités. Chaque élève donne son point de vue et essaie de dire pourquoi il/elle les aime, est indifférent(e) ou s'indigne.

—La publicité pour Olympus, je la trouve incroyable.
—Pourquoi?
—Je n'aime pas les publicités qui utilisent des animaux.

RTL Radio-Télé-Luxembourg

Au travail! 📼

Pour le prochain cours, Mireille et Julien doivent faire un exposé. Ils feuillettent des magazines pour trouver des publicités. Ils ont l'intention de les analyser, et ensuite, de les montrer en classe.

Sans drogue, Vivre libre. Tout simplement.

CAMPAGNE RÉALISÉE PAR LA FONDATION TOXICOMANIE ET PRÉVENTION JEUNESSE - FONDATION DE FRANCE - ET LE CONCOURS DU SECRÉTARIAT D'ÉTAT À LA JEUNESSE ET AUX SPORTS

JULIEN   Tiens, elle est pas mal, celle-ci! Ça, c'est une pub utile! Elle sensibilise les gens au problème de la drogue. C'est plus important qu'une pub pour des voitures ou du dentifrice!

MIREILLE   Tu as raison, elle est bien faite. Ce que j'apprécie, c'est qu'elle est sobre. Le slogan est simple... Il y a la mer, le soleil, ce type qui est heureux... Et puis, j'aime le noir et blanc. Pas toi?

JULIEN   Si, c'est joli.

MIREILLE   Qu'est-ce que tu penses de la pub de Free Time?

JULIEN   Un peu exagérée.

MIREILLE   Justement, c'est ça qui est rigolo. Moi, ce qui me frappe, c'est le contraste entre le noir et blanc et la couleur... entre le type tout maigre et l'autre, musclé. Lequel tu préfères?

JULIEN   Le type tout maigre, bien sûr!

MIREILLE   C'est normal, tu ne manges jamais de hamburgers!

"AVANT, JE N'ÉTAIS PAS SÛR DE MOI."

"LE MENU CALIFORNIEN M'A TRANSFORMÉ."

free time

JUS D'ORANGE · SUPERCHEESE · SALADE CALIFORNIENNE

Vitality

405, UN TALENT FOU.

PEUGEOT 405
Un constructeur curt ses griffes.

MIREILLE	Comment tu trouves la pub de Peugeot?
JULIEN	Très intéressante. Ce qui me plaît, c'est la voiture.
MIREILLE	Tu aimes les couleurs? Ça me fait penser à un lever de soleil.

MIREILLE	Tiens, regarde celle-là.
JULIEN	Laquelle? Celle de *Black Micmac 2*?
MIREILLE	Oui, elle est chouette, non?
JULIEN	Oui, mais je ne la trouve pas très claire, et ça me gêne. Elle ne dit rien sur le film.
MIREILLE	Je ne suis pas de ton avis. Grâce à cette pub, je peux dire que... c'est un film pour les jeunes... marrant, plein de mouvement, de couleurs, de musique...
JULIEN	Eh bien, tu es douée pour analyser les pubs!
MIREILLE	Ma mère a une amie qui est publiciste!

A12   Activité • Complétez

Complétez les phrases suivantes d'après «Au travail!»

1. Julien trouve la photo de la pub de Peugeot...
2. En voyant *(Seeing)* les couleurs, Mireille pense à...
3. Dans la pub de Free Time, ce qui est rigolo, c'est qu'elle...
4. Ce qui frappe Mireille dans la pub de Free Time, c'est...
5. La pub contre la drogue est utile parce qu'elle...
6. Mireille apprécie la pub contre la drogue parce que...
7. *Black Micmac 2* est un film pour...
8. Mireille connaît la publicité parce que...

FAIRE DES OBSERVATIONS

Ce qui est frappant(amusant)(attirant)(choquant), c'est le slogan.
Ce qui me frappe(m'amuse)(m'attire)(me choque), c'est le contraste.
Ce qui attire le regard(saute aux yeux), c'est les personnages.
Ce qui est inhabituel(original)(nouveau)(moderne), c'est les couleurs.
Ce qui est banal(exagéré)(triste)(moche), c'est la photo.
Ce que j'apprécie(aime bien)(préfère), c'est qu'elle est sobre.
Ce qui me plaît (le plus), c'est l'humour.

A14 Activité • La qualité, c'est important

D'après Mireille et Julien, quelles sont les qualités qu'ils regardent? Lisez leurs commentaires dans A11, et dites ce qui les a frappés. C'est l'humour? Le slogan? La photo? Les personnages? Le produit? Autre chose?

A15 Activité • Regardez bien

Regardez ces trois publicités, et dites à un(e) camarade tout ce qui attire votre regard. Utilisez les expressions présentées dans A13.

Ce qui attire le regard, c'est la coiffure de la fille.

RATP Régie autonome des transports parisiens;   **myope** *short-sighted*

A16 VOUS EN SOUVENEZ-VOUS?
Demonstrative pronouns

Do you recall the four demonstrative pronouns in French? Can you pick out the demonstrative pronoun in each of the following sentences?

> Tiens, elle est pas mal, celle-ci!
> Tiens, regarde celui-là.

What question does a demonstrative pronoun answer? In the sentences above, what do you think is the function of the suffixes **-ci** and **-là**?

A17 STRUCTURES DE BASE
Interrogative pronouns

If you want to ask *Which one(s)?* in French, you have the choice of four interrogative pronouns **(pronoms interrogatifs).** The interrogative pronouns agree in gender and number with the nouns they refer to.

Sing.	*Masc.*	Quel produit		**Lequel**	
	Fem.	Quelle publicité	aimes-tu?	**Laquelle**	aimes-tu?
Plur.	*Masc.*	Quels produits		**Lesquels**	
	Fem.	Quelles publicités		**Lesquelles**	

A18 Activité • La concurrence *(Competition)*

Comparez ces deux magasins. Dans lequel achèteriez-vous vos vêtements? Faites un dialogue avec un(e) camarade.

> —J'aime bien ces chaussettes.
> —Lesquelles?
> —Celles de Signes du temps. Elles sont...

A19 Activité • Ecoutez bien

Ecoutez cette publicité à la radio. Répondez ensuite aux questions.

1. Quels adjectifs définissent la mobylette?
2. De quelle couleur est la mobylette?
3. Combien coûte la mobylette?
4. En combien de mois peut-on la payer?
5. Quelle est la marque de la mobylette?

telling what someone said or asked . . . gaining time to think

«Elle est vraiment super, cette pub!» Vous n'avez jamais entendu cette phrase? En France, on adore commenter les publicités. On apprécie celles qui sont amusantes, belles ou exotiques. Parfois, on aimerait être publiciste parce que créer une publicité, c'est fantastique!

B1 Itinéraire d'une publiciste 📼

Pour préparer son exposé, Mireille est allée interroger Mme Morin, une amie de sa mère, qui est publiciste.

D'abord, Mireille lui a demandé ce qui l'avait poussée à faire de la publicité. Mme Morin lui a raconté qu'elle avait quitté le lycée à seize ans pour entrer dans une école de dessin. Un jour, elle avait eu de la chance. Un de ses amis, qui travaillait dans une agence de publicité, l'avait présentée à son directeur. Mme Morin avait fait un essai et on l'avait acceptée; elle avait dix-neuf ans. Ensuite, elle avait appris le métier, avait changé d'agence plusieurs fois, et à trente-trois ans, elle était devenue chef d'agence.

Mireille interviewe Mme Morin.

Mme Morin dit à Mireille qu'elle travaille dix heures par jour.

Puis elle a parlé à Mireille de son métier. «Tu vois, ici c'est merveilleux. J'adore l'ambiance. On travaille toujours en équipe. Il faut trouver des idées, créer des affiches ou des films publicitaires. C'est beaucoup de travail, mais c'est créatif. Et puis, si ça marche bien, on peut gagner pas mal d'argent.»

MIREILLE Qu'est-ce que vous conseilleriez à un jeune qui voudrait faire de la publicité?

MME MORIN S'il est motivé, tout est possible! Mais, s'il n'était pas vraiment motivé, je lui conseillerais de faire autre chose! Aujourd'hui, c'est plus difficile que de mon temps. Il y a plus de concurrence. Maintenant, il vaut mieux avoir un diplôme.

B2 Activité • Retracez l'itinéraire

Remettez les événements de la vie de Mme Morin dans le bon ordre.

4 Cet ami l'a présentée au directeur de l'agence.
1 Elle a quitté le lycée à seize ans.
5 Après avoir fait un essai, elle a été acceptée à dix-neuf ans.
7 A trente-trois ans, elle est devenue chef d'agence.
3 Elle avait un ami qui travaillait dans une agence de publicité.
6 Elle a changé d'agence plusieurs fois.
2 Elle est entrée dans une école de dessin.

B3 Activité • Pour être publiciste?

Qu'est-ce qu'il faut pour être publiciste d'après Mme Morin? Trouvez au moins trois qualités.

B4 Activité • A vous maintenant!

Vous rêvez de devenir publiciste. Un(e) de vos camarades joue le rôle d'un(e) publiciste. Vous lui posez des questions sur son métier. Il/Elle vous répond avec l'aide de l'interview dans B1. Exprimez votre désir (**J'aimerais bien...),** posez des questions sur le métier (**Que fait un publiciste?),** demandez des conseils (**A votre avis,... ?)...**

B5 Savez-vous que... ?

En France, la publicité est toujours à la recherche d'originalité. De nombreux créateurs travaillent pour produire des images qui frappent. Les agences de publicité font aussi appel à des peintres ou à des dessinateurs célèbres.

Cette publicité contre le vandalisme dans les cabines téléphoniques publiques a été créée par l'un des meilleurs dessinateurs de bandes dessinées français, Frank Margerin.

Il existe un festival du film publicitaire à Cannes qui récompense les meilleurs films de l'année. Pour les affiches, il y a des concours. Cette affiche a remporté le premier prix de l'affiche à Porticcio en Corse.

---

malin *malicious;* **minable** *pitiful;* **casser les oreilles à quelqu'un** *drive someone crazy with questions, noise...*

La publicité, attention! **95**

Qu'est-ce qui vous intéresse le plus dans la publicité?		
	Ensemble %	Garçons %	Filles %
l'humour	60	60	61
l'aventure	46	44	47
le rêve	38	31	45
le sport	36	45	28
l'exotisme	35	34	37
la mode	31	23	39
la mer	31	27	35
la nature	30	25	35
les enfants	27	17	37
les animaux	26	20	33
l'amour	25	25	25
l'amitié	24	19	29

Voici une liste de ce qui intéresse le plus les jeunes français dans la publicité. Mais qu'est-ce qui intéresse les Américains? Faites une enquête auprès de vos camarades. Demandez-leur quels thèmes ils préfèrent dans la publicité. Comparez ensuite les deux sondages. Est-ce qu'il y a de grandes différences entre les Français et les Américains?

B7   STRUCTURES DE BASE
The past perfect tense

1. You've been using the **passé composé** to indicate that an action or event took place in the past. To indicate that another action or event took place even further in the past, you use the past perfect tense **(le plus-que-parfait)**. Like the **passé composé**, the past perfect tense is composed of two verb forms: an auxiliary (**avoir** or **être**) + a past participle (**décidé, parti, répondu...**). The difference is that you use the imperfect **(imparfait)** of the auxiliary to form the past perfect tense.

j'	**avais**	travaillé	j'	**étais**	entré(e)
tu	**avais**	travaillé	tu	**étais**	entré(e)
il/elle/on	**avait**	travaillé	il/elle/on	**était**	entré(e)(s)
nous	**avions**	travaillé	nous	**étions**	entré(e)s
vous	**aviez**	travaillé	vous	**étiez**	entré(e)s
ils/elles	**avaient**	travaillé	ils/elles	**étaient**	entré(e)s

2. In the past perfect tense, the past participle follows the same rules of agreement with the subject or direct-object pronoun as in the **passé composé**.
    Elle s'était lev**ée**, et **elle** était entré**e**.
    Un ami l'avait présenté**e** à un directeur.

3. You use the past perfect tense to indicate that an action or event *had taken place* before another past action or event.

PRESENT	PASSÉ COMPOSÉ	PAST PERFECT
	Elle m'a raconté qu'	elle avait quitté le lycée.
	She told me that	*she had left school.*
	Quand je lui ai téléphoné,	il était déjà parti.
	When I phoned him,	*he had already left.*

Activité • Qu'est-ce qu'ils avaient fait?

Votre groupe a été chargé de faire une «pub». Vous êtes arrivé(e) en retard en classe. Dites ce que vos camarades avaient déjà fait avant votre arrivée. Utilisez le plus-que-parfait.

1. se disputer
2. se réconcilier
3. se mettre d'accord sur un thème
4. choisir un produit

5. créer un slogan
6. faire quelques dessins

B9 Activité • Ecrit dirigé

Complétez ce slogan publicitaire en mettant les verbes entre parenthèses au passé composé ou au plus-que-parfait, selon le cas.

Enfin, je l'ai vue hier!
Je l'(attendre) toute ma vie. Je l'(imaginer) dans mes rêves les plus fous. Je (chercher) partout. J'(croire) plusieurs fois la reconnaître. Mais non, ce n'était pas elle! Alors, je (sortir) hier après-midi, seul et triste. Je n'avais vraiment plus d'espoir. Je (se dire) : «C'est fini». Et puis, tout d'un coup, elle m'(apparaître). C'était la Citroën XM.

B10 COMMENT LE DIRE
Telling what someone said or asked

RAPPORTER CE QUE QUELQU'UN A DIT OU DEMANDE	
DISCOURS ORIGINAL	DISCOURS RAPPORTE
«Je **quitte** le lycée.»	Elle a dit qu'elle **quittait** le lycée.
«J'**ai quitté** le lycée.»	Elle a dit qu'elle **avait quitté** le lycée.
«Tu **crées** des affiches?»	Elle m'a demandé si je **créais** des affiches
«Tu **as créé** des affiches?»	Elle m'a demandé si j'**avais créé** des affiches.
«**Fais** autre chose!»	Elle m'a conseillé de **faire** autre chose.

B11 Activité • Qu'est-ce qu'elle a dit?

Voici des phrases que Mme Morin a dites. Un(e) camarade vous demande : «Qu'est-ce qu'elle a dit?» Vous répondez.

«J'ai quitté l'école à seize ans.»
—Elle a dit qu'elle avait quitté l'école à seize ans.

1. «J'ai pris des cours de dessin.»
2. «J'ai eu de la chance.»
3. «J'ai trouvé un travail dans une agence de publicité.»

4. «J'ai travaillé dur.»
5. «Je suis devenue directrice.»
6. «J'ai gagné beaucoup d'argent.»

B12 Activité • Qu'est-ce que vous avez demandé?

Votre professeur vous a demandé d'interviewer quelqu'un sur son métier. Votre camarade choisit un métier, et vous l'interviewez. Voici les questions que vous avez préparées.

1. Quel est votre métier?
2. Pourquoi avez-vous choisi ce métier?
3. Où avez-vous appris le métier?
4. Aimez-vous le travail?
5. Est-ce que le travail est dur?
6. Faut-il travailler en équipe?
7. Etes-vous bien payé(e)?

Maintenant, pour chaque question, dites à la classe ce que vous avez demandé à votre camarade (**J'ai demandé à...**) et ce qu'il/elle a répondu (**Il/Elle a dit que...**).

B13 Activité • L'exposé

Après votre interview, le professeur vous demande quels conseils cette personne donnerait à quelqu'un qui s'intéresse au même métier. Vous lui dites ce qu'il/elle vous a dit.

  «On doit être très motivé.»
  —Il/Elle m'a dit qu'on devait être très motivé...

1. «On doit être créatif.»
2. «Il est nécessaire d'avoir un diplôme.»
3. «Il faut travailler dur.»

4. «C'est plus difficile maintenant.»
5. «Il y a beaucoup de concurrence.»

B14 Activité • Conversations téléphoniques

Quelqu'un vous a téléphoné. Un(e) camarade vous demande ce que cette personne a dit et ce que vous avez répondu ou demandé. Inversez ensuite les rôles.

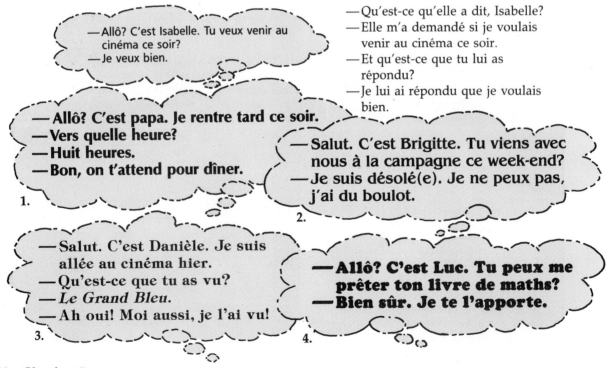

—Allô? C'est Isabelle. Tu veux venir au cinéma ce soir?
—Je veux bien.

—Qu'est-ce qu'elle a dit, Isabelle?
—Elle m'a demandé si je voulais venir au cinéma ce soir.
—Et qu'est-ce que tu lui as répondu?
—Je lui ai répondu que je voulais bien.

1.
—Allô? C'est papa. Je rentre tard ce soir.
—Vers quelle heure?
—Huit heures.
—Bon, on t'attend pour dîner.

2.
—Salut. C'est Brigitte. Tu viens avec nous à la campagne ce week-end?
—Je suis désolé(e). Je ne peux pas, j'ai du boulot.

3.
—Salut. C'est Danièle. Je suis allée au cinéma hier.
—Qu'est-ce que tu as vu?
—*Le Grand Bleu.*
—Ah oui! Moi aussi, je l'ai vu!

4.
—Allô? C'est Luc. Tu peux me prêter ton livre de maths?
—Bien sûr. Je te l'apporte.

Travaillez par groupes de trois. Un(e) camarade vous dit quelque chose. L'autre n'a pas entendu et vous demande ce qu'il/elle a dit. Vous lui répondez.

Votre camarade vous parle d'une amie.
ELÈVE 1   Mireille est sympa.
ELÈVE 2   Qu'est-ce qu'il a dit?
VOUS   Il a dit que Mireille était sympa.

Votre camarade...

1. vous parle d'un ami.
2. vous parle du temps.
3. vous propose de faire quelque chose.
4. vous dit ce qu'il/elle va faire ce soir, ce week-end ou pendant les vacances.
5. vous pose une question.
6. vous demande pourquoi vous n'avez pas fait une certaine chose.

B16   # Cherchons des slogans! 📼

Pour finir leur exposé, Mireille et Julien ont l'intention de demander aux autres élèves de créer des slogans publicitaires. Ils s'entraînent.

JULIEN   Il faudrait choisir un produit.
MIREILLE   Essaie avec tes chaussures.
JULIEN   Mes chaussures? Tu sais... elles ne sont pas terribles.
MIREILLE   Et alors? Mme Morin a dit qu'un bon publiciste devait être capable de vendre n'importe quoi!
JULIEN   Bon... Voyons... Qu'est-ce que tu penses de «Achetez les chaussures Machin!»?
MIREILLE   Nul.
JULIEN   Alors, euh... «On est bien dans les chaussures Machin!»?
MIREILLE   C'est mieux. Ça rime.
JULIEN   Attends! J'ai trouvé! «Chaussures, chaussures, je vous aime!»... Et on voit un type qui embrasse ses chaussures.
MIREILLE   Ça peut être rigolo.
JULIEN   J'en ai un meilleur! «Marchez longtemps, et prenez du bon temps avec les chaussures Machin!»
MIREILLE   Et tu dis que tu n'aimes pas la publicité!
JULIEN   C'est différent. Je suis du côté du créateur. C'est beaucoup plus marrant!

B17   Activité • A vous maintenant!

Jugez les slogans de Julien. Bien entendu, il faut que vous trouviez d'autres adjectifs que ceux de Mireille. Faites le dialogue avec un(e) camarade.

—Comment tu trouves le slogan... ?
—...

B18   COMMENT LE DIRE
Gaining time to think

GAGNER DU TEMPS POUR REFLECHIR			
Bon...	Euh...	Attends...	Alors...
Eh bien...	Voyons...	Tu sais...	Ben... (fam.)

B19   Activité • Trouvez les produits

D'après vous, à quels produits est-ce que ces slogans se rapportent? En réfléchissant, utilisez les expressions dans B18.

agence de voyage   glace   jus de fruits
aliments pour chiens ordinateur   chaussures

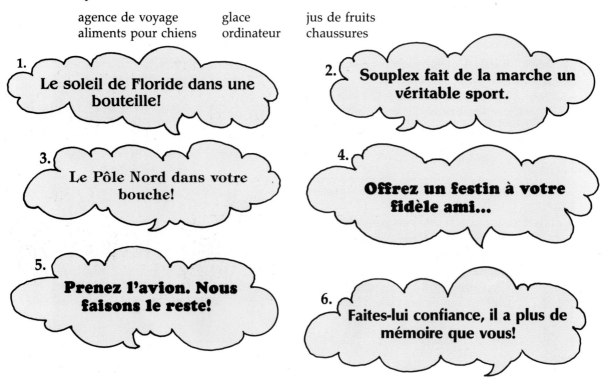

1. Le soleil de Floride dans une bouteille!

2. Souplex fait de la marche un véritable sport.

3. Le Pôle Nord dans votre bouche!

4. Offrez un festin à votre fidèle ami...

5. Prenez l'avion. Nous faisons le reste!

6. Faites-lui confiance, il a plus de mémoire que vous!

B20   Activité • Cherchez des slogans

Choisissez un objet dans la salle de classe. Ensuite, chaque élève essaie de trouver un slogan en utilisant les expressions présentées dans B18. Changez d'objet.

—Ce crayon.
—Voyons... «Moins de fautes avec... !»

B21   Activité • Pas réveillé

Regardez ce dessin. Le garçon n'est pas complètement réveillé. Il lui faut du temps pour répondre au coup de téléphone de son copain. Imaginez ce qu'ils disent. Faites le dialogue avec un(e) camarade. Utilisez les expressions présentées dans B18.

B22   Activité • Ecrivez

Ecrivez des slogans pour ces objets. Attention, les meilleurs slogans sont ceux qui ont de l'humour, qui font des jeux de mots *(play on words)* ou qui riment!

B23   Activité • Ecoutez bien

Philippe, votre correspondant français, vous rend visite aux Etats-Unis. Il ne parle pas anglais. Vous le présentez à votre amie Anne qui ne parle pas bien le français. Son accent est horrible, et Philippe a des difficultés à la comprendre. Ecoutez ce qu'Anne dit, et dites ensuite à Philippe ce qu'elle a dit en complétant les phrases suivantes.

1. Elle t'a dit qu'elle...
2. Elle t'a demandé si...
3. Elle t'a dit qu'elle...
4. Elle t'a demandé si...
5. Elle t'a demandé si...
6. Elle t'a dit qu'elle... un de ces jours.

using what you've learned

Une publicité bizarre 📼

Les publicistes cherchent toujours des idées pour vendre un produit. Voici une publicité originale. Vous devez créer votre propre histoire. Lisez d'abord le texte dans A. Choisissez ensuite une possibilité sur les trois (B, C, E). Pour continuer l'histoire, lisez le texte qui porte la lettre de votre choix.

A Ce matin, quand vous vous êtes réveillé(e), vous n'avez pas reconnu votre chambre. Vous êtes allé(e) dans le salon. Le salon aussi avait changé. Vous avez appelé vos parents. Ils étaient sortis. Vous avez décidé de...
B prendre d'abord votre petit déjeuner.
C téléphoner à la police.
E sortir dans la rue.

B Dans la cuisine, vous n'avez pas reconnu les meubles. Tout avait changé, là aussi. Sur la table, on avait laissé un mot. Vous l'avez lu :
«Drôle de situation, n'est-ce pas? Si vous voulez en savoir plus, achetez tout de suite *Etrange réveil*, un roman de Jean Rémoni.»

C Au téléphone, vous avez expliqué que vous ne reconnaissiez pas votre maison et que vos parents avaient disparu. On vous a répondu que vous devriez aller voir un docteur. La police ne vous a pas aidé(e), et vous avez trouvé ça scandaleux! Ensuite, vous...
B avez décidé de prendre votre petit déjeuner.
E êtes sorti(e) dans la rue.
D êtes allé(e) vous coucher.

D Couché(e) dans votre lit, vous n'êtes pas arrivé(e) à dormir. Vous avez mis la radio. Vous avez entendu une voix de femme qui disait :
«Si vous vous posez des questions, lisez le dernier roman fantastique de Jean Rémoni, *Etrange réveil*.»

E Dans la rue, il n'y avait personne. Vous n'avez pas reconnu votre quartier. Au loin, vous avez vu quelqu'un sur une grosse moto. Vous avez couru l'interroger :
«Dites, vous savez ce qui se passe?
— Non, mais je crois qu'il vaut mieux partir. Ça risque de devenir dangereux.
—Dangereux? Pourquoi?
— Si vous désirez en savoir plus, une seule solution : achetez *Etrange réveil* de Jean Rémoni.»

JEAN REMONI
ETRANGE REVEIL
UN ROMAN FANTASTIQUE

2   Activité • Bizarre!

Dans cette publicité, il se passe des choses bizarres. Les avez-vous remarquées? Faites une liste de tout ce qui vous semble étrange. Dites ensuite si vous avez envie de lire *Etrange réveil*. Pourquoi?

3   Activité • Ecrivez

Ecrivez une publicité pour un film que vous avez aimé. Lisez-la ensuite à la classe. Vos camarades essaient de deviner le nom du film. Ils vous diront si votre publicité leur donne envie de voir le film.

réveil *awakening*

4 Activité • **A vous maintenant!**

Choisissez une des publicités dans ce chapitre, et parlez-en à un(e) camarade de classe. Vous pouvez parler du produit, de la photo, des couleurs, du slogan, des personnages, de l'humour... Utilisez les expressions présentées dans A13. Voici quelques adjectifs pour vous aider.

banal	pas amusant	original	drôle
exagéré	triste	sobre	gai
pas intéressant	moche	simple	beau

5 Activité • **Dans la rue**

Vous vous promenez dans la rue avec un(e) camarade. Il y a plein de pubs partout. Vous lui faites remarquer une affiche que vous aimez bien. Il/Elle vous demande de préciser laquelle. Vous lui dites ensuite pourquoi vous l'aimez.

—Comment tu trouves cette pub?
—Laquelle?
—Celle de...
—Elle n'est pas mal.
—Moi, je la trouve chouette.
  Ce qui me frappe, c'est...

6 Activité • **Ecrivez**

Avec un(e) camarade, créez deux spots publicitaires, l'un humoristique, l'autre humanitaire. Faites les dessins, et écrivez le script pour chaque dessin.

Soignez votre style

Vous avez créé ce questionnaire pour faire un sondage téléphonique auprès de vos camarades. Par erreur, vous avez fait le numéro du proviseur de votre lycée. Transformez rapidement vos questions dans un style plus formel.

1. Tu écoutes souvent la radio?
2. Ça t'arrive de regarder la télé?
3. Les spots publicitaires pendant les films, qu'est-ce que tu en penses?
4. La pub pour les cigarettes et l'alcool, tu es pour ou contre?
5. A ton avis, la pub, ça peut être utile?

VERIFIONS!

Savez-vous exprimer votre point de vue et en donner les raisons?

1. Vous êtes indifférent(e) aux coupures publicitaires dans les films et à la publicité dans les magazines.
2. Vous aimez la publicité au cinéma et la publicité contre la drogue.
3. Vous êtes indigné(e) par l'utilisation des animaux dans la publicité et par les affiches publicitaires dans les endroits publics.

Savez-vous utiliser le pronom interrogatif *lequel*?

Complétez ce dialogue entre deux amies.

—Tu as vu ces deux affiches?
— _____ ?
—Celles sur les voitures.
—Oui, eh bien?
— _____ tu préfères?
—Celle avec le garçon.

—Mais, il y a un garçon sur chaque affiche. _____ ?
—Le garçon brun.
—Mais ils sont tous les deux bruns! Et avec _____ tu aimerais faire un tour en voiture?

Savez-vous exprimer vos réactions?

Pensez à une publicité que vous connaissez bien et que vous aimez. Dites ce qui est frappant, ce qui attire, ce que vous aimez... dans la publicité.

Savez-vous utiliser le plus-que-parfait?

Mettez les verbes entre parenthèses au plus-que-parfait.
1. Quand je suis arrivé(e), mon amie (partir) déjà.
2. J'ai demandé à ses parents où elle (aller).
3. Ils m'ont dit qu'elle ne leur (dire) rien, mais qu'elle me (laisser) un message.

Savez-vous rapporter ce que quelqu'un a dit?

Racontez à quelqu'un ce que votre amie vient de vous dire. Commencez par **Elle m'a dit que...**

«J'ai lu la pub pour *Etrange réveil*. D'abord, je n'ai rien compris. J'ai essayé de lire d'abord A, puis C. Ça ne faisait pas une histoire. Un ami a essayé. Il n'a pas compris non plus! Et puis, nous avons vu ce qu'il fallait faire. Et nous avons trouvé ça très bien.»

Savez-vous gagner du temps pour réfléchir?

Mireille raconte sa conversation avec Mme Morin à une amie. Complétez leur dialogue en utilisant des expressions qui font gagner du temps pour réfléchir.

—Qu'est-ce qu'il faut faire pour devenir publiciste?
— _____ ... , il faut beaucoup de choses.
—Oui, je sais. Mais qu'est-ce qui est le plus important?
— _____ ... Elle m'a dit d'abord qu'il fallait être très motivé.

—Ça, je le suis! Et après?
— _____ ... Il faut aussi travailler très dur.
—J'adore travailler. Quoi d'autre?
— _____ ... , c'est tout.

SECTION A

l' **alcool** (m.) *alcohol*
analyser *to analyse*
attirant, -e *attractive*
bombardé, -e *bombarded*
cesse : sans cesse *without letup*
choquant, -e *shocking*
choquer *to shock*
clair, -e *clear*
le **contraste** *contrast*
contre *against;* **par contre** *on the other hand*
la **coupure** *cut, break, interruption*
créatif, -ive *creative*
le **débat** *debate*
déguisé, -e *disguised*
le **dentifrice** *toothpaste*
divertir *to entertain*
doué, -e *gifted, talented*
la **drogue** *drug*
exagéré, -e *exaggerated*
exaspérer *to exasperate, irritate*
un **exposé** *report*
façon : de toute façon *in any case, anyhow*
favoriser *to favor, encourage*
feuilleter *to leaf through (a book, magazine)*
frappant, -e *striking*
frapper *to strike*

gêner *to bother*
la **honte** *shame*
une **image** *picture, image*
incroyable *unbelievable*
s' **indigner** *to become indignant*
inhabituel, -le *unusual*
insupportable *intolerable*
interdire *to forbid, prohibit*
lancer *to launch, start*
lequel, lesquels, laquelle, lesquelles *which one(s)*
le **lever du soleil** *sunrise*
maigre *thin, skinny*
moins : de moins en moins *less and less*
se **moquer de** *to make fun of, not care about*
un **mot** *word*
le **mouvement** *movement, action*
musclé, -e *muscular*
une **pause** *pause*
pénible : C'est vraiment pénible! *It's really a pain!*
permettre *to permit, allow*
un **produit** *product*
un(e) **publiciste** *ad agent*
publicitaire *concerned with advertising, publicity*
la **publicité** *ad, commercial, publicity*
le **regard** *look, "eye"*

sauter aux yeux *to be strikingly obvious*
scandaleux, -euse *scandalous*
sensibiliser *sensitize*
sobre *restrained*
le **tabac** *tobacco*
tantôt... tantôt *sometimes . . . sometimes*
utile *useful*

SECTION B

une **agence** *agency*
capable *capable*
commenter *to comment on*
la **concurrence** *competition*
devenir *to become*
un(e) **directeur, -trice** *director*
embrasser *to embrace*
une **équipe** *team*
un **essai** *try, tryout, trial*
exotique *exotic*
interroger *to question*
motivé, -e *motivated*
n'importe quoi *anything*
pousser *to push*
présenter *to introduce*
rimer *to rhyme*
un **slogan** *slogan*
voyons *let's see*

Pièges à éviter

1. **Publicité** is not always *publicity* in English. When Mireille says **Une amie de ma mère est publiciste,** she means that the woman is in advertising; she's not a publicity agent. When Julien says **... c'est une pub utile,** he means that it's a useful ad in the magazine. Véronique was speaking about television when she said **Il y a beaucoup trop de pub;** here she was referring to the commercials.

2. Be careful to make the distinction in French, as you do in English, between *because* and *because of*. If you want to say *because*, use **parce que.** To say *because of*, you must use **à cause de. Parce que** is always followed by a subject and verb; **à cause de** is usually followed by a noun.

   Il n'a pas aimé la publicité **parce qu'**elle était trop sobre.

   A cause des coupures publicitaires, je regarde de moins en moins la télévision.

Gaston,

Avant de lire

Regardez les dessins. Comment s'appellent les deux personnages? Où est-ce qu'ils travaillent?

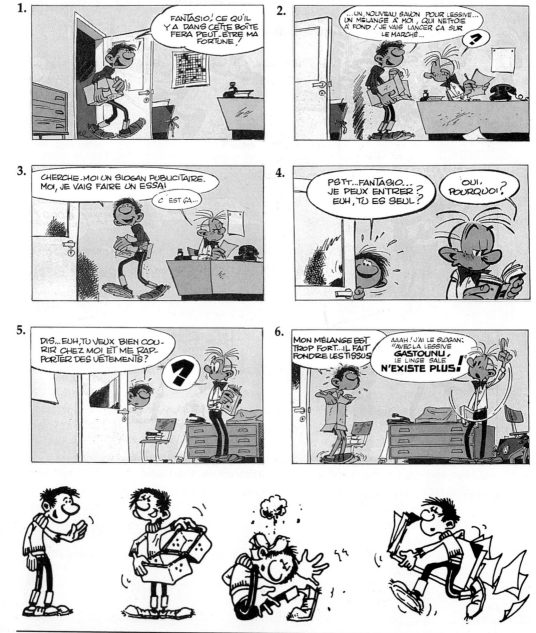

savon pour lessive *laundry detergent;*   fondre *dissolve*

inventeur

Avez-vous compris?

Répondez aux questions suivantes.

1. Qu'est-ce que Gaston a inventé? Pourquoi dit-il que cette invention fera sa fortune?
2. Décrivez Gaston, le personnage du premier dessin. A-t-il l'air heureux? Triste? En colère? Qu'est-ce qu'il porte sous les bras?
3. Décrivez le même personnage dans le dernier dessin. Comment est-il habillé? De quoi a-t-il l'air maintenant?
4. Qu'est-ce qui s'est passé? Pourquoi est-ce que Gaston est tout nu (nu=sans vêtements)?
5. Pourquoi Fantasio transforme-t-il «Gaston» en «Gastounu»?

Comment sont les personnages?

1. Lequel des deux personnages parle le plus : Gaston ou Fantasio?
2. Comment sont-il habillés? Comparez-les.
3. Essayez de deviner leur caractère en choisissant parmi les adjectifs suivants.

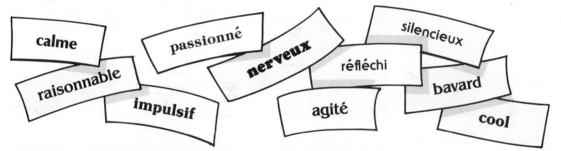

calme · passionné · silencieux · nerveux · réfléchi · raisonnable · impulsif · agité · bavard · cool

Que veut dire le slogan?

Avez-vous apprécié le slogan que Fantasio a trouvé? Réfléchissez, et répondez ensuite à ces questions.

1. D'après le slogan, que doit faire une lessive : détruire (*destroy*) la saleté ou détruire le linge?
2. Qu'est-ce qui n'existe plus : le linge ou la saleté?
3. Quels sont les deux significations du slogan trouvé par Fantasio?
4. Connaissez-vous des slogans publicitaires américains construits de la même manière?

Les Zappeurs 📼

Avant de lire

Lisez d'abord le titre de cet article. A votre avis, quel est l'équivalent anglais du mot «zappent»? Qui sont les «zappeurs»? «Zappez-vous» la pub à la télévision, ou la regardez-vous? Pourquoi?

30% des Français zappent la pub

«Rejet», «publiphobie», «saturation»... A en croire certains titres alarmistes, la publicité à la télévision est très mal supportée par les téléspectateurs. Un sondage vient d'apporter un éclairage sur les comportements° des téléspectateurs face à la publicité. La comparaison avec les réponses aux mêmes questions en 1983 montre une fuite croissante° au moment de la publicité.

Près de 20% des téléspectateurs quittent souvent ou à chaque fois la pièce pendant les publicités entre les émissions, contre 6% seulement en 1983. 29% affirment qu'il leur arrive de «zapper» pendant la pub (contre 18%) et 22% de baisser° ou de couper le son (contre 17%). Pourtant, les publiphiles ne sont pas beaucoup moins nombreux (28% «prêtent attention» aux pubs, contre 35% cinq ans plus tôt).

Evidemment, les zappeurs sont deux fois plus nombreux parmi les possesseurs d'une télécommande, mais l'augmentation° du zapping entre les deux sondages a touché autant les foyers° équipés que les autres. Et le taux° d'équipement augmente sans cesse (52% en 1988 contre 20% en 1983).

Les jeunes ont un comportement plus actif face à la publicité : ils sont plus nombreux parmi les zappeurs. Les cadres supérieurs° et professions libérales supportent moins bien la pub que les autres.

Les publicités au milieu des émissions, très décriées° par les sondages, sont moins pénalisées par ces réactions : 15% seulement des téléspectateurs sortent de la pièce et les zappeurs tombent à 23%. La crainte de rater la reprise° de l'émission augmente la présence pendant ces publicités. Mais ils sont alors un peu plus nombreux à couper ou à baisser le son (23%).

Ces indications sont assez inquiétantes pour l'impact réel des spots! ■

Définitions

Voici les définitions de plusieurs mots dans l'article. Pouvez-vous trouver les mots?

1. un appareil qui sert à changer de chaîne à la télévision
2. la peur de la publicité
3. quelqu'un qui aime la publicité
4. le contraire de «baisser»
5. les gens qui regardent la télévision

Recherchez

Trouvez dans l'article au moins quatre réactions des téléspectateurs face à la publicité.

Comparez

Comparez les réactions des groupes suivants face à la publicité : les jeunes, les cadres supérieurs, les professions libérales, les autres.

comportements *behavior;* **fuite croissante** *increasing flight;* **baisser** *to lower;* **augmentation** *increase;* **foyers** *households;* **taux** *quantity;* **cadres supérieurs** *upper-level managers;* **décriées** *criticized;* **reprise** *resumption*

CHAPITRE 6

A nous, les médias!

Télévision, radio, journaux, c'est ça, les médias. Leur pouvoir est grand. On dit parfois que les médias peuvent renverser un gouvernement. Reportages, critiques, informations... On trouve tout ça dans les médias. Et aussi de la musique, du théâtre, des films... C'est un univers passionnant!

	In this unit you will:
SECTION A	complain and express futility ... express necessity and give advice
SECTION B	express intentions ... express surprise, regret, wishes, and fear
FAITES LE POINT	use what you've learned
A LIRE	read for practice and pleasure

complaining and expressing futility . . . expressing necessity and giving advice

Vous avez quelque chose à dire? Alors, pourquoi ne pas faire comme Mireille et Julien et créer un journal dans votre lycée? C'est une excellente façon de communiquer avec les autres lycéens.

A1 Ce n'est plus possible! 🔊

Il suffit parfois de très peu de choses, d'une conversation entre deux amis, par exemple, pour créer un journal lycéen. A Clermont-Ferrand, tout a commencé un matin sur le chemin du lycée...

JULIEN Tu vois, quand j'arrive ici, j'ai le cafard. J'en ai marre de voir ces murs grisâtres. Il faudrait les peindre, mettre du rouge, du jaune!

MIREILLE Ce n'est pas la peine de t'énerver!

JULIEN Et regarde cette cour! Il n'y a même pas d'arbres!

MIREILLE Ecoute, ça ne sert à rien de râler. Il y a des lycées dans lesquels on est quarante par classe.

JULIEN Et alors? Ce n'est pas une raison pour tout accepter... Tiens, la cantine! Tu aimes ce qu'ils servent à la cantine?

MIREILLE Je n'y vais pas.

JULIEN Eh bien, tu as de la chance! C'est de pire en pire... Le problème dans ce lycée, c'est que les gens sont mous. On vient le matin, et on repart le soir. Il faudrait faire des trucs... créer un journal, un club... faire quelque chose!

MIREILLE Bonne idée! Pourquoi tu ne crées pas un journal?

JULIEN Moi? Mais pourquoi moi?

MIREILLE Il faut bien que quelqu'un commence. A quoi ça sert de te plaindre si tu ne fais rien?

JULIEN Tu as raison... Euh... Et si je le faisais, tu m'aiderais?

MIREILLE Bien sûr! Je ne suis pas une molle, moi!

A2 Activité • Ah, ce lycée!

Julien se plaint de son lycée. Qu'est-ce qui ne lui plaît pas? Faites une liste.

Activité • Exprimez votre opinion

Dans une école, il y a toujours quelque chose qui ne va pas. Pour certains élèves, c'est grave, mais pour d'autres, ce n'est pas important. Exprimez à un(e) camarade votre indignation ou votre indifférence dans les cas suivants.

> trop d'élèves ✓
> —Il y a trop d'élèves dans notre école. Je trouve ça scandaleux. Pas toi?
> —Non, ça m'est égal.

1. pas d'arbres no trees
2. architecture moche ✓
3. élèves mous ✓
4. pas de club d'informatique
5. pas de journal
6. mauvaise nourriture ✓

> **C'est pénible.**
> Je trouve ça scandaleux.
> **Je trouve ça insupportable.**
> C'est une honte.
> Ça me laisse indifférent(e).
> **Ça m'est égal.**
> **Je m'en moque.**

A4   STRUCTURES DE BASE
The verbs servir *and* se plaindre

servir *to serve*		se plaindre (de) *to complain (about)*	
Je	**sers**	Je me	**plains**
Tu	**sers**	Tu te	**plains**
Il/Elle/On	**sert**	Il/Elle/On se	**plaint**
Nous	**servons** } des légumes.	Nous nous	**plaignons** } de la nourriture.
Vous	**servez**	Vous vous	**plaignez**
Ils/Elles	**servent**	Ils/Elles se	**plaignent**

1. The past participle of **servir** is **servi: Ils ont servi du poulet.** The past participle of **plaindre** is **plaint: Nous nous sommes plaints au proviseur.**
2. The subjunctive forms of **servir** are **serve, serves, serve, servions, serviez, servent.** The subjunctive forms of **plaindre** are **plaigne, plaignes, plaigne, plaignions, plaigniez, plaignent.**
3. The expression **servir à** means *to be good for:* **A quoi ça sert?** *What good is it?,* **Ça ne sert à rien,** *It's good for nothing.*
4. The expression **se servir de** means *to use, make use of:* **On se sert d'un journal pour savoir ce qui se passe,** *One uses a newspaper to know what's going on.*

A5   Activité • Julien critique la cantine

Julien et sa mère parlent du lycée. Complétez leur dialogue avec **servir** et **se plaindre.**

SA MÈRE   Tu as bien mangé à la cantine?
JULIEN   Tu plaisantes! Ils nous _____ des pommes de terre brûlées *(burned)* tous les jours.
SA MÈRE   C'est scandaleux! On se demande à quoi ça _____ de payer si cher! Pourquoi vous ne _____ pas?
JULIEN   Ça ne _____ à rien de _____!
SA MÈRE   Il y a bien un délégué de classe. A quoi est-ce qu'il _____?
JULIEN   A rien! De toute façon, on va faire un journal dont on se _____ pour se plaindre. Comme dit le proverbe : «On n'est jamais aussi bien _____ que par soi-même».

1 SE PLAINDRE	2 EXPRIMER LA FUTILITE
J'en ai marre (assez)(ras-le-bol)!	Ça ne sert à rien de râler.
Je commence à en avoir marre de...	C'est inutile de te plaindre.
Ce n'est plus possible!	A quoi ça sert de... ?
C'est de pire en pire!	Ce n'est pas la peine de t'énerver.
Ce n'est pas croyable!	Ça n'en vaut pas la peine.
Ça m'énerve!	

A7   Activité • Ce n'est plus possible!

Regardez ces dessins, et imaginez ce que disent les personnages.

1.
2.
3.
4.

A8   Activité • Tout va mal!

Mettez-vous dans les situations suivantes. Vous vous plaignez à un(e) camarade. Il/Elle vous dit que c'est inutile de râler. Utilisez les expressions présentées dans A6.

1. Vous devez aller chez des amis, mais il y a une grève des transports.
2. Vous avez loué un film vidéo, mais vous vous apercevez que votre magnétoscope ne marche pas.
3. Vous avez difficilement obtenu des places pour aller voir votre groupe de rock préféré, mais le concert est annulé *(canceled)*.

A9   Activité • Plaignez-vous!

Vous n'êtes pas content(e) de votre lycée. Vous râlez. Un(e) camarade vous dit que c'est inutile de vous plaindre. Utilisez les expressions présentées dans A3 et A6.

Trouvez au moins trois choses qui vous énervent. Pensez à votre famille, à vos copains, à vos activités... Parlez-en à un(e) camarade. Utilisez les expressions présentées dans A6.

—Ce n'est plus possible! Mes parents ne veulent pas que je sorte samedi soir!
—Ce n'est pas croyable! Les miens non plus!

A11   Création du journal 📼

Un journal ne se fabrique pas en cinq minutes! Il y a des tas de démarches à faire! Première chose : demander l'autorisation au proviseur. Et recevoir un peu d'argent ne ferait pas de mal. Mais les choses ne sont pas si simples pour Julien et Mireille.

LE PROVISEUR   C'est une excellente idée... mais il est important que vous prépariez un journal avec soin. Votre projet est un peu flou. Il vaut mieux que vous y réfléchissiez encore. Revenez me voir quand il sera plus précis. Je verrai alors ce que je peux faire pour une aide financière.

Deuxième chose : chercher des collaborateurs. On ne les trouve pas comme ça! Vanessa n'a pas le temps; Marc attend de voir le premier numéro pour se décider; Suzanne est trop paresseuse; le projet n'intéresse pas Malika... Finalement, à force de discussions, l'équipe est formée.

Fabien prendra les photos.

Isabelle fera les dessins et se chargera des pages culturelles.

Et Mireille et Julien? Eh bien, Mireille écrira des articles sur des problèmes d'actualité, et Julien parlera de la vie du lycée.

MIREILLE   Alors, tu es satisfait?
JULIEN   Oui, mais je ne serai rassuré que le jour où le premier numéro sortira!

A12   Activité • Chaque chose en son temps

Que faut-il faire pour créer un journal? Aidez-vous de «Création du journal», et soyez logique.

A13   Savez-vous que... ?

En France, quand les lycéens veulent réaliser un projet, ils doivent s'adresser au proviseur pour recevoir son autorisation et avoir une salle ou de l'argent. Mais pour obtenir de l'aide, il faut que leur projet ait une valeur pédagogique. On encourage la création de stations de radio, journaux, clubs photo ou vidéo parce qu'elle habitue les jeunes à être responsables. Ils peuvent inviter des spécialistes, par exemple, des journalistes ou des animateurs de radio. Souvent, les professeurs donnent des conseils. Le but d'un projet, c'est d'ouvrir le lycée au monde extérieur.

A14   Activité • Et vous?

1. Que faudrait-il faire pour créer un club ou proposer un projet dans votre lycée?
2. Si c'était possible, quel genre de club créeriez-vous ou quel projet proposeriez-vous?
3. A votre avis, quels problèmes rencontreriez-vous?
4. Que feriez-vous pour les résoudre?

A15   STRUCTURES DE BASE
The subjunctive after impersonal expressions

1. Impersonal expressions begin with the pronoun **il.**

Il est bien	Il est indispensable	✳Il faut (faudrait)
Il est essentiel	Il est (in)utile	Il suffit
Il est important	Il est nécessaire	✳Il vaut mieux

2. Impersonal expressions may be followed by **que** plus a subject and a verb in the subjunctive, or they may be followed by an infinitive.

   Il est important qu'il y **ait** un article sur un sujet d'actualité.
   Il est important d'avoir un article sur un sujet d'actualité.

✳ When you use an infinitive, you need to add the word **de (d')** after the impersonal expressions, except **Il faut (faudrait)** and **Il vaut mieux.**

   Il faudrait faire quelque chose.
   Il vaut mieux avoir des projets bien précis.

EXPRIMER LA NÉCESSITÉ		*3* DONNER DES CONSEILS	
Il est nécessaire Il faut (faudrait) Il est essentiel Il est indispensable Il suffit	que les dessins soient amusants.	Il est important Il vaut mieux Il serait bien Il serait (in)utile Il serait préférable	que Julien et Mireille parlent au proviseur.

A17 Activité • Quelques suggestions

Un(e) de vos camarades veut créer une station de radio dans votre lycée. Pour lui donner des conseils, utilisez les expressions impersonnelles présentées dans A16.

suivre des cours pour apprendre à parler à la radio
—A mon avis, il serait bien que tu suives des cours pour apprendre à parler à la radio!

1. demander l'autorisation du proviseur
2. obtenir une aide financière
3. chercher un local
4. trouver des collaborateurs
5. choisir de bons disques
6. connaître les derniers tubes

A18 Activité • Donnez des conseils

Un(e) de vos camarades a des projets pour votre lycée. Donnez-lui des conseils en utilisant les expressions impersonnelles présentées dans A16.

monter une pièce de théâtre
—Dis, j'aimerais monter une pièce de théâtre dans notre lycée. A ton avis, qu'est-ce que je dois faire?
—D'abord, il est important que (de)...

1. faire un film vidéo
2. faire une émission de radio
3. créer un club d'informatique
4. organiser une soirée
5. monter un groupe de musiciens
6. aider les sans-abri *(homeless people)*

A19 Activité • Ecrivez

Avant de réaliser le premier numéro, l'équipe du journal a installé une «boîte à idées» dans laquelle les lycéens peuvent faire part de *(present)* leurs idées pour le journal. Avez-vous des idées? Ecrivez un mot de trois ou quatre lignes pour la boîte à idées. Faites des suggestions, et donnez des conseils.

A20 Activité • Ecoutez bien

Sabine a laissé un message sur votre répondeur. Elle a besoin de renseignements pour créer un club dans son lycée. Prenez des notes pour vous souvenir de son message.

Elle a envie de...   Elle veut savoir...   Elle veut que je...

expressing intentions . . . expressing surprise, regret, wishes, and fear

Pour le premier numéro, Julien a écrit un éditorial pour expliquer les intentions de l'équipe du journal. En fait, ce qui compte, c'est le résultat. Et comment savoir si le journal a réussi? Grâce aux lettres des lecteurs, bien sûr!

B1 ## C'est à nous! 📼

Enfin, le premier numéro de *C'est à nous!* est sorti. En voici la première page.

Bienvenue!

C'est à nous! est votre journal. Nous l'avons imaginé et créé en pensant à vous. Notre but est de vous informer et de vous plaire.

En lisant ce premier numéro, vous pourrez faire connaissance de votre proviseur, admirer le travail de notre photographe, rigoler avec Hector, notre personnage de bande dessinée, et bien d'autres choses!

Et pour le numéro prochain? Nous avons déjà des tas d'idées. Nous avons l'intention de faire un article sur les options après le bac. Notre photographe pense faire un reportage sur le prochain match prof-élèves. Isabelle continuera à vous amuser avec ses dessins, et elle envisage de faire un article sur le festival de Cannes. Exclusif : il y aura aussi une interview du cuisinier. Nous lui demanderons des explications!

Voilà... En attendant vos réactions, nous vous souhaitons bonne lecture. Et surtout, écrivez-nous!

B2   Activité • L'éditorial

Dans un éditorial, on fait part de ses intentions et de ses projets. D'après l'éditorial de *C'est à nous!*, répondez aux questions suivantes.

1. Qu'est-ce que l'équipe du journal veut faire?
2. Qu'est-ce qu'elle a fait dans ce premier numéro?
3. Qu'est-ce qu'elle a l'intention de faire dans le numéro prochain?

B3   Activité • Le débat

Vous êtes responsable de la page débat. Pour votre article, vous avez décidé de faire une enquête sur la télévision. Posez des questions à vos camarades. Demandez-leur combien d'heures par semaine ils regardent la télévision, quels programmes ils préfèrent, ce qu'ils pensent de la télévision, s'ils se disputent avec leurs parents à cause de la télévision...

B4   Activité • Ecrivez

Vous êtes critique pour votre journal. Qu'est-ce que vous choisissez comme sujet? Faites la critique d'un film, d'un concert, d'une pièce ou d'un livre.

Excès et platitudes

Un film comme une bande dessinée : rapide, exagéré, caricatural. Il y a le bon, Batman, et le méchant, Jack Nicholson, merveilleux dans son rôle, avec son sourire sardonique et ses grimaces atroces. Il fait le mal pour le mal, par pur plaisir. On peut ne pas aimer le côté excessif du film, mais sans ses excès, qu'est-ce qui reste? La musique, peut-être...

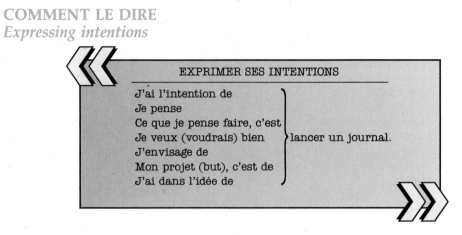

EXPRIMER SES INTENTIONS

J'ai l'intention de
Je pense
Ce que je pense faire, c'est
Je veux (voudrais) bien   } lancer un journal.
J'envisage de
Mon projet (but), c'est de
J'ai dans l'idée de

B6   Activité • De bonnes intentions

Dites ce que les personnages dans les dessins suivants ont l'intention de faire. Utilisez les expressions présentées dans B5.

B7 Activité • A vous maintenant!

Demandez à un(e) camarade ce qu'il/elle a l'intention de faire...

1. ce soir, après l'école.
2. le week-end prochain.
3. comme sport.
4. pendant les vacances.
5. comme études universitaires.
6. comme métier.

B8 Activité • Quels sont vos projets?

Vous avez certainement des tas de projets. Parlez-en à un(e) camarade en utilisant les expressions présentées dans B5. Il/Elle vous donne des conseils en utilisant les expressions impersonnelles de A16.

—Au mois de juillet, j'ai l'intention de...
—C'est une excellente idée! Il faudrait que...

B9 Savez-vous que... ?

L'EQUIPE

Qui a sué sang et eau pour que vous puissiez lire ce Journal? Qui a été assez dingue, pour constituer le petit bijou que vous tenez actuellement entre vos mains?

!!!EUX!!!

Rédacteur en chef	Gérald Garutti.
Dessinateur	Frédéric Arnold.
Comité de Rédaction	Frédéric Arnold, Antonin Baudry, J.C. Béhar, Gérald Garutti.

Textes

L'Editorial a été écrit par.............................Gérald Garutti
Le Calvaire du Journaliste.............................Frédéric Arnold
Le Mot de l'Expert.............................G.J.
Les Dix Commandements du Prof.............................Gérald Garutti
Rentrée en Sixième.............................Paikan G. et J.C. Béhar
Le Polycopieur.............................Gérald Garutti
Manières de Savoir-Vivre.............................J.C. Béhar
Qui était Alexandre Dumas?.............................J.C. Béhar et G. Garutti
Que Pensez-vous du Lycéen?.............................Antonin Baudry

Dessins

"La folie du Jeu Vidéo", les illustrations des "Dix Commandements du Prof" et de "Manières de savoir-vivre", toutes les Bandes Dessinées et toutes les affiches "Le Lycéen" ont été conçues et dessinées par Frédéric Arnold.

Merci à Caroline Berl, Céline Caüet, Aimée Gazérian, Sidonie Lafarge, Romain Saada et à Ugo Jude pour leurs conseils et remarques.

!!! ECRIVEZ, VOUS SEREZ PUBLIE !!!

Vos idées ont de la valeur? Vous avez la rage d'écrire? Alors... envoyez-nous vos articles. Vous ferez partie du comité de rédaction du prochain numéro. Eh oui!

Il existe près de 1 200 journaux lycéens, lus par 150 000 jeunes à travers toute la France. Ils publient de tout : des bandes dessinées, des critiques de films, des critiques musicales, des interviews de professeurs et des articles originaux sur toutes sortes de sujets.

Comme le budget de ces journaux est très réduit (limited), ce ne sont souvent que des feuilles tapées à la machine et polycopiées en une centaine d'exemplaires (copies). Ils coûtent entre trois et dix francs. Il y a à Paris un Centre de documentation et d'information lycéen (CDIL) qui organise tous les ans un concours «Scoop en stock» pour récompenser (to reward) le meilleur journal. Le CDIL a beaucoup de projets : entre autres, il veut lancer un journal européen avec des lycées allemands, belges, espagnols, italiens et irlandais.

---

sué *sweated;* **dingue** *crazy*

1. To form the present participle of a verb, you begin with the **nous** form of the present tense, drop the **-ons,** and add the ending **-ant.**

Nous Form	Present Participle
amusons	**amusant**
sortons	**sortant**
attendons	**attendant**

2. There are three exceptions. The present participle of **avoir** is **ayant,** the present participle of **être** is **étant,** and the present participle of **savoir** is **sachant.**

3. The present participle is most often used after the word **en.** This combination is called **le gérondif** in French. You can use **en** plus the present participle to indicate that one subject is doing two things at the same time.

   Mireille regarde la cour **en écoutant** Julien.

   Mireille looks at the courtyard while listening to Julien.

   En attendant Mireille, Julien a écrit son éditorial.

   While waiting for Mireille, Julien wrote his editorial.

4. You can also use **en** plus the present participle to express a cause-and-effect relationship between two actions: by doing one, the other will result.

   En lisant le premier numéro, vous ferez connaissance avec votre proviseur.

   By reading the first issue, you will get to know your principal.

   Nous avons créé ce journal **en pensant** à vous.

   We created this newspaper by thinking about you.

5. When you use a reflexive pronoun with **en** and a present participle, the pronoun must agree with the subject of the sentence.

   En **me** promenant sur la plage, **j'**ai rencontré des jeunes sympa.

   En **se** chargeant du journal, **Julien** a accepté une grosse responsabilité.

B11 Activité • Comment est-ce que ça s'est passé?

Faites des phrases en réunissant de façon logique les phrases de gauche et les expressions de droite. Utilisez le gérondif.

   Julien s'est mis en colère en voyant l'état du lycée.

1. Julien s'est mis en colère
2. Julien a eu l'idée du journal
3. Mireille a donné des conseils à Julien
4. Julien a formé l'équipe du journal
5. L'équipe a trouvé des idées
6. Mireille a pris des notes
7. Ils ont créé le journal

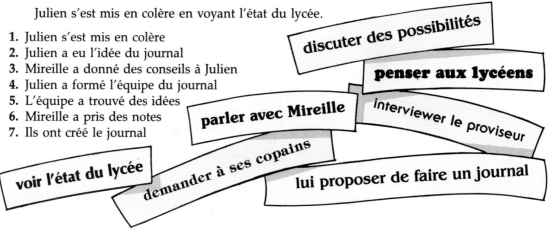

discuter des possibilités

penser aux lycéens

parler avec Mireille

interviewer le proviseur

voir l'état du lycée

demander à ses copains

lui proposer de faire un journal

En étant bon journaliste, vous sortez beaucoup pour voir ce qui se passe, et il vous arrive des tas de choses. Lisez ce qui vous est arrivé, et racontez ensuite vos aventures à un(e) camarade en utilisant deux gérondifs par histoire.

1. Samedi dernier, vous alliez au cinéma quand vous avez vu un accident. Un homme, qui descendait d'un gros arbre, est tombé par terre.

2. Vous vous promeniez au centre commercial quand vous avez vu un homme voler *(steal)* le sac d'une femme. Vous avez essayé de l'arrêter. Mais il courait vite, et il est parti.

3. Quand vous êtes rentré(e) chez vous hier, vous avez remarqué quelque chose de bizarre dans votre voiture. Quand vous avez ouvert la portière, vous avez trouvé une chatte et quatre chatons.

La page courrier 📼

Après le premier numéro, *C'est à nous!* a reçu de nombreuses lettres de lecteurs.

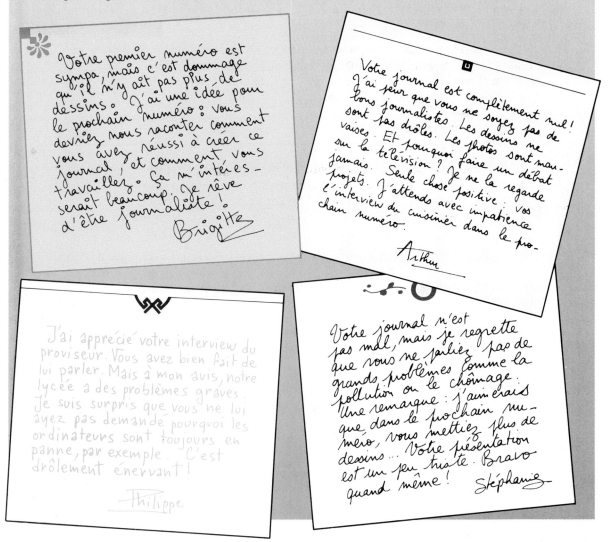

Votre premier numéro est sympa, mais c'est dommage qu'il n'y ait pas plus de dessins. J'ai une idée pour le prochain numéro: vous devriez nous raconter comment vous avez réussi à créer ce journal, et comment vous travaillez. Ça m'intéresserait beaucoup. Je rêve d'être journaliste!

Brigitte

Votre journal est complètement nul! J'ai peur que vous ne soyez pas de bons journalistes. Les dessins ne sont pas drôles. Les photos sont mauvaises. Et pourquoi faire un débat sur la télévision? Je ne la regarde jamais. Seule chose positive: vos projets. J'attends avec impatience l'interview du cuisinier dans le prochain numéro.

Arthur

J'ai apprécié votre interview du proviseur. Vous avez bien fait de lui parler. Mais à mon avis, notre lycée a des problèmes graves. Je suis surpris que vous ne lui ayez pas demandé pourquoi les ordinateurs sont toujours en panne, par exemple. C'est drôlement énervant!

Philippe

Votre journal n'est pas mal, mais je regrette que vous ne parliez pas de grands problèmes comme la pollution ou le chômage. Une remarque: j'aimerais que dans le prochain numéro, vous mettiez plus de dessins... Votre présentation est un peu triste. Bravo quand même!

Stéphanie

Vous êtes responsable de la page courrier. Faites une conversation avec plusieurs camarades. Résumez les critiques, les points forts, les regrets et les suggestions des lecteurs.

B15   Activité • Ecrivez

Vous faites partie de l'équipe du journal, et vous voulez répondre aux critiques des lecteurs. Dites quelles sont vos intentions pour le prochain numéro. Qu'est-ce que vous écrivez à Stéphanie qui se plaint qu'il n'y a pas assez de dessins? Et aux autres?

B16   COMMENT LE DIRE
Expressing surprise, regret, wishes, and fear

LA SURPRISE	Je suis surpris(e) Je suis étonné(e) Ça m'étonne C'est incroyable	que vous ayez décidé de faire un journal!
LE REGRET	Je regrette C'est dommage C'est regrettable	que vous ne parliez pas de grands problèmes.
LES SOUHAITS	J'aimerais Je serais bien content(e)	que vous mettiez plus de dessins.
LA PEUR	J'ai peur Je crains	que vous ne soyez pas de bons journalistes.

Notice that the present or past subjunctive is used after **que** following these expressions.

B17   Activité • Réagissez

Voici des faits. Réagissez-y en exprimant la surprise, le regret, le souhait ou la peur.

   Ils font un journal. (surprise)   Je suis surpris(e) qu'ils fassent un journal.

1. Le proviseur a aimé le premier numéro. (surprise)
2. Les gens ne sont pas motivés. (regret)
3. Mireille a perdu son article. (peur)
4. Il n'y a pas assez de dessins dans le journal. (regret)
5. Le deuxième numéro du journal sera mieux. (souhait)
6. Les photos sont bonnes. (surprise)

B18   Activité • Rien n'est parfait

Rien n'est parfait dans ce monde. Exprimez un souhait et un regret pour chacune de ces choses.

   la télévision   —J'aimerais qu'il n'y ait plus de films de science-fiction à la télé.
                       Je regrette qu'il n'y ait pas d'émissions en français.

1. le cinéma   2. le lycée   3. les vacances   4. le travail   5. l'avenir

B19   Activité • Conversation

C'est la fin du trimestre, et vos parents ne sont pas très contents. Ils viennent de parler à vos professeurs qui ont critiqué votre travail. Vos parents vous rapportent leurs critiques, et vous exprimez votre surprise et vos regrets. Ils expriment ensuite leurs souhaits pour le prochain trimestre. Faites la conversation à tour de rôle avec deux camarades.

... est capable de faire beaucoup mieux en français.

...comprend vite les maths, mais ne fait aucun effort.

... ne montre aucun intérêt pour les sciences.

... ne travaille pas suffisamment. Pourtant l'histoire a l'air de l'intéresser.

B20   Activité • Créez des publicités

Ça vous étonne qu'il n'y ait pas de club photo chez nous?

Nous recherchons des fanas de photo, débutants ou expérimentés, pour créer un club photo.

Alors, ça vous intéresse?

Nous serions bien contents que vous deveniez membre de notre club!

Notre premier meeting aura lieu jeudi 14 à 16 h 00 en salle 128.

Votre camarade et vous faites partie de l'équipe du journal. Vous êtes chargé(e)s de préparer des publicités pour le prochain numéro. Vous avez déjà créé une pub pour un club photo qui se forme et cherche des adhérents. Maintenant, créez des pubs pour un groupe de rock qui veut jouer dans des soirées, un élève qui propose de taper les devoirs à la machine, une élève qui doit vendre sa mob... Utilisez les expressions présentées dans B16.

B21   Activité • A vous maintenant!

Vous êtes chargé(e) d'écrire la chronique mondaine (*gossip column*) pour le prochain numéro du journal. Faites une liste de cinq choses que vous voudriez mettre dans votre article : qui sort avec qui, qui s'est disputé, qui fera un voyage... Lisez ensuite votre liste à un(e) camarade. Il/Elle réagit en utilisant les expressions présentées dans B16.

—Tu sais, les profs vont faire la grève. On dit qu'il n'y aura plus de cours pendant un mois!
—Moi, je serais bien content(e) qu'ils fassent la grève jusqu'à la fin du trimestre!

B22   Activité • Ecrivez

Ecrivez une lettre à un(e) correspondant(e) français(e) dans laquelle vous lui parlez de votre lycée. Dites-lui comment vous trouvez les clubs, le journal, les sports, les animations culturelles... Exprimez vos peurs, vos regrets et vos souhaits.

B23   Activité • Ecoutez bien

Radio Jeunesse est une nouvelle station de radio. Le jour de sa première émission, elle annonce son programme. Ecoutez, et faites une liste de cinq objectifs de Radio Jeunesse.

using what you've learned

1 La mairie lance une enquête.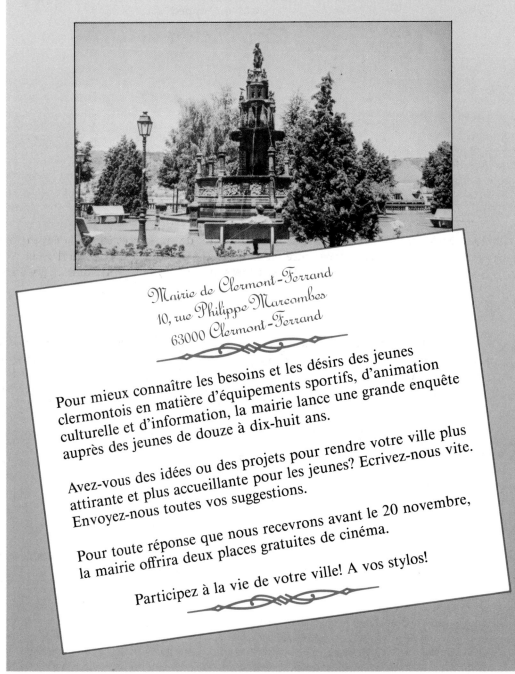

La mairie de Clermont-Ferrand a distribué cette brochure dans les écoles de la ville.

Mairie de Clermont-Ferrand
10, rue Philippe Marcombes
63000 Clermont-Ferrand

Pour mieux connaître les besoins et les désirs des jeunes clermontois en matière d'équipements sportifs, d'animation culturelle et d'information, la mairie lance une grande enquête auprès des jeunes de douze à dix-huit ans.

Avez-vous des idées ou des projets pour rendre votre ville plus attirante et plus accueillante pour les jeunes? Ecrivez-nous vite. Envoyez-nous toutes vos suggestions.

Pour toute réponse que nous recevrons avant le 20 novembre, la mairie offrira deux places gratuites de cinéma.

Participez à la vie de votre ville! A vos stylos!

2 Activité • Avez-vous compris?

Répondez aux questions suivantes d'après la brochure de la mairie.

1. A qui s'adresse l'enquête?
2. Quel est son but?
3. Comment faut-il y répondre?
4. Que fait la mairie pour encourager les réponses?

3 Activité • Ça ne va pas!

Y a-t-il quelque chose dans votre ville qui vous énerve? Plaignez-vous à un(e) camarade. Il/Elle vous calme. Utilisez les expressions appropriées.

—Il n'y a pas assez de salles de cinéma! Ça m'énerve!
—Ce n'est pas la peine de t'énerver!

4 Activité • Discussion

Qu'est-ce que vous aimeriez qu'il y ait dans votre ville pour les jeunes? Un journal? Un club d'informatique? Autre chose? Discutez avec deux ou trois camarades. Choisissez ensuite un projet, et imaginez comment et avec qui vous pourriez le réaliser.

5 Activité • Ecrivez

En quelques lignes, faites part de vos plaintes et de vos suggestions à la mairie de votre ville. Qu'est-ce qui manque dans votre ville? Qu'est-ce que vous aimeriez qu'il y ait? Utilisez les expressions **Il faudrait que... , Il est nécessaire que... , Je regrette que... , J'aimerais que...**

6 Activité • Trouvez des solutions

Etes-vous malin (maligne)? Faites des suggestions pour résoudre ces problèmes.

1. La cour n'est pas propre.
2. La discipline est trop sévère.
3. Le matériel n'est pas moderne.
4. La nourriture de la cantine est mauvaise.
5. Le proviseur est trop distant.
6. Il n'y a rien pour motiver les élèves.

Soignez votre style

Vos camarades vous ont donné une liste de leurs impressions sur le lycée. Avant de remettre la liste au proviseur, réécrivez-la de façon plus formelle. Utilisez les expressions suivantes : **Nous aimerions bien... , Il est important... , Il serait bien... , Il vaudrait mieux...** Vous pouvez utiliser d'autres expressions, si vous voulez.

1. Il n'y a pas de ciné-club au lycée!
2. La nourriture de la cantine est infecte!
3. Les profs ne sont pas sympa!
4. Les emplois du temps sont mal organisés!
5. Il y a cours le samedi matin!

VERIFIONS!

SECTION A

Savez-vous utiliser les verbes *servir* et *se plaindre*?
Complétez le dialogue avec les verbes **servir** et **se plaindre**.

—Qu'est-ce que vous ____ aujourd'hui?
—Nous ____ du poisson.
—Encore! Tu vois, Mireille, ils ____ toujours du poisson le vendredi!
—Toi, tu ____ tout le temps! Tu n'es jamais content!
—Tu as raison. Ça ne ____ à rien de ____. Tiens, tu veux que je te ____?
—Oui, ____-moi, s'il te plaît.

Savez-vous vous plaindre?
Que dites-vous dans ces situations?

1. Vous aviez rendez-vous avec un ami. Il n'est pas venu.
2. Vous vouliez aller à l'école en mobylette. Elle est en panne.
3. Vous avez l'intention de mettre votre jean préféré. Votre frère/sœur l'a emprunté.

Savez-vous exprimer la nécessité et donner des conseils en utilisant les expressions impersonnelles et le subjonctif?
Faites des phrases en utilisant des expressions impersonnelles.

1. y aller avant moi (tu)
2. prendre cette décision (tu)
3. être informés (nous)
4. connaître mes parents (vous)
5. faire leur travail (ils)
6. perdre notre temps (on)

SECTION B

Savez-vous exprimer vos intentions?
Complétez ces phrases pour dire vos intentions.

1. L'année prochaine, j' ____ d'aller à l'université.
2. Je ____ aider mon frère à créer un club photo.
3. Je ____ faire un compte-rendu de ce livre.
4. Ce que ____ faire, c'est écrire.

Savez-vous utiliser le gérondif?
Transformez ces phrases pour utiliser le gérondif.

1. Julien a eu l'idée de faire un journal pendant qu'il se plaignait à Mireille.
2. Mireille prenait des notes et écoutait le proviseur.
3. Isabelle a fait des dessins pendant qu'elle regardait la télévision.
4. Quand l'équipe du journal a lu les suggestions des lecteurs, elle a trouvé de bonnes idées.

Savez-vous exprimer la surprise, le regret, les souhaits et la peur?
Que dites-vous dans ces situations? Employez **que** et le subjonctif.

1. Le proviseur n'a pas accordé d'aide financière au projet de Mireille et Julien. (regret)
2. Ils trouveront de l'argent ailleurs (*elsewhere*). (souhait)
3. Ils n'ont pas demandé d'argent aux lecteurs. (surprise)
4. Mireille et Julien pensent ne plus faire le journal. (peur)

VOCABULAIRE

SECTION A

à force de *by means of*
des **arbres** (m.) *trees*
des **articles** (m.) *articles*
une **autorisation** *permission*
cafard : avoir le cafard *to be down, have the blues*
se charger de *to undertake, take charge of*
un(e) **collaborateur, -trice** *fellow worker*
une **conversation** *conversation*
la **création** *creation*
culturel, -le *cultural*
des **démarches** (f.) *steps*
les **dessins** (m.) *drawings*
financier, -ère : une aide financière *financial assistance*
flou, -e *vague*
grisâtre *grayish*
marre : J'en ai marre de... *I'm sick of . . .*
mou, molle, mous, molles *weak, lifeless, spineless*
les **murs** (m.) *walls*
le **numéro** *issue*
des **pages** (f.) *pages*
par exemple *for example*
peindre *to paint*

peine : Ce n'est pas la peine (de)... *It's not worth the trouble (to) . . .*
pire : de pire en pire *worse and worse*
précis, -e *precise, definite*
des **problèmes d'actualité** (m.) *current problems*
le **proviseur** *principal*
ras-le-bol : J'en ai ras-le-bol! *I've had it up to here!*
rassuré, -e *reassured*
revenir *to come back*
servir *to serve*
sortir *to appear, come out*
suffit : Il suffit (de)... *It's enough . . .*

SECTION B

les **actualités** (f.) *current events*
amuser *to amuse*
avoir : avoir l'intention de *to intend*
complètement *completely*
le **courrier** *mail*
crains : Je crains... *I'm afraid . . .*

un(e) **cuisinier, -ère** *cook*
un(e) **dessinateur, -trice** *artist*
un **éditorial** *editorial*
en fait *in fact*
envisager (de) *to consider*
exclusif, -ive *exclusive*
des **explications** (f.) *explanations*
le **festival de Cannes** *well-known film festival*
impatience : avec impatience *impatiently*
informer *to inform*
les **intentions** (f.) *intentions, purpose*
des **lecteurs, -trices** *readers*
la **lecture** *reading*
la **littérature** *literature*
les **options** (f.) *options*
positif, -ive *positive*
la **présentation** *appearance*
les **réactions** (f.) *reactions*
une **remarque** *comment*
le **résultat** *result*
le **sommaire** *table of contents (in a newspaper or magazine)*
surpris, -e *surprised*

Pièges à éviter

In French, you can use the verb **servir** for notions other than service. For example, when Mireille tells Julien that it's no use complaining, she says **Ça ne sert à rien de râler.** When you offer a plateful of food to someone, you can say **Sers-toi!** *(Help yourself!)* If you want to know what something is used for, you can ask **A quoi est-ce que ça sert?** *(What's it for?)* And later, after trying it out, you can remark **Ça m'a bien servi** *(It really came in handy).*

Le Meneur° ▪

Les Nouveaux Aristocrates, un roman écrit au début des années soixante, avant la réforme de l'éducation en France, raconte la vie des élèves dans un collège privé. Dans les extraits suivants, vous apprendrez comment ils ont créé un journal et ce qui est arrivé quand ils ont exprimé des idées trop «radicales» dans un éditorial.

Avant de lire

Qu'est-ce que vous savez des années soixante aux Etats-Unis? Qui était les «hippies»? Que voulaient-ils? Comment était la vie des lycéens avant cette époque? Et après? Si vous n'en savez rien, renseignez-vous auprès de vos professeurs et de votre famille.

Comment *Le Meneur* a débuté

> *Denis Prullé-Rousseau et ses camarades se passionnaient pour la philosophie. Il ne leur suffisait pas d'en discuter en classe. Denis a trouvé deux moyens de répandre* (to spread) *leurs idées.*

Denis Prullé-Rousseau, en classe, devait° son prestige au «Club des Philosophes» qui était sa création personnelle—et au petit journal bimensuel qu'il faisait paraître° depuis deux ans sous un titre alléchant° : *Le Meneur.* Geoffroy de Laval, Jean Tourny, Léon Mervollet et Bernard Louviot en assumaient les principales chroniques°, mais l'âme° du journal, c'était Denis—car lui seul tenait *Le Meneur* pour un élément essentiel dans le combat qui l'opposait à la médiocrité contemporaine...

    Le Meneur avait d'abord pris l'aspect d'un petit bulletin polycopié. Au bout de° six mois, Denis avait réussi à mobiliser le désintéressement° et la largeur d'esprit d'un imprimeur° nommé Thibéron, qui avait accepté de mettre en forme *Le Meneur,* au tarif réduit.

Le Meneur The Agitator; **devait** owed; **paraître** to come out; **alléchant** enticing; **chroniques** columns; **âme** soul; **Au bout de** At the end of; **désintéressement** unselfishness; **imprimeur** printer

Denis relit l'éditorial

Le prochain numéro du Meneur *doit bientôt sortir. Avant que le journal soit imprimé, Denis relit l'éditorial, qui a été rédigé* (edited) *par l'équipe du journal.*

«On parle beaucoup du mal de la jeunesse. Les professeurs, les journalistes, les cinéastes, les parents n'ont que ces mots à la bouche. Mais nous a-t-on demandé, à nous, ce que nous pensions de notre propre mal?

«Le mal de la jeunesse est fait du sentiment d'être écartelé°. Nulle part°, nous ne trouvons une voie° qui soit clairement tracée. Pour les problèmes en apparence les plus simples (arts, Algérie, marxisme, patrie, littérature, peine de mort, guerre, barricades), nous assistons chaque jour aux querelles qui divisent les gens d'âge mûr°. C'est un vrai jeu de massacre! Et lorsqu'on nous laisse un peu de temps pour réfléchir, nous avons conscience d'être installés sur du néant°.

«Il nous reste rien, vraiment plus rien, à quoi nous raccrocher°. Oui, les jeunes d'aujourd'hui sont *disponibles*°. Vous les trouvez cyniques et vous leur reprochez de ne pas savoir où ils vont. A qui la faute°? Ils vous paraissent dangereux; que serait-ce donc, si vous connaissiez réellement le potentiel de la délinquance juvénile!

«Nés dans la guerre, élevés (ou plutôt non-élevés) par des parents qui avaient bien autre chose à faire que s'occuper de leurs enfants—ou qui avaient peur de leur donner des complexes, n'est-ce pas?—livrés° sans défense à une littérature confuse et sans idéal, les jeunes ne savent plus à quoi vouer° leur force, parce que jamais vous ne leur avez appris à s'en servir. Ils sont tourmentés par leur propre vide°, par le doute et par la solitude. Encore une fois, à qui la faute? Et puis, zut! Nous ne voulons pas qu'on pleure sur notre sort°. Nous aurions pu aimer de véritables professeurs, et les suivre—mais à présent, il est trop tard! Vous n'avez encore rien vu. Si nous faisons le mal, n'ayant pas autre chose à faire, la raison en est que le mal est plus immédiatement efficace° que le bien. Et si vraiment vous avez besoin de punir° quelqu'un, de trouver un coupable° à tout prix, ce n'est pas la jeunesse qu'il faut juger.»

Monsieur de Maubrun et le proviseur parlent de Denis et du *Meneur*

Après avoir lu l'éditorial, le proviseur veut en parler avec Philippe de Maubrun, le nouveau professeur de philosophie au collège.

Philippe de Maubrun, en quittant sa classe, fut averti que le proviseur demandait à le voir.

Le proviseur le pria de s'asseoir, avec un sourire un peu froid...

«Avez-vous lu ça? dit-il en montrant à Philippe le dernier numéro du *Meneur*.

—Oui, monsieur.

—Vous n'avez rien à me dire à ce sujet?»

Maubrun répondit en pesant chaque mot :

«J'ai beaucoup à dire, bien sûr... D'abord, ce journal me semble dépasser largement en

---

écartelé *drawn and quartered;* **Nulle part** *Nowhere;* **voie** *way, road;* **d'âge mûr** *middle-aged;* **néant** *nothingness;* **raccrocher** *cling, catch on to;* **disponibles** *uninvolved;* **faute** *fault;* **livrés** *subjected;* **vouer** *to devote;* **vide** *emptiness;* **sort** *fate;* **efficace** *efficient;* **punir** *to punish;* **coupable** *guilty person*

qualité la moyenne des petites feuilles d'étudiants que je connais. Vous me répondrez que ce n'est pas difficile. Mais je le répète : ce modeste bulletin a de la qualité.

—Vous trouvez? dit le proviseur, d'une voix que Philippe jugea sévère.

—Oui... Tout de même, pensez à l'âge des rédacteurs. Leur éditorial, par exemple... »

D'un geste sec, le proviseur ouvrit l'exemplaire qu'il tenait en main :

«L'éditorial? Voici ce que je lis : «Si nous faisons le mal, n'ayant pas autre chose à faire, la raison en est que le mal est plus immédiatement efficace que le bien.» Vous voyez de la qualité là-dedans?»

Maubrun, avant de répondre, observa la figure austère du proviseur.

«Rappelez-vous, monsieur, dit Philippe, notre première conversation, le jour de mon arrivée au collège. Vous me disiez que nos élèves de philosophie manquaient de fierté°. Vous parliez même d'orgueil° et de férocité... Vous supportiez mal que nos jeunes gens n'eussent° pas d'attaque... Et voici ce journal... Je crois connaître ces jeunes un peu. A mon humble avis, Louviot, Tourny et Mervollet se contentent de suivre le train. Mais il y a, dans notre affaire, deux êtres à part. Ils possèdent justement, plus que les autres, la fierté, la trempe°, et ce fameux sens de l'attaque... Geoffroy de Laval est le plus âgé des deux. Geoffroy a l'esprit ouvert; il a beaucoup lu; il prend son année de philosophie au sérieux. C'est un garçon vigoureux qui sait ce qu'il veut.»

Le proviseur avait mis le menton dans ses mains. Il écoutait avec une attention aiguë.

«Continuez...

—L'autre, c'est Denis Prullé-Rousseau. Denis est le garçon le plus singulier° de ma classe. Il est capable de gamineries° invraisemblables; puis il écrira au fil de la plume° dans une dissertation° généralement bâclée°, des choses amères° et profondes—à donner le vertige lorsqu'on sait son âge...

—Que veut-il faire dans l'existence, votre Prullé-Rousseau?

—Je lui ai posé la question, bien sûr. Il a refusé de me le dire. Puis j'ai trouvé la réponse—que je ne demandais plus—dans sa dernière dissertation. Il écrit à peu près ceci : «Je veux être le patron d'un grand journal indépendant. Parce qu'un journal, c'est ma forme préférée du pouvoir°; et l'indépendance, ma forme préférée du plaisir.»

Les sourcils du proviseur se levèrent. Il déploya son exemplaire du «*Meneur*» :

«Je vois... Moi, je considère l'affaire comme grave. J'aime la liberté, Philippe. J'aime l'indépendance. Mais il est trop clair que nous ne pouvons supporter ce genre de défi° ni dans la bouche ni sous la plume de nos élèves! Vous allez donner le choix à Prullé-Rousseau et à sa clique : ou bien vous contrôlerez cette feuille avec l'autorité libérale dont je vous sais capable—ou bien elle cessera° de paraître. Et s'ils passent outre°... »

Le proviseur se leva. Mais Philippe voulait que la chose fût dite :

«S'ils passent outre?

—Alors, ce sera l'exclusion°.»

fierté *pride;*   **orgueil** *arrogance;*   **eussent**=avaient;   **trempe** *character, grit;*   **singulier** *odd, strange;*   **gamineries** *childish pranks;*   **au fil de la plume** *with a stroke of the pen;* **dissertation** *essay;*   **bâclée** *slapdash;*   **amères** *bitter;*   **pouvoir** *power;*   **défi** *defiance;* **cessera** *will cease;*   **passent outre** *go too far;*   **exclusion** *expulsion*

Denis se rend compte de l'effet du *Meneur*

Monsieur de Maubrun a communiqué la décision du proviseur à Denis, mais Denis a refusé de la croire. Il a décidé de mettre dans le numéro suivant du Meneur *un éditorial qui serait bien plus contestable que le dernier. Ensuite, il a fait distribuer en cachette le nouveau numéro aux élèves...*

Puis ce qui devait arriver, advint° : l'un des exemplaires du journal tomba dans les mains de Monsieur Antonin. Le digne homme en prit connaissance°; le proviseur et Monsieur de Maubrun furent très vite informés de l'affaire...

Denis lui-même, à la sortie des classes, apprit qu'il était convoqué° chez le proviseur pour cinq heures. Il ne voulut pas descendre en cour de récréation, ni au Club, afin de° n'avoir pas à fournir d'explications à ses camarades. Son cœur battait. Une demi-journée d'incertitudes avait passablement dégonflé° sa fierté. «On ne va pas me renvoyer, tout de même! *Ils* n'oseraient pas... »

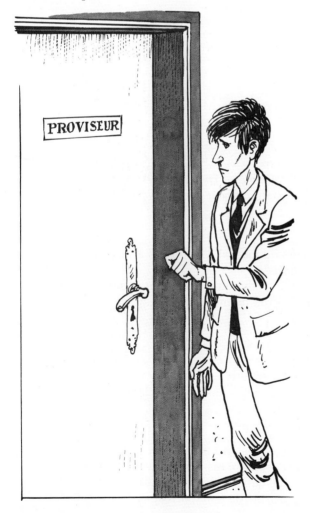

Cinq heures enfin, et Denis se dirigea vers le bureau du proviseur; et brusquement, avant de frapper à la porte, il a commencé à craindre le pire. Il revit en esprit, dans une sorte d'image instantanée, les passages les plus violents de son nouvel éditorial. «J'ai été trop fort!»

Denis hésitait devant la porte du proviseur, il ne voulait pas entrer. Puis il frappa...

Dans cette salle vaste, le proviseur et Monsieur de Maubrun l'attendaient.

«Asseyez-vous, Prullé-Rousseau.»

---

advint *came to pass;* **en prit connaissance** *looked through it;* **convoqué** *summoned;* **afin de** *in order to;* **avait dégonflé** *had deflated*

Avez-vous compris?

Comment *Le Meneur* a débuté

1. Depuis combien de temps *Le Meneur* existe-t-il?
2. Plusieurs personnes participent à la parution du journal. Que font-elles?
3. Pourquoi Denis s'intéresse-t-il tant au *Meneur*?

Denis relit l'éditorial

4. D'après l'éditorial, que pensent les adultes des jeunes?
5. Et d'après l'éditorial, quel est le vrai mal de la jeunesse?
6. Pourquoi ce mal existe-t-il?

Monsieur de Maubrun et le proviseur parlent de Denis et du *Meneur*

7. Que pense Monsieur de Maubrun du journal?
8. Comment le proviseur trouvait-il les élèves de philosophie avant l'arrivée de Philippe de Maubrun au collège?
9. Que veut faire Denis dans l'avenir? Pourquoi?
10. Après avoir évalué les qualités et les projets de Denis, quelle décision le proviseur prend-il?

Denis se rend compte de l'effet du *Meneur*

11. Pourquoi Denis a-t-il été convoqué chez le proviseur?
12. Pouvez-vous décrire les sentiments de Denis?

Imaginez

Imaginez la fin de cette histoire. Discutez-en avec deux camarades. Mettez-vous d'accord sur une fin possible.

Jouez le rôle

D'après la fin que vous avez imaginée, créez la conversation entre Denis, Monsieur de Maubrun et le proviseur avec deux camarades. Jouez ensuite la scène.

Et vous?

1. Dans votre lycée, est-ce qu'on permet aux rédacteurs du journal d'écrire des articles sur n'importe quel sujet? Sinon, quels sujets sont défendus?
2. Si on mettait dans le journal un article sur un sujet défendu, qu'est-ce qui arriverait?
3. D'après vous, est-ce que les élèves devraient avoir le droit de mettre tout ce qu'ils veulent dans un journal lycéen? Pourquoi?

Débat

Est-ce que le proviseur ou les professeurs ont le droit de censurer un journal lycéen? Travaillez en groupe pour préparer le pour ou le contre, et faites un débat en classe.

Projet

Avec vos camarades de classe, créez un journal. Choisissez d'abord un(e) rédacteur (rédactrice) en chef. Décidez ensuite ce que vous voulez mettre dans le journal (actualités du lycée, éditorial, critiques de films...) et qui se chargera de quoi. Ecrivez votre article, puis remettez-le à votre rédacteur (rédactrice) qui sera responsable de faire polycopier le journal.

CHAPITRE 7

A bas les stéréotypes!

Stéréotypes français, stéréotypes américains. Quelles images les Français ont-ils des Américains? Et vice versa? Il y a des images drôles, absurdes, surprenantes. Certaines sont complètement fausses, d'autres sont en partie vraies. Mais ces stéréotypes sont toujours exagérés... Pourquoi **A bas les stéréotypes**? Pour que les Français et les Américains se connaissent mieux, bien sûr!

	In this unit you will:
SECTION A	give your impressions . . . relate hearsay
SECTION B	tell what you've realized and noticed
FAITES LE POINT	use what you've learned
A LIRE	read for practice and pleasure

133

giving your impressions . . . relating hearsay

On a tous des idées toutes faites sur un pays ou sur un peuple. Ces stéréotypes, qu'on retrouve dans les films, les livres, les médias ou la publicité, donnent souvent une image fausse de la réalité. Vous, vous avez sans doute une certaine image de la France et des Français. Mais est-ce que vous savez comment les Français voient les Américains?

A1 Les Américains vus par les Français 📼

Pour un magazine français destiné aux jeunes, Mireille a décidé de faire une enquête pour savoir comment les Français voient les Américains. Elle a demandé à plusieurs jeunes de son lycée d'écrire leurs impressions.

Je crois que les Américains ne sont pas très différents de nous. Ils s'habillent pareil, vont dans des fast-foods, écoutent les mêmes tubes et voient les mêmes films que nous. La seule petite différence, c'est qu'ils mangent des pop-corns au cinéma!

Emmanuel

Les Américains ont l'air d'être aussi sympa que tolérants. Mais il ne faut pas dire de mal de leur pays parce qu'ils sont presque aussi chauvins que nous!

adjectives

Sophie

LAND OF THE FREE AND HOME OF THE BRAVE

VIVE LA FRANCE

Les filles sont super mignonnes et les types sont plus décontractés que nous. Ils roulent en décapotable, écoutent du rock et mâchent du chewing-gum. Mais j'avoue que je ne les connais pas très bien!

Julien

Les Américains sont efficaces et travailleurs. Il me semble qu'ils consacrent plus de temps à leur travail et qu'ils partent moins souvent en vacances. On dirait que, pour eux, l'argent et la réussite sociale sont beaucoup plus importants que pour nous.

Juliette

J'ai l'impression qu'ils sont plus accueillants et plus ouverts que nous, bien moins réservés. Ils sont à l'aise partout et s'adaptent plus facilement à de nouvelles situations. Ils sont curieux et me paraissent plus actifs que nous.

Frédéric

Il paraît qu'ils vivent dans des villes énormes comme New York ou Los Angeles, qu'ils sont toujours pressés et qu'ils pensent plus au travail qu'aux vacances. J'ai l'impression qu'ils ne prennent pas le temps de vivre.

Karine

A bas les stéréotypes! 135

A2   Activité • D'accord, pas d'accord

Faites une liste de ce que les jeunes français disent sur les Américains dans «Les Américains vus par les Français». Faites ensuite un dialogue avec un(e) camarade pour dire ce que vous en pensez.

> —Emmanuel dit que les Américains... Qu'est-ce que tu en penses?
> —Je trouve qu'il a tort (raison). En réalité,...

A3   Activité • Ecrivez

Vous n'êtes pas d'accord avec l'image que les jeunes français interviewés dans A1 ont des Américains. Vous écrivez à l'un d'eux pour lui dire comment sont réellement les Américains. Donnez des exemples.

> Chère Sophie,
> Tu dis que les Américains sont chauvins. Je ne suis pas vraiment d'accord avec toi. Tu sais,

A4   VOUS EN SOUVENEZ-VOUS?
Making comparisons

Do you recall how to make comparisons using adjectives, adverbs, and nouns? Look at the following examples of comparisons taken from A1.

> Ils sont aussi chauvins que nous.
> Ils consacrent plus de temps à leur travail (que nous).
> Ils partent moins souvent en vacances (que nous).

In which of the three sentences above is a comparison made using an adjective? Using an adverb? Using a noun? In which sentence(s) are the people being compared equal? How do you know? In which sentence(s) are the people being compared unequal? How can you tell?

Now find other examples of comparisons in A1. If you need further review of comparisons, turn to page 265 in the Reference section.

A5   STRUCTURES DE BASE
Making comparisons with verbs

1. If you want to say that someone does something *more than*, *less than*, or *as much as* someone else, you use the expressions **plus que, moins que,** or **autant que.**

   > Ils partent **plus** en vacances **que** nous.
   > Nous travaillons **moins qu'**eux.
   > Elle va **autant** au cinéma **que** moi.

   In the expression **plus que,** you may pronounce the final **s** of **plus.**

2. If you want to say that someone does something *better than* or *worse than* someone else, you use **mieux que** or **moins bien que.**

   > Elle joue **mieux que** lui.
   > Il s'adapte **moins bien que** moi.

136   Chapitre 7

A6   Activité • Ce n'est pas pareil en France

Il y a des différences entre la France et les Etats-Unis dans beaucoup de domaines. Discutez avec un(e) camarade de ces différences (réelles ou imaginaires) dans les domaines suivants.

publicité à la télévision
—En France, il y a beaucoup moins de publicité à la télévision qu'aux Etats-Unis.

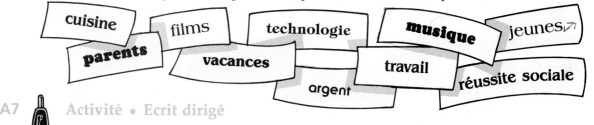

cuisine   films   technologie   musique   jeunes

parents   vacances   travail

argent   réussite sociale

A7   Activité • Ecrit dirigé

Un jeune français répond à la lettre que vous lui avez écrite. Il y manque des mots. Complétez-la.

Tu dis que les Français travaillent _____ les Américains, et qu'ils prennent _____ de vacances _____ vous. C'est vrai. C'est vrai aussi que le look compte _____ pour nous _____ pour vous, et qu'on dépense _____ d'argent pour s'habiller. Est-ce que c'est vrai que les Américains font _____ de sport _____ nous et passent _____ de temps au restaurant? On dit aussi que vous aimez _____ votre pays _____ nous, mais que vous êtes _____ ouverts aux étrangers. Bref, je ne sais pas si tu te plairais _____ en France _____ aux Etats-Unis, mais en tout cas, tu es le/la bienvenu(e).

A8   COMMENT LE DIRE
Giving your impressions

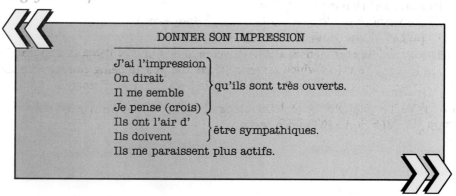

DONNER SON IMPRESSION

J'ai l'impression
On dirait
Il me semble   qu'ils sont très ouverts.
Je pense (crois)

Ils ont l'air d'   être sympathiques.
Ils doivent

Ils me paraissent plus actifs.

A9   Activité • Il me semble...

Les jeunes français ne savent pas vraiment comment sont les Américains. Transformez leurs affirmations en impressions. Utilisez les expressions présentées dans A8.

Ils travaillent plus que nous.
—Il me semble qu'ils travaillent plus que nous.

1. Ils sont ouverts et tolérants.
2. Ils sont aussi chauvins que nous.
3. Ils s'habillent comme nous.
4. Ils voient les mêmes films que nous.
5. Les garçons sont plus sportifs que nous.
6. Les filles sont super mignonnes.
7. Ils dépensent plus que nous.
8. Ils ont moins de vacances que nous.

A bas les stéréotypes!   137

Comment trouvez-vous ces jeunes? Echangez vos impressions avec un(e) camarade. Utilisez les expressions présentées dans A8 et des adjectifs comme **ouvert**, **gentil**, **actif**, **intelligent**, **travailleur**, **sympathique**, **paresseux**, **sportif**...

> —Comment trouves-tu ce garçon?
> —On dirait qu'il est...

A11   Activité • Quels sont vos stéréotypes?

Comment voyez-vous les autres peuples? Donnez vos impressions, et essayez d'en indiquer la cause. Comparez les peuples suivants aux Américains en vous aidant des adjectifs.

> les Russes
> —Il me semble que les Russes sont très sportifs. Je crois qu'ils sont aussi sportifs que les Américains parce que...

1. les Italiens   **3.** les Allemands   **5.** les Espagnols   **7.** les Japonais
2. les Anglais   **4.** les Chinois   **6.** les Mexicains   **8.** les Sénégalais

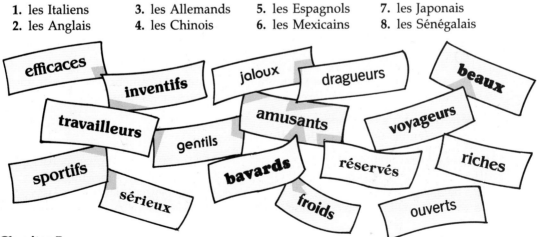

Que pensez-vous des peuples cités dans A11? Dites ce qu'ils aiment faire, ce qu'ils mangent et comment est leur pays.

A13   Activité • Ecrivez

Quelles images avez-vous de la France et des Français? Comment connaissez-vous ce pays et ses habitants? Par vos cours? Par vos lectures? Autrement? Ecrivez vos impressions, et expliquez-en la cause.

Le rêve américain 📼

A14

Poursuivant son enquête, Mireille pose des questions à ses amis pour découvrir l'image qu'ils ont des Etats-Unis. Elle a demandé à Julien s'il aimerait aller aux Etats-Unis.

JULIEN   Bien sûr! J'ai envie d'apprendre l'anglais... et puis, on dit que «les voyages forment la jeunesse». J'aimerais bien y passer un an, puis entrer dans une université américaine. Peut-être que je trouverais un boulot. Il paraît que là-bas tout le monde a sa chance. Tu peux arriver sans un sou en poche et gagner très vite une petite fortune. Quand tu viendras me voir dans cinq ans, je roulerai en décapotable et je passerai mes week-ends à la plage en Floride.

MIREILLE   Je crois que tu te fais des illusions, mon pauvre vieux. C'est pas aussi facile que tu penses. Pour travailler, il te faut une carte de travail, et puis j'ai entendu dire que la vie est plus dure qu'ici. Il y a plus de compétition. Ils ont moins de vacances que nous. Et n'oublie pas qu'il y a aussi des pauvres là-bas.

JULIEN   L'ennui avec toi, c'est qu'on ne peut jamais rêver. Tu es trop raisonnable... Tu sais ce qui m'attire vraiment aux Etats-Unis? C'est les filles. On m'a dit qu'elles sont jolies, et qu'elles adorent les Français.

MIREILLE   Ah oui?

JULIEN   Oui, elles les trouvent romantiques.

MIREILLE   Eh bien, vas-y aux Etats-Unis, espèce de romantique!

JULIEN   Oh, Mireille, où vas-tu?

MIREILLE   En Espagne. Il paraît que là-bas, les garçons trouvent les Françaises super!

A15 Activité • Julien rêve!

D'après «Le rêve américain», quelle impression Julien a-t-il des choses suivantes aux Etats-Unis?

l'université
—Il a l'impression qu'on peut entrer facilement à l'université.

1. le travail   **2.** la vie   **3.** l'argent   **4.** les filles

A16 Activité • A vous maintenant!

Qu'est-ce que vous aimeriez faire si vous alliez en France? Avec un(e) camarade, discutez des possibilités suggérées par ces photos, puis trouvez-en d'autres.

1.
2.
3.
4.

A17 Savez-vous que... ?

Les Etats-Unis fascinent les jeunes français. Mais à peine cinq pour cent d'entre eux ont déjà eu l'occasion d'y aller. En général, pour apprendre l'anglais, ils vont en Angleterre. C'est plus près, et le voyage est moins cher. Pour faire ses études aux Etats-Unis, il faut passer un test de langue, être accepté dans une université et trouver de l'argent. Il existe des bourses (*scholarships*) pour aider les étudiants, mais surtout au niveau (*level*) de la licence (trois années après le bac).

Grâce aux multiples échanges entre la France et les Etats-Unis—aux films, à la musique, aux voyages—les Français commencent à mieux connaître les Américains. Au fond, ils ne les trouvent pas très différents d'eux.

Et vous? Dans quel pays aimeriez-vous aller? Pourquoi? Donnez au moins six raisons.

Quels sont les pays que vous aimeriez connaître?

Les Etats-Unis	.50%
Tahiti	.38%
Les Antilles	.29%
Le Canada	.27%
La Grèce	.25%
Le Japon	.21%
Le Mexique	.20%
L'Amérique du Sud	.20%
La Chine	.19%
La Thaïlande	.17%
L'Inde	.17%
L'Afrique Noire	.14%
L'Afrique du Nord	.10%
Les Pays de l'Est	.6%
Aucun, ne se prononcent pas	.1%

A18   COMMENT LE DIRE
Relating hearsay

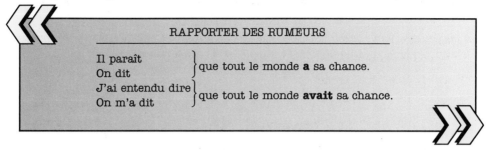

RAPPORTER DES RUMEURS

| Il paraît
On dit | } que tout le monde **a** sa chance. |
| J'ai entendu dire
On m'a dit | } que tout le monde **avait** sa chance. |

A19   Activité • Est-ce que c'est vrai?

Un(e) ami(e) français(e) vous raconte tout ce qu'il/elle a entendu dire sur les Etats-Unis. Dites-lui si c'est vrai ou pas, et donnez des exemples. Jouez la scène avec un(e) camarade.

> On peut facilement gagner beaucoup d'argent.
> —J'ai entendu dire qu'on pouvait facilement gagner beaucoup d'argent.
> —Ce n'est pas vrai. Je travaille le samedi dans une boutique, et je ne gagne que quatre dollars de l'heure!

1. On ne mange que des hamburgers.
2. C'est très facile d'entrer à l'université.
3. Les belles voitures ne sont pas chères.
4. Les enfants ne mangent jamais avec leurs parents.
5. Il n'y a pas de pauvres.

6. Les Américains voyagent beaucoup à l'étranger.
7. Tous les jeunes ont le téléphone dans leur chambre.
8. Tout le monde habite dans une belle maison.

A20   Activité • Rumeurs

Qu'est-ce que vous avez entendu dire sur la France et les Français? Employez les expressions présentées dans A18 pour en parler.

1. le fromage
2. la culture
3. la langue
4. les filles
5. l'école
6. les garçons
7. la musique
8. les films
9. le paysage
10. les voitures

A21   Activité • Ecrivez

Imaginez que vous soyez français(e), et que vous ayez passé deux semaines aux Etats-Unis. Maintenant, vous croyez bien connaître ce pays, mais, en réalité, vos impressions sont fausses. Quand vous rentrez en France, vous écrivez une lettre à un(e) ami(e) français(e) pour lui parler de votre voyage et de vos impressions des Etats-Unis et des Américains.

A22   Activité • Ecoutez bien

Hélène a cinq impressions fausses sur le voyage que Paul vient de faire. Notez ces cinq impressions, et écrivez ce que dit Paul pour rétablir la vérité.

Il paraît (On dit) que...   **En réalité,...**
1. Il paraît que Paul...   Paul est allé...

A bas les stéréotypes!   141

telling what you've realized and noticed

La meilleure façon de savoir si on a des idées fausses sur un pays, c'est de comparer avec la réalité. De visite en France, Steve s'est rendu compte qu'il connaissait très mal ce pays.

B1   Un Américain en France 📼

Steve, le correspondant américain de Julien, vient en France pour la première fois. Julien est allé le chercher à la gare de Clermont-Ferrand. Steve va de surprise en surprise.

STEVE   Dis, tu ne portes pas de béret?
JULIEN   De béret? Non, jamais... Pourquoi?
STEVE   Aux Etats-Unis, on vous imagine avec un béret sur la tête et une baguette à la main.
JULIEN   Eh bien! Vous avez une drôle d'image de nous! Personne ne porte de béret en France maintenant, sauf parfois au pays Basque. Sans blague, tu croyais vraiment que je portais un béret?
STEVE   Bien sûr que non! Je plaisantais!

STEVE   Ah, voilà le fameux fromage français connu dans le monde entier!... Tiens, je vais en acheter pour ta mère. C'est une bonne idée, non?

JULIEN   Euh, malheureusement, je ne crois pas. Elle ne mange jamais de fromage. Elle déteste ça.

STEVE   Dis, ça existe, des Français qui n'aiment pas le fromage?

JULIEN   Bien sûr que oui! Personne n'aime le fromage dans ma famille. Pourquoi? Aux Etats-Unis, vous pensez qu'on passe son temps à manger du fromage?

STEVE   Oui... et à boire du vin. Au petit déjeuner, vous ne mangez que des croissants, et vous ne prenez que du café au lait. Vous adorez les escargots et les cuisses de grenouilles, et vous n'aimez ni les hamburgers ni le ketchup! C'est pas vrai?

JULIEN   Si... en simplifiant un peu!

STEVE   Tu vois, quand j'étais aux Etats-Unis, je croyais que les Françaises s'habillaient toutes comme ça.

JULIEN   Ah oui?

STEVE   Oui, parce que je ne les connaissais que par les magazines ou la publicité. Je les imaginais élégantes, sophistiquées, parfumées, ne portant que de jolies robes... bref, de vrais mannequins!

JULIEN   Et maintenant, comment tu les vois?

STEVE   Comme elles sont : jolies, charmantes et féminines, mais décontractées!

STEVE   Qu'est-ce que c'est, ça?

JULIEN   C'est un centre commercial.

STEVE   C'est drôlement moderne! Moi, qui croyais que Clermont-Ferrand était une vieille ville pleine de vieux monuments et de musées.

JULIEN   Tu sais, nous aussi, nous évoluons. Il n'y a pas que les monuments et les musées!

STEVE   Tu crois qu'ils ont des steaks-frites?

JULIEN   Probablement.

STEVE   Attends, je vais faire une expérience... *Excuse me, sir?*

LE GARÇON   *Yes, what can I do for you?*

STEVE   Euh... Vous parlez anglais?

LE GARÇON   *A little bit.*

STEVE   Eh bien, moi, qui pensais que les Français n'aimaient pas parler d'autres langues!

JULIEN   Tu vois, tu as plein d'idées toutes faites sur la France!

LE GARÇON   Ma mère est américaine, messieurs.

STEVE   Ah! Tout s'explique!

JULIEN   Alors, tu ne prends rien?

STEVE   Si. Un steak-frites. Et toi?

JULIEN   Un hamburger avec un milk-shake... Et vive la différence!

B2 Activité • De drôles d'images!

Travaillez avec un(e) camarade. Faites la liste des idées toutes faites que Steve avait sur la France. Pour chaque idée fausse, que dit Julien pour rétablir la vérité?

les Français
—Steve imaginait que les Français portaient tous un béret.
—Julien dit que personne ne porte plus de béret en France, sauf au pays Basque.

1. Clermont-Ferrand
2. le fromage
3. les hamburgers
4. les femmes
5. les langues étrangères

B3 Activité • Ecrivez

Votre correspondante française pense que les jeunes américains font du sport tous les matins, mangent chez eux tous les midis, n'ont jamais de devoirs à la maison, regardent la télévision quatre heures par jour, sortent beaucoup... Ecrivez-lui pour rétablir la vérité en prenant comme exemple ce que vous faites réellement.

> Chère Sylvie,
> Tu as vraiment une drôle d'image des Américains. Tu dis que... mais... Moi, par exemple,...

B4 Savez-vous que... ?

Clermont-Ferrand, la capitale régionale de l'Auvergne, est une ville historique et un centre industriel moderne.

En 52 avant J.-C., Vercingétorix, chef des Gaulois, a battu les troupes romaines de Jules César à la bataille de Gergovie, à sept kilomètres au sud de Clermont-Ferrand.

Presque seize siècles plus tard, en 1623, le grand écrivain et philosophe Blaise Pascal y est né. Son ouvrage, les *Pensées*, est un chef-d'œuvre (*masterpiece*) de la littérature française.

Pascal était aussi doué pour les sciences que pour la philosophie. A dix-huit ans, il a inventé la première machine à calculer. Et en 1648, sur le puy de Dôme, un ancien volcan situé près de Clermont-Ferrand, Pascal a fait de fameuses expériences scientifiques qui ont prouvé la pesanteur de l'air (*atmospheric pressure*).

De nos jours, la ville de Clermont-Ferrand est devenue la capitale du pneu en France, grâce aux frères Michelin. Edouard et André Michelin y ont fondé leur usine en 1886. Ils ont inventé le premier pneu de bicyclette gonflable (*inflatable*). Dès 1890, les cartes et les guides Michelin ont commencé à apparaître.

Do you recall how to make a verb negative? Look at the following sentences taken from B1.

Tu ne portes pas de béret?

Elle ne mange jamais de fromage.

Tu ne prends rien?

Which words have been added to the corresponding affirmative sentences to make them negative? In what position do these words appear in the sentences? What can you say about the use of **de** after **pas** and **jamais**? Can you give the English equivalents of these sentences?

Now look at this sentence also taken from B1.

Vous ne mangez que des croissants.

What word is paired with **ne** to modify the meaning of this sentence? What function does this combination perform? Can you give the English equivalent of this sentence? If you need further review of words used with **ne,** turn to page 265 in the Reference section.

B6 STRUCTURES DE BASE
The negatives ne... personne *and* ne... ni... ni

1. You've learned to use **pas, jamais, rien,** and **plus** with **ne** to make a sentence negative. **Ne** precedes the verb, and the other negative word follows it: Tu **ne** portes **pas** de béret? This word order remains the same when the verb is followed by an infinitive: Ils **ne** vont **rien** acheter.

   When the verb is in the **passé composé** or another compound tense, the negative word follows the auxiliary: Steve n'a **pas** vu de vieux monuments.

2. **Ne... personne,** *nobody,* follows the same pattern as **pas, jamais, rien,** and **plus** when you use it with a verb in a simple tense : Steve **ne** voit **personne** qui porte un béret. However, when the verb is followed by an infinitive, the word **personne** comes after the infinitive: Il **ne** va voir **personne** qui porte un béret.

   When the verb is in the **passé composé** or another compound tense, the word **personne** follows the past participle: Steve n'a vu **personne** qui portait un béret.

   Personne can be used as the subject of a verb. In this case, **ne** immediately follows **personne: Personne n'**aime le fromage. **Rien** can also be used in this way: **Rien ne** l'intéresse.

   Like **rien** and **jamais, personne** can be used alone as a one-word answer.

3. **Ne... ni... ni... ,** *neither . . . nor,* follows the same pattern as **ne... personne:** with a verb in a simple tense, **ne** precedes the verb and **ni... ni...** follow it. Each **ni** precedes the word it negates: a noun, a verb, an adjective, or an adverb. **Un, une, du, de la,** and **des,** but not **le, la,** and **les,** are omitted before nouns that follow **ni... ni... :** Je **ne** mange **ni** escargots **ni** cuisses de grenouilles, Vous **n'**aimez **ni** les hamburgers **ni** le ketchup. Verbs are usually in the infinitive form: Je **ne** veux **ni** manger **ni** boire.

   When an infinitive follows the verb, **ni... ni...** and their noun complements come after the infinitive: Vous **n'**allez manger **ni** ecargots **ni** cuisses de grenouilles!

   Ni... ni... follow the past participle when the verb is in the **passé composé** or another compound tense: Steve n'a commandé **ni** hamburger **ni** milk-shake.

   Ni... ni... can be used as the subject of a verb. In this case, **ne** immediately follows **ni... ni... : Ni** l'un **ni** l'autre **ne** l'a vu.

4. You may use more than one negative word with **ne.**

   Personne ne porte **plus** de béret.

   Elle **ne** mange **jamais plus** de fromage.   *She never eats cheese anymore.*

   Personne ne porte **plus** de béret.   *Nobody wears a beret anymore.*

Activité • Les choses ont changé

La France et les Français ont changé. Vous jouez le rôle d'un(e) Français(e). Un(e) camarade vous pose des questions. Vous répondez au négatif. Il/Elle emploie **toujours** et **encore** dans les questions, et vous employez **ne... plus** et **bien sûr que non** ou **je ne crois pas** dans les réponses.

> porter des bérets
> —Est-ce que les Français portent toujours des bérets?
> —Je ne crois pas. Ils ne portent plus de bérets.

1. porter des sabots *(wooden shoes)*
2. avoir un roi
3. vivre dans des appartements sans confort

4. être fort en tennis
5. être majeur à vingt et un ans
6. avoir besoin d'un passeport pour voyager en Europe

B8 Activité • A vous maintenant!

Posez des questions à votre camarade sur la France en utilisant les expressions suivantes. Il/Elle vous répond.

> visiter la France
> —Tu as déjà visité la France?
> —Non, jamais. (Oui, l'année dernière.)

1. lire une pièce de Molière
2. voir un film français
3. goûter un fromage français

4. rencontrer des Français
5. avoir un(e) correspondant(e) français(e)

B9 Activité • Ni l'un ni l'autre!

Proposez à votre camarade de faire les choses suivantes. Il/Elle ne veut faire ni l'une ni l'autre. Vous lui proposez ensuite autre chose.

> visiter un musée/aller au cinéma
> —Tu veux visiter un musée ou aller au cinéma?
> —Je ne veux ni visiter un musée ni aller au cinéma.
> —Qu'est-ce que tu veux faire alors? Ça te dit de regarder la télé?

1. jouer aux cartes/regarder la télévision
2. faire une boum/aller dans une salle de jeux
3. déjeuner chez moi/aller dans un fast-food

4. prendre le métro/aller à pied
5. aller à la piscine/faire du vélo
6. partir à la mer/partir à la montagne

B10 Activité • Ça ne se fait plus maintenant!

Jouez le rôle d'un(e) Français(e). Vous avez des idées fausses sur les Etats-Unis. Demandez à un(e) camarade si on fait toujours ces choses. Il/Elle vous dit que non.

> dire «Groovy!»
> —Est-ce qu'on dit toujours «Groovy!» aux Etats-Unis?
> —Non, personne ne dit plus «Groovy!»

1. s'habiller en hippie
2. faire facilement fortune
3. danser le twist

4. regarder la télévision en noir et blanc
5. se mettre debout pour réciter en classe
6. payer 10 *cents* pour poster une lettre

Steve change d'opinion. 📼

Julien a présenté Steve à Mireille. Ils se sont donné rendez-vous dans un café.

MIREILLE   Alors, ça te plaît, la France?

STEVE   Beaucoup.

MIREILLE   Et les Français, comment tu les trouves?

STEVE   Je me suis rendu compte qu'ils sont très sympa.

MIREILLE   Tu croyais qu'ils ne l'étaient pas?

STEVE   Oui, mon frère dit toujours que les Français sont réservés, et qu'il est difficile de les connaître. Mais je ne le croirai plus! L'autre jour, je cherchais une rue. J'ai demandé à un monsieur. Quand il a su que j'étais américain, il m'a accompagné jusqu'à la rue, en me posant plein de questions sur les Etats-Unis.

JULIEN   *(à Mireille)* Il est marrant, Steve. Il a plein de préjugés sur nous. Tu sais, quand il est arrivé, il croyait que nous portions des bérets!

MIREILLE   Ah oui?

STEVE   Mais non, je blaguais!

JULIEN   En tout cas, tu pensais que les filles s'habillaient toutes comme des mannequins.

STEVE   C'est vrai... Mais je me suis aperçu qu'elles sont très simples, pas du tout prétentieuses... et jolies aussi.

MIREILLE   C'est vrai?

STEVE   Oui.

JULIEN   Oh là, vous deux!

STEVE   Quoi? Qu'est-ce qu'il y a?

MIREILLE   Laisse-le. Tu n'as pas encore remarqué que les Français sont très jaloux?

B12   Activité • Rétablissez la vérité

Pouvez-vous corriger les phrases suivantes d'après «Steve change d'opinion»?

1. Steve n'aime pas la France.
2. Steve a toujours pensé que les Français étaient ouverts.
3. Personne ne lui a dit où était la rue qu'il cherchait.
4. Steve pensait vraiment que les Français portaient des bérets.
5. Il trouve les Françaises très sophistiquées.
6. Julien est content que Steve et Mireille s'entendent bien.

B13 Activité • A vous maintenant!

Un Français vous demande son chemin dans la rue. Vous l'accompagnez, et vous lui posez des questions sur la France. Créez le dialogue avec un(e) camarade. Demandez-lui si le voyage est cher, ce qu'il y a à faire en France, comment sont les Français(es), ce qu'il faut visiter, quelles sont ses impressions des Etats-Unis...

B14 COMMENT LE DIRE
Telling what you've realized and noticed

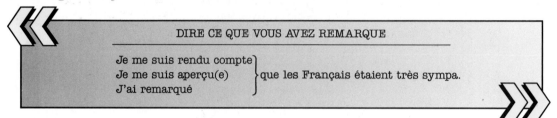

DIRE CE QUE VOUS AVEZ REMARQUE

Je me suis rendu compte
Je me suis aperçu(e)   } que les Français étaient très sympa.
J'ai remarqué

B15 Activité • Jeu de rôle

Imaginez que vous reveniez de France. Pendant le cours de français, vous répondez aux questions de vos camarades sur la France. Jouez la scène avec un(e) camarade. Utilisez les expressions présentées dans B14.

> réservés/ouverts
> —Ils sont réservés, les Français?
> —Je le croyais. Mais je me suis aperçu(e) qu'ils étaient très ouverts.

1. prétentieux/simples
2. chauvins/tolérants
3. élégants/décontractés
4. paresseux/travailleurs
5. distants/sympathiques
6. très différents de nous/ presque semblables

B16 Activité • Ecrivez

Ecrivez quelques lignes sur un voyage que vous avez fait en France. Au cours de votre séjour, votre opinion des Français(es) a changé. Choisissez deux contrastes présentés dans B15, et imaginez l'événement qui vous a fait changer d'avis.

B17 Activité • Ecoutez bien

Fabienne est aux Etats-Unis. Elle téléphone à sa cousine Corinne, qui est en France, pour lui donner des nouvelles. Ecoutez leur conversation téléphonique, et complétez ensuite les phrases suivantes.

1. Fabienne passe son été...
2. Elle trouve que les Américains...
3. Elle est contente de parler avec Corinne parce que...
4. Elle ne téléphone pas plus longtemps parce que...
5. Elle va...

Les stéréotypes français

1

Chaque pays a ses propres stéréotypes. Voici quelques stéréotypes régionaux français. Mais attention! Tous ceux qui ont visité ces régions, et qui ont observé leurs habitants, se sont vite rendu compte que l'image ne correspondait pas toujours à la réalité.

—Croyez-vous qu'il va pleuvoir?
—Peut-être bien que oui, peut-être bien que non.

NORMANDIE

AUVERGNE

Marseille

On dit que les Normands sont prudents et indécis. Ils ne disent jamais ni oui ni non.

—J'ai attrapé un poisson grand comme ça!
—Ah, vous les Marseillais!

—Tu peux me prêter de l'argent?
—De l'argent? Oh, tu sais, les affaires ne vont pas très bien en ce moment. J'ai des frais, des impôts, des factures...
—Ça va, j'ai compris.

Personne n'a autant d'imagination et n'est aussi vantard (*boastful*) que le Marseillais. Il adore parler et raconter des exploits imaginaires, mais au fond, il est plus bavard que courageux.

Il y a un vieux proverbe qui dit : «Les Auvergnats font leurs affaires, puis celles des voisins.» Cela veut dire qu'ils sont aussi économes que forts en affaires, et qu'ils aiment mettre leur nez dans les affaires des autres.

2 Activité • Complétez

Trouvez des mots dans «Les stéréotypes français» pour compléter ces phrases.

1. Les Normands ne disent jamais ni oui ni non; ils sont...
2. Les Marseillais aiment raconter des histoires; ils sont...
3. Les Auvergnats ont la réputation d'être... et...

3 Activité • Comparez

Les Français ne sont pas tous pareils. Comparez les groupes suivants.

1. Les Normands et les Marseillais
2. Les Marseillais et les Auvergnats
3. Les Auvergnats et les Normands

4 Activité • Blagues! Blagues! Blagues!

Chaque peuple a des blagues à raconter sur d'autres peuples. Les Français aiment surtout se moquer des Belges. Dans ces blagues, on peut souvent reconnaître des stéréotypes. Lisez les blagues françaises suivantes.

Un Texan est à Paris avec sa femme. Il regarde la tour Eiffel, étonné, et dit à sa femme :
—Ils sont vraiment nuls, ces Français. Ça fait cent ans qu'ils ont mis ce derrick, et ils n'ont toujours pas obtenu de pétrole!

Un couple belge est invité chez des amis. Comme ils n'ont pas trouvé de baby-sitter, ils ont emmené leur enfant avec eux. Tout le monde admire le bébé.
—Mais comment s'appelle-t-il, ce beau bébé, demande l'une des invités.
—On ne sait pas. Il ne parle pas encore.

1. En général, comment est-ce que les auteurs de ces blagues voient les autres peuples?
2. Comment trouvez-vous ces blagues? Choquantes? De mauvais goût? Injurieuses? Comiques?
3. Laquelle aimez-vous le mieux? Et le moins? Pourquoi?

5 Activité • Et les stéréotypes américains?

On dit que les Texans sont vantards. Travaillez en groupe pour trouver autant de stéréotypes régionaux américains que possible.

6   Activité • C'est incroyable!

Imaginez que vous ayez entendu des nouvelles ou des rumeurs incroyables sur votre école, vos copains, votre ville... Dites à votre camarade ce que vous avez entendu dire en utilisant les expressions présentées dans A18. Il/Elle vous répond. Inversez ensuite les rôles.

7   Activité • Donnez vos impressions

Regardez les dessins suivants, et donnez vos impressions sur la femme, les jeunes et le film. Utilisez les expressions **Il/Elle a l'air de...** , **On dirait que...** , **J'ai l'impression que...** et **Il me semble que...**

1.   2.   3.

8   Activité • Et vous?

Comment sont les élèves de votre école rivale? Décrivez-les. Est-ce qu'ils ont une image de vous? Qu'est-ce qu'ils disent de vous? Est-ce que c'est un stéréotype, ou est-ce qu'ils vous connaissent bien?

9   Activité • Ecrivez

Avez-vous déjà eu des impressions qui se sont révélées fausses? A propos de qui? De quoi? Qu'est-ce qui vous a permis de rétablir la vérité? Racontez.

10   Activité • Projet

Trouvez une bande dessinée qui présente des stéréotypes. Montrez-la à vos camarades, et expliquez-leur les stéréotypes.

Soignez votre style

Votre professeur vous a demandé d'écrire quelques phrases sur les stéréotypes qui existent à propos des Français. Vous l'avez fait, mais vous n'avez pas soigné votre style. Réécrivez le paragraphe suivant de façon plus formelle.

On dit que les Français, c'est pas des gens qui travaillent beaucoup. On dit aussi qu'ils aiment pas les hamburgers, mais qu'ils mangent tous les jours des steaks-frites. En plus, il paraît qu'ils supportent pas les étrangers et que les jeunes font pas beaucoup de sport. A mon avis, avec ces stéréotypes, c'est pas drôle d'être français.

VERIFIONS!

SECTION A

Savez-vous utiliser le comparatif?

D'après ce que vous savez ou ce que vous imaginez, comparez la France aux États-Unis, les jeunes français aux jeunes américains.

1. grand pays
2. vieux pays
3. pays touristique
4. nombre d'habitants

5. richesses naturelles
6. s'amuser
7. travailler
8. penser à l'avenir

Savez-vous donner votre impression?

Après avoir lu ce chapitre, quelles impressions avez-vous de la France et des Français? Employez une expression nouvelle à chaque fois.

beau pays
—J'ai l'impression que c'est un beau pays.

1. pays moderne
2. accueillants
3. aimer les Américains

4. ouverts aux étrangers
5. dynamiques
6. heureux dans leur pays

Savez-vous rapporter des rumeurs?

Vous voulez passer vos vacances en France. Vous écrivez à votre correspondant(e) français(e) pour lui raconter ce que vous avez entendu dire de la France et des Français. Complétez votre lettre en variant les expressions.

Je voudrais passer les vacances d'été à Paris. ... qu'il n'y fait pas très chaud. Qu'est-ce que je dois emporter? On... aussi que le métro est parfois dangereux. Est-ce que c'est vrai?... qu'on ne mange que des escargots. Et moi qui ne les aime pas! Heureusement,... que tous (toutes) les Français(es) sont beaux (belles) et sympa! Réponds-moi vite pour me dire si tout ce qu'... est vrai.

SECTION B

Savez-vous utiliser les différentes formes de la négation?

Répondez à ces questions à la forme négative.

1. Tu veux encore des escargots?
2. Tu veux encore des cuisses de grenouilles?
3. Tu veux des escargots ou des cuisses de grenouilles?
4. Tu as déjà pris des escargots?
5. Tu veux quelque chose?

Savez-vous dire ce que vous avez remarqué?

Employez les expressions que vous avez apprises dans ce chapitre pour dire que les jeunes français et les jeunes américains ne sont pas tellement différents.

aimer le sport
—Je me suis aperçu(e) que les Français aimaient le sport.

1. écouter le rock
2. être indépendants
3. aimer sortir
4. s'habiller avec des sweat-shirts

5. regarder des séries américaines à la télé
6. avoir envie de voyager

SECTION A

accueillant, -e *hospitable, welcoming*
autant que *as much as*
avouer *to admit, confess*
une **carte de travail** *work permit*
chauvin, -e *fanatically patriotic*
la **compétition** *competition*
consacrer *to devote*
une **décapotable** *convertible*
décontracté, -e *easy-going*
destiné, -e *destined, intended for*
dire du mal de *to speak ill of*
efficace *efficient*
l' **ennui** (m.) *trouble*
énorme *enormous, huge*
entendre dire *to hear say*
Espèce de romantique! (fam.) *You romantic!*
faux, fausse *false*
une **fortune** *fortune*
illusions : se faire des illusions *to fool oneself*
la **jeunesse** *youth*
mâcher *to chew*

moins que *less than*
paraître *to appear, seem*
un **peuple** *people*
plus que *more than*
la **poche** *pocket*
poursuivant *pursuing, continuing*
raisonnable *reasonable*
la **réalité** *reality*
la **réussite** *success*
rouler *to ride, drive*
social, -e (m. pl. **-aux**) *social*
sou : sans un sou (fig.) *without a dime*
un **stéréotype** *stereotype*
toutes faites *ready-made, preconceived*
l' **université** (f.) *university*
vieux : mon vieux! *old buddy!*

SECTION B

s'apercevoir *to notice, realize*
un **béret** *beret*
une **blague** *joke;* **Sans blague!** *No kidding!*

blaguer *to joke*
bref *in short*
charmant, -e *charming*
les **cuisses** (f.) **de grenouilles** *frogs' legs*
entier, -ère *entire*
un **escargot** *snail*
évoluer *to evolve*
une **expérience** *experiment*
féminin, -e *feminine*
jaloux, -ouse *jealous*
un **mannequin** *model*
ni : ne... ni... ni... *neither . . . nor*
parfumé, -e *perfumed*
personne : ne... personne *nobody*
un **préjugé** *prejudice*
prétentieux, -euse *pretentious, showy*
remarquer *to notice*
se rendre compte de *to realize*
simplifiant *simplifying*
sophistiqué, -e *sophisticated*
un **steak-frites** *steak and French fries*
le **vin** *wine*

Pièges à éviter

In **Steve change d'opinion,** Mireille says, **Laisse-le.** The English equivalent might be *Leave him alone.* There's more than one French equivalent of the verb *to leave;* you won't want to confuse them. In each of the following sentences, the English equivalent of the verb is *leave.*

Nous **quittons** Paris à cinq heures.
Nous **partons** pour Clermont-Ferrand.
Laissons nos bagages ici.

Notice that you may use a direct object with **quitter** and **laisser,** but not with **partir.** Use **quitter** when you want to talk about taking leave of a place or people. Use **laisser** when you want to talk about leaving something somewhere or leaving someone alone. **Partir** is best used to tell when someone is leaving or departing, from where **(de),** and the destination **(pour, à, en).**

Which verb would you use to complete the following sentences?

Steve _____ les Etats-Unis le 20 août.
Il _____ de la Nouvelle Orléans.
Il _____ son dictionnaire à la maison.

A bas les stéréotypes! 153

Courrier

Voici deux lettres écrites à un magazine par des jeunes de dix-sept ans qui ont eu l'occasion d'aller aux Etats-Unis.

Avant de lire

Lisez d'abord les signatures sur ces deux lettres. Ce sont des filles ou des garçons qui les ont écrites? Lisez ensuite la première phrase de chaque lettre. Où est-ce que les jeunes ont écrit leurs lettres?

UNE ANNEE AUX «STATES»

Cette année, me voilà aux «States» pour un an. J'ai eu pas mal de problèmes d'adaptation mais c'est une expérience extraordinaire. La vie est tellement différente. Je suis dans un lycée privé avec un uniforme : les profs sont beaucoup plus ouverts aux élèves qu'en France. Les élèves choisissent leurs matières, ont un examen chaque année et ils ne redoublent presque jamais.

Les Américains sont très accueillants. La vie familiale est différente. Les enfants participent beaucoup plus aux tâches ménagères° qu'en France, ils travaillent pas mal en dehors, et ils s'achètent leurs habits quand ils ont un «job».

J'avais envie de dire combien cette année est importante pour moi : j'ai une notion différente de mes parents, de la vie...

Michèle

REGARD SUR L'AMERIQUE

Etant allée aux Etats-Unis, dans l'Etat de Delaware, je me décide à vous écrire pour vous parler d'une particularité du «way of life» américain.

La notion de famille est pratiquement inexistante. Le repas du soir, par exemple, ne se prend pas en famille (le repas de midi se prenant au lycée), ce qui entraîne une rareté des dialogues entre parents et enfants. En fait, les parents s'occupent peu de leurs enfants, lesquels sont très vite indépendants. C'est une des raisons pour laquelle il y a beaucoup de drogue.

Alors, à tous ceux qui trouvent la présence de leurs parents gênante°, je dirai : pensez au modèle américain et à quoi mène° parfois l'absence d'éducation.

Florence

Des différences

Quelles différences Florence et Michèle ont-elles trouvées entre la France et les Etats-Unis concernant la vie familiale? Quelles différences Michèle a-t-elle trouvées concernant le lycée?

A vous de juger

Qu'est-ce que ces deux lettres ont de commun? Qu'est-ce qu'elles ont de différent? A votre avis, pourquoi est-ce que Florence et Michèle ont des impressions différentes des Etats-Unis? Ces descriptions vous paraissent-elles vraies et représentatives de la vie aux Etats-Unis? Dites pourquoi.

Qu'en pensez-vous?

Peut-on généraliser à partir d'une seule expérience? Pourquoi? Les stéréotypes ne sont pas toujours négatifs, mais quels sont leurs dangers? Donnez des exemples.

---

tâches ménagères *household tasks;* **gênante** *annoying;* **mène** *leads*

Qu'est-ce qu'un Anglais? 🔊

L'extrait suivant est tiré de «Qu'est-ce qu'un Français?», le premier chapitre des *Carnets du major Thompson* (1954) de Pierre Daninos (1913–), un écrivain célèbre pour son humour. Dans son livre, Daninos jette un regard satirique sur les Français par l'intermédiaire d'un Anglais fictif, le Major Thompson, dont il traduit *(translates)* le texte. Non seulement Daninos satirise les Français, mais il se moque aussi des Anglais.

Avant de lire

Regardez d'abord le dessin. Comment savez-vous que le patient est anglais?

Dans le secret de son cabinet de Harley Street, un de mes amis, réputé chirurgien du cerveau°, ouvrit un jour un Anglais.

Il y aperçut d'abord un cuirassé° de Sa Majesté, puis un imperméable, une couronne° royale, une tasse de thé, un dominion, un policeman, le règlement du Royal and Ancient Golf Club de St. Andrews, un coldstream guard, une bouteille de whisky, la Bible, l'horaire° du Calais-Méditerranée, une nurse du Westminster Hospital, une balle de cricket, du brouillard°, un morceau de terre sur lequel le soleil ne se couchait jamais...

Moins épouvanté° que conscient d'avoir commis une regrettable indiscrétion,... il referma. Et il fut obligé de convenir° que tout cela faisait un réellement bon Anglais [1].

---

1. Le traducteur... s'est attaché, dans toute la mesure du possible, à conserver au texte du major Thompson son parfum, il allait dire son *flavour*, en s'en tenant à la traduction littérale... : *a really good Englishman. (Note du Traducteur.)*

Que de choses!

Les choses que le chirurgien a trouvées dans le cerveau de l'Anglais sont des stéréotypes classiques, car c'est ainsi que *(that's the way that)* les Français tendent à caricaturer les Anglais. Pouvez-vous en expliquer la signification? Les Américains caricaturent-ils les Anglais de la même manière que les Français?

Imaginez

Vous êtes chirurgien du cerveau. Votre camarade est infirmier (infirmière). Vous ouvrez le cerveau d'un(e) Américain(e). Faites une liste des choses que vous y trouvez. Lisez ensuite votre liste à la classe, et dites pourquoi vous y avez trouvé ces choses.

---

chirurgien du cerveau *brain surgeon;* **cuirassé** *battleship;* **couronne** *crown;* **horaire** *timetable;* **brouillard** *fog;* **épouvanté** *shocked;* **convenir** *agree*

L'Homme qui te ressemble 📼

Voici un poème de René Philombe, poète camerounais.

Avant de lire

Lisez le titre de ce poème. A votre avis, quel en est le thème?

J'ai frappé à ta porte
j'ai frappé à ton cœur
pour avoir bon lit
pour avoir bon feu
pourquoi me repousser°?
Ouvre-moi mon frère!...

Pourquoi me demander
si je suis d'Afrique
si je suis d'Amérique
si je suis d'Asie
si je suis d'Europe?
Ouvre-moi mon frère!...

Pourquoi me demander
la longueur de mon nez
l'épaisseur° de ma bouche
la couleur de ma peau
et le nom de mes dieux°
Ouvre-moi mon frère!...

Je ne suis pas un noir
Je ne suis pas un rouge
je ne suis pas un jaune
je ne suis pas un blanc
mais je ne suis qu'un homme
Ouvre-moi mon frère!...

Ouvre-moi ta porte
Ouvre-moi ton cœur
car je suis un homme
l'homme de tous les temps
l'homme de tous les cieux
l'homme qui te ressemble!...

A votre avis

1. A qui parle le poète?
2. Qui repousse le poète?
3. Pourquoi est-ce qu'on le repousse?
4. En quoi est-ce que le poète vous ressemble?

Trouvez des exemples

D'après le poète, on repousse les autres à cause de leur apparence (couleur de la peau, traits du visage...), de leur nationalité et de leur religion. Pouvez-vous en trouver des exemples dans votre ville? Dans votre état? Dans votre pays? Dans le monde?

---

repousser *reject;* **épaisseur** *thickness;* **dieux** *gods*

America à la française

Vivre à la française ou à l'américaine? Posez la question
à des jeunes français, et ils vous répondront qu'ils vivent
à leur façon... beaucoup à la française et un peu à
l'américaine. En effet, regardez-les. Ne reconnaissez-vous
pas, dans leur façon de vivre, des traits typiquement
américains? Mais si, bien sûr! Vraiment typiques? Non,
parce qu'ils y mettent le *French touch*. C'est ça, *America* à
la française.

1   Les Français... plus américains que les Américains! 📼

Steve continue sa visite en France. Regardez ce qu'il fait avec ses amis français. Est-ce qu'on dirait vraiment qu'il est en France?

MIREILLE   A mon avis, avant de rentrer aux Etats-Unis, il est important que Steve voie un film français.

STEVE   D'accord. Lequel?

JULIEN   On pourrait aller voir *Do the Right Thing*.

STEVE   Mais c'est un film américain!

JULIEN   Et alors? Il paraît que c'est pas mal. On verra un film français un autre jour.

STEVE   Qu'est-ce qu'on fait maintenant?

JULIEN   Je propose qu'on prenne un verre.

MIREILLE   Ah non, j'ai faim! Il vaut mieux qu'on aille dans un MacDo.

STEVE   Encore un truc américain!

MIREILLE   C'est vrai. Il serait bien que tu connaisses un fast-food français. Allons à Free Time.

STEVE   On ne dit pas «resto-pouce»?

MIREILLE   Euh, si... parfois...

JULIEN   Rarement!

JULIEN   Si on regardait *Deux Flics à Miami* à la télé?

STEVE   *Deux Flics à Miami?* Ça existe en France?

MIREILLE   Bien sûr que oui.

STEVE   Tu sais, je préférerais regarder un feuilleton français.

JULIEN   Mais non, tu vas voir. C'est très drôle d'entendre Don Johnson parler français!

2 Activité • Actes de parole

Trouvez dans «Les Français... plus américains que les Américains!» plusieurs expressions pour...

1. proposer quelque chose.
2. exprimer une préférence.
3. exprimer un avis.
4. rapporter une rumeur.
5. gagner du temps pour réfléchir.

3 Activité • Faites des suggestions

Votre camarade joue le rôle d'un(e) Français(e) qui vient aux Etats-Unis. Vous lui proposez de faire des tas de choses. Il/Elle vous répond. Utilisez les expressions que vous avez trouvées dans l'Activité 2.

4 Activité • Très important!

Quand on visite les Etats-Unis pour la première fois, et qu'on n'a pas beaucoup de temps, il y a des choses qu'il faut faire en priorité. Dites à votre camarade français(e) ce qui est important qu'il/elle fasse et pourquoi.

visiter la Nouvelle Orléans
—Qu'est-ce que tu me conseilles de faire?
—A mon avis, il est important que tu visites la Nouvelle Orléans.
—Tu crois? Quelle drôle d'idée... aller dans une ville américaine qui a un nom français...
—Ouais, mais comme ça, toi, tu pourras voir la France à l'américaine!

1. monter à l'Empire State Building
2. faire une visite guidée de la Maison Blanche
3. voir un match de football américain
4. aller au Grand Canyon
5. jouer au base-ball
6. autre?

Il est important...   Il serait bien...   Il est nécessaire...   Il faut...   Il est essentiel...

5 Activité • A vous maintenant!

Travaillez par groupes de trois. Dites à un(e) camarade ce que vous avez fait ce week-end. Ensuite, l'autre camarade, qui n'a rien entendu, demande au premier (à la première) ce que vous avez dit. Pour répondre, le premier (la première) utilise le plus-que-parfait.

VOUS   Ce week-end, je suis allé(e) au cinéma.
ELÈVE 2   Qu'est-ce qu'il/elle a dit?
ELÈVE 1   Il/Elle a dit qu'il/elle était allé(e) au cinéma.

Qu'est-ce qu'elle a dit?

6 Activité • Les courses

Pendant la visite de Steve, Mireille lui demande
de l'aider à faire des courses. Ils vont à
l'épicerie. Avec un(e) camarade, imaginez leur
dialogue en utilisant le pronom relatif **lequel**.

MIREILLE   Il faudrait qu'on achète des fruits.
STEVE   Bonne idée. Lesquels on prend?
MIREILLE   Ceux-là. Ça te va?
STEVE   Ils viennent d'Amérique?
MIREILLE   Ben... je crois pas.
STEVE   Alors, ça va.

Il faut :
des fruits
des yaourts
de l'eau minérale
des boissons
des œufs
du fromage
des gâteaux
du pain

7 Activité • Visite guidée

Julien se promène avec Steve dans la ville et lui donne des informations. Steve exprime sa
surprise, son regret et ses souhaits aux remarques de Julien. Imaginez ses réactions.

JULIEN   Cette église date du XIIIe siècle.
STEVE   C'est incroyable qu'elle soit si vieille!

1. Ces foyers pour étudiants ont chacun une
   salle de sport.
2. Dans cet immeuble, on interdit les animaux
   domestiques.
3. La piscine municipale n'est ouverte que l'été.
4. Les magasins ferment le lundi.
5. Au marché, on vend des fruits qui viennent
   de partout.
6. Dans ce musée, on peut voir la machine à
   calculer que Pascal a inventée à l'âge de
   dix-huit ans.

Je suis surpris(e) que...

C'est dommage que...

J'aimerais que...

Ça m'étonne que...

C'est incroyable que...

Je regrette que...

Steve écrit à son professeur de français. 📼

Dans une lettre à son professeur de français, Steve fait part de ses impressions sur la France.

Chère Madame Kelley,

Comment allez-vous? Moi, je vais très bien. Vous verrez, je parle mieux le français. Je commence aussi à mieux connaître la France. Savez-vous ce qui me frappe? C'est que les jeunes français ne sont pas du tout comme dans notre vieux livre de français! En fait, ils ne sont pas très différents de nous. D'abord, ils s'habillent comme nous. A la télé, ils regardent _Deux Flics à Miami_. Et au cinéma, ils vont voir des films américains! Ils vont aussi plus souvent dans des fast-foods que dans des restaurants. De vrais Américains! Mais leurs hamburgers sont beaucoup plus chers que les nôtres. Dix-huit francs pour un cheese-burger! Mon ami Julien dit qu'ils sont meilleurs, mais je ne sais pas... Pour moi, un hamburger est un hamburger. Et savez-vous ce qu'il y a dans leurs fast-foods? Des clips vidéo avec des groupes de rock américains! Parfois, j'ai vraiment l'impression d'être aux Etats-Unis! J'exagère, bien sûr. En tout cas, je ne suis pas trop dépaysé.

A bientôt,

Steve

9   Activité • Rétablissez la vérité

D'après la lettre de Steve, les phrases suivantes sont fausses. Pouvez-vous les corriger?

1. Les Français sont comme dans le livre de français de Steve.
2. Ils s'habillent différemment des Américains.
3. En France, il n'y a ni films ni feuilletons américains.
4. Les jeunes préfèrent les restaurants aux fast-foods.
5. Les hamburgers sont moins chers qu'aux Etats-Unis.
6. Steve a vu des clips vidéo avec des groupes de rock français.
7. Steve est dépaysé.

10 Activité • Steve a dit que...

Un(e) camarade vous demande ce que Steve a dit dans sa lettre sur les jeunes français. Vous lui répondez en rapportant les remarques de Steve.

—Qu'est-ce que Steve a dit dans sa lettre?
—Il a dit que les jeunes français n'étaient pas très différents de nous...

11 Activité • Ecrivez

Imaginez que vous soyez Julien en visite chez Steve à la Nouvelle Orléans aux Etats-Unis. Ecrivez une lettre à votre professeur d'anglais en France.

12 Activité • C'est marrant!

Regardez ces photos prises en France. Qu'est-ce qui vous frappe? Est-ce que vous avez l'impression d'être en France? Faites un dialogue avec un(e) camarade, et parlez de ces photos. Utilisez les expressions **Ce qui me frappe...** , **Ce que je trouve marrant (curieux)...** , **Ce qui me choque...**

1.

2. (photo)

3.

13 Activité • Qu'est-ce que vous en pensez?

Donnez votre point de vue sur ce que font les Français. Utilisez des expressions différentes.

aller dans des fast-foods
—Tu savais que les Français vont dans des fast-foods?
—Non. C'est incroyable!
—Moi, je trouve ça bien.
—...

1. aller voir des films américains
2. regarder les mêmes émissions à la télévision
3. écouter des groupes de rock américains
4. s'habiller en jean
5. utiliser beaucoup de mots anglais
6. aimer *Deux Flics à Miami*

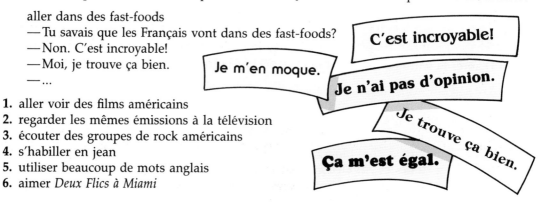

C'est incroyable!

Je m'en moque.

Je n'ai pas d'opinion.

Je trouve ça bien.

Ça m'est égal.

Dernière soirée ▭

Pour fêter le départ de Steve pour les Etats-Unis, Pascale, Caroline, Julien et Steve se sont retrouvés au fast-food.

PASCALE Il est comment ton hamburger, Julien?

JULIEN Pas mal, mais j'ai mis trop de ketchup.

CAROLINE Pascale, je peux goûter ton milk-shake?

PASCALE Si tu veux... Qu'est-ce que tu as comme cassette dans ton walkman?

CAROLINE J'ai enregistré les dernières hits. Tu veux écouter?

PASCALE Merci, pas en mangeant.

JULIEN Eh, vous avez vu le clip? Ils ont un look super, ces musiciens. Quelqu'un les connaît?

CAROLINE Bien sûr, c'est les Garage Bands, un groupe français.

JULIEN Personne ne veut venir jouer au baby-foot maintenant?

CAROLINE Moi, je vais faire du shopping. Il faut que je m'achète un jean.

PASCALE Et moi, j'ai un cours d'aérobique.

CAROLINE Ah oui? Ça te plaît?

PASCALE Oui, c'est super quand tu es stressée.

CAROLINE Moi, je préfère le body-building, c'est plus cool.

PASCALE Et toi, Julien?

JULIEN J'ai un entraînement de basket.

STEVE Oh, les copains! C'est drôle, vous n'utilisez que des mots anglais! Vous n'avez pas remarqué?

PASCALE Bien sûr que si!

JULIEN On te faisait une blague!

STEVE Ah bon, parce que je commençais à me dire que ce n'était pas la peine de continuer à apprendre le français!

---

15 Activité • Répondez

Répondez aux questions suivantes d'après «Dernière soirée».

1. Où sont Julien, Steve, Pascale et Caroline?
2. Qu'est-ce que Julien mange?
3. Comment s'appelle le groupe du clip? Qu'en pense Julien?
4. Pourquoi est-ce que Caroline va faire du shopping?
5. Pourquoi est-ce que Pascale fait de l'aérobique?
6. Qu'est-ce qui étonne Steve?
7. Pourquoi est-ce que les copains ont utilisé tous ces mots anglais?

16 Activité • Deux choses à la fois

Faites une liste des activités dont parlent Julien, Caroline et Pascale. Proposez quelque chose qu'on puisse faire ou accomplir en même temps que chaque activité. Utilisez le gérondif.

On peut discuter avec des copains en jouant au baby-foot.
On peut se mettre en pleine forme en faisant du body-building.

17 Activité • Donnez vos impressions

D'après la conversation de Julien, Pascale et Caroline, quels sont vos impressions sur les jeunes français? Utilisez les expressions **J'ai l'impression que...**, **On dirait que...**, **Il me semble que...**, **Ils ont l'air de...**

18 Activité • A votre avis

Vous connaissez un peu mieux les Français? Comparez-les aux Américains en ce qui concerne les activités suivantes.

aller dans des fast-foods
—A mon avis, les jeunes français vont autant dans des fast-foods que les jeunes américains.

1. utiliser les mots anglais
2. aller au cinéma
3. regarder la télévision
4. manger des hamburgers
5. faire du sport
6. travailler

19 Activité • Ecrivez

Faites une liste des mots anglais utilisés dans «Dernière soirée». Ecrivez ensuite dix lignes sur la France. Dans chaque phrase, il doit y avoir au moins un mot anglais.

20 Savez-vous que... ?

Les échanges culturels entre la France et les Etats-Unis ont toujours été très actifs. Le jazz, le rock, le cinéma américain ont eu une influence considérable en France. Mais aussi la façon de vivre. Les supermarchés, les fast-foods, la diététique, l'aérobique sont des idées américaines.

Mais, de plus en plus, les Français adaptent ces idées à leur propre culture. A côté de Free Time et de Quick, qui servent des hamburgers et qui ressemblent à McDonald's ou à Burger King, il y a maintenant des restos-pouces typiquement français comme la Brioche Dorée ou Pomme de Pain, où on trouve toutes sortes de sandwiches faits avec des baguettes.

L'influence américaine est aussi présente dans la langue. De nombreux mots viennent de l'anglais. Il existe un organisme, le Commissariat de la langue française, qui est chargé de trouver des équivalents français à des mots d'origine étrangère. Il a ainsi créé le mot «baladeur» pour *walkman* et «resto-pouce» pour *fast-food*.

21 Activité • Les produits américains à la française

Quelles sont vos réactions face à ces publicités françaises? Vous indignez-vous? Etes-vous indifférent(e)? Donnez votre réaction, puis faites des observations.

Pour donner votre réaction

> Ça, c'est scandaleux!
> Je trouve ça incroyable!
> C'est une honte!
> Moi, j'aime ça!
> Ça me laisse indifférent(e).

Pour faire des observations

> Ce qui est choquant,...
> Ce qui m'attire,...
> Ce qui saute aux yeux,...
> Ce qui est banal,...
> Ce qui est moche,...

1.   **2.**   **3.**

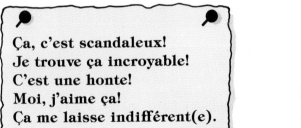

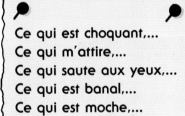

22 Activité • Vive la différence!

Pensez-vous que l'influence américaine sur la France et sur d'autres pays soit une bonne chose? Est-ce qu'un peuple devrait résister à l'influence étrangère ou l'accepter? Donnez vos raisons.

23 Activité • L'influence française aux Etats-Unis

On parle beaucoup de l'influence américaine en France, mais le contraire existe aussi. Trouvez des exemples de l'influence française aux Etats-Unis dans...

1. la langue.
2. les noms des villes.
3. la cuisine.
4. la culture.
5. l'histoire.
6. les vêtements.
7. l'industrie.
8. le commerce.
9. le cinéma

24 Activité • Ecoutez bien

Une journaliste de la radio française est allée aux Etats-Unis pour faire un reportage sur la France à l'américaine. Ecoutez ses commentaires. D'après ce reportage, qu'est-ce qui rappelle la France aux Etats-Unis? Ecrivez un exemple pour chaque catégorie suivante.

1. nourriture :
2. boissons :
3. transports :
4. divertissements :
5. langue :

Croyez-vous qu'on exagère, que l'influence américaine en France ne soit pas très forte? Regardez cette page d'un journal français, et tirez vos propres conclusions.

Avant de lire

Regardez les titres de films sous la rubrique «Les Films nouveaux». Lesquels connaissez-vous? Regardez les programmes des cinémas parisiens. Combien d'entre eux passent des films américains? Et combien n'en passent pas?

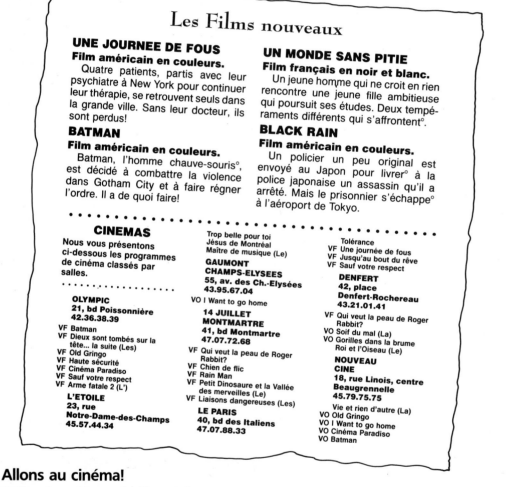

Les Films nouveaux

UNE JOURNEE DE FOUS
Film américain en couleurs.
Quatre patients, partis avec leur psychiatre à New York pour continuer leur thérapie, se retrouvent seuls dans la grande ville. Sans leur docteur, ils sont perdus!

BATMAN
Film américain en couleurs.
Batman, l'homme chauve-souris°, est décidé à combattre la violence dans Gotham City et à faire régner l'ordre. Il a de quoi faire!

UN MONDE SANS PITIE
Film français en noir et blanc.
Un jeune homme qui ne croit en rien rencontre une jeune fille ambitieuse qui poursuit ses études. Deux tempéraments différents qui s'affrontent°.

BLACK RAIN
Film américain en couleurs.
Un policier un peu original est envoyé au Japon pour livrer° à la police japonaise un assassin qu'il a arrêté. Mais le prisonnier s'échappe° à l'aéroport de Tokyo.

CINEMAS

Nous vous présentons ci-dessous les programmes de cinéma classés par salles.

OLYMPIC
21, bd Poissonnière
42.36.38.39
VF Batman
VF Dieux sont tombés sur la tête... la suite (Les)
VF Old Gringo
VF Haute sécurité
VF Cinéma Paradiso
VF Sauf votre respect
VF Arme fatale 2 (L')

L'ETOILE
23, rue
Notre-Dame-des-Champs
45.57.44.34

Trop belle pour toi
Jésus de Montréal
Maître de musique (Le)
GAUMONT
CHAMPS-ELYSEES
55, av. des Ch.-Elysées
43.95.67.04
VO I Want to go home
14 JUILLET
MONTMARTRE
41, bd Montmartre
47.07.72.68
VF Qui veut la peau de Roger Rabbit?
VF Chien de flic
VF Rain Man
VF Petit Dinosaure et la Vallée des merveilles (Le)
VF Liaisons dangereuses (Les)
LE PARIS
40, bd des Italiens
47.07.88.33

Tolérance
VF Une journée de fous
VF Jusqu'au bout du rêve
VF Sauf votre respect
DENFERT
42, place
Denfert-Rochereau
43.21.01.41
VF Qui veut la peau de Roger Rabbit?
VO Soif du mal (La)
VO Gorilles dans la brume
Roi et l'Oiseau (Le)
NOUVEAU
CINE
18, rue Linois, centre
Beaugrennelle
45.79.75.75
Vie et rien d'autre (La)
VO Old Gringo
VO I Want to go home
VO Cinéma Paradiso
VO Batman

Allons au cinéma!

Utilisez les critiques de films ci-dessus pour proposer à un(e) camarade d'aller voir un film. Employez les expressions **J'ai entendu dire que...** , **On dit que...** , **Il paraît que...**

—Dis, on va voir un film?
—D'accord. Lequel?
—On pourrait aller voir *Batman*. J'ai entendu dire qu'il y a de belles bagarres *(fights)*.
—Moi, je préférerais voir... Il paraît que...

chauve-souris *bat;* **s'affrontent** *confront each other;* **livrer** *hand over;* **s'échappe** *escapes*

Cinéma US go home!

La lettre suivante est extraite d'un magazine pour jeunes. En la lisant, découvrez l'attitude de son auteur. Vous étonne-t-elle ou la trouvez-vous normale?

J'ai dix-sept ans et j'adore le cinéma. Suivre le festival des films français, des films fantastiques, à Cannes ou ailleurs (grâce à la télé bien sûr) me passionne.

Seulement, il y a un «hic»°; dans la ville où j'habite (un trou : 200 000 habitants), on ne trouve que trois salles, pas mal d'ailleurs, mais où on ne passe que des films issus des «grands» studios californiens, du genre *Rambo*, etc.

Par exemple, cette semaine, il y avait à l'affiche *Batman* (qui m'a déçu), *Haute Sécurité* et le dernier James Bond, *Permis de tuer*. Etant plus attiré par le cinéma en lui-même que par les films, je suis allé en voir deux sur trois!

Mais ça me révolte quand même! On dit que plus personne ne va voir des films français : mais on ne peut pas les voir! Dans une grande ville comme Nancy, l'UGC°, avec neuf salles, se débrouille pour ne passer que des films d'action américains : *Kickboxer*, *Permis de tuer*, *Batman*... Sur 20 films, on peut espérer en trouver 2 ou 3 corrects.

Je suis sûr que mon cas n'est pas une exception : loin de là!

David, T^le C

Avez-vous compris?

Lisez les phrases suivantes, et choisissez celle qui résume le mieux la lettre de David. Expliquez votre choix.

1. David regrette qu'il n'y ait plus de films américains en France.
2. Davide se passionne tellement pour les films français qu'il ne va pas voir de films américains.
3. David se plaint parce que les cinémas ne passent que des films américains, et qu'il a du mal à voir des films français.

J'en ai assez du cinéma américain!

David se plaint de cette situation à un(e) ami(e). Son ami(e) lui dit que c'est inutile de se plaindre. Imaginez le dialogue avec un(e) camarade. Utilisez les expressions suivantes.

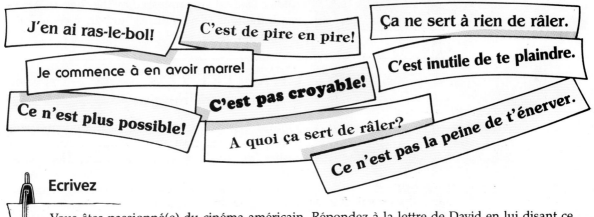

J'en ai ras-le-bol!   C'est de pire en pire!   Ça ne sert à rien de râler.

Je commence à en avoir marre!   C'est inutile de te plaindre.

C'est pas croyable!

Ce n'est plus possible!   A quoi ça sert de râler?   Ce n'est pas la peine de t'énerver.

Ecrivez

Vous êtes passionné(e) du cinéma américain. Répondez à la lettre de David en lui disant ce que vous trouvez de bien dans les films de Hollywood.

hic *snag;*   UGC *movie-theater chain in France*

TROISIEME PARTIE

CHAPITRE 9
L'avenir, j'y pense   169

Didier and Laurent talk about what they're going to do after taking the **baccalauréat** exam. Laurent is undecided while Didier knows exactly what he'll do. Laurent begins thinking so much about the future that he has a nightmare in which everyone urges him to make a decision. The next day, he and Vanessa go to the **CIDJ** where he takes the first step toward doing something about his future.

CHAPITRE 10
On y croit   193

What are friends for? What favor did Simon ask of Laurent? Was Laurent right to grant it? Should Simon ever have asked it? What reason did Simon give? Was it the real reason? Why was Laurent surprised to find that Simon had invited Isabelle? What risk did Simon take? Should Isabelle have gone along? Did these three friends act wisely? What would you have done in their place?

CHAPITRE 11   Le monde,
c'est notre affaire   217

When Laurent drops a potato chip container on the sidewalk, Vanessa lectures him about people who have no respect for others. A few days later, Vanessa calls and invites him to a concert for **SOS Racisme.** The day of the concert, they meet Sylvie and Didier. All but Laurent are impressed by the concert. Afterward, the four friends dicuss how they could help change the world.

CHAPITRE 12   *Chapitre de révision*
Vivement demain!   241

Vanessa is one of several French students who respond to a magazine survey about their hopes and wishes for the world of the future. Her major concern is the protection of the environment. What kind of world would you like to live in? What are your wishes for the future?

CHAPITRE 9

L'avenir, j'y pense

Vivement la fin du lycée! Vraiment? Vous croyez? Il faut maintenant penser à l'avenir. Est-ce que vous savez ce que vous allez faire après avoir complété vos études secondaires? Travailler? Continuer vos études? Quoi d'autre encore?... En France, deux ans avant de passer le baccalauréat, on commence à penser sérieusement à ce qu'on va faire ensuite. Mais très souvent, on n'arrive pas à se décider. Il y a tellement de possibilités!

	In this unit you will:
SECTION A	express indecision and possibilities . . . make hypotheses
SECTION B	forewarn someone
FAITES LE POINT	use what you've learned
A LIRE	read for practice and pleasure

expressing indecision and possibilities . . . making hypotheses

La fin du lycée approche. Bientôt, dans un an ou deux, il faudra passer le bac. Mais que faire après? Il y a des jeunes, comme Didier, qui savent déjà ce qu'ils vont faire. D'autres, comme Laurent, n'y[1] ont pas encore réfléchi.

A1

L'avenir, ils y pensent. 📼

Aujourd'hui, dans la classe de première du lycée Claude Monet à Paris, on a parlé de l'orientation des élèves. En sortant, Didier et Laurent discutent de leur avenir.

DIDIER	Alors? Tu sais ce que tu feras si tu réussis à ton bac?
LAURENT	Non, pas vraiment... Je n'arrive pas à me décider. Il se peut que je fasse une école de cinéma. Ou peut-être que j'entrerai à l'université pour étudier les langues. Je ne sais pas trop.
DIDIER	Si j'étais à ta place, je me dépêcherais de prendre une décision. Si tu ne sais pas quoi faire après le bac, tu feras comme mon frère.
LAURENT	Qu'est-ce qu'il a fait?
DIDIER	Un peu de tout! D'abord, il s'est inscrit à l'université... puis il a abandonné. Il a pris des cours de théâtre. Il a passé le concours de médecine... et il a échoué. Il s'est mis au chômage, et maintenant, il est employé de banque! Tu te rends compte! Quatre années de perdues!
LAURENT	Mais pas du tout! C'est quatre années pendant lesquelles il a vécu. Chacun sa vie, mon vieux!
DIDIER	En tout cas, moi, je sais exactement ce que je vais faire. Dès que j'aurai mon bac, j'entrerai dans une école de commerce. Dans trois ans, j'aurai mon diplôme, et je chercherai du boulot dans une entreprise d'import-export. C'est bien payé, et on voyage beaucoup.
LAURENT	C'est super, ça... mais... si tu ratais ton bac, qu'est-ce que tu ferais? Tu le repasserais?
DIDIER	Rater mon bac? Pourquoi veux-tu que je rate mon bac?
LAURENT	Je ne sais pas, moi... On ne sait jamais.
DIDIER	Je n'ai pas du tout l'intention de rater mon bac.
LAURENT	Eh bien, toi, au moins, tu ne doutes de rien!

---

[1]In addition to referring to a prepositional phrase indicating location, the pronoun **y** can also refer to the preposition **à** and a thing, an idea, or a physical or mental activity.

A2 Activité • Laurent ou Didier?

Dites à qui chacun des adjectifs suivants s'applique le mieux. Donnez les raisons de votre choix.

tolérant sérieux indécis organisé

décontracté sûr de lui

A3 Activité • Après le bac

D'après «L'avenir, ils y pensent», qu'est-ce qu'on peut faire après le bac? Discutez-en avec un(e) camarade.

A4 Activité • Actes de parole

Trouvez dans «L'avenir, ils y pensent» une expression pour...

1. exprimer l'indécision.   **2.** donner un conseil.   **3.** exprimer la certitude.

A5 Activité • A vous maintenant!

Savez-vous ce que vous voulez faire après avoir complété vos études secondaires? Parlez de vos projets à un(e) camarade. Utilisez le futur et les expressions que vous avez trouvées dans A4.

> —Tu sais ce que tu feras après l'école?
> —Non, pas vraiment. Je n'arrive pas à me décider.
>   (Oui, je sais exactement ce que je ferai...)
> —Moi, je...

A6 VOUS EN SOUVENEZ-VOUS?
The future and the conditional

You've been using the future and the conditional in French to tell about events or actions that haven't taken place yet. Look at these sentences taken from the dialogue in A1.

> Dès que j'aurai mon bac, j'entrerai dans une école de commerce.
> Dans trois ans, j'aurai mon dîplome, et je chercherai du boulot.
> Si tu ratais ton bac, qu'est-ce que tu ferais?
> A ta place, je me dépêcherais de prendre une décision.

Can you identify the verb forms? Which form do you use to tell what is probable, what *will* happen? And to tell what is less probable, what *would* or *might* happen? Remember that the future and the conditional are formed by using the same verb stems, but they have different endings. What are the stems? What are the endings for the future? And for the conditional? If you need further review of the future and the conditional, turn to page 266 in the Reference section.

	FAIRE DES HYPOTHESES	
PROBABLE	Si Laurent **a** besoin de conseils, il **parle** à Didier.	If Laurent *needs* advice, he *talks* to Didier.
	Si Laurent ne **sait** pas quoi faire après le bac, il **fera** comme le frère de Didier.	If Laurent *doesn't know* what to do after the bac, he *will do* as Didier's brother.
MOINS PROBABLE	Si tu **ratais** le bac, est-ce que tu le **repasserais**?	If you *failed (were to fail)* the bac, *would* you *take* it again?
	Si Didier **était** à la place de Laurent, il se **dépêcherait** de prendre une décision.	If Didier *were* in Laurent's place, he *would hurry* to make a decision.

A8 Activité • **C'est peu probable**

Regardez les dessins, et imaginez ce que peuvent dire les personnages dans ces situations peu probables. Utilisez **si** avec l'imparfait et le conditionnel.

1. ne pas être timide / aller

2. avoir de mauvaises notes / être

3. ne pas avoir tant de travail / partir

4. savoir conduire / acheter

A9 Activité • Ça, c'est probable

Vous commencez à dire quelque chose de probable en utilisant **si** avec le présent. Vous hésitez. Votre camarade prévoit *(anticipates)* votre pensée et termine votre phrase. Continuez à tour de rôle jusqu'à ce que vous n'ayez plus d'idées.

> oublier de faire ses devoirs
> —Si j'oublie de faire mes devoirs,...
> —... tes parents t'interdiront de sortir. Et moi, si j'oublie de faire les miens,...

1. se disputer avec ses frères et ses sœurs
2. se charger du club vidéo
3. avoir besoin d'argent
4. rentrer à la maison à une heure du matin
5. rater l'examen de maths
6. avoir le cafard
7. oublier de sortir la poubelle

A10 Activité • Quelques conseils

Vous êtes dans les situations suivantes. Un(e) camarade vous donne des conseils. Il/Elle commence ses conseils par **si.**

> Vous ne savez pas quoi faire après le lycée.
> —Je ne sais pas quoi faire après le lycée. Je n'arrive pas à prendre une décision.
> —Si j'étais à ta place, j'entrerais à l'université.

1. Vous avez laissé chez vous le devoir d'histoire que vous deviez rendre au professeur.
2. Vos parents ne veulent pas que vous sortiez samedi.
3. Vous n'avez pas d'idées pour vos vacances.
4. Vous vous êtes fâché(e) avec votre meilleur(e) ami(e).
5. Vous n'avez pas d'argent pour acheter un pantalon qui vous plaît.
6. Vous avez cassé la mobylette d'un copain.
7. Vous avez des difficultés en maths.

A11 Activité • A vous maintenant!

Pensez à une situation peu probable (avoir beaucoup d'argent, savoir piloter un avion, être proviseur de votre lycée...). Dites à un(e) camarade ce que vous feriez si vous étiez dans cette situation.

A12 COMMENT LE DIRE
Expressing indecision and possibilities

EXPRIMER SON INDECISION	ENVISAGER SES POSSIBILITES
Je ne sais pas trop.	Peut-être que je serai médecin.
Je ne sais pas quoi faire.	Il se peut que je fasse du cinéma.
J'ai du mal à me décider.	Il est possible que je fasse des films.
Je n'arrive pas à prendre une décision.	Je pense m'inscrire à l'université.
Je n'ai aucune (pas d') idée.	

Activité • **Ils sont indécis**

Regardez ces dessins, et imaginez ce que peuvent dire les personnages. Faites les dialogues avec un(e) camarade. Utilisez les expressions présentées dans A12.

A14 Activité • **Bonnes vacances!**

Faites un dialogue avec un(e) camarade. Il/Elle vous demande ce que vous pensez faire pendant vos vacances. Vous lui répondez en exprimant votre indécision et en envisageant plusieurs possibilités.

—Qu'est-ce que tu penses faire pendant tes vacances?
—Oh, je ne sais pas trop. Il se peut que je...

A15 Activité • **A vous maintenant!**

Un(e) camarade joue le rôle d'un(e) conseiller (conseillère) d'orientation et vous demande ce que vous pensez faire après le lycée. Vous exprimez votre indécision. Il/Elle vous propose plusieurs possibilités. Utilisez les expressions présentées dans A12.

A16 Savez-vous que... ? 📼

C'est à la fin de la seconde *(sophomore year)* que les élèves français commencent à choisir une orientation pour leurs études. Pour entrer en première, il faut qu'ils choisissent entre plusieurs sections. Les sections principales sont la section A (littérature et art), la section B (économie) et la section S (sciences). En terminale, la section S se divise en deux sections : la section C (mathématiques et sciences physiques) et la section D (mathématiques et sciences de la nature). A chaque section correspond un baccalauréat (bac A, bac B...). En première, les élèves passent la première partie du baccalauréat. Il s'agit de l'épreuve *(examination)* de français. En terminale, ils passent la deuxième partie du baccalauréat. S'ils réussissent, et s'ils veulent continuer leurs études, ils ont plusieurs possibilités.

La plupart vont à l'université. Il y a des facultés de lettres, de médecine, de gestion *(management)*... Il faut trois ans pour avoir une licence *(bachelor's degree)* et quatre ans pour une maîtrise.

Outre *(Besides)* les universités, il y a les Instituts Universitaires de Technologie qui délivrent un enseignement pratique en relation avec les entreprises.

Mais le mieux, ce sont les grandes écoles. Les plus célèbres sont l'Ecole Polytechnique, l'ENS (Ecole normale supérieure), HEC (Hautes études commerciales), l'ENA (Ecole nationale d'administration) et l'ENSAE (Ecole nationale supérieure de l'aéronautique et de l'espace). Pour entrer dans une grande école, il faut d'abord faire une classe préparatoire et passer un concours.

Quelques élèves étudiant avant leur cours à la Sorbonne

A l'IUT d'Aix-en-Provence, on enregistre des exposés oraux.

L'Ecole Polytechnique

A17 ✒️ Activité • Ecrivez

Votre correspondant(e) français(e) voudrait savoir comment se passe l'orientation aux Etats-Unis. A quel âge commence-t-on à choisir son orientation? Est-ce qu'il y a un examen comme le baccalauréat? Comment choisit-on son université?... Répondez-lui, et dites-lui si vous pensez déjà à votre avenir ou si vous trouvez que vous avez encore le temps d'y réfléchir.

A18 Activité • Ecoutez bien 📼

Une banque française, le Crédit Agricole, a fait une publicité pour ses prêts *(loans)* réservés aux étudiants qui veulent faire de longues études. Cette publicité est passée à la radio. Ecoutez bien, et répondez ensuite aux questions suivantes.

1. A qui cette publicité s'adresse-t-elle?

2. Pourquoi auront-ils besoin d'argent?

3. Que propose la banque pour faciliter la vie?

4. Quel est le rôle des agents du Crédit Agricole?

L'avenir, j'y pense 175

forewarning someone

Difficile de décider de son avenir quand on est encore au lycée! On ne connaît pas le monde du travail. Quel est le métier qui correspondrait le mieux à ses goûts et à ses désirs? Il faut se renseigner, consulter des livres, discuter avec des gens. On peut aussi aller dans un Centre d'information et de documentation jeunesse.

B1

Au CIDJ 📼

Laurent a fait un rêve épouvantable : ses parents, ses professeurs, ses amis... tout le monde le poussait à choisir un métier. Le lendemain, il est allé se renseigner, avec son amie Vanessa, au Centre d'information et de documentation jeunesse de sa ville.

Ils consultent les brochures.

VANESSA   Sympa, cette brochure.
Ça ne te donne pas envie de devenir électrotechnicien?

LAURENT   Je ne sais pas... Il faut voir. Prends-la pour que je la lise et que je réfléchisse.

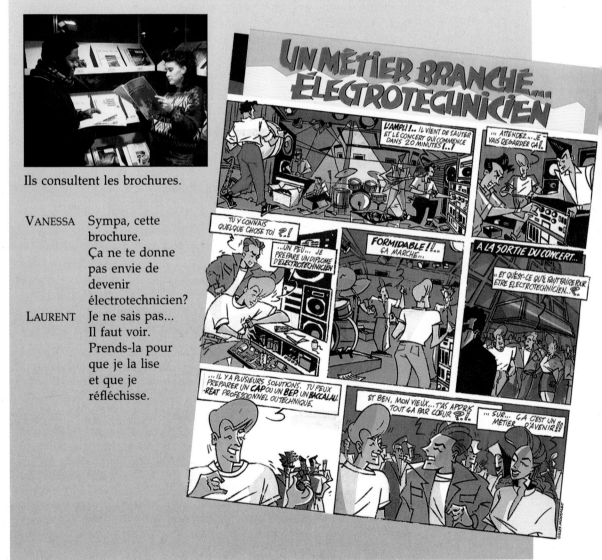

VANESSA	Voilà un métier pour moi! Ça, c'est un métier d'action!
LAURENT	Ça a l'air pas mal... Mais si tu te faisais tuer?
VANESSA	C'est les risques du métier.
LAURENT	Tu crois que c'est aussi pour les filles?
VANESSA	Bien sûr! Quel macho!

GARDIEN DE LA PAIX MIEUX QU'UN METIER... UNE MISSION

Assurer la sécurité de nos concitoyens et de leurs biens:

- en prévenant la délinquance,
- en constatant certaines infractions,
- en maintenant l'ordre public et la tranquillité,
- en prévenant les accidents,
- en portant secours.

(dpfp)

Studio des Variétés

Centre de formation supérieure de variétés

chant

danse

musique

comédie musicale

vidéo

régie

LES CONDITIONS D'ADMISSION

Si vous avez entre 16 et 27 ans, que vous soyez ou non auteur de vos chansons, que vous ayez ou non une première expérience sur scène ou en studio, vous pouvez participer aux épreuves de sélection en nous faisant parvenir :

Un enregistrement sur cassette de deux chansons françaises dont au moins une œuvre connue.

Accompagné d'un curriculum vitae et de photos avant le 15 juin de chaque année à :

Monsieur le Directeur
STUDIO DES VARIETES
82, rue Ballu, 75009 PARIS.

Les auditions sur scène, pour la sélection définitive, se déroulent en septembre.

LAURENT	Tiens! Ça, ça m'intéresse.
VANESSA	Oui, mais comment tu vas faire si tu ne sais pas chanter?
LAURENT	Et alors?
VANESSA	Lis bien la brochure. Il y a une présélection. Il faut envoyer une cassette enregistrée.
LAURENT	Pas grave. Je prendrai des cours particuliers jusqu'à ce que je sache chanter.
VANESSA	Eh bien, bonne chance! Je te préviens, ça risque de te prendre des années!

B2 Activité • Qu'est-ce qu'ils disent?

Qu'est-ce que Laurent et Vanessa disent pour exprimer ces sentiments? Trouvez leurs remarques dans «Au CIDJ».

1. Laurent exprime son indécision.
2. Vanessa exprime son enthousiasme.
3. Laurent fait une hypothèse.
4. Laurent exprime son incertitude.
5. Vanessa s'indigne.
6. Vanessa donne des conseils à Laurent.

B3 Activité • Faites des questions

Faites une liste de questions à partir des brochures dans «Au CIDJ». Posez-les ensuite à un(e) camarade qui vous répond.

—Quels diplômes faut-il pour devenir électrotechnicien?

B4 Activité • A votre avis

Quels sont les avantages et les inconvénients des trois métiers présentés dans «Au CIDJ»? Trouvez au moins deux avantages et deux inconvénients pour chacun.

B5 Savez-vous que... ?

Les élèves qui ont besoin d'aide pour s'orienter après le bac peuvent s'adresser au conseiller (à la conseillère) d'orientation de leur lycée. Il/Elle leur donnera des conseils et des adresses. Ils peuvent aussi aller se renseigner dans le Centre d'information et de documentation jeunesse (CIDJ) de leur ville. Là, ils trouveront des dossiers (*files*) sur tous les métiers, avec le coût et la durée des études, les adresses et bien sûr, les débouchés (*prospects*) pour trouver ensuite un travail. Ceux qui veulent plus de précisions (*details*) iront à l'Aventure des Métiers, une exposition qui a lieu une fois par an à Paris.

B6 VOUS EN SOUVENEZ-VOUS?
The uses of the subjunctive

Do you remember when to use the subjunctive in French? Look at the following sentences.

Il faut que les lycéens français passent le bac.
C'est dommage que tous ne puissent pas réussir.
Laurent ne croit pas que le bac soit important.
Vanessa aimerait qu'il change d'avis.
Ses parents veulent qu'il aille à l'université.
Ça m'étonnerait qu'il les déçoive.

Which of the above sentences expresses doubt? Necessity? Surprise? Regret? Which one expresses a wish? A preference? Can you recall other phrases that carry out these functions and are followed by **que** plus the subjunctive?

STRUCTURES DE BASE
The subjunctive after **pour que, avant que,** *and* **jusqu'à ce que**

1. In French, when you want to say that <u>someone</u> does something *so that, before,* or *until* <u>someone else</u> does something, you use the expressions **pour que, avant que,** and **jusqu'à ce que** followed by the subjunctive.

   Vanessa prend la brochure **pour que** <u>Laurent</u> la **lise.**
   Avant que <u>tu</u> **prennes** une décision, <u>je</u> vais chercher des brochures.
   <u>Nous</u> regarderons des brochures **jusqu'à ce que** <u>tu</u> **choisisses** un métier.

2. You always use the subjunctive after **jusqu'à ce que,** even when the <u>same person(s)</u> is (are) involved in both activities: <u>Nous</u> regarderons des brochures **jusqu'à ce que** <u>nous</u> **choisissions** un métier.

Activité • Laurent prend rendez-vous

Après être allé au CIDJ, Laurent prend rendez-vous avec le(la) conseiller (conseillère) d'orientation. Laurent lui pose des questions, et il/elle y répond en utilisant **pour que** suivi du subjonctif. Faites le dialogue avec un(e) camarade de classe.

—Pourquoi est-ce qu'on me pousse à prendre une décision?
—Pour que vous ayez le temps de bien vous préparer.

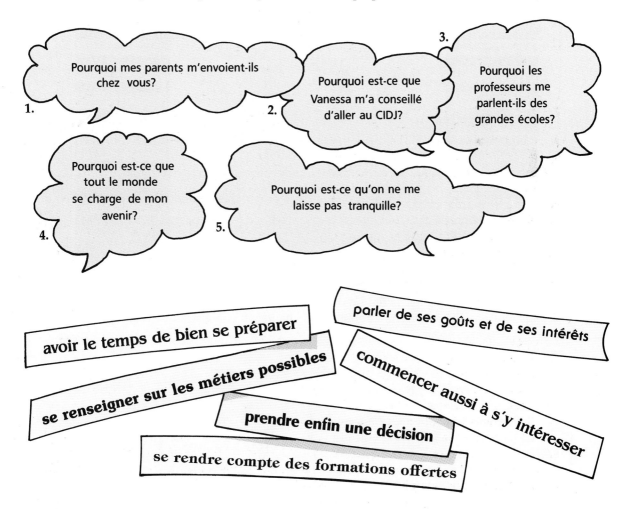

avoir le temps de bien se préparer

parler de ses goûts et de ses intérêts

se renseigner sur les métiers possibles

commencer aussi à s'y intéresser

prendre enfin une décision

se rendre compte des formations offertes

Regardez les dessins, et imaginez ce que peuvent se dire ces personnages. Utilisez **jusqu'à ce que** suivi du subjonctif.

1. s'entraîner / être aussi musclé que lui

2. rester / s'en aller

3. jouer / être bon en piano

4. dormir un peu / arriver

D'après B1 et la logique, combinez chaque paire de phrases en utilisant **avant que** suivi du subjonctif.

1. Laurent a eu un rêve épouvantable. Vanessa et lui vont au CIDJ.
2. Vanessa montre à Laurent la brochure sur le métier d'électrotechnicien. Il regarde la brochure du Studio des Variétés.
3. Il faut faire une audition. On peut s'inscrire au Studio des Variétés.
4. Laurent est intéressé par le Studio des Variétés. Vanessa lui dit qu'il n'a pas de voix.
5. Vanessa conseille à Laurent d'apprendre à chanter. Il enregistre une cassette.

Pensez à une chose (réelle ou imaginaire) que vous avez très envie de faire. Faites une liste de huit conditions qui vous aideront à réaliser ce rêve. Utilisez **pour que, jusqu'à ce que** ou **avant que**.

> J'ai envie de visiter la planète Mars. Pour que j'y aille, il faudrait installer une chaîne stéréo, une télévision et un magnétoscope dans ma fusée.

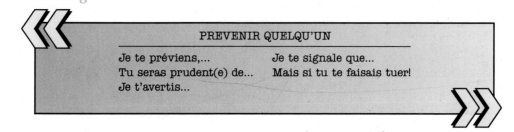

PRÉVENIR QUELQU'UN

Je te préviens,...   Je te signale que...
Tu seras prudent(e) de...   Mais si tu te faisais tuer!
Je t'avertis...

B13 Activité • Qu'il est raisonnable!

Vous faites des suggestions à un(e) ami(e), mais chaque fois, il/elle vous prévient des difficultés. Faites le dialogue avec un(e) camarade en utilisant les expressions présentées dans B12.

> —Je vais à un concert ce soir. Tu viens avec moi?
> —Et s'il n'y avait plus de places?

1. Quand j'aurai le bac, j'irai à l'université.
2. Après mes études, je pense partir un an en Angleterre pour travailler.
3. J'espère trouver un bon travail.
4. Je partirai en vacances avec l'argent que j'aurai gagné.
5. Je rentrerai ensuite aux Etats-Unis pour me marier.
6. J'aurai une maison avec un grand jardin.

B14 Activité • Il faut réfléchir!

Un(e) ami(e) a envie de faire des tas de métiers. Vous le/la prévenez des difficultés de chaque métier qu'il/elle propose. Qu'est-ce que vous lui dites?

> —Gardien de la paix, c'est un métier super.
> —Ah oui, et si tu rencontrais des voleurs armés *(armed robbers)*?

1. J'aimerais devenir chanteur (chanteuse).
2. C'est bien, être pilote. On voyage tout le temps.
3. Ça m'intéresserait aussi d'être médecin.
4. Je suis sûr(e) que je serai un(e) bon(ne) acteur (actrice).
5. Plus tard, je serai ministre *(cabinet secretary)*.
6. Etre professeur, c'est un bon métier.

B15 Activité • A vous maintenant!

Un(e) ami(e) envisage de faire quelque chose pendant le week-end. Vous trouvez ses projets dangereux, et vous le/la prévenez des dangers. Il/Elle essaie de vous rassurer. Faites le dialogue avec un(e) camarade. Inversez ensuite les rôles.

B16 Activité • A votre avis

A votre avis, quelles sont les qualités indispensables pour être électrotechnicien(ne)? Journaliste? Employé(e) de banque? Professeur? Chanteur (Chanteuse)? Médecin? Acteur (Actrice)? Avocat(e)?

Pour pouvoir bien s'orienter, Laurent a répondu au questionnaire suivant. D'après ses réponses, quels métiers de B16 pourraient lui plaire? Et lesquels ne lui plairaient pas du tout? Pourquoi? Parlez-en à un(e) camarade.

—Moi, je pense que le métier de journaliste lui plairait. On voyage beaucoup et...
—Tu trouves? Moi, je crois plutôt...

1. Au lycée, quelles sont vos matières préférées? Pourquoi?

La géographie, l'histoire et les langues. Je m'y intéresse parce que les autres peuples et leurs pays me fascinent.

2. Si vous le pouviez, quelles matières aimeriez-vous abandonner?

Aucune. Elles sont toutes importantes.

3. Quels sont vos loisirs préférés?

La lecture, le ski, le cinéma.

4. Participez-vous à des clubs? Si oui, auxquels et depuis quand?

Au ciné-club. J'y participe depuis deux ans.

5. Que recherchez-vous comme métier?

Un métier qui me plaise, qui me fasse voyager et qui soit bien payé!

6. Dans le choix d'un métier, êtes-vous influencé(e) par l'exemple de quelqu'un?

Non, je ne m'identifie à personne.

7. Qui êtes-vous? Quels adjectifs vous définissent le mieux : entreprenant°, timide, réservé, bavard, ponctuel, sérieux, volontaire°, influençable, courageux, sportif, travailleur, indépendant, paresseux, passionné, indifférent°, lent°, rapide, ambitieux, rêveur.

Comme tout le monde, je suis paresseux, indifférent, timide et influençable. Mais je suis plein de bonne volonté pour m'améliorer. Peut-être qu'un jour je serai entreprenant, sérieux et ambitieux... On peut toujours rêver!

entreprenant *enterprising;* **volontaire** *obstinate;* **indifférent** *emotionless, cold;* **lent** *slow*

B18   Activité • Ecrit dirigé

Reprenez les questions du questionnaire de B17. Répondez-y le plus honnêtement possible.

B19   Activité • Jeu de rôle

Vous allez voir un(e) conseiller (conseillère) d'orientation avec vos réponses au questionnaire. Il/Elle vous conseille pour un futur métier, vous envisagez une autre possibilité, il/elle vous prévient des difficultés, vous en proposez une autre... Faites le dialogue avec un(e) camarade.

> —Je vois que vous aimez les mathématiques et la science... que vous êtes travailleur (travailleuse). Je vous conseille de faire des études pour être ingénieur.
> —Ah non! Ça ne m'intéresse pas. Peut-être que je pourrais être médecin.
> —Je vous signale que...

B20   Activité • Vous êtes indécis(e)

Vous aimeriez bien travailler pendant les vacances, mais vous ne savez toujours pas quel job vous aimeriez faire. Un(e) ami(e) vous a montré des offres d'emploi pour l'été. Il/Elle vous téléphone pour savoir si vous vous êtes décidé(e). Il/Elle vous fait des suggestions. Regardez les petites annonces, et faites le dialogue avec un(e) camarade.

> —Alors, tu sais ce que tu vas faire cet été?
> —Non, je...
> —Et pourquoi tu ne...

Restaurant recherche pour cet été un(e) serveur (serveuse) à Lorient, en Bretagne.

Discothèque recherche un discjockey pour le mois de juillet. Royan.

Maison d'édition recherche un coursier° pour les mois de juillet et d'août.

Famille cherche jeune fille ou jeune homme au pair pour le mois d'août à Cannes.

Cherche quelqu'un pour garder mon chien au mois de juillet.

coursier *messenger*

B21   Activité • Ecrivez

Répondez à l'une des annonces de B20. Demandez des renseignements pour savoir combien vous serez payé(e), combien d'heures par jour vous devrez travailler, quels seront les jours de repos, si vous serez logé(e) et nourri(e), si le voyage sera payé...

B22   Activité • Ecoutez bien

Pour s'orienter dans ses études après le bac, Anne est allée voir une conseillère d'orientation. La conseillère a enregistré leur conversation. Jouez le rôle de la conseillère. Ecoutez la conversation, et complétez le tableau suivant.

Anne			
Idées	Intérêts	Professions possibles	Recommandations

using what you've learned

1

L'avenir, eux aussi, ils y pensent. 📼

Qu'est-ce que les amis de Vanessa et Laurent veulent faire après le bac? Laurent les a interrogés.

Après le bac, j'ai l'intention d'aller en Angleterre et d'y rester jusqu'à ce que mon anglais soit meilleur. Ensuite, je ne sais pas trop ce que je vais faire. Mais, grâce à l'anglais, j'espère trouver un travail qui me permette de voyager!

Pascale

Je vais essayer d'entrer dans une classe préparatoire pour ensuite passer le concours des grandes écoles. Dans cinq ou six ans, je pense avoir un bon travail. Peut-être que je serai ingénieur en informatique.

Virginie

Je voudrais bien continuer le foot pour devenir joueur professionnel. Mais mes parents veulent que je passe d'abord le bac. Ils préféreraient que je fasse quelque chose de plus sûr. En tout cas, si je ne réussis pas dans le foot, je passerai le concours pour être prof de gym.

Emmanuel

Il se peut que je fasse des études pour être vétérinaire. Mais c'est très long, neuf ou dix ans. Alors, je n'en suis pas encore sûr. Mais mon père est vétérinaire, et de temps en temps, je vais le voir pour qu'il me montre son métier. C'est passionnant!

Simon

2 Activité • Chacun ses projets

D'après «L'avenir, eux aussi, ils y pensent», qu'est-ce que les amis de Laurent veulent faire? Et pourquoi?

1. Pascale   **2.** Emmanuel   **3.** Virginie   **4.** Simon

3 Activité • A votre avis

Relisez «L'avenir, eux aussi, ils y pensent.» A votre avis, qui... ?

1. aime les animaux   **2.** est bon en informatique   **3.** est sportif   **4.** aime les voyages

4 Activité • Faites des hypothèses

A votre avis, qu'est-ce que les amis de Laurent feraient dans les cas suivants?

1. Si Pascale allait en Angleterre?
2. Si Simon décidait de faire des études de vétérinaire?
3. Si Emmanuel ne réussissait pas dans le foot?
4. Si Virginie entrait dans une classe préparatoire?

5 Activité • A vous maintenant!

Faites une enquête dans votre classe pour savoir ce que vos camarades ont l'intention de faire après le lycée.

> —Qu'est-ce que tu as l'intention de faire après le lycée?
> —Euh, je ne sais pas trop.
> (Eh bien, il se peut que j'entre à l'université.)

6 Activité • Situations difficiles

Qu'est-ce que vous feriez si vous étiez à la place des jeunes dans ces situations difficiles?

1. Fabienne veut faire du théâtre, mais ses parents ne veulent pas.
2. François a voulu entrer dans une grande école, mais il a été refusé.
3. Patrice a raté son bac.
4. Isabelle veut arrêter ses études et travailler, mais elle ne sait pas quoi faire comme métier.
5. Anne ne sait pas ce qu'elle veut faire après le bac. Ses parents lui donnent des conseils.

Soignez votre style

Votre professeur de français vous a rendu votre devoir. Il a trouvé le style trop familier. Réécrivez le devoir en faisant attention à votre style. Changez seulement ce que le professeur a souligné.

Bof, l'avenir, j'y pense pas souvent. Ça me fait peur. Je ne sais pas trop ce que je veux faire, et je ne suis pas bon(ne) élève. De toute façon, je voudrais avoir un job marrant où je peux faire beaucoup de fric. Il se peut que je devienne vétérinaire comme mon père... mais... je suis nul(le) en sciences, et les maths, c'est la barbe! Faut voir... !

VERIFIONS!

SECTION
A

Savez-vous faire des hypothèses?
Complétez ces phrases hypothétiques.

1. Tu aurais de meilleures notes à l'école si...
2. Si tu me disais ce qui n'allait pas,...
3. Si je savais ce qui te faisait plaisir,...
4. Je pourrais t'aider à faire tes devoirs si...
5. Je viendrai te chercher si...

Savez-vous exprimer l'indécision et envisager des possibilités?
Répondez aux questions suivantes. Dites que vous hésitez à prendre une décision, et suggérez une possibilité.

1. Finalement, tu vas en France ou en Suisse, cet été?
2. Tu sais quel job tu vas faire pendant les vacances de Noël?
3. Quelle université vas-tu choisir?
4. Tu ne sais toujours pas ce que tu veux faire plus tard?

SECTION
B

Savez-vous utiliser *plus que*, *avant que* et *jusqu'à ce que*?
Faites des phrases complètes en utilisant les verbes entre parenthèses.

1. Je travaillerai jusqu'à ce que je (réussir) ce devoir.
2. Je veux finir ce livre avant que nous (sortir).
3. Je t'expliquerai jusqu'à ce que tu (comprendre).
4. Apporte-moi cette brochure pour que je (pouvoir) la lire.
5. Il faut que je prenne une décision avant que ce (être) trop tard.
6. Il faut que je te parle avant que tu (prendre) une décision.

Savez-vous prévenir quelqu'un?
Qu'est-ce que vous répondriez si on vous disait les choses suivantes?

1. J'aimerais être gardien de la paix.
2. Il faut que je trouve du travail cet été.
3. Musicien, ça peut être un bon métier.
4. Moi, je veux être clown.

SECTION A

approcher *to approach, draw near*
le **commerce** *business*
le **concours** *competitive examination*
se décider *to make up one's mind*
douter : Tu ne doutes de rien! *You're very confident!*
échouer (à) *to fail*
une **entreprise** *corporation*
les **langues** (f.) *languages*
la **médecine** *field of medicine*
l' **orientation** (f.) *direction (of study)*
peut : Il se peut que je... *I might . . .*
prendre : prendre une décision *to make a decision*
rater *to fail*
réussir (à) *to pass (a test)*
trop : Je ne sais pas trop. *I'm not (very) sure.*

SECTION B

avertis : Je t'avertis,... *I'm warning you, . . .*
un **BEP (brevet d'études professionnelles)** *diploma in general vocational education*
un **CAP (certificat d'aptitude professionnelle)** *certificate in specialized vocational education*
un(e) **concitoyen, -ne** *fellow citizen*
consulter *to consult*
correspondre à *to suit*
un **curriculum vitae** *résumé*
décider de *to decide, determine*
se dérouler *to take place*
un(e) **électrotechnicien, -ne** *electronics technician*
enregistré, -e *recorded*
un **enregistrement** *recording*
épouvantable *terrible*
l' **exemple** (m.) *example*

un(e) **gardien, -ne de la paix** *police officer (in a city)*
jusqu'à ce que *until*
une **œuvre** *work*
s'orienter *to choose one's course of study*
particulier, -ière : des cours particuliers *private lessons*
parvenir : faire parvenir *to send, forward*
pour que *so that*
pousser *to urge*
une **présélection** *preselection*
prévenir *to warn, anticipate*
prudent, -e *wise, careful*
la **régie** *production*
risquer *to risk*
les **risques** (m.) *risks*
signale : Je te signale que... *Let me point out that . . .*

Pièges à éviter

When you talk in French about tests, you have several choices. If the test is short, like a quiz, you call it **une interrogation (une interro).** If it's long, like an exam, it's **un examen.** A competitive test, which you would take as an entrance exam, is **un concours.**

No matter what kind of test it is, when you talk about *taking* it, use the verb **passer: Je vais passer une interro de maths vendredi.** To talk about *passing* a test, use the expression **réussir à: J'ai réussi à l'examen de français.** And in the unfortunate event that you need to talk about *failing* it, use the expression **échouer à** or **rater: Qui? Moi? Echouer à un examen? Je n'ai jamais raté d'examen!**

SPECIAL : ORIENTATION

Avant de lire

Regardez les quatre sous-titres (*subtitles*) de l'article suivant. Lequel exprime l'indécision? Donne des conseils? Propose des possibilités?

> ## JE NE SAIS PAS QUOI FAIRE. A L'AIDE!

A neuf ans, vous vouliez être pompier°, à treize, pilote ou hôtesse de l'air°, et maintenant vous n'avez pas la moindre petite idée de ce que vous voulez faire. Classique! Un projet professionnel se construit lentement. Mais il faut s'en occuper.

Impossible d'échapper° à LA question, celle que vous essayez bien soigneusement d'éviter° : «Qu'est-ce que je vais faire plus tard? De quoi ai-je envie?» Il est trop tôt pour se décider, pensez-vous. Et en un sens vous avez raison. Vous êtes à l'âge où l'on change à toute vitesse. Comment choisir un métier quand on ne sait même pas qui l'on est?

Le contexte économique ne vous facilite pas la tâche. On ne parle que de chômage, de secteurs «bouchés»°, de quoi décourager n'importe quelle envie de devenir technicien

---

pompier *firefighter;* **hôtesse de l'air** *stewardess;* **échapper** *to escape;* **éviter** *to avoid;* **secteurs «bouchés»** *glutted, saturated fields*

en informatique ou médecin. Enfin, avouez-le, vous n'avez pas couru derrière l'information et l'urgence, maintenant, vous affole°.

Alors si vous ne voulez pas vous laisser orienter par inertie vers telle ou telle direction, prenez très vite les choses en mains. Utilisez les compétences de tous ceux qui vous connaissent : parents, profs, spécialistes. Mais comptez aussi et d'abord sur vous : vous êtes le premier concerné.

N'ayons pas peur des évidences : une orientation se choisit en fonction de ses goûts. Bien sûr, on ne peut ignorer les résultats scolaires. Ils vous ouvrent un certain nombre de portes et vous en ferment d'autres. Vous ne pouvez raisonnablement viser° une carrière d'ingénieur si vous êtes nul en maths. Mais la motivation peut faire des miracles. A condition justement de savoir ce qui vous motive.

CONNAIS-TOI TOI-MEME.

Un peu d'introspection donc. Essayez de recenser° ce que vous aimez faire, même si cela n'a qu'un rapport très lointain avec une profession : bricoler une moto, voyager, passer des heures face à un micro-ordinateur. Et classez vos choix par ordre de préférence. Si vous arrivez à une liste du genre : danser quatre heures de suite, vivre en plein air, baragouiner° la langue locale quand je suis à l'étranger, jouer au volley, rencontrer des têtes nouvelles... vous n'êtes sans doute pas fait pour un boulot de chercheur solitaire au fond d'un labo.

Vous définirez ainsi ce qui compte pour vous : l'action ou la réflexion, la sécurité ou l'aventure, le travail en équipe ou solitaire, les activités manuelles ou intellectuelles... Cette première recherche permet déjà d'éliminer un certain nombre de possibilités. Et d'affirmer votre droit à la différence; vous n'êtes pas obligé de faire comme votre meilleur(e) ami(e).

ILS VOUS AIDENT.

Votre avenir vous appartient°, mais des adultes, autour de vous, peuvent vous aider à y voir plus clair ou à garder le contact avec la réalité.

■ Les parents.
Ils vous connaissent parfois mieux que vous-même. Demandez-leur comment ils vous «voient». Vous serez peut-être surpris d'apprendre que vous êtes «minutieux°, posé° et accrocheur°», ou «sociable, dynamique et curieux». Mais attention aux projections qu'ils ont parfois tendance à faire sur leur progéniture°. Vous n'êtes pas obligé de préparer polytechnique parce que votre père a toujours rêvé d'en sortir.

■ Les profs.
Certains d'entre eux sont prêts à parler orientation avec vous. Ils ont l'avantage de bien connaître vos qualités et vos faiblesses. Mais ils manquent souvent d'ouverture sur les métiers qui ne sont pas ceux de l'enseignement. A vous d'apprécier.

■ Les conseillers d'orientation.
A consulter impérativement. Et très tôt, dès la fin du premier trimestre. Ils sont accessibles sur rendez-vous au lycée, ou bien au C.I.O.° du secteur.

---

vous affole *is driving you crazy;*   **viser** *set your sights on;*   **recenser** *to record, list;*
baragouiner *jabber;*   **appartient** *belongs;*   **minutieux** *meticulous;*   **posé**
calm, sedate;   **accrocheur** *tenacious;*   **progéniture** *offspring;*   **C.I.O.** Centre
d'information et d'orientation

Y A-T-IL DES METIERS D'AVENIR?

"MAÎTRE DU MONDE", qu'est-ce que tu en penses?

Tu es fou, c'est complètement bouché comme branche !!!!

Les économistes peuvent-ils vous aider dans votre choix d'orientation? Que conseillent-ils et peut-on se fier à° leurs prévisions°? Nous les avons interrogés.

Peut-on connaître les métiers de demain?
— Oui, mais en restant prudent. Ce que l'on peut savoir, c'est quels grands secteurs offriront des emplois d'ici dix ans. L'industrie, par exemple, continuera à embaucher°. Elle emploie tellement de monde qu'il lui faut sans cesse recruter. Mais attention, la préférence ira de plus en plus aux ingénieurs et aux techniciens plutôt qu'aux ouvriers qualifiés.

Dans le secteur des «services», les emplois vont suivre les évolutions de la vie quotidienne. Les gens se soignent de plus en plus : il faudra des infirmiers, des kinésithérapeutes°, des diététiciens. Les femmes travaillent : on aura besoin d'assistantes maternelles. La population vieillit : on demandera des aides pour les personnes âgées, etc.

Les services d'échanges (banques, commerces, transports, communication), l'administration générale (assurances, ministères) ne progresseront que modérément, mais si on n'augmente pas le personnel, il faudra au moins le renouveler. Et ce sont souvent des boulots passionnants!

Puisqu'on est si peu certain des débouchés, quelle tactique adopter pour choisir une formation?
— Eviter à tout prix de se lancer dans des formations trop courtes. Elles ne préparent qu'à une seule spécialité. Ce qui fera la différence sur le marché de l'emploi, ce sera la maîtrise de plusieurs savoir-faire, la faculté d'adaptation°. Et la culture générale! Ce n'est pas parce qu'on prépare un C.A.P. de réparation automobile qu'il faut négliger le français.

La promotion peut se jouer sur la capacité à bien rédiger° une lettre.

Il vaut donc mieux parier° sur une double formation?
— C'est certain. Pour un premier emploi, l'employeur privilégie° le diplôme le plus élevé et la polyvalence°.

Les entreprises recherchent de plus en plus les compétences «transversales»°, qui dépassent la connaissance d'une technique. Elles apprécient, par exemple, l'ingénieur qui connaît l'organisation.

Il faut donc jouer la complémentarité. D'accord pour une licence de sociologie, mais à condition de faire aussi de l'informatique. Et surtout, n'oubliez pas d'apprendre au moins une langue étrangère. En 1992, les frontières de l'Europe vont s'ouvrir et il n'y aura plus de chasse gardée°.

se fier à *trust;* **prévisions** *predictions;* **embaucher** *to hire;* **kinésithérapeutes** *physiotherapists;* **faculté d'adaptation** *ability to adapt;* **rédiger** *to write;* **parier** *to bet;* **privilégie** *gives greater importance to;* **polyvalence** *versatility;* **«transversales»** *crossover;* **chasse gardée** *private game preserve*

Les familles de mots

Pour chacun des mots suivants, trouvez au moins un mot dans l'article qui soit de la même famille.

1. vite   **3.** fou (folle)   **5.** soin   **7.** facile

2. chercher   **4.** définition   **6.** vieux (vieille)   **8.** nouveau (nouvelle)

Avez-vous compris?

Répondez aux questions suivantes d'après «Spécial : orientation».

1. Pourquoi est-il difficile de choisir un métier?

2. Donnez aux moins trois choses qu'il faut considérer en choisissant une orientation.

3. Qu'est-ce qu'on vous conseille comme première recherche?

4. A qui pouvez-vous demander des conseils? Quels sont les avantages et les inconvénients de chaque groupe?

5. Parmi les grands secteurs, industrie, administration et services, lequel offre le plus de possibilités? Pourquoi?

6. Quelles qualités les employeurs rechercheront-ils chez leurs employé(e)s futur(e)s?

Définissez vos goûts

Suivez les conseils de cet article, et faites une liste de vos goûts et de vos intérêts. D'après votre liste, quelles tendances avez-vous? Etes-vous sociable ou solitaire? Sérieux (Sérieuse) ou joyeux (joyeuse)? Cherchez-vous l'aventure ou la sécurité?...

A vous maintenant!

Quel métier vous conviendrait? Pour quelles raisons? Discutez-en avec un(e) camarade en utilisant la liste que vous avez préparée et ce tableau de métiers. Il/Elle vous dit s'il (si elle) est d'accord avec votre choix et vous donne des conseils.

> **Si vous en aviez la possibilité, quels sont parmi ces métiers ceux que vous aimeriez le plus exercer?**
>
> | | | |
> |---|---|---|
> | Chef d'entreprise | 20 | |
> | Député | 3 | |
> | Médecin | 17 | |
> | Directeur d'une administration | 3 | |
> | Présentateur du journal télévisé | 9 | |
> | Avocat | 13 | |
> | Metteur en scène° | 10 | |
> | Ecrivain | 10 | |
> | Mannequin | 13 | |
> | Directeur d'une agence de publicité | 10 | |
> | Grand reporter | 17 | |
> | Acteur de cinéma | 27 | |
> | Chercheur scientifique | 13 | |
> | Vétérinaire | 18 | |
> | Commandant de bord° | 8 | |
> | Officier | 7 | |
> | Ingénieur | 18 | |
> | Sans opinion | 5 | |
>
> Le total des pourcentages est supérieur à 100, les personnes interrogées ayant pu donner plusieurs réponses.

Metteur en scène *Director;*   **Commandant de bord** *Airline captain*

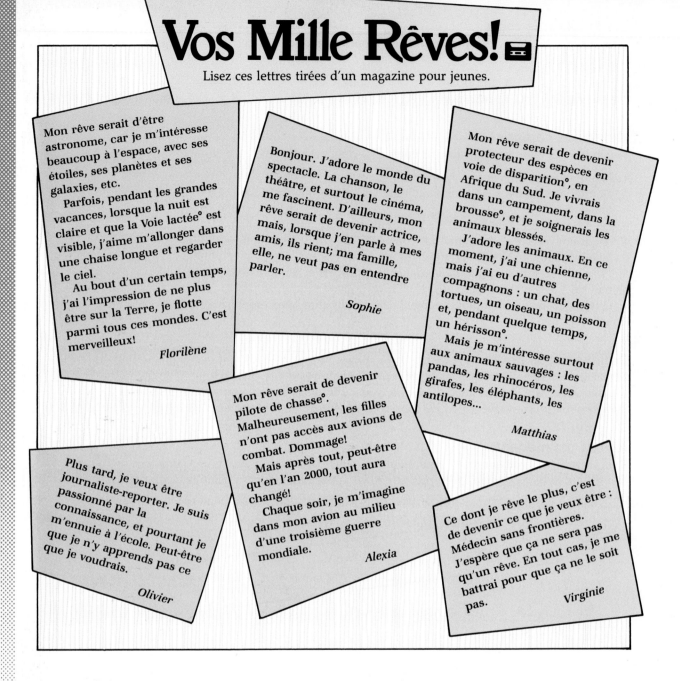

Vos Mille Rêves! ▱

Lisez ces lettres tirées d'un magazine pour jeunes.

Mon rêve serait d'être astronome, car je m'intéresse beaucoup à l'espace, avec ses étoiles, ses planètes et ses galaxies, etc.

Parfois, pendant les grandes vacances, lorsque la nuit est claire et que la Voie lactée° est visible, j'aime m'allonger dans une chaise longue et regarder le ciel.

Au bout d'un certain temps, j'ai l'impression de ne plus être sur la Terre, je flotte parmi tous ces mondes. C'est merveilleux!

Florilène

Bonjour. J'adore le monde du spectacle. La chanson, le théâtre, et surtout le cinéma, me fascinent. D'ailleurs, mon rêve serait de devenir actrice, mais, lorsque j'en parle à mes amis, ils rient; ma famille, elle, ne veut pas en entendre parler.

Sophie

Mon rêve serait de devenir protecteur des espèces en voie de disparition°, en Afrique du Sud. Je vivrais dans un campement, dans la brousse°, et je soignerais les animaux blessés.

J'adore les animaux. En ce moment, j'ai une chienne, mais j'ai eu d'autres compagnons : un chat, des tortues, un oiseau, un poisson et, pendant quelque temps, un hérisson°.

Mais je m'intéresse surtout aux animaux sauvages : les pandas, les rhinocéros, les girafes, les éléphants, les antilopes...

Matthias

Mon rêve serait de devenir pilote de chasse°. Malheureusement, les filles n'ont pas accès aux avions de combat. Dommage!

Mais après tout, peut-être qu'en l'an 2000, tout aura changé!

Chaque soir, je m'imagine dans mon avion au milieu d'une troisième guerre mondiale.

Alexia

Plus tard, je veux être journaliste-reporter. Je suis passionné par la connaissance, et pourtant je m'ennuie à l'école. Peut-être que je n'y apprends pas ce que je voudrais.

Olivier

Ce dont je rêve le plus, c'est de devenir ce que je veux être : Médecin sans frontières. J'espère que ça ne sera pas qu'un rêve. En tout cas, je me battrai pour que ça ne le soit pas.

Virginie

A votre avis

D'après les lettres présentées dans «Vos mille rêves!», lesquels des jeunes auront peut-être du mal à réaliser leurs rêves? Pourquoi? Vu leurs goûts et les situations, pouvez-vous leur suggérer d'autres métiers possibles?

Ecrivez

De quoi rêvez-vous? Ecrivez quelques lignes pour décrire ce que vous voulez faire dans la vie et dire pourquoi.

Voie lactée *Milky Way;*   **races en voie de disparition** *threatened species;*   **brousse** *bush;* **hérisson** *hedgehog;*   **pilote de chasse** *fighter pilot*

CHAPITRE 10

On y croit

L'amitié, l'amour, l'ambition, l'argent... que de sujets de disputes, de conflits, mais aussi de plaisir et de bonheur! On se fâche avec ses amis pour des raisons d'ambition ou d'argent, on se rend malheureux pour des histoires d'amitié ou d'amour. Eh oui, ce n'est pas simple de croire à quelque chose! Mais si on ne croyait en rien, est-ce que la vie serait aussi passionnante?

	In this unit you will:
SECTION A	caution and reassure someone
SECTION B	make hypotheses . . . reproach others and yourself
FAITES LE POINT	use what you've learned
A LIRE	read for practice and pleasure

193

cautioning and reassuring someone

On croit tous à quelque chose : à l'amitié, à la sincérité, à la générosité, à l'ambition ou à l'argent.
C'est cela qui nous fait agir et juger les autres. Il y a des choses qui nous semblent plus
importantes que d'autres. Chacun a ses propres valeurs. Quelles sont les vôtres?

A1

Un vrai copain?

Simon Duval téléphone à son copain Laurent pour lui demander un petit service.

SIMON   Laurent? C'est moi, Simon. Comment vas-tu?

LAURENT   Ça va.

SIMON   Dis, je voulais te demander quelque chose. Tu as toujours ta mobylette?

LAURENT   Bien sûr. Pourquoi?

SIMON   Tu pourrais me la prêter mardi soir? J'ai une soirée.

LAURENT   La tienne ne marche pas?

SIMON   Si, mais... Je préfère ne pas la prendre.

LAURENT   Toi, tu me caches quelque chose.

SIMON   Pas du tout!... Enfin, si. Voilà, je ne veux pas que mes parents me voient sortir. Et comme ma mob est dans le garage, ils m'entendront si je la prends.

LAURENT   Tu ne leur en as pas parlé?

SIMON   Non. Ils n'aiment pas que je sorte pendant la semaine.

LAURENT   Tu ne crois pas que tu ferais mieux de les prévenir?

SIMON   Ecoute, ce n'est pas à toi de me dire ce que je dois faire. Et ta mob, tu me la prêtes ou pas?

LAURENT   Bon, si tu veux...

SIMON   Merci, tu es un vrai copain! Je viendrai la chercher après le dîner, et je te la rendrai le lendemain au lycée. Ça te va?

LAURENT   Très bien. Tu peux compter sur moi.

SIMON   Salut!

A2   Activité • Pourquoi?

D'après «Un vrai copain?», dites pourquoi...

1. Simon téléphone à Laurent.
2. il a besoin de la mobylette de Laurent.
3. il ne veut pas prendre la sienne.
4. il n'a pas dit à ses parents qu'il sortait.
5. il s'impatiente contre Laurent.
6. il dit que Laurent est un vrai copain.

A3   Activité • Laurent téléphone

Laurent téléphone à Vanessa pour lui raconter sa conversation avec Simon. Avec un(e) camarade, imaginez leur conversation.

A4   Activité • Ecrivez

Imaginez que vous soyez Laurent et que vous teniez un journal. Après votre conversation avec Simon, vous écrivez l'histoire dans votre journal. Donnez tous les détails.

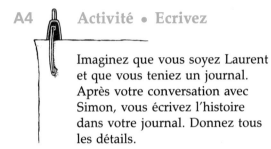

> **3 mai**
>
> Simon m'a téléphoné hier. Il voulait...

A5   Activité • A vous maintenant!

Laurent et Simon sont tous les deux dans une situation délicate : Simon parce qu'il veut sortir sans la permission de ses parents, et Laurent parce qu'il n'ose pas refuser sa mobylette à son ami. Quels conseils donneriez-vous à chacun d'eux? Parlez-en à un(e) camarade.

—Moi, je pense que Simon (Laurent) ferait mieux de...
—Je suis d'accord avec toi. Il devrait...

A6   Activité • Et vous?

Il est parfois difficile de décider ce qu'on ferait dans certaines situations. Qu'est-ce que vous feriez dans les cas suivants? Dites pourquoi.

VOUS EN SOUVENEZ-VOUS?
Object pronouns

You've learned all the object pronouns in the French language! But do you recall them? Do you know how to use them? See if you can pick out the object pronouns in the following remarks made by Simon and Laurent in A1.

Je voulais **te** demander quelque chose.
Je préfère ne pas **la** prendre.
Tu **me** caches quelque chose.
Tu ne **leur** as pas parlé?

How many did you find? Can you tell to which person(s) or thing(s) in A1 each one refers? There are eight additional object pronouns you should be able to recall. What other object pronouns could you substitute for those in the sentences above? If you need further review of object pronouns, turn to page 268 in the Reference section.

A8 **STRUCTURES DE BASE**
Double object pronouns

1. Sometimes you may want to use more than one object pronoun in a sentence. You will certainly hear and read sentences that have two object pronouns. In fact, you can use two at a time, but no more than that. Look at these examples of double object pronouns.

   Tu pourrais **me la** prêter?
   Tu ne **leur en** as pas parlé?
   Tu **me la** prêtes ou pas?
   Je **te la** rendrai le lendemain.

2. The chart below presents all the direct and indirect object pronouns in five groups. The pronouns are grouped in the order in which you should use them when you want to use two of them together in one sentence.

1	2	3	4	5
me (m')				
te (t')	le (l')			
se (s')	la (l')	lui	y	en
nous	les	leur		
vous				
se (s')				

3. In practice, only a limited number of combinations of these five groups are used, as shown below.

   1 + 2   Il **me le** rendra.   3 + 5   Il va **lui en** rendre.
   2 + 3   Ne **le lui** rends pas.   1 + 4   Il **m'y** a conduit(e).
   1 + 5   Il **m'en** a rendu.   2 + 4   Il **les y** a rencontré(e)s.

   Y and **en** are used together only in the expression **Il y en a,** *There is/are some.*

4. You remember that the object pronouns follow the verb in an affirmative command. **Me** and **te** become **moi** and **toi** in final position. In writing, two object pronouns are linked to the verb and to each other by a hyphen. The following combinations are possible.

   1 + 5   Des nouvelles, donnez-**nous-en**.
   2 + 1   Cet argent, prête-**le-moi**.
   2 + 3   Ta mob, prête-**la-lui.**
   3 + 5   Des conseils, demandez-**leur-en**.

   Y is almost always used alone in a command: **Vas-y.**

Complétez les dialogues suivants en utilisant deux pronoms objets dans chaque phrase.

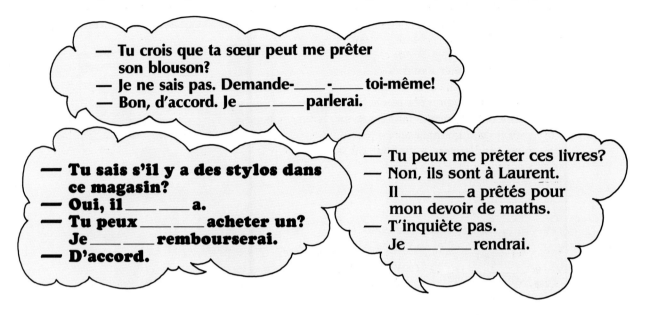

— Tu crois que ta sœur peut me prêter
  son blouson?
— Je ne sais pas. Demande-____ -____ toi-même!
— Bon, d'accord. Je ____ ____ parlerai.

— Tu sais s'il y a des stylos dans
  ce magasin?
— Oui, il ____ ____ a.
— Tu peux ____ ____ acheter un?
  Je ____ ____ rembourserai.
— D'accord.

— Tu peux me prêter ces livres?
— Non, ils sont à Laurent.
  Il ____ ____ a prêtés pour
  mon devoir de maths.
— T'inquiète pas.
  Je ____ ____ rendrai.

Laurent écrit à l'un de ses amis, Nicolas, pour lui parler de Simon et lui demander de ses nouvelles. Complétez sa lettre avec les pronoms objets.

Mon ami Simon avait besoin de ma mob pour aller à une soirée. Je ____ ____ ai prêtée. Il ____ ____ rendra le lendemain. J'espère qu'il fera attention! Tu te souviens, je ____ ____ avais prêtée et tu l'avais cassée! Au fait, tu m'avais demandé des livres. Dès que je les aurai, je ____ ____ enverrai. Pour les vacances, ne t'inquiète pas. J'ai deux valises. Je pourrai ____ ____ prêter une. A bientôt!

Vous avez prêté de l'argent à un ami. Un(e) de vos camarades est inquiet (inquiète). Faites le dialogue avec lui/elle en utilisant deux pronoms objets dans chaque réponse.

—Tu crois qu'il te rendra cet argent?
—Bien sûr, il (rendre)...
—Comment le sais-tu?
—Il (dire)...

—Et s'il ne le rendait pas?
—Je (demander)...
—Tu sais, il m'en a aussi demandé.
—Tu peux compter sur lui, il (rendre)...

Isabelle a laissé un message sur le répondeur de Vanessa. Elle lui explique un dilemme qu'elle n'arrive pas à résoudre. Ecoutez bien, et répondez ensuite aux questions suivantes.

1. Quel est le dilemme d'Isabelle?
2. Quelles sont les possibilités pour le résoudre?
3. Quel conseil donneriez-vous à Isabelle?

Mardi soir, devant chez Laurent 📼

Comme prévu, Simon est venu chercher la mobylette de Laurent. Mais Laurent est surpris de voir Isabelle avec lui.

LAURENT　Mais... vous êtes deux!

SIMON　Oui, pourquoi?

LAURENT　Tu sais bien qu'on n'a pas le droit d'être deux sur cette mobylette. Et puis, je n'ai qu'un casque.

SIMON　Ne t'inquiète pas. Je ne roulerai pas vite.

LAURENT　Je sais, mais...

SIMON　Rassure-toi, Laurent. Tout ira bien... Allez, en route, Isabelle!

ISABELLE　Tu es sûr que c'est raisonnable?

SIMON　Ah non, Isabelle! Tu ne vas pas commencer à me faire la morale comme Laurent! Fais-moi confiance, je sais ce que je fais.

ISABELLE　Bon.

LAURENT　Soyez prudents. Je ne voudrais pas qu'il vous arrive quelque chose.

SIMON　Ne t'en fais pas... Allez, salut!

LAURENT　Bonne soirée!... Et faites gaffe! Méfiez-vous de la police!

A14　Activité • Qu'en pensez-vous?

Répondez aux questions suivantes d'après «Mardi soir, devant chez Laurent».

1. Pourquoi est-ce que Laurent s'inquiète en voyant Isabelle?
2. Trouvez-vous Simon prudent ou imprudent? Pourquoi?
3. Que pensez-vous d'Isabelle? Est-elle inconsciente (*reckless*) ou pas? Pourquoi?
4. Pourquoi est-ce que Laurent leur dit de se méfier de la police?

A15　Activité • Jugez-les

Laurent, Simon et Isabelle ont fait chacun un choix. Travaillez avec un(e) camarade pour découvrir leurs choix. Justifiez-les, puis critiquez-les.

1. Laurent prête sa mobylette à Simon alors qu'il sait...
2. Simon sort sans...
3. Isabelle accepte de...

A16 Activité • Actes de parole

Simon veut rassurer Laurent et Isabelle qui sont inquiets. Trouvez quatre expressions qu'il utilise pour les rassurer.

A17 Savez-vous que... ?

Chaque génération a ses valeurs. A quoi les jeunes français croient-ils aujourd'hui? Voici les résultats d'une enquête récemment publiée. Faites un sondage auprès de vos camarades sur ces valeurs. Chaque élève choisit les trois premières valeurs auxquelles il/elle croit. Rassemblez ensuite toutes les réponses. Comparez les résultats avec ceux des jeunes français. Qu'est-ce qui vous frappe?

Les valeurs préférées		Les cinq dernières	
L'amour	%		
La famille	81	La politique	%
Le bonheur	74	L'ordre	14
L'amitié	71	L'écologie	14
L'argent	68	La religion	13
	59	La patrie	12
			7

A18 COMMENT LE DIRE
Cautioning and reassuring someone

METTRE QUELQU'UN EN GARDE	RASSURER QUELQU'UN
Fais { gaffe! (fam.) / attention! } Sois prudent(e)! Méfie-toi! Tu ferais mieux { de faire attention. / d'être prudent(e). }	Ne t'en fais pas! (fam.) Ne t'inquiète pas! Rassure-toi! Fais-moi confiance! Tu peux { me faire confiance. / compter sur moi. } Sois tranquille. Je sais ce que je fais.

A19 Activité • Rassurez-les

Demandez à un(e) camarade de vous prêter quelque chose. Il/Elle accepte mais vous demande de faire attention. Vous le/la rassurez. Utilisez les expressions présentées dans A18.

> —Tu me prêtes ton stylo?
> —D'accord. Mais fais attention.
> —Ne t'inquiète pas. Je te le rends tout de suite.

A20 Activité • Situations

Jouez les situations suivantes avec des camarades. Ils vous mettent en garde. Vous les rassurez. Utilisez les expressions présentées dans A18.

1. Vous voulez qu'un(e) ami(e) vous prête son magnétoscope.
2. Vous voulez sortir un soir. Vous en parlez à vos parents.
3. Vous voulez partir en vacances en auto-stop *(hitchhiking)*. Vos parents sont inquiets.

making hypotheses . . . reproaching others and yourself

On n'imagine pas toujours les conséquences de ses actes. Heureusement, elles ne sont pas toujours malheureuses! Mais parfois, elles peuvent être difficiles à assumer.

B1

Dur réveil! 📼

Après son aventure de la veille, Simon est embêté. Mercredi matin, il arrive à pied au lycée et rencontre Laurent.

LAURENT	Alors, cette soirée? C'était bien?
SIMON	Euh, non... Pas terrible.
LAURENT	Qu'est-ce qui s'est passé?
SIMON	Eh bien...
LAURENT	Tu as cassé ma mob?
SIMON	Non... enfin, si, le phare. Je l'ai laissée chez un mécanicien.
LAURENT	Mais comment tu as fait?
SIMON	J'ai dérapé dans un virage.
LAURENT	Tu t'es fait mal?
SIMON	Non, mais Isabelle s'est cassé le bras.
LAURENT	C'est pas vrai!
SIMON	Si. La police est arrivée. Ils ont vu qu'on était en tort. Ils ont conduit Isabelle à l'hôpital, et ils ont pris mon nom. J'ai peur qu'ils téléphonent à mes parents.
LAURENT	Eh bien, mon vieux!
SIMON	Oui, j'ai fait une bêtise. J'aurais dû prévenir mes parents.
LAURENT	Et moi, j'ai eu tort. Si j'avais su, je ne t'aurais pas prêté ma mob.
SIMON	J'aurais fait la même chose à ta place.
LAURENT	Peut-être. En tout cas, si j'avais été à ta place, j'aurais demandé l'autorisation à mes parents ou je ne serais pas allé à cette soirée.
SIMON	Je sais.
LAURENT	Qu'est-ce que tu vas faire?
SIMON	Je vais tout raconter à mes parents. Il vaut mieux qu'ils l'apprennent par moi plutôt que par la police.
LAURENT	Eh bien, bonne chance! Moi, si je faisais ça à mes parents, ils seraient fous!
SIMON	T'en fais pas. Les miens vont être furieux.

B2 Activité • Répondez

Répondez aux questions suivantes d'après «Dur réveil!»

1. Pourquoi est-ce que Simon est embêté?
2. Comment est-ce que l'accident est arrivé?
3. Où est la mobylette maintenant?
4. Pourquoi est-ce qu'Isabelle est allée à l'hôpital?
5. Qu'est-ce que Simon regrette?
6. Qu'est-ce que Simon va raconter à ses parents?

B3 Activité • Actes de parole

Trouvez dans «Dur réveil!» des expressions pour exprimer...

1. la crainte.   2. le regret.   3. l'incrédulité.

B4 Activité • L'interrogatoire

A la suite de l'accident, la police a interrogé Simon. Complétez le dialogue avec un(e) camarade. Inversez ensuite les rôles.

LE POLICIER Comment vous appelez-vous?
SIMON ...
LE POLICIER Où alliez-vous quand vous avez eu l'accident?
SIMON ...
LE POLICIER Vous savez que c'est interdit de rouler sans casque?
SIMON ...
LE POLICIER Alors, pourquoi est-ce que vous ne portiez pas de casque?
SIMON ...
LE POLICIER A qui est cette mobylette?
SIMON ...

B5 Activité • Qu'est-ce qui s'est passé?

Le soir, Laurent rentre chez lui, et ses parents lui demandent où est sa mobylette. Il est obligé de leur raconter toute l'histoire. Faites la conversation avec deux camarades.

LA MÈRE Où est ta mobylette?
LAURENT Chez le mécanicien.
LE PÈRE Qu'est-ce qui s'est passé?
LAURENT ...

B6 Activité • A la place de Simon

Trouvez quatre choses que vous feriez si vous étiez maintenant à la place de Simon.

B7 Activité • Ecrivez

Est-ce que vous avez déjà fait quelque chose sans le dire à vos parents? Décrivez cet incident, et dites comment il s'est terminé.

Si vous avez l'intention de faire un séjour en France, il y a certains détails que vous devez connaître pour éviter les problèmes avec la police.

Si vous avez une mobylette, attention! Le casque est obligatoire, et vous n'avez pas le droit de transporter un passager de plus de quatorze ans. Vous devrez toujours avoir une carte d'identité sur vous et un minimum d'argent. En principe, ces deux choses sont obligatoires. Mais on ne vous mettra pas en prison si vous ne les avez pas!

De toute façon, si vous avez moins de dix-huit ans, ne vous inquiétez pas : ce sont vos parents qui sont responsables. C'est eux qui devront payer les amendes *(fines)* si vous ne pouvez pas le faire. On comprend mieux pourquoi les parents sont très stricts.

VOLET A CONSERVER PAR LE CONTREVENANT POUR JUSTIFICATIF DU PAIEMENT

03969090

CONTRAVENTION	LE 01.07-89 A 13 h 10

AGENT 76099   SERVICE 113

CONTRAVENTION AU STATIONNEMENT	LIEU D'INFRACTION 130 Rue de Tolbiac	DÉPT. 26

COMMUNE Paris 13ᵉ

INTERDIT MATÉRIALISÉ	01	NATURE DE L'INFRACTION
UNILATÉRAL NON OBSERVÉ MATÉRIALISÉ	02	
DOUBLE FILE	50	Stationnement en pleine voie
ARRÊT AUTOBUS	51	St. gênant
STATION DE TAXIS	52	Enlèvement demandé
PASSAGE PIÉTONS	53	
SUR TROTTOIR	54	

				IMMATRICULATION		
				CHIFFRES	LETTRES	DEPT.
PROLONGÉ DE PLUS D'UNE HEURE	03	RENAULT 1	CITROEN 2	PEUGEOT 3	940 GKE	75
DÉFAUT DE DISQUE	04	TALBOT 4	FIAT 5	OPEL 6	FORD 7	ÉTRANGER
TEMPS DÉPASSÉ	24	AUTRES 8	GENRE OU MODÈLE			Cas n° 2
STATIONNE- MENT NON PAYÉ	23	BMW				

POUR LE RÈGLEMENT DE CETTE CONTRAVENTION, SUIVEZ LES INDICATIONS PORTÉES SUR LA CARTE-LETTRE

B9   Activité • Qu'en pensez-vous?

Dans quelques états des Etats-Unis, les motocyclistes sont obligés de porter un casque. A votre avis, est-ce que le casque devrait être obligatoire? Pourquoi?

1. The past conditional (**le conditionnel passé**) is used to express what *would have happened* or what someone *would have done* if conditions had been right.

2. Like the **passé composé** and the **plus-que-parfait**, the past conditional is composed of two verb forms: an auxiliary (**avoir** or **être**) + a past participle (**décidé, parti, répondu...**). The difference is that you use the present conditional of the auxiliary to form the past conditional of a verb.

j'	**aurais**	demandé	je	**serais**	rentré(e)
tu	**aurais**	demandé	tu	**serais**	rentré(e)
il/elle/on	**aurait**	demandé	il/elle/on	**serait**	rentré(e)(s)
nous	**aurions**	demandé	nous	**serions**	rentré(e)s
vous	**auriez**	demandé	vous	**seriez**	rentré(e)(s)
ils/elles	**auraient**	demandé	ils/elles	**seraient**	rentré(e)s

3. In the past conditional, as in the **passé composé** and the **plus-que-parfait,** the past participle follows the same rules of agreement with the subject or a direct-object pronoun.

> **Elle** ne serait pas allé**e** à la soirée.
> La mob? Je ne l'aurais pas prêté**e**.
> Mes parents **se** seraient inquiété**s**.

There is agreement of the past participle with the subject pronoun **on** if the auxiliary verb is **être** and **on** refers to specific people. For example, if Simon were referring to himself and Isabelle, he would add an **s** to **arrivé** when writing the following sentence.

> **On** serait arrivé**s** à dix heures.

Simon regrette de ne pas avoir pu aller à la soirée à cause de l'accident. Il rêve de la soirée qu'il a manquée. Complétez ses pensées en mettant les verbes entre parenthèses au conditionnel passé.

On (rire)!

Je (raccompagner) Isabelle chez elle.

On (s'amuser) avec les autres!

Avec Isabelle, on (danser)!

Papa et maman (ne rien savoir).

On (partir) à une heure du matin!

On (arriver) à dix heures.

La mobylette (ne pas être) cassée!

Do you recall these two ways of making hypotheses?

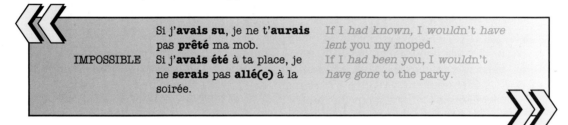

FAIRE DES HYPOTHESES		
PROBABLE	Si tu me **prêtes** ta mob, je te la **rendrai** demain.	If you *lend* me your moped, I'*ll* *return* it to you tomorrow.
MOINS PROBABLE	Si j'**étais** à ta place, j'en **parlerais** avec mes parents.	If I *were* you, I *would talk* to my parents about it.

Here is the third way to make an hypothesis.

IMPOSSIBLE	Si j'**avais su**, je ne t'**aurais** pas **prêté** ma mob. Si j'**avais été** à ta place, je ne **serais** pas **allé(e)** à la soirée.	If I *had known*, I *wouldn't have* *lent* you my moped. If I *had been* you, I *wouldn't* *have gone* to the party.

B13   Activité • Quelle bêtise!

Vanessa dit à Laurent ce qu'elle pense de l'aventure de Simon. Complétez ses hypothèses en utilisant le conditionnel passé.

1. Si tu avais été intelligent,...
2. Si Isabelle avait été prudente,...
3. Si j'avais été Simon,...

4. S'il n'avait pas eu l'accident,...
5. S'il avait conduit moins vite,...
6. Si j'avais été la police,...

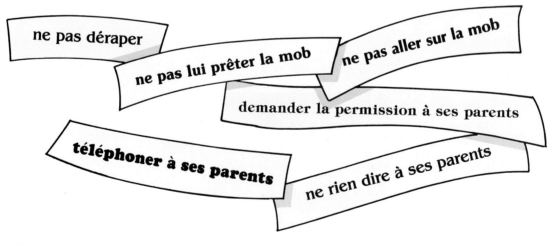

ne pas déraper

ne pas lui prêter la mob

ne pas aller sur la mob

demander la permission à ses parents

téléphoner à ses parents

ne rien dire à ses parents

B14   Activité • Et vous?

Qu'est-ce que vous auriez fait, ou n'auriez pas fait si vous aviez été Laurent? Ou Simon? Ou Isabelle? Faites des hypothèses. Utilisez le conditionnel passé.

B15 Activité • Qu'est-ce qu'ils se disent?

Regardez ces dessins. Les personnages se trouvent dans des situations regrettables. Imaginez ce qu'ils se disent. Faites des hypothèses.

B16 COMMENT LE DIRE
Reproaching others

FAIRE DES REPROCHES A QUELQU'UN	
Tu aurais dû leur parler.	You should have spoken to them.
Tu n'aurais pas dû sortir.	You shouldn't have gone out.
Tu as eu tort de conduire sans casque.	You were wrong to drive without a helmet
Si tu avais été prudent(e), tu n'aurais pas roulé si vite.	If you had been smart, you wouldn't have driven so fast
Tu as été bête de rouler si vite. (fam.)	You were stupid to drive so fast.

Reproaching yourself

SE FAIRE DES REPROCHES	
J'aurais dû les prévenir.	I should have let them know.
Je n'aurais pas dû y aller.	I shouldn't have gone.
J'ai eu tort de te prêter ma mob.	I was wrong to lend you my moped.
Si j'avais été intelligent(e), j'aurais porté un casque.	If I had been smart, I would have worn a helmet.
J'ai été bête de faire ça. (fam.)	I was stupid to do that.

B17 Activité • Simon raconte tout à son père

Simon raconte à son père toute l'histoire. Son père lui fait des reproches. Faites le dialogue avec un(e) camarade. Prenez les événements un par un.

B18   Activité • Imaginez

Comment auraient réagi *(reacted)* vos parents si vous aviez agi *(acted)* comme Simon?

B19   Activité • Trouvez des reproches

Quels reproches se feraient ces gens? Lesquels leur feriez-vous?

B20   Activité • A vous maintenant!

Qu'est-ce qu'on dit dans les situations suivantes? Jouez les scènes avec un(e) camarade. Utilisez les expressions présentées dans B16.

1. Vous attendez un(e) ami(e) chez vous. Il/Elle arrive très en retard. Il/Elle n'a même pas téléphoné.
2. Votre frère (sœur) a prêté votre raquette de tennis à un(e) copain (copine) sans vous le demander. Vous n'êtes pas content(e).
3. Un(e) ami(e) vous demande de lui rendre les disques que vous lui avez empruntés, mais vous les avez prêtés à un(e) copain (copine) pour une fête.

B21   Activité • Et vous?

Vous avez certainement des reproches à vous faire. Qu'est-ce que vous regrettez d'avoir fait? Qu'est-ce que vous auriez dû faire dans ces cas-là?

—Samedi soir, je suis rentré(e) tard. J'aurais dû téléphoner à mes parents.

B22   Activité • Ecrivez

Racontez un dilemme récent que vous avez vécu. Comment est-ce que vous l'avez résolu? Quelles personnes étaient impliquées dans l'histoire? Quelles valeurs vous ont influencé(e)? Quelles reproches avez-vous à vous faire?

B23   Activité • Ecoutez bien

Ecoutez ces dialogues, et dites si ces personnes se font des reproches ou non.

1 Un test : Quelles sont vos valeurs? 📼

Laurent a fait un test publié par le magazine *Nouvelle Génération* sur le thème
«Quelles sont vos valeurs?»

1. **V**ous trouvez de l'argent dans la cour de l'école. Vous...

    a. le mettez dans votre poche.
    b. le laissez là où il est.
    c. le donnez au proviseur.

2. **V**otre ami copie sur vous pendant un examen. Vous...

    a. le laissez faire.
    b. cachez° votre feuille.
    c. le dénoncez au professeur.

3. **V**ous êtes dans un magasin avec une amie. Elle vole un disque. Vous...

    a. lui faites des reproches.
    b. la félicitez.
    c. ne lui dites rien.

4. **V**ous avez cassé la mobylette d'un ami. Vous...

    a. la lui rendez en vous excusant.
    b. l'emmenez chez le mécanicien, et vous payez la facture.°
    c. la lui rendez comme ça, et vous lui faites un cadeau.

5. **V**ous êtes amoureux (amoureuse) du (de la) petit(e) ami(e) de votre meilleur(e) ami(e). Vous...

    a. essayez de ne plus y penser.
    b. dites à votre meilleur(e) ami(e) : «Chacun pour soi!°»
    c. êtes jaloux (jalouse) et essayez de les séparer.

cachez *hide;*   **facture** *bill;*   **Chacun pour soi!** *Everyone for himself!*

Résultats :

Regardez le tableau suivant et comptez vos points selon vos réponses. Lisez ensuite les résultats du test.

	1	2	3	4	5
a	1	2	5	1	3
b	2	2	1	3	2
c	3	5	2	3	1

Entre 6 et 10 points

Vous n'avez pas beaucoup de sens moral. Pour vous, il n'y a pas vraiment de valeur. Tout est permis. L'essentiel, c'est de faire ce qu'on veut.

Entre 11 et 15 points

Vous avez le sens de l'amitié. Vous respectez les valeurs des autres. Vous n'imposez pas votre morale à vos amis. Parfois, votre attitude peut ressembler à de l'indifférence.

Entre 16 et 19 points

Vous avez un grand sens moral. Pour vous, l'amitié passe après le respect de certaines valeurs. Vous pouvez être un peu rigide. Avec vous, on ne peut pas tricher.

2 Activité • A vous maintenant!

Faites le test. Est-ce que vous êtes d'accord avec les résultats? Est-ce qu'ils donnent une bonne image de vous? Pourquoi? Donnez un exemple.

3 Activité • Comment auriez-vous agi?

Reprenez les réponses de Laurent. Dites ce que vous auriez fait si vous aviez été à sa place. Faites des hypothèses en utilisant le plus-que-parfait et le conditionnel passé.

—Si j'avais trouvé de l'argent dans la cour de l'école, j'aurais fait comme Laurent. Je l'aurais donné au proviseur.
(Je n'aurais pas fait comme lui. Je l'aurais mis dans ma poche.)

4 Activité • Vous n'êtes pas raisonnable!

Vous voulez faire les choses suivantes, mais elles ne sont pas raisonnables. Vous exprimez vos désirs à un(e) camarade qui vous met en garde. Vous le/la rassurez. Inversez ensuite les rôles, et pensez à d'autres choses.

provoquer Mike Tyson sur un ring
—J'ai envie de provoquer Mike Tyson sur un ring!
—Euh, fais attention. Il est costaud (strong).
—Ne t'inquiète pas. Moi aussi, je suis costaud!

1. courir le marathon de New York
2. sauter en parachute du haut de l'Empire State Building
3. traverser le cap Horn en planche à voile
4. aller dire bonjour au Président à la Maison Blanche
5. aller dire au proviseur ce que je pense de la cantine
6. faire le tour du monde en montgolfière

5 Activité • Oh là là, quelles bêtises!

Regardez les dessins suivants. Tout ce que les personnages ont fait s'est mal terminé. On leur fait des reproches, et ils se font ensuite des reproches. Avec un(e) camarade, imaginez les dialogues. Utilisez les expressions pour (se) faire des reproches, ainsi que le plus-que-parfait suivi du conditionnel passé.

6 Activité • A vous maintenant!

Il y a certainement quelque chose que vous regrettez d'avoir fait un jour. Racontez à la classe ce que c'est. Vos camarades vous font des reproches en vous disant ce que vous n'auriez pas dû faire et ce que vous auriez dû faire.

7 Activité • Ecrivez

Voici neuf valeurs. Choisissez-en quatre, et donnez des exemples pris dans votre vie qui illustrent ces valeurs.

1. la générosité
2. l'ambition
3. la sincérité
4. l'honnêteté
5. l'amitié
6. la fidélité
7. l'amour
8. la charité
9. la compréhension

Soignez votre style

Le policier s'est fâché. Simon n'a pas employé un style assez respectueux dans ses réponses. Aidez-le à s'exprimer un peu mieux. Changez seulement les parties soulignées de ses phrases.

LE POLICIER ... ?

SIMON Ouais, je sais que c'est interdit de rouler sans casque.

LE POLICIER ... ?

SIMON Ben, c'est que mon copain avait pas un deuxième casque à nous prêter.

LE POLICIER ... ?

SIMON Non, c'est pas à moi.

LE POLICIER ... ?

SIMON C'est à mon copain Laurent.

LE POLICIER ... ?

SIMON Ben, j'ai pas fait assez gaffe, et on a dérapé.

LE POLICIER ... !

VERIFIONS!

SECTION A

Savez-vous utiliser les pronoms objets?
Complétez ce paragraphe en employant les pronoms objets.

Si tu as des problèmes d'argent, il faut ____ ____ dire. Je ____ ____ prêterai! Mais il faudra que tu ____ ____ rendes avant Noël. Si tu ne peux pas ____ ____ rendre, dis- ____ - ____ pour que je m'organise autrement.

Savez-vous mettre quelqu'un en garde?
Qu'est-ce que vous diriez à un(e) ami(e) pour le/la mettre en garde s'il (si elle) vous disait :

1. «J'ai prêté de l'argent à un copain.»
2. «On m'a demandé si je voulais jouer dans un film.»
3. «Je n'ai pas besoin de travailler pour mes examens.»
4. «Un copain m'a demandé tous mes devoirs d'anglais.»

Savez-vous rassurer quelqu'un?
Complétez chaque dialogue en rassurant la personne.

1. — J'ai absolument besoin de mon vélo demain, tu sais.
   — ...
2. — Fais attention à ma mob, j'en ai besoin.
   — ...
3. — Mille francs, c'est une grosse somme d'argent!
   — ...
4. — Ça m'ennuie de te prêter ces disques. Ils sont neufs.
   — ...

SECTION B

Savez-vous utiliser le conditionnel passé?
Complétez ces phrases en utilisant le conditionnel passé des verbes entre parenthèses.

1. Si j'avais su que tu étais là, (inviter)
2. Si tu m'avais téléphoné, (le dire)
3. Si tu étais parti(e) plus tôt, (ne pas rater ton train)
4. Si j'avais su que vous étiez à cette soirée, (venir)
5. Si je n'avais pas été aussi fatigué(e), (sortir avec vous)
6. Si j'avais su que tu vendais ta mob, (acheter)

Savez-vous faire des reproches?
Dans les situations suivantes, faites-vous des reproches, et faites ensuite des reproches aux autres.

1. Vous avez prêté un beau livre à une copine, et elle l'a perdu.
2. Vous avez prêté de l'argent à un copain, et il ne vous l'a pas rendu.
3. Une copine vous a invité(e) à son anniversaire, et vous ne l'avez pas invitée au vôtre.

VOCABULAIRE

SECTION A

agir *to act*
l' **ambition** (f.) *ambition*
l' **amitié** (f.) *friendship*
cacher *to hide*
compter (sur) *to count (on)*
confiance : Fais-moi confiance. *Trust me.*
gaffe : Faites gaffe! (fam.) *Look out!*
la **générosité** *generosity*
se méfier (de) *to beware (of)*
morale : faire la morale *to lecture, preach*
prudent, -e *wise, careful*
Rassure-toi! *Don't worry!*
un **service** *favor*
la **sincérité** *sincerity*
tranquille *calm*
une **valeur** *value*

SECTION B

un **acte** *action, act, deed*

assumer *to take upon oneself*
le **bras** *arm*
se casser *to break (a limb, bone)*
conduire *to drive*
les **conséquences** (f.) *consequences*
déraper *to skid*
dû : J'aurais dû... *I should have . . .*
fou, fol, folle, fous, folles *raving mad*
mal : se faire mal *to hurt oneself*
malheureux, -euse *unfortunate, unhappy*
un(e) **mécanicien, -ne** *mechanic*
par *from*
se passer *to happen*
le **phare** *headlight*
plutôt que *rather than*
tort : être en tort *to be in the wrong*
la **veille** *the day before*
un **virage** *turn*

Pièges à éviter

Some forms of the verb **devoir** have special uses.
The present-tense forms are used to express obligation, to tell what someone *must* or *has to* do.

Je **dois** lui rendre sa mob.   I *have to* return his moped to him.
Vous **devez** porter un casque.   You *must* wear a helmet.

The present conditional forms are used to give advice, to tell what someone *ought to* or *should* do.

Tu **devrais** prévenir tes parents.   You *ought to* let your parents know.
Vous **devriez** rouler moins vite.   You *should* drive less fast.

The past conditional forms are used to reproach someone or yourself, to tell what someone or you *should* or *shouldn't have* done.

Tu **aurais dû** faire attention.   You *should have* paid attention.
Je **n'aurais pas dû** lui prêter ma mob.   I *shouldn't have* lent him my moped.

La Parure

Il faut souvent peu de chose pour changer la vie. Dans ce conte *(short story)*, une invitation au bal change brusquement la vie ordinaire de Mathilde Loisel et de son mari.

«La Parure», de Guy de Maupassant, a paru dans un journal en 1884. Maupassant est un maître-conteur. Ce qui frappe dans ses contes, c'est le récit *(narrative)* simple, le style rapide, la précision et la vision saisissante *(gripping)* de la vie.

Avant de lire

Lisez d'abord le premier paragraphe de l'histoire.

1. Qu'est-ce que vous savez de cette femme? De son aspect physique? De sa famille?
2. Pouvez-vous imaginer ses sentiments?

C'était une de ces jolies et charmantes filles, nées, comme par une erreur du destin, dans une famille d'employés. Elle n'avait pas de dot°, pas d'espérances, aucun moyen d'être connue, comprise, aimée, épousée par un homme riche et distingué; et elle se laissa marier avec un petit commis° du Ministère de l'instruction publique.

Elle souffrait sans cesse, se sentant née pour tous les luxes. Elle souffrait de la pauvreté de son logement. Elle songeait aux grands salons vêtus de soie ancienne°, aux meubles fins, et aux petits salons faits pour la causerie° de cinq heures avec les amis les plus intimes, les hommes connus et recherchés°.

Elle n'avait pas de toilettes°, pas de bijoux, rien. Et elle n'aimait que cela; elle se sentait faite pour cela.

Elle avait une amie riche, une camarade de couvent° qu'elle ne voulait plus aller voir, tant elle souffrait en revenant. Et elle pleurait pendant des jours entiers, de chagrin°, de regret, de désespoir et de détresse.

Or, un soir, son mari rentra, l'air glorieux, et tenant à la main une large enveloppe.
—Tiens, dit-il, voici quelque chose pour toi.
Elle déchira vivement le papier et en tira une carte imprimée qui portait ces mots :

Le Ministre de l'instruction publique et Mme Georges Ramponneau prient M. et Mme Loisel de leur faire l'honneur de venir passer la soirée à l'hôtel du Ministère, le lundi 18 janvier.

— Tu ne sors jamais, et c'est une occasion, cela, une belle! J'ai eu une peine infinie à l'obtenir. Tu verras là tout le monde officiel.

---

parure *necklace;* **dot** *dowry;* **commis** *clerk;* **vêtus de soie ancienne** *decorated with old silks;* **causerie** *chat;* **recherchés** *sought after;* **toilettes** *outfits;* **couvent** *convent;* **chagrin** *grief*

Il se tut°, stupéfait, en voyant que sa femme pleurait. Deux grosses larmes descendaient lentement des coins des yeux vers les coins de la bouche; il bégaya° :

— Qu'as-tu? Qu'as-tu?

— Rien. Seulement je n'ai pas de toilette et par conséquent je ne peux pas aller à cette fête.

Il était désolé. Il reprit :

— Voyons, Mathilde. Combien cela coûterait-il, une toilette convenable°, qui pourrait te servir encore en d'autres occasions, quelque chose de très simple?

Elle réfléchit quelques secondes, songeant à la somme qu'elle pouvait demander sans s'attirer un refus immédiat du commis économe.

Enfin, elle répondit en hésitant :

— Je ne sais pas au juste, mais il me semble qu'avec quatre cents francs je pourrais arriver.

Il avait un peu pâli°, car il réservait juste cette somme pour acheter un fusil° et s'offrir des parties de chasse°, l'été suivant, avec des amis.

Il dit cependant :

— Soit. Je te donne quatre cents francs. Mais tâche° d'avoir une belle robe.

Le jour de la fête approchait, et Mme Loisel semblait triste, inquiète, anxieuse. Son mari lui dit un soir :

— Qu'as-tu? Voyons, tu es toute drôle depuis trois jours.

— Cela m'ennuie de n'avoir pas un bijou. J'aurai l'air misère comme tout. J'aimerais presque mieux ne pas aller à cette soirée.

— Tu mettras des fleurs naturelles. Pour dix francs tu auras deux ou trois roses magnifiques.

— Non... il n'y a rien de plus humiliant que d'avoir l'air pauvre au milieu de femmes riches.

— Que tu es bête! Va trouver ton amie Mme Forestier et demande-lui de te prêter des bijoux.

Elle poussa un cri de joie :

— C'est vrai. Je n'y avais pas pensé.

Le lendemain, elle se rendit chez son amie.

Mme Forestier alla vers son armoire à glace, prit un large coffret, l'apporta, l'ouvrit, et dit à Mme Loisel :

— Choisis, ma chère.

Elle essayait les parures devant la glace, hésitait, ne pouvait se décider à les quitter, à les rendre.

— Tu n'as plus rien d'autre?

— Mais si. Cherche. Je ne sais pas ce qui peut te plaire.

Tout à coup elle découvrit, dans une boîte de satin noir, une superbe rivière° de diamants; son cœur se mit à battre d'un désir immodéré. Ses mains tremblaient en la prenant. Elle l'attacha autour de sa gorge°, et demeura° en extase devant elle-même.

se tut *stopped talking;* **bégaya** *stammered;* **convenable** *suitable;* **pâli** *turned pale;* **fusil** *shotgun;* **parties de chasse** *hunting trips;* **tâche** *try;* **rivière** *strand, string;* **gorge** *throat;* **demeura** *remained*

On y croit 213

Puis elle demanda, hésitante, pleine d'angoisse :

— Peux-tu me prêter cela, rien que cela?

— Mais, oui, certainement.

Elle sauta au cou° de son amie, l'embrassa avec emportement°, puis s'enfuit avec son trésor.

Le jour de la fête arriva. Mme Loisel eut un succès. Elle était plus jolies que toutes, élégante, gracieuse, souriante et folle de joie. Elle dansait avec emportement, ne pensant plus à rien, dans le triomphe de sa beauté, dans la gloire de son succès, dans une sorte de nuage de bonheur fait de tous ces hommages, de toutes ces admirations, de cette victoire si complète et si douce au cœur des femmes.

Elle partit vers quatre heures du matin. Son mari, depuis minuit, dormait dans un petit salon désert avec trois autres messieurs dont les femmes s'amusaient beaucoup.

Il lui jeta sur les épaules les vêtements qu'il avait apportés pour la sortie, modestes vêtements de la vie ordinaire, dont la pauvreté jurait° avec l'élégance de la toilette de bal. Elle le sentit et voulut s'enfuir, pour ne pas être remarquée par les autres femmes qui s'enveloppaient de riches fourrures°.

Loisel la retenait :

— Attends donc. Tu vas attraper froid dehors. Je vais appeler un fiacre°.

Mais elle ne l'écoutait point et descendait rapidement l'escalier. Lorsqu'ils furent dans la rue, ils ne trouvèrent pas de voiture. Ils descendaient vers la Seine, désespérés, grelottants°. Enfin ils trouvèrent sur le quai un vieux coupé noctambule.

Il les ramena jusqu'à leur porte et ils remontèrent tristement chez eux. C'était fini pour elle. Et il songeait, lui, qu'il lui faudrait être au Ministère à dix heures.

Elle ôta° les vêtements dont elle s'était enveloppé les épaules, devant la glace, afin de se voir encore une fois dans sa gloire. Mais soudain elle poussa un cri.

Son mari demanda :

— Qu'est-ce que tu as?

— J'ai... j'ai... je n'ai plus la rivière de Mme Forestier.

— Quoi!... Comment!... Ce n'est pas possible!

Et ils cherchèrent dans les plis° de la robe, dans les plis du manteau, dans les poches, partout. Ils ne la trouvèrent point.

Il demandait :

— Tu es sûre que tu l'avais encore en quittant le bal?

— Oui, je l'ai touchée dans le vestibule du Ministère.

Ils se contemplaient atterrés°. Enfin Loisel se rhabilla.

— Je vais, dit-il, refaire tout le trajet que nous avons fait à pied, pour voir si je ne la retrouverai pas.

Et il sortit. Elle demeura en toilette de soirée, sans force pour se coucher, abattue° sur une chaise, sans feu, sans pensée.

Son mari rentra vers sept heures. Il n'avait rien trouvé.

— Il faut, dit-il, écrire à ton amie que tu as brisé la fermeture° de sa rivière et que tu la fais réparer. Cela nous donnera le temps de nous retourner.

Elle écrivit sous sa dictée.

sauta au cou *threw her arms around;* **emportement** *abandon;* **jurait** *contrasted;* **fourrures** *furs;* **fiacre** *carriage;* **grelottants** *shivering;* **ôta** *took off;* **plis** *folds;* **atterrés** *horrorstricken;* **abattue** *crushed;* **brisé la fermeture** *broke the clasp*

Au bout d'une semaine, ils avaient perdu toute espérance.

Et Loisel, vieilli de cinq ans, déclara :

— Il faut remplacer ce bijou.

Alors ils allèrent de bijoutier en bijoutier, cherchant une parure pareille à l'autre.

Ils trouvèrent, dans une boutique du Palais-Royal, un chapelet° de diamants qui leur parut entièrement semblable° à celui qu'ils cherchaient. Il valait quarante mille francs. On le leur laisserait à trente-six mille. Ils prièrent donc le bijoutier de ne pas le vendre avant trois jours.

Loisel possédait dix-huit mille francs que lui avait laissés son père. Il emprunterait le reste.

Il emprunta, demandant mille francs à l'un, cinq cents à l'autre, prit des engagements ruineux, eut affaire a toutes les races° de prêteurs, et, épouvanté par les angoisses de l'avenir, il alla chercher la rivière nouvelle, en déposant sur le comptoir du marchand trente-six mille francs.

Quand Mme Loisel reporta la parure à Mme Forestier, celle-ci lui dit, d'un air froissé° :

— Tu aurais dû me la rendre plus tôt, car je pouvais en avoir besoin.

Elle n'ouvrit pas l'écrin°, ce que redoutait° son amie. Si elle s'était aperçue de la substitution, ne l'aurait-elle pas prise pour une voleuse°?

Mme Loisel connut la vie horrible des nécessiteux. Il fallait payer cette dette effroyable°. Elle payerait. On renvoya la bonne°; on changea de logement; on loua sous les toits une mansarde°.

Elle connut les gros travaux du ménage, les odieuses besognes° de la cuisine. Elle lava la vaisselle; elle savonna° le linge sale; elle descendait à la rue, chaque matin, les ordures°, et monta l'eau, s'arrêtant à chaque étage pour souffler. Et, vêtue comme une femme du peuple, elle alla chez le fruitier, chez l'épicier°, chez le boucher°, le panier sous le bras, marchandant°, défendant sou à sou son misérable argent.

Le mari travaillait le soir à mettre au net° les comptes d'un commerçant, et la nuit, souvent, il faisait de la copie à cinq sous la page.

Et cette vie dura dix ans.

Au bout de dix ans, ils avaient tout restitué, tout avec l'accumulation des intérêts superposés.

Mme Loisel semblait vieille, maintenant. Elle était devenue la femme forte, et dure, et rude, des ménages pauvres. Mal peignée°, avec les mains rouges, elle parlait haut, lavait à grande eau les planchers°. Mais parfois, lorsque son mari était au bureau, elle s'asseyait auprès de la fenêtre, et elle songeait à cette soirée d'autrefois, à ce bal, où elle avait été si belle et si fêtée.

Que serait-il arrivé si elle n'avait point perdu cette parure? Qui sait? Qui sait? Comme la vie est singulière°, changeante! Comme il faut peu de chose pour vous perdre ou vous sauver!

---

chapelet *strand, string;* **semblable** *similar;* **races** *kinds;* **froissé** *offended;* **écrin** *jewel case;* **redoutait** *feared;* **voleuse** *thief;* **effroyable** *tremendous;* **bonne** *maid;* **mansarde** *attic;* **besognes** *chores;* **savonna** *washed;* **ordures** *garbage;* **épicier** *grocer;* **boucher** *butcher;* **marchandant** *bargaining;* **mettre au net** *make a good copy of;* **mal peignée** *unkempt;* **planchers** *floors;* **singulière** *strange*

Or, un dimanche, comme elle était allée faire un tour aux Champs-Elysées, elle aperçut tout à coup une femme qui promenait un enfant. C'était Mme Forestier, toujours jeune, toujours belle.

Mme Loisel se sentit émue°. Allait-elle lui parler? Oui, certes. Et maintenant qu'elle avait payé, elle lui dirait tout. Pourquoi pas?

Elle s'approcha.

— Bonjour, Jeanne.

L'autre ne la reconnaissait point. Elle balbutia° :

— Mais... madame!... je ne sais... Vous devez vous tromper.

— Non. Je suis Mathilde Loisel.

Son amie poussa un cri :

— Oh!... ma pauvre Mathilde, comme tu es changée!...

— Oui, j'ai eu des jours bien durs, depuis que je ne t'ai vue; et bien des misères... et cela à cause de toi!

— De moi... Comment ça?

— Tu te rappelles bien cette rivière de diamants que tu m'as prêtée pour aller à la fête du Ministère.

— Oui. Eh bien?

— Eh bien, je l'ai perdue.

— Comment! puisque tu me l'as rapportée.

— Je t'en ai rapporté une autre toute pareille. Et voilà dix ans que nous la payons. Tu comprends que ça n'était pas aisé° pour nous, qui n'avions rien... Enfin c'est fini, et je suis rudement contente.

Mme Forestier s'était arrêtée.

— Tu dis que tu as acheté une rivière de diamants pour remplacer la mienne?

— Oui, tu ne t'en étais pas aperçue, hein? Elles étaient bien pareilles.

Et elle souriait d'une joie orgueilleuse° et naïve.

Mme Forestier, fort émue, lui prit les deux mains.

— Oh! ma pauvre Mathilde! Mais la mienne était fausse. Elle valait au plus cinq cents francs!...

Réactions

1. Quels sentiments éprouvez-vous envers Mme Loisel? De la compassion? De la pitié? Du mépris *(scorn)*? Pourquoi?
2. Et son mari, comment le trouvez-vous? Sensible? Cruel? Egoïste? Tendre? Affectueux *(Loving)*? Pourquoi?
3. Si vous aviez été Mme Loisel, auriez-vous agi de façon différente? Qu'est-ce que vous auriez fait?

Imaginez

Avec un(e) camarade, imaginez le dialogue dans la situation suivante.

Mme Loisel reporte à Mme Forestier la parure qu'elle a substituée. Mme Forestier ouvre l'écrin et regarde la parure. Elle s'aperçoit tout de suite que ce n'est pas la sienne.

Ecrivez

Mme Loisel se dit : «Comme la vie est singulière, changeante! Comme il faut peu de chose pour vous perdre ou vous sauver!» Vous est-il arrivé quelque chose qui a changé votre vie? Qu'est-ce qui vous est arrivé? Comment est-ce que votre vie a changé? Décrivez l'incident.

_____

émue *deeply moved;* **balbutia** *stammered;* **aisé** *easy;* **orgueilleuse** *proud*

CHAPITRE 11

Le monde, c'est notre affaire

Parfait, le monde? Certainement pas. Il y a des tas de problèmes : la faim, le chômage, la drogue, la pollution. Qu'est-ce qu'on peut faire pour changer les choses? Les réponses varient selon les personnes. Il y a celles qui pensent que toute action individuelle est inutile et que c'est au gouvernement ou aux associations de s'en occuper. Et il y a celles qui, au contraire, croient que le monde est notre affaire à tous. Et vous, qu'en pensez-vous?

In this unit you will:	
SECTION A	justify your actions . . . reject others' excuses . . . tell what someone said or asked
SECTION B	ask someone's impressions and give opinions . . . ask for and give explanations
FAITES LE POINT	use what you've learned
A LIRE	read for practice and pleasure

justifying your actions . . . rejecting others' excuses . . . telling what someone said or asked

Laurent dit parfois que Vanessa a un mauvais caractère. C'est vrai que pour certaines choses, elle est intransigeante. Surtout avec ses meilleurs amis. Bien sûr, dans certains cas, ça peut provoquer une dispute.

A1 # Le monde, c'est ton affaire. 📼

Pauvre Laurent, il faut toujours que Vanessa lui fasse la morale!

VANESSA   Eh! Pourquoi est-ce que tu as jeté cette boîte par terre?
LAURENT   Parce que j'ai fini mes chips.
VANESSA   Ce n'est pas une raison. Tu pourrais la mettre à la poubelle!
LAURENT   Il n'y a pas de poubelle.
VANESSA   Pas de poubelle! Et ça, là-bas, c'est quoi? Et même s'il n'y avait pas de poubelle, tu pourrais mettre la boîte dans ton sac à dos!
LAURENT   Mais dis donc, Vanessa, laisse-moi tranquille!

VANESSA   Non, je trouve ça scandaleux qu'on jette des trucs par terre. Le trottoir, ce n'est pas une décharge publique!
LAURENT   Il n'y a pas que moi qui laisse tomber des choses par terre! Tout le monde fait pareil!
VANESSA   Et alors? Ce n'est pas une excuse! Si tout le monde pensait comme toi, la vie serait impossible. C'est comme les gens qui font du bruit ou qui laissent leur chien faire sur le trottoir, ou ceux qui roulent trop vite en voiture. Ils n'ont aucun respect pour les autres!

LAURENT   Bon, bon, ne te fâche pas! Si j'avais su que tu le prendrais si mal, je l'aurais mangée, cette boîte. Voilà! Je la ramasse! Tu es contente?
VANESSA   Très.
LAURENT   Maintenant, je la mets à la poubelle. Ça te va?
VANESSA   C'est parfait.

LAURENT   Attends, il y a encore une saleté sur le trottoir!... Oh, en voilà une autre!
VANESSA   Tu arrêtes de faire l'idiot et de te moquer de moi? Je ne voulais pas que tu fasses le ménage, mais simplement que tu prennes conscience du problème.
LAURENT   Ça va, j'ai compris! Je te promets que pour lundi, je copierai cent fois : «Je ne dois pas jeter des papiers gras sur le trottoir!»

A2   Activité • Qui a raison?

Laurent et Vanessa n'ont pas les mêmes opinions. Quels sont les arguments de chacun? Avec qui êtes-vous d'accord? Pourquoi?

> Laurent dit que...   Vanessa dit que...

A3   Activité • Prise de conscience

Laurent raconte à Didier sa petite dispute avec Vanessa. Didier est du même avis que Vanessa. Imaginez le dialogue avec un(e) camarade de classe.

A4   COMMENT LE DIRE
Justifying your actions
Rejecting others' excuses

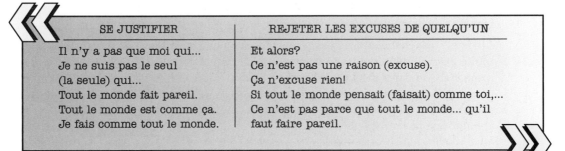

SE JUSTIFIER	REJETER LES EXCUSES DE QUELQU'UN
Il n'y a pas que moi qui...	Et alors?
Je ne suis pas le seul (la seule) qui...	Ce n'est pas une raison (excuse).
Tout le monde fait pareil.	Ça n'excuse rien!
Tout le monde est comme ça.	Si tout le monde pensait (faisait) comme toi,...
Je fais comme tout le monde.	Ce n'est pas parce que tout le monde... qu'il faut faire pareil.

A5 Activité • Ce n'est pas une raison!

Regardez ces dessins, et complétez les conversations entre les personnages. L'un se justifie, et l'autre rejette ses excuses. Utilisez les expressions présentées dans A4.

A6 Activité • Il n'y a pas que moi!

Vous voyez quelqu'un faire quelque chose que vous trouvez scandaleux. Vous le lui dites. Il/Elle se justifie, mais vous rejetez ses excuses. Imaginez le dialogue avec un(e) camarade en utilisant les expressions présentées dans A4.

jeter de la nourriture
—Tu ne devrais pas jeter de nourriture! Il y a beaucoup de gens qui meurent *(are dying)* de faim.
—Mais tout le monde...
—...

1. rouler en mobylette sur les trottoirs
2. promener son chien sans laisse *(leash)*
3. prendre le métro sans payer
4. passer devant les gens qui font la queue au cinéma
5. insulter une personne âgée
6. aller voir un match de football sans payer

Le concert de l'Egalité 📼

Quelques jours plus tard, Vanessa téléphone à Laurent pour lui demander s'il voudrait venir à un concert gratuit organisé par SOS Racisme.

VANESSA   Salut, c'est Vanessa. Dis, est-ce que tu penses aller au concert de l'Egalité?

LAURENT   Je ne sais pas. Je n'y ai pas encore réfléchi.

VANESSA   Allez, viens. Ça va être sympa. On sera plusieurs. J'ai demandé à Isabelle si elle viendrait. Elle m'a dit qu'elle n'était pas sûre parce qu'elle avait quelque chose de prévu. Mais Didier sera là avec Sylvie... Et puis, c'est pour une bonne cause, ce concert. C'est pour protester contre le racisme et pour aider à l'intégration des immigrés.

LAURENT   Je vois! Toujours préoccupée par les grands problèmes!

VANESSA   Je ne pensais pas que tu étais toujours fâché.

LAURENT   Je plaisante. C'est d'accord, je viendrai.

VANESSA   Super! Il faut qu'on se donne rendez-vous. Le concert commence à six heures. A la radio, on a dit qu'on avait fait beaucoup de publicité, qu'il y aurait donc beaucoup de monde et qu'il faudrait arriver en avance pour avoir de bonnes places.

LAURENT   Je peux passer te prendre à quatre heures, si tu veux.

VANESSA   O.K. A demain.

LAURENT   Salut!

Activité • Répondez

Répondez aux questions suivantes d'après «Le concert de l'Egalité».

1. Pourquoi est-ce que Vanessa téléphone à Laurent?
2. A qui a-t-elle déjà demandé de venir?
3. Pourquoi veut-elle aller à ce concert?
4. Quel est le but du concert?
5. Pourquoi faut-il y arriver tôt?
6. Où est-ce que Laurent et Vanessa vont se retrouver?

SOS Racisme est une association fondée
par un groupe de jeunes en 1984, pour
lutter *(fight)* contre le racisme et pour venir
en aide aux immigrés. Elle s'est développée
très rapidement, et elle est maintenant
si populaire parmi les jeunes que son
slogan «Touche pas à mon pote *(pal)*» est
partout connu.

Aujourd'hui, les activités de SOS Racisme
sont multiples. L'association vient en aide
aux jeunes chômeurs et lutte contre la
drogue chez les jeunes. Tous les ans, elle
organise des concerts gratuits. Le plus
important a lieu à Vincennes près de Paris.
SOS Racisme veut rendre les jeunes plus
solidaires et plus responsables.

A10   COMMENT LE DIRE
Telling what someone said or asked

Do you recall the following ways of telling what someone said or asked about a present or
past event?

RAPPORTER CE QUE QUELQU'UN A DIT OU DEMANDE	
DISCOURS ORIGINAL	DISCOURS RAPPORTE
«Je ne **suis** pas sûre.» «On **a fait** beaucoup de publicité.»	Isabelle a dit qu'elle n'**était** pas sûre. Vanessa a dit qu'on **avait fait** beaucoup de publicité.

Here is the way you tell what someone said or asked about a future event.

RAPPORTER CE QUE QUELQU'UN A DIT OU DEMANDE	
DISCOURS ORIGINAL	DISCOURS RAPPORTE
«Il y **aura** beaucoup de monde.» «Est-ce qu'il **faudra** réserver des places?»	On a dit qu'il y **aurait** beaucoup de monde. Laurent a demandé s'il **faudrait** réserver des places.

A11 Activité • A propos du concert

Vanessa parle du futur concert de l'Egalité avec Sylvie. Complétez leur conversation en mettant les verbes entre parenthèses aux temps appropriés.

VANESSA   Un copain m'a dit qu'il y (avoir) le groupe Mory Kanté au concert de l'Egalité.
SYLVIE   Ah oui? Je ne connais pas, mais on m'a dit que c'(être) bien.
VANESSA   Au fait, tu as demandé à ton cousin s'il (venir)?
SYLVIE   Oui, mais il m'a dit qu'il ne (pouvoir) pas parce qu'il (avoir) trop de travail.
Il m'a promis qu'il nous (accompagner) la prochaine fois.

A12 Activité • Laurent raconte

Laurent vous raconte sa conversation avec Vanessa. Faites le dialogue avec un(e) camarade.

VOUS   Qu'est-ce que Vanessa t'a demandé?
LAURENT   Elle m'a demandé si je pensais venir au concert.
VOUS   Qu'est-ce que tu lui as répondu?
LAURENT   ...
VOUS   Alors, qu'est-ce qu'elle t'a dit?
LAURENT   ...
VOUS   A-t-elle invité quelqu'un d'autre?
LAURENT   Elle m'a dit...
VOUS   Et est-ce qu'Isabelle viendra?
LAURENT   Non. Isabelle a dit à Vanessa...
VOUS   Dis, Vanessa t'a convaincu d'aller au concert ou non?
LAURENT   Oui, je lui ai dit... et que...

A13 Activité • Ça, c'est une idée!

Des élèves de votre lycée veulent organiser un club humanitaire. Une des élèves vous en a parlé. Vous répétez ce qu'elle vous a dit à un(e) camarade.

«C'est facile de participer à une action humanitaire.»
—Elle m'a dit que c'était facile de participer à une action humanitaire.

1. «Je connais des clubs de ce type dans d'autres lycées.»
2. «Pour commencer, les élèves choisissent un problème qui les préoccupe.»
3. «Moi, je veux aider les pauvres.»
4. «Tu t'intéresses à ce problème?»
5. «On organisera des collectes d'argent, de vêtements et de nourriture.»
6. «Nous pourrons avoir la première réunion mercredi après-midi.»

A14 Activité • Ecrivez

Cherchez un problème social (la drogue, le racisme, la faim...) qui vous préoccupe. Ecrivez un paragraphe pour dire ce que les jeunes de chez vous pourraient faire pour aider.

A15 Activité • Ecoutez bien

La radio annonce le concert de SOS Racisme. Ecoutez l'annonce, et prenez des notes.

Qui organise?   Quand?   Pourquoi   Qui joue?   A quelle heure?   Numéro de téléphone?

asking someone's impressions and giving opinions . . . asking for and giving explanations

Vous êtes déjà allé(e) à un concert au profit d'une bonne cause? Ça ne vous a pas donné envie de participer à des actions humanitaires? Mais peut-être avez-vous déjà des idées?

B1 # Au concert 📼

Ça y est! Le jour du concert de l'Egalité est arrivé! Vanessa, Laurent, Sylvie et Didier se retrouvent au concert.

Ensuite, ils trouvent des places. A cause de la foule, ils n'ont pas pu s'approcher plus près de la scène, mais heureusement, ils entendent très bien.

Pour se donner des forces, ils achètent des boissons et des sandwiches.

Eh oui! Il arrive un moment où il faut partir!

VANESSA	Alors? Vous avez trouvé ça comment?
SYLVIE	Ça m'a beaucoup plu.
DIDIER	Moi aussi. C'était drôlement bien.
VANESSA	Et toi, Laurent? Pas trop déçu?
LAURENT	Si, un peu. C'est dommage qu'on n'ait rien vu!
VANESSA	Mais la musique? Ça t'a plu?
LAURENT	Bof, ça ne m'a pas tellement marqué.
VANESSA	Oh, toi, tu n'es jamais content! Moi, j'ai trouvé ça super!

B2 Activité • Le programme

Regardez le programme du concert de l'Egalité. Téléphonez ensuite à un(e) camarade pour lui en parler. Dites-lui où aura lieu le concert, quels groupes il y aura, à quelle heure il commencera et jusqu'à quelle heure il durera. Donnez-lui rendez-vous pour y aller.

B3 Activité • Ecrivez

Regardez les photos dans «Au concert» et le programme du concert dans B2. Ecrivez ensuite un article pour le journal de votre lycée dans lequel vous décrivez le concert. Pensez à répondre aux questions suivantes.

1. Quel temps faisait-il?
2. Est-ce qu'il y avait beaucoup de monde?
3. Comment les gens étaient-ils habillés?
4. Quel genre de personnes y avait-il?

B4 COMMENT LE DIRE
Asking someone's impressions and giving opinions

DEMANDER A QUELQU'UN SES IMPRESSIONS	EXPRIMER SON OPINION	
	POSITIVE	NEGATIVE
Ça t'a plu? Pas trop déçu(e)? Comment tu as trouvé ça? Alors, tu as aimé? Qu'est-ce que tu en dis (penses)?	Ça m'a beaucoup plu. Non, j'ai bien aimé. C'était drôlement bien. Moi, j'ai trouvé ça super (formidable) (génial)!	Non, j'ai été déçu(e). Si, je me suis ennuyé(e). Ça ne m'a pas marqué(e). Ce n'était pas extraordinaire.

B5 Activité • A vous maintenant!

Dites à un(e) camarade quelque chose que vous avez fait récemment. Il/Elle vous demande si ça vous a plu ou si vous avez été déçu(e). Vous répondez. Utilisez les expressions présentées dans B4.

un livre que vous avez lu
—J'ai lu récemment un livre de...
—Comment tu as trouvé ça?
—...

1. un film que vous avez vu
2. un concert où vous avez été
3. une émission de télévision que vous avez regardée
4. une soirée à laquelle vous êtes allé(e)
5. un match de base-ball que vous avez vu
6. un restaurant où vous avez dîné

Vous travaillez pour le journal de votre lycée, et vous voulez savoir si les élèves apprécient leurs cours et leurs activités. Interrogez plusieurs camarades pour leur demander s'ils ont aimé leur dernier cours, la dernière pièce de théâtre, le dernier bal, le dernier match sportif... Utilisez les expressions présentées dans B4.

—Ça t'a plu, le dernier cours de maths?
—...

B7 Après le concert 📼

En attendant le bus, les quatre amis discutent du concert.

VANESSA	C'était bien, ce concert. Mais ce n'est pas ça qui changera les choses.
SYLVIE	Non, tu as raison.
DIDIER	J'ai une idée! Pourquoi est-ce qu'on ne prendrait pas des initiatives?
LAURENT	Explique-toi.
DIDIER	Eh bien, on pourrait choisir une bonne cause et organiser une collecte dans tous les lycées de la ville. Par exemple, pour les sans-abri.
SYLVIE	Bonne idée. On enverrait l'argent aux Restaus du Cœur.
LAURENT	Comment tu vas t'y prendre?
DIDIER	C'est très simple. Je colle des affiches partout.
LAURENT	Mais quand tu auras collé tes affiches?
DIDIER	On passera dans les lycées pour collecter l'argent.
VANESSA	Génial!
SYLVIE	Et quand on aura aidé les sans-abri, on fera aussi quelque chose pour les animaux maltraités!
VANESSA	Et pour les enfants du Tiers Monde!
DIDIER	Eh là, doucement! Chaque chose en son temps! On pensera à ça quand on aura fini la collecte. Alors, vous êtes d'accord?
VANESSA	Tout à fait.
SYLVIE	Moi aussi.
LAURENT	(ironique) Et c'est comme ça que quatre lycéens changeront le monde!

B8 Activité • Comment sont-ils?

Dites à qui chacun des adjectifs suivants s'applique le mieux : Vanessa, Sylvie, Didier ou Laurent. Justifiez votre choix.

1. enthousiaste
2. sceptique
3. ironique
4. plein d'idées
5. généreux
6. organisateur
7. raisonnable
8. décidé
9. rêveur

Activité • Vanessa et sa mère

Vanessa raconte à sa mère la soirée du concert et la discussion qui a suivi. Avec un(e) camarade, imaginez le dialogue.

SA MÈRE   Alors, ce concert, ça... ?   VANESSA   ...
VANESSA   Oui, c'était...   SA MÈRE   ...
SA MÈRE   Et les autres, ils ont... ?

B10   Activité • Une affiche

Vous organisez une collecte d'argent pour une bonne cause. Choisissez une cause qui vous intéresse (les sans-abri, les animaux maltraités, les enfants du Tiers Monde...). Faites une affiche qui annonce la collecte. Voici quelques expressions pour vous aider.

le monde • égoïste • responsable • c'est notre affaire • prendre conscience • ouvrir les yeux • penser aux autres • besoin de votre aide • tous les jours

B11   Activité • A vous maintenant!

Discutez avec un(e) camarade des problèmes qui vous semblent les plus urgents à traiter. Dites pourquoi. A votre avis, qu'est-ce qu'il faudrait faire? Essayez de trouver des solutions. Aidez-vous du texte dans B7 et de votre imagination.

—Pour moi, le problème le plus urgent, c'est les sans-abri. Dans un pays comme le nôtre, les gens ne devraient pas avoir faim...
—Oui, tu as raison, mais...

B12   Savez-vous que... ?

En France, il existe de nombreuses associations humanitaires. Une des plus connues est Médecins du Monde, qui envoie des médecins à travers le monde pour venir en aide aux populations qui souffrent.

Les Restaurants du Cœur est une association qui s'occupe des sans-abri. Elle a été fondée en 1984 par un acteur comique français, Coluche. Ce sont des centres de distribution qui servent des repas aux sans-abri pendant l'hiver. Ils fonctionnent grâce à des milliers de bénévoles *(volunteers)* et grâce à des dons *(donations)*. Des spectacles sont donnés régulièrement au profit des Restaurants du Cœur.

Regardez ce programme de concert donné au profit des Restaurants du Cœur. Vous proposez à un(e) camarade de venir avec vous. Il/Elle exprime son indécision. Trouvez des arguments pour le/la convaincre.

B14   STRUCTURES DE BASE
The future perfect

1. You've been using the past perfect **(plus-que-parfait)** to indicate that an action *had taken place* before some other past event *happened* **(passé composé)**. You can indicate a similar time difference between two future actions or events by using the future perfect **(futur antérieur)** to indicate that an action *will have happened* before some other event *will take place* **(futur).**

2. Like the **passé composé, plus-que-parfait,** and **conditionnel passé,** the future perfect is composed of two verb forms: an auxiliary **(avoir** or **être)** + a past participle **(décidé, parti, répondu...).** However, you use the future of the auxiliary to form the future perfect of a verb.

j'	**aurai**	donné	je	**serai**	sorti(e)
tu	**auras**	donné	tu	**seras**	sorti(e)
il/elle/on	**aura**	donné	il/elle/on	**sera**	sorti(e)(s)
nous	**aurons**	donné	nous	**serons**	sorti(e)s
vous	**aurez**	donné	vous	**serez**	sorti(e)(s)
ils/elles	**auront**	donné	ils/elles	**seront**	sorti(e)s

3. In the future perfect, the past participle follows the same rules of agreement with the subject or a direct-object pronoun.

> Quand **Didier et Sylvie** seront rentré**s** chez eux, ils se téléphoneront pour parler de la collecte.
> Les affiches? Quand on **les** aura collé**es**, on passera dans les lycées pour collecter l'argent.

4. You use the future perfect tense to indicate that one future action or event *will have taken place* before another.

PRÉSENT	FUTUR ANTÉRIEUR	FUTUR
	Quand on aura aidé les sans-abri, *When we've helped the homeless,*	on fera quelque chose d'autre. *we'll do something else.*
	Quand on aura fini la collecte, *When we've finished the collection,*	on pensera aux animaux maltraités. *we'll think about abused animals.*

Activité • **Ils en feront, des choses!**

Regardez ces dessins, et dites ce que ces personnages feront quand ils auront terminé ce qu'ils sont en train de faire.

B16 Activité • **Quand?**

A votre avis, à quelle condition est-ce que ces choses deviendront possibles? Utilisez le futur antérieur.

> Personne ne mourra *(will die)* plus du SIDA.
> —Quand les médecins auront trouvé un remède.

1. La drogue ne sera plus un problème.
2. La faim n'existera plus.
3. Il n'y aura plus de sans-abri.
4. On ne maltraitera plus les animaux.
5. La pollution diminuera.
6. On vivra sur Mars.

B17 Activité • **A vous maintenant!**

Vous êtes très occupé(e)! Un(e) camarade vous propose des choses : téléphoner ce soir, venir chez lui/elle, aller au cinéma... Vous lui dites que vous les ferez quand vous vous serez occupé(e) de vos propres affaires.

> —Tu me téléphoneras ce soir?
> —Oui, quand j'aurai fini mes devoirs.

B18 COMMENT LE DIRE
Asking for and giving explanations

DEMANDER A QUELQU'UN DE S'EXPLIQUER	S'EXPLIQUER
Explique-toi.	Eh bien, c'est simple...
Comment tu vas t'y prendre?	Tout simplement, je...
Comment tu feras pour... ?	Facile! Je...
Tu sais comment faire pour... ?	Rien de plus facile. Je...
	Mais oui. Il suffit de...

B19 Activité • Didier est enthousiaste!

Didier vous raconte tout ce qu'il a décidé de faire pour aider les autres. Comme ses projets sont flous, vous lui demandez de s'expliquer. Faites le dialogue avec un(e) camarade.

VOUS   Tu me dis que tu veux aider les sans-abri, mais... ?
DIDIER   ... Je vais faire une collecte au lycée.
VOUS   Oui, mais quand tu auras réuni de l'argent,... pour le donner aux pauvres?
DIDIER   ... , je l'enverrai aux Restaus du Cœur.
VOUS   Ça, d'accord. Mais tu veux aussi aider les enfants du Tiers Monde. Tu... envoyer de l'argent en Afrique et en Inde?
DIDIER   ... d'envoyer des dons à l'UNICEF. C'est un organisme international.

B20 Activité • A vous maintenant!

Proposez à un(e) camarade un projet pour une bonne cause. Il/Elle vous demande d'expliquer votre projet. Vous lui répondez en lui donnant le maximum d'explications. Utilisez les expressions présentées dans B18.

B21 Activité • Ecrivez

Ecrivez quelques lignes pour raconter ce qui existe dans votre lycée ou dans votre région comme action humanitaire.

B22 Activité • Et vous?

Qu'est-ce que vous avez déjà fait pour aider une autre personne? Racontez.

B23 Activité • Ecoutez bien

A l'occasion d'un concert organisé au profit des Restaurants du Cœur, une femme sans-abri a été interviewée à la radio pour les informations. Ecoutez l'interview, et complétez ensuite les phrases suivantes.

1. Ça fait deux ans qu'elle n'a plus de...
2. Elle a été obligée de...
3. Ensuite, elle a vécu chez...
4. Le problème des sans-abri est lié au...
5. Ce qui est important pour les sans-abri, c'est qu'il y ait...
6. Ce soir, elle va dormir...

1   Ils se sentent responsables. 📼

Beaucoup de jeunes français se sentent responsables et donnent de leur temps et de leur énergie pour aider les autres. Voici Pauline, Christophe et Florent, des camarades de lycée de Vanessa et Laurent.

Pauline a toujours voulu faire quelque chose pour se rendre utile. Un jour, elle a demandé à son père ce qu'elle pourrait faire pour aider les enfants du Tiers Monde. Il lui a dit qu'en donnant 90 francs par mois, elle pourrait parrainer° un enfant. C'est ce qu'elle fait depuis un an. Maintenant, elle sait que quelque part dans le monde, grâce à elle, un enfant peut manger et aller à l'école.

Tous les samedis après-midi, Christophe a décidé de travailler bénévolement° pour une association qui s'intéresse aux handicapés. Il s'occupera d'eux. Quand il leur aura fait la lecture, il les promènera. Pourquoi a-t-il pris cette décision? Parce que, quand il leur aura donné un peu de son temps, il se sentira mieux. C'est lui qui le dit, et il ajoute aussi : «Si j'étais handicapé, j'aimerais bien qu'on s'occupe de moi».

Florent va s'abonner° au magazine du World Wide Fund for Nature qui s'occupe de protéger la nature. C'est un ami qui le lui a conseillé. Quand il sera abonné, il sera au courant des actions du WWF, et il pourra y participer en envoyant un peu d'argent. De la protection des ours dans les Pyrénées aux recherches sur les pluies acides, il y a du travail!

---

parrainer *to sponsor;*   bénévolement *voluntarily;*   s'abonner *to subscribe*   **Le monde, c'est notre affaire**   231

2 Activité • Qui fait quoi?

D'après «Ils se sentent responsables», pouvez-vous dire qui... ?

1. s'intéresse à la nature
2. suit les conseils d'un ami
3. donnera de son temps pour aider les autres
4. veut changer les conditions de vie dans le Tiers Monde
5. travaillera avec des handicapés
6. veut combattre le problème de la faim

3 Activité • Interviews

Trois élèves jouent les rôles de Pauline, Christophe et Florent. Les autres élèves les interviewent et leur demandent ce qu'ils font pour aider les autres. Les trois élèves répondent en utilisant les informations données dans «Ils se sentent responsables.»

4 Activité • Des idées!

Regardez ces publicités pour des associations humanitaires. Vous téléphonez à un(e) ami(e) pour lui en parler et pour lui demander d'y participer. Il/Elle exprime son indécision. Vous essayez de le/la persuader. Imaginez le dialogue avec un(e) camarade de classe.

5 Activité • Qu'est-ce qu'on peut faire?

Un(e) camarade est préoccupé(e) par un problème social, et il/elle vous demande ce qu'il/elle peut faire pour aider. Essayez de lui donner des idées.

> —Ce qui m'inquiète, c'est... Qu'est-ce que je peux faire pour aider?
> —Eh bien, c'est simple. Tu peux...

6 Activité • Pas d'accord!

Vous demandez à un(e) de vos ami(e)s s'il (si elle) participe à des actions humanitaires. Il/Elle vous répond que non et essaie de se justifier. Vous rejetez ses excuses. Jouez la scène avec un(e) camarade.

> —Tu as donné de l'argent aux Restaus du Cœur?
> —Euh, non... Je viens d'acheter le dernier disque de Madonna, et je n'ai plus d'argent.
> —Si tout le monde faisait comme toi,...
> —Dis donc, il n'y a pas que moi qui...

7 Activité • Jeu de rôle

Vous travaillez pour l'association L'Amitié au Bout du Fil. Votre camarade joue le rôle d'une personne âgée ou handicapée. Vous lui téléphonez. Il/Elle parle de sa vie solitaire. Vous lui parlez et essayez de lui changer les idées.

Allô? L'amitié au bout du fil

Pour mieux lutter contre la solitude des personnes âgées, la Ville de Paris a mis au point avec l'association «L'Amitié au Bout du Fil» un service de liaisons téléphoniques. Il s'agit pour les bénévoles d'appeler régulièrement au téléphone, au jour et à l'heure fixés d'un commun accord, des personnes qui en ont exprimé le souhait. Aucune formation particulière n'est requise.

8 Activité • Ecrivez

Votre oncle vous a laissé un million de dollars. Dans son testament *(will)*, il a stipulé que vous devez donner la moitié de votre héritage à des associations humanitaires, et que vous ne pouvez pas donner plus de 150 000 dollars à chaque association. Comment allez-vous distribuer cet argent? Ecrivez un paragraphe pour justifier vos choix.

Soignez votre style

Vous avez décidé de participer à une association humanitaire. Pour avoir plus de renseignements, vous avez écrit au journal de votre ville. Votre mère a lu votre lettre, et elle vous a demandé de changer certaines expressions qu'elle a soulignées.

Salut au lecteur!
L'autre jour, j'ai assisté à un concert humanitaire, et ça m'a donné des idées super. Le monde est pourri! Faut faire quelque chose. Faut que ça bouge, et vite! Mon problème, c'est que j'ai des tas d'idées, mais que je sais pas par où commencer. J'ai parlé de ça à des copains, et ils m'ont dit qu'ils vont réfléchir. Ecris-moi pour me dire ce que tu fais pour changer le monde.

VERIFIONS!

SECTION A

Savez-vous vous justifier et rejeter les excuses de quelqu'un?
Qu'est-ce que vous répondez à quelqu'un qui vous dit... ?

1. «On ne jette pas de papiers par terre.»
2. «Tu ne dois pas écrire sur les murs.»
3. «Ne fais pas marcher ta radio si fort!»
4. «Tu roules trop vite en ville.»

Savez-vous rapporter ce que quelqu'un a dit?
Racontez à quelqu'un ce que votre ami vient de vous dire. Commencez par **Il m'a dit que...**

«Après mes études, je travaillerai pour une association humanitaire. J'ai entendu dire que Médecins du Monde envoie des gens partout. Moi, je veux aller en Afrique. Je sais que ça pourra être dangereux. On y attrape parfois des maladies graves. Mais cela ne m'inquiète pas trop.»

SECTION B

Savez-vous demander à quelqu'un ses impressions et exprimer une opinion positive ou négative?
Avec un(e) camarade, imaginez le dialogue qui a lieu après chaque spectacle. Variez les expressions.

1. Vous avez invité une amie au cinéma. D'habitude, elle n'aime pas beaucoup le cinéma.
2. Vous avez demandé à un ami de vous accompagner à un concert de musique classique. Il a accepté avec plaisir.
3. Vous avez insisté pour qu'un ami vous accompagne à une pièce de Molière.

Savez-vous utiliser le futur antérieur?
Mettez les verbes entre parenthèses au futur antérieur.

1. Quand tu arriveras, je (partir).
2. Quand j'(finir) la collecte, je distribuerai l'argent.
3. J'(terminer) mon travail avant que tu arrives.
4. Quand je (aller) en Inde, je partirai en Afrique.
5. Quand j'(trouver) une idée pour l'affiche, je l'écrirai.

Savez-vous vous expliquer et demander à quelqu'un de s'expliquer?
Demandez à un(e) ami(e) comment il/elle compte s'y prendre pour...

1. parrainer un enfant
2. contribuer à la protection de la nature
3. s'occuper des animaux maltraités

Il/Elle vous répond...
1. payer 90 francs par mois
2. pouvoir s'abonner à un journal
3. travailler bénévolement à la SPA (Société protectrice des animaux)

VOCABULAIRE

SECTION A

avance : **en avance**   *early*
une **cause**   *cause*
les **chips** (m.)   *potato chips*
conscience : prendre conscience (de)   *to become aware (of)*
copier   *to copy*
une **décharge publique**   *garbage dump*
l' **égalité** (f.)   *equality*
une **excuse**   *excuse*
fâché, -e   *angry*
gratuit, -e   *free, without cost*
des **immigrés** (m.)   *immigrants*
l' **intégration** (f.)   *integration*
intransigeant, -e   *uncompromising, stubborn*
jeter   *to throw*
des **papiers gras** (m.)   *sticky, dirty papers*
passer te prendre   *come and pick you up*
des **places** (f.)   *seats*
préoccupé, -e   *preoccupied, worried*
protester   *to protest*
provoquer   *to provoke*
le **racisme**   *racism*
ramasser   *to pick up*
le **respect**   *respect*
une **saleté**   *trash*
simplement   *simply*
terre : par terre   *on the ground*

tomber   *to fall;* **laisser tomber**   *to drop*
tranquille : Laisse-moi tranquille!   *Leave me alone!*
le **trottoir**   *sidewalk*

SECTION B

des **actions** (f.)   *actions*
une **collecte**   *collection*
collecter   *to collect*
coller   *to stick (glue) up*
déçu, -e   *disappointed*
doucement   *gently, easy*
s'expliquer : Explique-toi.   *Make yourself clear.*
des **forces** (f.)   *strength*
humanitaire   *humanitarian*
des **initiatives** (f.)   *initiative*
maltraité, -e   *mistreated, abused*
marquer : Ça ne m'a pas tellement marqué(e).   *It didn't have much impact on me.*
s'y prendre : Comment tu vas t'y prendre?   *How are you going to manage it?*
profit : au profit de   *for the benefit of*
le **programme**   *program*
les **sans-abri**   *homeless people*
la **scène**   *stage*
le **Tiers Monde**   *Third World*

Pièges à éviter

1. The French word **place** has several meanings. You've been using it to talk about a *city square*, like **la place de la Concorde.** In this unit, you've seen that it also means *seat*. This is handy to know when you plan to travel by plane or train: you should always **réserver une place** before leaving on a trip. And the next time you hear someone say **Prenez place,** you'll know it's time to take your seat. In addition, the word **place** means *room, space*. If the shelves in your room are crammed with books, you could say **Il n'y a plus de place** (*There's no more space*).
   Now that you've learned what the French word **place** means, do you recall the French equivalent of the English word *place*? If not, turn to page 313 in the Reference section and look it up.
2. You've learned two French words that mean *free*. You use the word **libre** to say that something or someone is *free*, or *available*, as in **Cette place est libre** or **Tu es libre ce soir?** When you say that something is *free*, meaning that you pay nothing for it, you use the word **gratuit: Le concert est gratuit.**

Désintéressement° 📼

Avant de lire

Que savez-vous de Pierre et Marie Curie? Quelles découvertes scientifiques ont-ils faites? Avant de lire ce récit, renseignez-vous sur les Curie et leurs accomplissements.

En purifiant la pechblende°, en isolant le radium, Marie a inventé une technique et créé un procédé de fabrication.

Or°, depuis que les effets thérapeutiques du radium sont connus, l'on recherche partout les minerais radioactifs. Des exploitations sont en projet dans plusieurs pays, particulièrement en Belgique et en Amérique. Toutefois°, les usines ne pourront produire le «fabuleux métal» que lorsque° leurs ingénieurs connaîtront le secret de la préparation du radium pur.

Ces choses, Pierre les expose à sa femme, un dimanche matin, dans la petite maison du boulevard Kellermann. Tout à l'heure, le facteur° a apporté une lettre venant des Etats-Unis. Le savant° l'a lue attentivement, l'a repliée et posée sur son bureau.

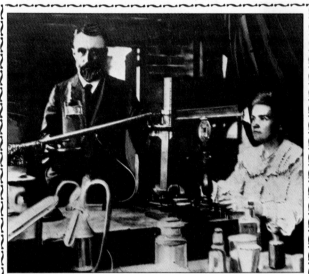

—Il faut que nous parlions un peu de notre radium, dit-il d'un ton paisible. Son industrie va prendre une grande extension, c'est maintenant certain. Voici, justement, un pli° de Buffalo : des techniciens désireux de créer une exploitation en Amérique me prient de les documenter°.

—Alors? dit Marie, qui ne prend pas un vif intérêt à la conversation.

—Alors nous avons le choix entre deux solutions. Décrire sans aucune restriction les résultats de nos recherches, y compris° les procédés de purification.

Marie a un geste d'approbation°, et elle murmure :

—Oui, naturellement.

—Ou bien, continue Pierre, nous pouvons nous considérer comme les propriétaires, les «inventeurs» du radium. Dans ce cas, avant de publier de quelle manière tu as opéré pour traiter la pechblende, il faudrait breveter° cette technique et nous assurer des droits sur la fabrication du radium dans le monde.

Il fait effort pour préciser, d'une façon objective, la situation. Ce n'est pas sa faute si, en prononçant des mots qui lui sont peu familiers : «breveter», «nous assurer des droits», sa voix a eu une inflexion de mépris°, à peine perceptible.

Marie réfléchit pendant quelques secondes. Puis elle dit :

—C'est impossible. Ce serait contraire à l'esprit scientifique.

Par acquit de conscience, Pierre insiste :

—Je le pense... mais je ne veux pas que nous prenions cette décision à la légère°. Notre vie est dure—elle menace de l'être toujours. Et nous avons une

---

Désintéressement *selflessness;* **pechblende** *pitchblende, source of uranium and radium;* **Or** *Now;* **Toutefois** *However;* **lorsque** *when;* **facteur** *mail carrier;* **savant** *scientist;* **pli** *letter;* **les documenter** *to give them information;* **y compris** *including;* **approbation** *approval;* **breveter** *to patent;* **mépris** *scorn;* **à la légère** *lightly*

fille... peut-être aurons-nous d'autres enfants. Pour eux, pour nous, ce brevet représenterait beaucoup d'argent, la richesse. Ce serait le confort assuré, la suppression des besognes°...

Il mentionne encore, avec un petit rire, la seule chose à laquelle il lui soit cruel de renoncer :

—Nous pourrions avoir, aussi, un beau laboratoire.

Les yeux de Marie se fixent. Elle considère posément l'idée du gain, de la récompense matérielle. Presqu'aussitôt elle la rejette :

—Les physiciens° publient toujours intégralement leurs recherches. Si notre découverte a un avenir commercial, c'est là un hasard° dont nous ne saurions profiter. Et le radium va servir à soigner des malades... Il me paraît impossible d'en tirer un avantage.

Elle n'essaie nullement° de convaincre son mari. Elle devine qu'il n'a parlé du brevet que par scrupule. Les mots qu'elle prononce avec une entière sûreté expriment leur sentiment à tous deux, leur infaillible conception du rôle du savant.

Dans un silence, Pierre répète, comme un écho, la phrase de Marie :

—Non... ce serait contraire à l'esprit scientifique.

Il est soulagé°. Il ajoute, comme s'il réglait une question de détail :

—J'écrirai donc ce soir aux ingénieurs américains en leur donnant les renseignements qu'ils demandent...

Un quart d'heure après cette brève conversation d'un dimanche matin, Pierre et Marie franchissent°, sur leurs chères bicyclettes, la porte de la barrière de Gentilly, et, pédalant à bonne allure, ils se dirigent vers les bois de Clamart.

Ils ont choisi, à jamais, entre la pauvreté et la fortune. Le soir, ils reviennent fatigués, les bras chargés de feuillages et de bouquets de fleurs des champs.

Avez-vous compris?

Répondez aux questions suivantes d'après «Désintéressement».

1. D'après Pierre, pourquoi est-ce que les Curie devraient breveter la technique et s'assurer des droits sur la fabrication du radium?
2. Pourquoi Marie a-t-elle refusé de le faire?
3. Quelle a été la réaction de Pierre?

Réfléchissez

Vu leur attitude envers la science, qu'est-ce que les Curie auraient probablement fait de l'argent rapporté par leur découverte? Si cet argent les avait aidés à continuer leurs recherches et à faire d'autres découvertes importantes, auraient-ils eu tort de le rejetter?

Imaginez

Votre collègue et vous venez de découvrir un remède contre le SIDA. Il/Elle veut faire comme les Curie, mais vous voulez vous assurer des droits sur le remède. Avec un(e) camarade, imaginez le dialogue en utilisant les expressions présentées dans A4.

besognes *tasks;* **physiciens** *physicists;* **hasard** *stroke of luck;*
nullement *not at all;* **soulagé** *relieved;* **franchissent** *go through*

L'Homme
qui plantait des arbres ▱

Aimez-vous les arbres? Aimeriez-vous en planter? Si vous vous intéressez à la nature, cherchez de l'inspiration dans cette histoire de Jean Giono (1895–1970). Vous aussi serez peut-être capable de miracles!

Jean Giono est né en Provence où il a passé toute sa vie. Il a écrit de nombreux romans et nouvelles dans lesquels la nature tient une place importante.

Avant de lire

Regardez le dessin suivant. Pouvez-vous le décrire? Comparez maintenant le dessin au titre de cette histoire. Pouvez-vous dire ce qui manque au dessin?

> *En 1913, un jeune homme faisait une longue promenade dans la campagne provençale. Le pays était si chaud et si sec (dry) que peu de gens y vivaient, et seules les plantes les plus robustes y poussaient. C'est dans cette région désolée que le jeune homme a rencontré un homme extraordinaire. Cet homme, nommé Elzéard Bouffier, avait alors cinquante-cinq ans. C'était un berger (shepherd) qui vivait tout seul dans ce pays aride. Le jeune homme a été témoin du travail de ce berger, et il nous le raconte.*

Arrivé à l'endroit où il désirait aller, il se mit° à planter sa tringle de fer° dans la terre. Il faisait ainsi un trou dans lequel il mettait un gland°, puis il rebouchait° le trou. Il plantait des chênes°. Je lui demandai si la terre lui appartenait°. Il me répondit que non. Savait-il à qui elle était? Il ne savait pas. Il supposait que c'était une terre communale, ou peut-être, était-elle la propriété de gens qui ne s'en souciaient° pas? Lui ne se souciait pas de connaître les propriétaires. Il planta ainsi ses cent glands avec un soin extrême.

---

se mit *began;* **tringle de fer** *iron rod;* **gland** *acorn;* **rebouchait** *refilled;* **chênes** *oak trees;* **appartenait** *belonged;* **souciaient** *worried*

Après le repas de midi, il recommença à trier sa semence°. Je mis, je crois, assez d'insistance dans mes questions puisqu'il y répondit. Depuis trois ans il plantait des arbres dans cette solitude. Il en avait planté cent mille. Sur les cent mille, vingt mille étaient sortis. Sur ces vingt mille, il comptait encore en perdre la moitié, du fait des rongeurs° ou de tout ce qu'il y a d'impossible à prévoir dans les desseins de la Providence. Restaient dix mille chênes qui allaient pousser dans cet endroit où il n'y avait rien auparavant°.

Le jeune homme est retourné en Provence en 1919, après la Première Guerre mondiale au cours de laquelle il avait été engagé comme soldat. Le temps et les événements avaient effacé de sa mémoire le souvenir d'Elzéard Bouffier, mais en revoyant le paysage qui à première vue avait à peine changé, il a commencé à penser au berger.

J'avais vu mourir° trop de monde pendant cinq ans pour ne pas imaginer facilement la mort d'Elzéard Bouffier, d'autant que, lorsqu'on en a vingt, on considère les hommes

de cinquante comme des vieillards° à qui il ne reste plus qu'à mourir. Il n'était pas mort. Il était même fort vert°. Il avait changé de métier. Il ne possédait plus que quatre brebis° mais, par contre, une centaine de ruches°. Il s'était débarrassé° des moutons qui mettaient en péril ses plantations d'arbres. Car, me dit-il (et je le constatais), il ne s'était pas du tout soucié de la guerre. Il avait imperturbablement continué à planter.

Les chênes de 1910 avaient alors dix ans et étaient plus hauts que moi et que lui. Le spectacle était impressionnant. J'étais littéralement privé de paroles et, comme lui ne parlait pas, nous passâmes tout le jour en silence à nous promener dans sa forêt. Elle avait, en trois tronçons°, onze kilomètres dans sa plus grande largeur°. Quand on se souvenait que tout était sorti des mains et de l'âme° de cet homme, sans moyens techniques, on comprenait que les hommes pourraient être aussi efficaces que Dieu° dans d'autres domaines que la destruction.

trier sa semence *to sort his seeds;* **rongeurs** *rodents;* **auparavant** *before;* **mourir** *die;* **vieillards** *old men;* **vert** *vigorous;* **brebis** *ewes;* **ruches** *beehives;* **débarrassé** *gotten rid;* **tronçons** *sections;* **largeur** *breadth;* **âme** *soul;* **Dieu** *God*

Chaque année, à partir de 1920, le jeune homme a rendu visite à Elzéard Bouffier. Les deux hommes se sont vus pour la dernière fois en 1945. Le berger n'a jamais cessé de planter des arbres. On peut imaginer qu'il a continué son travail jusqu'à sa mort, en 1947.

Avez-vous compris?

Répondez aux questions suivantes d'après *L'Homme qui plantait des arbres*.

1. Pouvez-vous décrire une journée typique dans la vie d'Elzéard Bouffier?
2. Pendant combien d'années a-t-il planté des arbres?
3. Pouvez-vous décrire le caractère d'Elzéard Bouffier?

Imaginez

En trois ans, Elzéard Bouffier a planté cent mille arbres, dont dix mille ont survécu *(survived)*. Combien d'arbres aurait-il planté entre 1910 et 1945? Pouvez-vous imaginer comment la région où il habitait aurait changé? Inspirez-vous du dessin suivant, si vous voulez.

A vous maintenant!

Vous voulez organiser un club écologique. Un(e) de vos ami(e)s pense y adhérer, mais avant de le faire, il/elle vous pose des questions sur vos projets. Vous avez l'intention de planter des arbres. Il/Elle vous demande comment vous allez le faire. Prenez la méthode d'Elzéard Bouffier comme modèle, et expliquez à votre camarade ce que vous comptez faire.

Ecrivez

Pensez à un projet de restauration dans votre région. Dites ce qu'on a fait et pourquoi. Décrivez comment c'était avant et après la restauration.

Vivement demain!

Qu'est-ce qui nous attend demain? La fin de la misère, des maladies, de la violence, de la pollution? Demain, le bonheur? Vous y croyez, vous? Ou bien la destruction de nos ressources naturelles et toujours plus d'insécurité? Comme d'habitude, il y a les optimistes et les pessimistes... Alors, vivement demain? A vous de juger!

Vivement demain! 📼

Dans quel monde aimeriez-vous vivre? Quels sont vos souhaits pour demain? Le magazine *Nouvelle Génération* a publié une enquête pour savoir dans quel monde les jeunes aimeraient vivre. Voici trois réponses.

Une bonne éducation, du travail, de l'espace, du temps libre, de la sécurité, du bonheur et de la liberté. Voilà ce que je souhaite à tout le monde! J'aimerais qu'on vive mieux, qu'on habite dans des logements agréables et spacieux°, et qu'il y ait plus d'espaces verts dans les villes. Pour moi, l'important pour qu'on soit heureux, c'est la qualité de la vie.

Isabelle

—Tu as vu? Ils ont l'air heureux.
—Oui. Ils ont de l'espace, eux!

—C'est drôlement bien, maintenant qu'il n'y a plus de pollution!
—Oui, on respire bien mieux!

Je trouve qu'il serait bien qu'on essaie de préserver la nature. J'aimerais vivre dans un monde d'où la pollution aurait disparu, où il n'y aurait plus de risque de destruction de l'ozone. J'espère qu'on protégera de mieux en mieux l'environnement et que certaines espèces° animales et végétales ne seront plus menacées de disparition. Je crois qu'il faut respecter l'équilibre naturel des choses.

Vanessa

J'espère vivre un jour dans un monde en paix. Plus de guerres, plus de violence. On pourra utiliser l'argent qu'on dépense aujourd'hui pour la course aux armements, pour des choses indispensables comme la recherche médicale, l'aide aux pays pauvres ou l'amélioration° de notre vie quotidienne. Mais est-ce que tous les pays réussiront à s'entendre? Moi, je crois que oui.

Jean-Marc

—Tiens, c'est bizarre. Ils ne se bagarrent° plus.
—C'est pas vrai!
—Si, ils vivent en paix.

---

spacieux *spacious;*   **espèces** *species;*   **amélioration** *improvement;*   **se bagarrent** *fight*

2   Activité • Leurs souhaits

D'après leurs lettres, qu'est-ce qu'Isabelle, Vanessa et Jean-Marc aimeraient pour l'avenir?

3   Activité • Sondage

Quelles sont les préoccupations pour l'avenir de vos camarades de classe? Faites une liste des thèmes qui préoccupent les jeunes français dans «Vivement demain!» Demandez ensuite à vos camarades de classer les thèmes par ordre de priorité et d'ajouter d'autres thèmes.

—Qu'est-ce qui te préoccupe le plus?
  As-tu d'autres préoccupations?

4   Activité • L'idéal

A votre avis, comment serait le monde si tout était parfait?

—Si tout était parfait, il n'y aurait plus de pollution...

5   Activité • Votre avenir

Pour parler de votre avenir, terminez ces phrases.

1. J'aimerais avoir...   **2.** Je voudrais vivre...   **3.** J'ai l'intention de...

6   Activité • Ecrivez

Ecrivez au magazine *Nouvelle Génération* pour dire dans quel monde vous aimeriez vivre.

7   Savez-vous que... ?

En France, le ministère de l'Environnement est chargé d'établir et de faire respecter les règles pour la protection de la nature. Il y a aussi un mouvement écologique qui s'exprime *(is expressed)* par de nombreuses associations et par un parti politique, les Verts. Le souci *(concern)* écologique principal des Français, c'est la destruction de la couche d'ozone. La France participe activement aux recherches pour comprendre ce phénomène et pour y remédier.

On se préoccupe aussi de la qualité de la vie dans les grandes villes. A Paris, par exemple, où 18% de la population habite sur 2% du territoire, la circulation automobile est devenue très difficile. Pour attirer les Parisiens hors de Paris, on a construit des villes nouvelles où il y a de nombreux espaces verts et des parcs de loisirs.

Un autre problème, dû aux constructions immobilières *(housing)*, aux autoroutes et aux stations de sport d'hiver en montagne, est la disparition de certaines espèces animales. Dans les Pyrénées, il ne reste qu'une quinzaine d'ours *(bears)*. Ils sont maintenant protégés. Dans les Vosges, on a récemment introduit des lynx.

8   Activité • Situations délicates

On trouve souvent dans le journal des histoires de personnes placées dans des situations délicates où elles trouvent difficile de prendre une décision. Cependant, ces gens ont choisi. Qu'est-ce que vous auriez fait si vous aviez été à leur place? Dites pourquoi.

—Si j'avais été le chef de cette entreprise, j'aurais fait pareil.
(Si j'avais été le chef de cette entreprise, je n'aurais pas renvoyé l'employé parce que...)

EN BREF

BORDEAUX
☐ Un chef d'entreprise de Bordeaux a renvoyé un de ses employés qui avait le SIDA. Il craignait° que l'employé ne soit plus capable de faire son travail.

DIJON
☐ Une jeune fille de Dijon de dix-sept ans qui était enceinte° et que son ami avait quittée, s'est fait avorter.

LILLE
☐ Un médecin de Lille a accepté de faire une piqûre° à un homme âgé qui était condamné°, pour qu'il ne souffre plus et qu'il meure plus vite.

LIMOGES
☐ Pour défendre son magasin, un commerçant de Limoges a tiré° sur un voleur° qui voulait entrer chez lui, et il l'a tué.

craignait *feared;*   enceinte *pregnant;*   piqûre *injection;*
condamné *terminally ill;*   a tiré *fired;*   voleur *thief*

9   Activité • Pas du même avis

Dans chacune des situations suivantes, votre camarade et vous avez agi de manière opposée. Vous vous faites mutuellement des reproches, et vous vous justifiez. Faites des dialogues avec des camarades de classe.

—Tu aurais dû donner de l'argent à ce clochard.
—Pourquoi? Il n'y a pas que moi qui ne donne pas d'argent! Je ne lui en ai pas donné parce que... C'est toi qui as eu tort de lui donner de l'argent.
—Mais pas du tout!...

1. Vous rencontrez un clochard *(beggar)* dans la rue. Vous lui donnez de l'argent. Votre camarade ne lui donne rien.
2. Quelqu'un se fait attaquer dans le métro par un homme. Vous ne faites rien parce que l'homme a un couteau. Votre camarade se précipite et se fait blesser *(is wounded)*.
3. Vous voyez un voleur dans un grand magasin. Vous ne dites rien. Votre camarade va voir le responsable *(the one in charge)* du magasin et dénonce le voleur.
4. Un ami veut partir en week-end sans l'autorisation de ses parents. Il vous demande de lui prêter de l'argent. Vous refusez. Votre camarade lui en prête.

10   Activité • Un regard en arrière

Pour améliorer la vie future, il serait bon de bénéficier des erreurs du passé. Pensez à des événements passés (nationaux, internationaux ou personnels), et dites ce que vous auriez pu ou aimé faire dans ces situations.

11 # Pour un monde meilleur 📼

L'enquête du magazine était accompagnée d'un questionnaire. Voici les réponses de Vanessa.

Pour que nous vivions dans un monde heureux, qu'est-ce que vous proposez? Complétez les phrases suivantes en classant vos choix par ordre de préférence.

1. **Pour qu'il y ait la paix dans le monde, il faudrait...**
   - _2_ arrêter la course aux armements.
   - _1_ organiser une conférence internationale.
   - _3_ boycotter les pays qui sont en guerre.

2. **Pour qu'on puisse vivre en sécurité, il faudrait...**
   - _2_ augmenter le nombre des policiers.
   - _1_ faire disparaître les inégalités.
   - _3_ entraîner les gens à se défendre.

3. **Pour qu'il y ait plus d'espaces verts dans les villes, il faudrait...**
   - _3_ écrire aux maires.
   - _2_ aider les associations écologiques.
   - _1_ limiter les grands projets immobiliers°.

4. **Pour que les espèces animales soient protégées, il faudrait...**
   - _3_ interdire les bijoux en ivoire et les vêtements faits en peau° animale.
   - _1_ condamner sévèrement les trafiquants° d'animaux.
   - _2_ créer de plus en plus de parcs nationaux.

5. **Pour qu'il n'y ait plus de pollution, il faudrait...**
   - _2_ imposer des règles anti-pollution encore plus sévères.
   - _1_ continuer les recherches contre la pollution.
   - _3_ réduire le nombre de voitures.

6. **Pour que tout le monde vive dans de grands logements, il faudrait...**
   - _1_ faire baisser le prix des loyers°.
   - _2_ construire plus de bons logements.
   - _3_ aider les plus démunis°.

12 Activité • Et vous?

Répondez au questionnaire. Justifiez vos choix devant vos camarades.

---

projets immobiliers *real-estate developments;* **peau** *skin;* **trafiquants** *dealers;*
loyers *rents;* **démunis** *deprived*

Activité • Des objections

Demandez à un(e) camarade de vous donner ses réponses au questionnaire. A chacune de ses réponses, trouvez plusieurs objections.

—Qu'est-ce que tu as répondu à la première question?
—J'ai répondu que pour qu'il y ait la paix dans le monde, il faudrait arrêter la course aux armaments.
—Ce n'est pas possible. Les pays ne s'entendront jamais...

14 Activité • Quelles solutions?

Travaillez avec un(e) camarade pour trouver ce qu'il faudrait faire pour réaliser les prédictions suivantes. Utilisez **pour que** suivi du subjonctif.

Il n'y aura plus de pollution.
—Pour qu'il n'y ait plus de pollution, il faudrait imposer des règles anti-pollution aux voitures et aux usines.

1. On mettra fin à la misère.
2. Il y aura plus de temps libre.
3. On habitera dans des logements spacieux.
4. Il y aura plus d'espaces verts dans les villes.
5. L'environnement sera protégé.
6. Il n'y aura plus de guerre.

arrêter la course aux armements

travailler plus efficacement

prendre des mesures rigoureuses

créer plus de parcs

apprendre à vivre en paix

aider les pauvres

protéger les forêts

faire plus de recherches médicales

construire de plus grands immeubles

bien s'entendre

15 Activité • Vivement demain?

Quand vous pensez à l'avenir, qu'est-ce qui vous inquiète? Trouvez au moins cinq choses, et parlez-en à un(e) camarade. Plus optimiste, votre camarade vous rassure. Inversez ensuite les rôles.

—Il se peut qu'il y ait une guerre atomique.
—Rassure-toi! Je suis sûr(e) qu'il n'y aura plus de guerres.

Rassure-toi!
Ne t'en fais pas!
Ne t'inquiète pas!
Sois tranquille!

Il se peut que...
Il est possible que...
Peut-être que...

16   Activité • A vous maintenant!

Votre camarade est indécis(e) et pessimiste. Vous voulez savoir s'il (si elle) pense à son avenir. Il/Elle vous exprime son indécision. Vous envisagez plusieurs possibilités. Il/Elle vous prévient des obstacles. Vous le/la rassurez. Inversez ensuite les rôles.

> —Tu sais ce que tu feras quand tu auras quitté l'école?
> —Oh, non, j'ai du mal à me décider.
> —Moi, il se peut que je fasse des films.
> —Mais si tu ne réussis pas?
> —Ne t'inquiète pas. Je sais ce que je fais.

❶ Je te préviens,...
Je te signale que...
Tu seras prudent(e) de...
Mais si tu... ?

❶ J'ai du mal à me décider.
Je ne sais pas trop.
Je ne sais pas quoi faire.
Je n'arrive pas à prendre de décision.

17   Activité • Ecrit dirigé

Vos camarades et vous voulez organiser un club écologique. Complétez votre publicité avec les verbes **pouvoir, être, avoir** ou **perdre,** selon le cas.

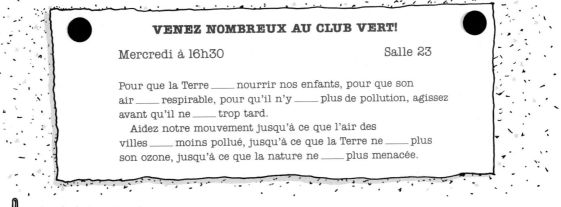

VENEZ NOMBREUX AU CLUB VERT!

Mercredi à 16h30   Salle 23

Pour que la Terre _____ nourrir nos enfants, pour que son air _____ respirable, pour qu'il n'y _____ plus de pollution, agissez avant qu'il ne _____ trop tard.

     Aidez notre mouvement jusqu'à ce que l'air des villes _____ moins pollué, jusqu'à ce que la Terre ne _____ plus son ozone, jusqu'à ce que la nature ne _____ plus menacée.

18   Activité • Ecrivez

Trouvez un problème écologique ou humanitaire qui vous préoccupe et dont on ne parle pas souvent dans les médias. Expliquez quel est ce problème, pourquoi c'est un problème, et quelles solutions vous proposez pour le résoudre.

19   Activité • Ecoutez bien

Dans le cadre d'une enquête, le magazine *Nouvelle Génération* a organisé une émission de radio. Une journaliste a interrogé un spécialiste qui, à partir de données *(data)* scientifiques, essaie de prévoir *(predict)* l'avenir. Ecoutez l'interview, et complétez ensuite les phrases suivantes.

1. Tout le monde désire savoir...
2. M. Boileau pense que la vie sera...
3. Grâce aux ordinateurs,...
4. A l'intérieur des maisons, on aura...
5. On réussira peut-être à éliminer...

Et vous, vous inquiétez-vous des risques majeurs concernant la planète? Lisez ces lettres que deux lycéens ont écrites à un magazine pour jeunes.

Avant de lire

Pouvez-vous deviner les équivalents anglais des mots suivants tirés des lettres?

1. provoque
2. investir
3. se fatiguer
4. tempérament
5. toxiques
6. contrôleurs

LA TERRE EN DANGER

La pollution n'intéresse guère les Français : cela provoque chez eux un petit rire° idiot ou un haussement d'épaules°. Il est pourtant grand temps d'agir, car il n'est plus «moins cinq» mais «midi passé». J'habite près de la frontière allemande et je me rends mieux compte de l'attitude de nos voisins : dans les hebdomadaires° féminins, les ménagères° trouvent souvent des conseils (comment économiser l'eau...), des informations (les nouveaux produits favorables à l'environnement), des articles dénonçant les situations critiques.

Faudra-t-il attendre une catastrophe écologique pour que l'opinion publique réagisse? On a sûrement les moyens techniques et financiers de réduire la pollution. Pourquoi la France a-t-elle refusé le catalyseur° et l'essence sans plomb°? Sans doute préfère-t-elle investir des millions dans l'armement. Mais, me direz-vous, si l'on fait sauter° la planète dans quelques années, pourquoi se fatiguer à la protéger? Le débat est ouvert...

Anne-Emmanuelle, 1ʳᵉ S, Bischheim

---

rire *laugh;* **haussement d'épaules** *shrug of the shoulders;* **hebdomadaires** *weekly publications;* **ménagères** *housewives;* **catalyseur** *catalytic converter;* **essence sans plomb** *unleaded gasoline;* **sauter** *blow up*

Les problèmes de l'environnement me préoccupent beaucoup et je suis, moi aussi, révolté par l'indifférence générale des Français. Cela tient° peut-être au tempérament fataliste de nombreuses personnes, mais je pense que les médias en général restent trop froids et indifférents aux problèmes quotidiens de pollution.

N'est-ce pas irresponsable de ne rien dire alors que nombre d'industries diffusent° sans cesse des produits toxiques dans l'atmosphère, souvent illégalement (manque° de contrôleurs officiels), et comptent sur un coup de vent pour se faire oublier°? Ne parlons pas de l'attitude des constructeurs d'automobiles, d'aérosols, de matériel réfrigérant, de polystyrène... qui préfèrent laisser traîner° les situations et profiter d'encore un peu de gain...

Je pense fortement que l'écologie ne doit pas et peut ne pas s'accompagner de privations°, de confort moindre°. Il faut absolument démarginaliser° l'écologie, la faire rentrer dans les mœurs°, et cela parce qu'elle est parfaitement compatible avec les nécessités, ou plutôt les désirs de confort et de vie facile d'aujourd'hui.

Bruno, T^e, Lyon

Avez-vous compris?

Répondez aux questions suivantes d'après les deux lettres.

1. Qu'est-ce qui a poussé Anne-Emmanuelle et Bruno à écrire une lettre?
2. Quelles actions condamnent-ils chez les Français?
3. Qu'est-ce qu'ils voudraient que les Français fassent?

Imaginez

Bruno et Anne-Emmanuelle se rencontrent à une conférence sur l'écologie pour les jeunes. Ils font connaissance et discutent de leurs idées. Avec un(e) camarade, imaginez leur conversation.

Interview

Pour le journal de son école, Bruno est chargé d'interviewer un industriel sur la pollution. Bruno lui rappelle ce que l'industriel a dit autrefois à la presse. Il lui reproche son attitude et ses actions. L'industriel se justifie. Bruno conteste ses excuses. L'industriel essaie de le rassurer. Faites le dialogue avec un(e) camarade.

Le débat est ouvert

La Terre est en danger! Avec un(e) camarade, trouvez le maximum de raisons qui le prouvent. Organisez ensuite un débat avec deux autres camarades qui pensent le contraire.

---

douleur *pain;* **tient** *is due;* **diffusent** *spread;* **manque** *lack;* **se faire oublier** *make people forget them;* **laisser traîner** *let drag on;* **privations** *hardships;* **moindre** *least;* **démarginaliser** *increase in importance;* **mœurs** *customs*

SOYEZ VIGILANTS! 📼

Vous voulez protéger l'environnement?
Voici quelques conseils simples.

Avant de lire

Regardez le dessin à droite.
1. Pouvez-vous deviner l'équivalent anglais du mot «Essuyez»?
2. Quel mot vous attendriez-vous à *(expect)* voir à la place du mot «idées»?
3. Quelles idées faudrait-il «s'essuyer»?

Pour protéger la nature :

Ne jetez pas par terre vos objets en plastique, vos papiers... Emportez vos déchets° avec vous au prochain lieu de ramassage°. Savez-vous qu'un animal qui mange un sac en plastique peut en mourir?

Pour protéger les animaux et les plantes :

Pourquoi écraser° systématiquement les insectes inoffensifs? Toucher les animaux dans la nature? Contentez-vous de les observer ou de les admirer.

Plutôt que d'arracher° une plante ou une fleur, pourquoi ne pas la photographier ou tout simplement la regarder?

---

déchets *trash;* **lieu de ramassage** *pick-up place;* **écraser** *squash;* **arracher** *uproot*

Pour protéger la terre :

Ne jetez pas à la poubelle vos piles° de baladeur°, de montre ou d'appareil-photo. Ces piles contiennent du mercure. Confiez-les° plutôt à votre photographe ou à votre pharmacien.

   Les emballages° en plastique ou en polystyrène ne se détruisent pas. Préférez les emballages en papier.

Pour protéger l'eau :

Ne jetez pas dans l'eau les papiers, l'huile de vidange°, les objets en plastique, les détergents... Vous pouvez avoir l'impression que l'eau les emportera. C'est faux! Elle ne les dégradera pas; elle ne fera que les stocker.

Pour protéger l'atmosphère :

Des bombes aérosols sans CFC (chlorofluorocarbures) existent maintenant sur le marché; elles portent un label spécial. Soyez vigilant(e)!

Enfin, n'oubliez pas de protéger l'environnement des autres :

Pour leur confort, pensez à baisser le volume de votre chaîne° ou de votre radio-cassette. Le bruit est aussi une forme de pollution.

Réfléchissez et agissez

Avec un(e) camarade, faites une liste de conseils pour ceux qui veulent protéger l'environnement. Lisez votre liste à la classe. Choisissez le meilleur conseil, et faites-en une affiche illustrée.

Soyons honnêtes!

Nous sommes tous coupables (*guilty*) de ne pas respecter l'environnement. Pensez à des actes inconsidérés que vous avez faits, et parlez-en à un(e) camarade. Faites-vous des reproches. Commencez par **Je n'aurais pas dû...**

---

piles *batteries;*   **baladeur** *walkman;*   **confiez-les** *entrust them;*   **emballages** *wrappings;*
huile de vidange *used oil;*   **chaîne** *stereo*

FOR REFERENCE

SUMMARY OF FUNCTIONS   253

GRAMMAR SUMMARY   264

VERB INDEX   271

PRONUNCIATION   284

NUMBERS   285

FRENCH-ENGLISH VOCABULARY   286

ENGLISH-FRENCH VOCABULARY   304

GRAMMAR INDEX   320

SUMMARY OF FUNCTIONS

A *function* is what you do with language—what your purpose is when you speak. Here is a list of functions and some expressions you can use to accomplish them. The roman numeral **I** tells you that the expressions were introduced in **Nouveaux copains,** and the roman numeral **II** that they were introduced in **Nous, les jeunes.** Roman numeral **III** lets you know that the expressions are found in **Notre monde.** Following the roman numerals, you'll see the number of the unit and the letter of the section where you learned the expression.

SOCIALIZING

Saying hello
I	1 (A4)	Bonjour!
		Bonsoir!
		Salut!

Addressing people
I	1 (A5)	madame
		mademoiselle
		monsieur

Welcoming people
I	6 (A4)	Entrez (Entre).
		Soyez le bienvenu.
		Bienvenue.
		Faites comme chez vous.
		Fais comme chez toi.

Saying goodbye
I	1 (A4)	Au revoir!
		Salut!
		A tout à l'heure!

Renewing old acquaintances
II	9 (B8)	Ça me fait plaisir.
		J'avais vraiment envie de te revoir!
		Je suis content(e) de te revoir!
		Je suis heureux (heureuse) que tu sois (re)venu(e)!
		Ça fait longtemps que je ne t'ai pas vu(e)!
		Il y a si longtemps!

Asking how someone is feeling
I	1 (A4)	Ça va?
II	1 (A11)	Comment allez-vous?
		Comment vas-tu?
		Tu es en forme?

Telling how you are feeling
I	1 (A4)	Ça va.
		(Très) bien.
II	1 (A11)	Très bien, merci. Et vous?
		Pas mal/terrible. Et toi?
		Drôlement bien!
		En pleine forme!

Expressing concern for someone's health
II	7 (A14)	Qu'est-ce que tu as?
		Qu'est-ce qui t'arrive?
		Tu n'as pas l'air en forme.
		Ça n'a pas l'air d'aller.
		Tu as mauvaise mine.

Expressing good wishes
I	11 (C5)	Bonne fête!
		Joyeux Noël!
		Bonne année!
		Joyeuses Pâques! (Joyeuse Pâque!)
		Joyeux/Bon anniversaire!
		Bonnes vacances!
		Bon voyage!
		Bonne route!
		Bonne santé!
		Meilleurs vœux/souhaits!

Paying compliments
I	6 (C15)	Tu es un chef!
I	10 (C4)	Il/Elle te va bien.
		Ils/Elles te vont bien.
		C'est tout à fait ton style!
		Mes compliments pour la mousse.
		Les sandwiches sont excellents!
		Tu as bon goût!
		Tu joues/danses drôlement bien!
III	1 (B7)	Tu as l'air très bien/chic.
		Tu es classe.
		C'est tout à fait toi!
		Ça te va super/très bien!
		Oui, je l'aime beaucoup.

Il/Elle est parfait(e)/
super...
Oui, il/elle te va très bien.
Ça va avec tes yeux.

Acknowledging compliments
I   10 (C4)   Tu trouves?
Oh, ce n'est rien.
C'est gentil.

III   1 (B7)   C'est vrai?
Ça te plaît vraiment?
Ah oui, tu aimes?
Tu es sympa.
Bof! Je l'ai depuis
longtemps.
C'est un vieux pantalon.
Je n'avais rien d'autre à
me mettre.
Oh, tu plaisantes!
Arrête un peu!
Tu rigoles!
Tu exagères!

Expressing thanks
I   2 (C13)   Merci.

Responding to thanks
I   6 (A21)   De rien.

Making a phone call
I   5 (C4)   Allô.
Je suis bien chez... ?
C'est une erreur.
C'est occupé.
Ça ne répond pas.
Qui est à l'appareil?
Ne quittez pas.
Vous demandez quel
numéro?

Writing an informal letter
III   2 (A18)   Cher (Chère)...,
Salut...,
Amitiés.
(Bien) Amicalement.
Avec toutes mes amitiés.
Bien à toi.
Je t'embrasse.
Affectueusement.
(Grosses) Bises.

Writing a formal letter
III   2 (A18)   Cher Monsieur (Chère
Madame),
Monsieur (Madame),
Je vous prie d'agréer,
Monsieur (Madame),
l'expression de mes
sentiments distingués.
Veuillez agréer, Monsieur
(Madame), l'expression

de mes sentiments
dévoués/respectueux.
Sincèrement.

Offering food/drink
I   6 (C18)   Encore du/de la... ?
Vous prenez du/de la... ?

Accepting food/drink
I   6 (C18)   Oui, volontiers!
Oui, avec plaisir!
Oui, s'il vous plaît!

I   10 (C1)   J'ai soif!

Refusing food/drink
I   6 (C18)   Non, merci. Je n'ai plus
faim.
Merci. C'est bon, mais...

Inquiring about others' activities
II   1 (B4)   C'était comment,... ?
C'était bien,... ?
Ça t'a plu?
Tu t'es amusé(e)?

II   6 (B21)   Ça va, ton/ta... ?
Ça marche, ton/ta... ?
Ça boume, ton/ta... ?
Ça t'intéresse, ton/ta... ?
Ça te plaît, ton/ta... ?
Ça t'amuse, ton/ta... ?

Sharing confidences
II   5 (C9)   J'ai un petit problème.
Je peux te parler?
J'ai besoin de te parler.

Asking for agreement
II   3 (B6)   D'accord?
Ça va?
Ça te va?

Inviting friends
I   9 (B1)   Tu peux... ?
Tu veux... ?

I   9 (B6)   Je t'invite à...

II   2 (A12)   Tu ne veux pas... ?
Ça te dit de... ?
Ça t'intéresse de... ?
Ça te plairait de... ?

Arranging to meet friends
III   3 (A19)   Où est-ce qu'on se
retrouve?
A quelle heure est-ce
qu'on se donne
rendez-vous?
Quand est-ce qu'on se
téléphone?
Quand est-ce qu'on se
voit?

On peut se retrouver au cinéma.
On se donne rendez-vous à sept heures.
On n'a qu'à se téléphoner demain.
On se voit ce soir.

Accepting invitations and suggestions

I	9 (B10)	Si tu veux.
		D'accord!
		Bonne idée!
		Volontiers!
		Avec plaisir!
II	2 (A12)	Oui/Si, je veux bien.
III	3 (A19)	Oui, je suis libre.
		C'est d'accord.
		Ça va.
		Je n'ai rien de prévu.

Refusing invitations and suggestions

I	9 (B10)	Je n'ai pas envie.
		Je ne peux pas.
		Encore!
		Je regrette, mais...
		Impossible,...
II	2 (A12)	Oui, mais je ne peux pas.
II	5 (A6)	Désolé(e).
		Je suis pris(e).
		Je suis occupé(e).
		Je ne suis pas libre.
		Je n'ai pas le droit de...
III	3 (A19)	J'ai quelque chose de prévu.

Making excuses

I	10 (A16)	Non, pas encore.
		J'ai oublié.
		Je n'ai pas eu le temps.
		Je n'ai pas pu.
II	1 (C7)	Je suis nul (nulle) en maths.
		Je n'y comprends rien.
		Ce n'est pas mon fort.
		Le prof ne m'aime pas.
		Je suis mauvais(e) en informatique.
		Le prof explique mal.
II	10 (A16)	Je suis pressé(e).
		Je suis déjà en retard.
		Je n'ai pas le temps.
		Il faut que je sois à... dans... minutes.

Asking for permission

II	2 (C8)	Je peux..., s'il vous (te) plaît?
		Je voudrais... Vous êtes (Tu es) d'accord?
II	5 (A22)	Est-ce que je peux... ?
		Vous voulez bien que je... ?

Asking a favor

II	6 (A13)	Te peux me prêter... ?
		Tu ne peux pas me prêter... ?
		Tu as... à me prêter?
		Tu n'as pas... à me prêter?
		Prête-moi..., s'il te plaît.

Giving permission

II	2 (C8)	Oui, si vous voulez (tu veux).
		Je veux bien.
		Oui, pourquoi pas?
		D'accord. Bonne idée.
		Oui, bien sûr.

Granting a favor

II	6 (A13)	Bon, ça va pour cette fois.
		D'accord.
		Bon, voilà.
		Tiens, le/la/les voilà.

Refusing permission or a favor

II	2 (C8)	Quelle idée!
		Non, c'est mon dernier mot.
		C'est impossible.
		Non, je ne veux pas.
		Non, je refuse.
		(Il n'en est) pas question.
II	6 (A13)	Ah non! Cette fois, c'est fini!
		Pas question!
		Demande à ta mère!
		Désolé(e), c'est impossible.

Getting someone's attention

I	11 (B6)	Excusez-moi,...
		Pardon,...
III	1 (A6)	Eh, tu as vu!
		Tiens!
		Oh, regarde!
		Eh, viens voir!

Hesitating

| III | 3 (A19) | Euh... |
| | | A vrai dire... |

C'est-à-dire que...
Je ne sais pas très bien.

Gaining time to think
III   5 (B18)   Bon...   Attends...
Eh bien...   Tu sais...
Euh...   Alors...
Voyons...   Ben...

EXCHANGING INFORMATION

Asking for information
I   5 (B16)   Comment?   Qui?
Combien?   Avec qui?
Quoi?   A qui?
Où?   Pourquoi?
Quand?   A quelle heure?

I   6 (C7)   Qu'est-ce que... ?
I   11 (B9)   Quel(s)/Quelle(s)... ?
Quel/Quelle est... ?
Quels/Quelles sont... ?

Asking and giving names
I   1 (B4)   Tu t'appelles comment?
Je m'appelle...
Il/Elle s'appelle comment?
Il/Elle s'appelle...

Asking and saying where someone is from
I   1 (C1)   Tu es d'où?
Je suis de...
Il/Elle est de...
I   1 (C4)   Vous êtes d'où?
Nous sommes de...
Ils/Elles sont de...

Asking someone's age and telling yours
I   6 (B5)   Tu as quel âge?
J'ai... ans.

Saying how often you do something
I   2 (A8)   d'habitude
toujours
souvent
quelquefois

Saying what you're going to do
I   5 (C10)   Je vais (+ infinitive)

Asking for directions
I   5 (B9)   Les téléphones/La douane, s'il vous plaît?
Où sont les téléphones, s'il vous plaît?
Où est la douane, s'il vous plaît?

Giving locations
I   5 (B9)   juste là   devant
ici   en face (de)
là-bas   entre
à droite (de)   à côté (de)
à gauche (de)   près (de)
tout droit

Asking prices
I   2 (C17)   C'est combien?
I   11 (B6)   Il/Elle coûte combien?
Ils/Elles coutent combien?
Combien coûte/ coûtent... ?

Answering a negative question affirmatively
II   2 (A5)   Tu ne veux pas venir avec moi?
Si, je veux bien.

Expressing obligation to yourself and others
II   5 (A12)   Je dois...
Il faut que je...

Assigning responsibility
II   5 (B8)   C'est à... de...

Expressing a need
I   2 (C7)   Il me faut (absolument)...
Il faut que je...
J'ai (vraiment) besoin de...

Giving reasons for doing something
II   6 (C5)   Avoir un job,...
c'est un moyen de...
c'est une façon de...
c'est une occasion de...

Asking and telling how long something has been going on
II   2 (C19)   Tu... depuis combien de temps?
Ça fait combien de temps que tu... ?
Depuis...
Je... depuis...
Ça fait... (que je...)

Reporting a series of events
II   9 (C14)   D'abord,...
Ensuite,...
Après,...
Enfin,...

Requesting information
III   2 (A16)   J'aimerais avoir des renseignements.
Je voudrais savoir quels sont les prix.

Pourriez-vous/Est-ce que
vous pourriez me dire
combien de temps
durent les études?

Asking about someone's plans
III   2 (B19)   Tu as pris une décision?
Tu sais ce que tu vas faire?
Quels sont tes projets?
Alors, qu'est-ce que tu as
décidé?

Telling what someone said or asked
III   5 (B10)   Elle a dit qu'elle quittait le
lycée.
Elle a dit qu'elle avait
quitté le lycée.
Elle m'a conseillé de faire
autre chose.
Elle m'a demandé si je
créais des affiches.
Elle m'a demandé si
j'avais créé des affiches.
III   11 (A10)   On a dit qu'il y aurait
beaucoup de monde.
Laurent a demandé s'il
faudrait réserver des
places.

Relating hearsay
III   7 (A18)   Il paraît/On dit que tout
le monde a sa chance.
J'ai entendu dire/On m'a
dit que tout le monde
avait sa chance.

Telling what you've realized and noticed
III   7 (B14)   Je me suis rendu compte
que...
Je me suis aperçu(e) que...
J'ai remarqué que...

EXPRESSING FEELINGS AND EMOTIONS

Expressing annoyance
I   6 (C1)   Quelle vie!
I   10 (A1)   Zut!

Expressing admiration, astonishment, and surprise
I   6 (Cl)   Quelle question!
I   11 (C12) Quelle surprise!
II   3 (A14)   Ce qu'elles sont belles, les
Duchesses!
Qu'il est drôle,
Bonhomme Carnaval!

Qu'est-ce qu'elle doit
avoir froid!
Quelle foule!
III   6 (B16)   Je suis
surpris(e)/étonné(e)
que...
Ça m'étonne que...
C'est incroyable que...

Expressing physical discomfort
II   3 (B18)   J'ai peur.
J'ai le vertige.
J'ai faim.
J'ai soif.
J'ai chaud.
J'ai froid.
J'ai mal au cœur.

Complaining
II   7 (A15)   Je me sens mal.
Je ne me sens pas bien.
J'ai du mal à dormir.
J'ai mal à la tête, au
cœur...
II   5 (B16)   C'est injuste!
C'est pas juste!
C'est pas normal!
C'est moi qui fais tout ici!
C'est toujours moi qui...
Tu ne fais rien, toi!
III   6 (A6)   J'en ai marre/assez/
ras-le-bol!
Je commence à en avoir
marre de...
Ce n'est plus possible!
C'est de pire en pire!
Ce n'est pas croyable!
Ça m'énerve!

Expressing satisfaction
II   1 (B4)   C'était merveilleux/
super/chouette/
drôlement bien/
génial/bien!
Je me suis beaucoup
amusé(e)!
J'ai adoré!
Ça m'a beaucoup plu.
Ça m'a plu énormément.

Expressing dissatisfaction
II   1 (B4)   C'était triste/mortel.
Je me suis ennuyé(e).
J'ai détesté!
J'ai pas aimé.

Expressing regret

I	9 (B10)	Je regrette!
I	10 (TYS 1)	Dommage!
II	3 (C13)	Quel dommage! C'est bien dommage. Malheureusement,... Je suis désolé(e) mais... C'est regrettable.
II	10 (B11)	Malheureusement, elle est arrivée en retard! C'est dommage qu'elle soit arrivée en retard! Quel dommage! Elle est arrivée en retard!
III	6 (B16)	Je regrette... C'est regrettable que...

Expressing pleasure

II	6 (B21)	Super, c'est très bien payé! Je trouve ça super! (Je trouve que) c'est passionnant/intéressant. J'adore! Ça me plaît beaucoup. Je suis ravi(e).

Expressing disappointment

II	6 (B21)	Non, c'est mal payé. Non, j'en ai assez. Non, j'en ai marre. Non, c'est l'enfer. Non, je déteste. Non, ça m'ennuie/ m'embête. Non, ça m'énerve.

Expressing fatigue

II	7 (C16)	Je n'en peux plus! Je suis fatigué(e)/ épuisé(e). J'abandonne. Je suis mort(e)! Je suis crevé(e)! Je craque!

Expressing pity

II	7 (C16)	(Mon) Pauvre vieux! (Ma) pauvre vieille! Pauvre Fabrice! Pauvre petit(e)!

Saying how much you miss something

II	9 (A21)	Je regrette (drôlement)... Qu'est-ce que je regrette! C'était si bien! C'était tellement mieux!

Il y avait moins/plus de...
... me manque.

Expressing impatience

II	10 (A17)	Vite! On est en retard! Dépêche-toi! On va rater... Tu vas être en retard! Tu peux te dépêcher? Mais qu'est-ce que tu fais?

Expressing relief

II	10 (B11)	Heureusement que... Nous avons de la chance que... Ouf!... C'est une bonne chose que...

Apologizing

III	3 (B16)	Je m'excuse pour la dernière fois. Je suis désolé(e) d'être en retard. Pardonne-moi de ne pas t'avoir téléphoné. Excuse-moi de m'être fâché(e).

Accepting apologies

III	3 (B16)	C'est pas grave. Ce n'est rien. Ça ne fait rien. Je te pardonne. C'est de ma faute.

Expressing futility

III	6 (A6)	Ça ne sert à rien de râler. C'est inutile de te plaindre. A quoi ça sert de... ? Ce n'est pas la peine de t'énerver. Ça n'en vaut pas la peine.

Expressing wishes

III	6 (B16)	J'aimerais que... Je serais bien content(e) que...

Expressing fear

III	6 (B16)	J'ai peur que... Je crains que...

Reproaching others

III	10 (B16)	Tu aurais dû leur parler. Tu n'aurais pas dû sortir. Tu as eu tort de conduire sans casque. Si tu avais été prudent(e), tu n'aurais pas roulé si vite.

Tu as été bête de rouler si vite. (FAM.)

Reproaching yourself
III   10 (B16)   J'aurais dû les prévenir.
Je n'aurais pas dû y aller.
J'ai eu tort de te prêter ma mob.
Si j'avais été intelligent(e), j'aurais porté un casque.
J'ai été bête de faire ça.

PERSUADING

Making requests or giving commands
I   6 (A6)   Entrez, s'il vous plaît.
Entre, s'il te plaît.
Venez (Viens) avec moi.

Making suggestions
I   7 (B7)   Allons visiter Dinan!
On va visiter Dinan?
II   9 (C20)   Si on allait... ?
Si on prenait... ?
Pourquoi on ne va pas... ?
Tu n'as pas envie de... ?
Tu veux qu'on aille... ?

Asking for advice
I   11 (A13)   A ton avis, qu'est-ce que je peux acheter/offrir à... ?
Tu as une idée?
J'offre... à... Qu'est-ce que tu en penses?
II   5 (C9)   A ton avis,...
qu'est-ce que je fais?
qu'est-ce que je dois faire?
qu'est-ce qu'il faut faire?
qu'est-ce qu'il faut que je fasse?
Qu'est-ce que tu me conseilles?
Tu crois que je peux l'inviter?
Tu as une idée?

Giving advice
I   11 (A13)   Achete-lui/leur...
Tu peux lui/leur offrir...
Bonne idée!
Non, offre-lui/leur plutôt...
Il/Elle a déjà plein de...
II   5 (C9)   Invite-la.
Il faut que tu l'invites.

II   6 (B10)   Pourquoi (est-ce que) tu ne cherches pas... ?
II   7 (B16)   Tu devrais...
Je te conseille de...
Il vaut mieux que tu...
III   2 (B11)   Tu pourrais...
Tu ferais bien/mieux de...
Il vaudrait mieux que...
Si j'étais toi/à ta place,...
Si c'était moi,...
III   6 (A16)   Il est important que/de...
Il serait bien que/de...
Il serait (in)utile que/de...
Il serait préférable que/de...

Justifying advice
II   7 (B16)   C'est excellent pour la santé.
C'est bon pour toi.
C'est ce qu'il te faut.
C'est nourrissant.
C'est meilleur.

Justifying your actions
III   11 (A4)   Il n'y a pas que moi qui...
Je ne suis pas le seul (la seule) qui...
Tout le monde fait pareil.
Tout le monde est comme ça.
Je fais comme tout le monde.

Rejecting others' excuses
III   11 (A4)   Et alors?
Ce n'est pas une raison/excuse.
Ça n'excuse rien!
Si tout le monde pensait/faisait comme toi,...
Ce n'est pas parce que tout le monde... qu'il faut faire pareil.

Insisting
II   6 (A13)   S'il te (vous) plaît!
Sois (Soyez) sympa!
Sois (Soyez) gentil(le)!
Allez!

Offering encouragement
II   2 (B15)   Vas-y!
C'est bien!
Mais si, ça vient!
Tu y es presque!
Mais oui, tu y arrives!

Continue!
Encore un petit effort!

II 5 (C9)
Bien sûr!
Sûrement.
Pourquoi pas?
Il faut oser.
Un peu de courage!
N'hésite pas.

II 7 (C16)
Allez!
Encore un effort!
Courage!
Force-toi!

Assuring someone
II 7 (C18)
Je t' (vous) assure que ça va.
Je te (vous) promets que je me sens mieux.
Je te (vous) garantis que je me nourris bien.

Reassuring someone
II 7 (C18)
Ça va, je t' (vous) assure.
Je me sens mieux, je te (vous) promets.
Je me nourris bien, je te (vous) garantis.

III 10 (A18)
Ne t'en fais pas!
Ne t'inquiète pas!
Rassure-toi!
Fais-moi confiance!
Tu peux me faire confiance.
Tu peux compter sur moi.
Sois tranquille.
Je sais ce que je fais.

Consoling someone
II 9 (A21)
Ne regrette rien. C'est bien de...
Tu as tort de regretter. Ça ne sert à rien.
Tu vas voir...
N'y pense plus.
(Ne) t'en fais pas! Tu vas te plaire...
Fais-toi une raison.

Expressing necessity
III 6 (A16)
Il est nécessaire que/de...
Il faut/faudrait (que)...
Il est essentiel que/de...
Il est indispensable que/de...
Il suffit que/de...

Forewarning someone
III 9 (B12)
Je te préviens,...

Tu seras prudent(e) de...
Je t'avertis...
Je te signale que...
Mais si tu te faisais tuer!

Cautioning
III 10 (A18)
Fais attention!
Fais gaffe!
Sois prudent(e)!
Méfie-toi!
Tu ferais mieux d'être prudent(e)/de faire attention.

EXPRESSING ATTITUDES AND OPINIONS

Asking someone's opinions and impressions
III 1 (A6)
Comment tu trouves cette chemise?
Qu'est-ce que tu dis de ça?
Il te plaît, ce blouson?
Il est chic, ce pantalon, non?
Tu n'aimes pas ce genre de chaussures?

III 1 (B7)
J'ai l'air de quoi?
Tu crois qu'il/elle me va?
Qu'est-ce que tu penses de ma robe?
Tu aimes ma jupe?
Il me va, ce pantalon?
Ça me va, cette couleur?

III 11 (B4)
Ça t'a plu?
Pas trop déçu(e)?
Comment tu as trouvé ça?
Alors, tu as aimé?
Qu'est-ce que tu en dis/penses?

Giving opinions and impressions
II 1 (A4)
A mon avis,...
Je trouve que...
Je n'ai pas envie de...

III 7 (A8)
J'ai l'impression que...
On dirait que...
Il me semble que...
Je pense/crois que...
Ils ont l'air de...
Ils doivent...
Ils me paraissent...

Expressing likes, preferences, and positive opinions
I 2 (B19)
C'est facile/chouette/génial/extra/ super!

I	3	(C12)	J'aime... J'aime mieux...
I	6	(C15)	C'est bon/ délicieux/excellent/ super/extra! J'adore!
I	9	(Cll)	C'est drôle/ amusant/émouvant/ original/génial/ un bon film!
I	11	(C18)	Qu'il/Qu'elle est... ! Quel(le) joli(e)... ! Quelle surprise! C'est très gentil! C'est une excellente idée! Tu as bien choisi!
III	1	(A6)	Il/Elle est bien/pas mal/chic/joli(e). Ça, c'est bien toi. Oui, j'aime ce genre de blouson. Oui, il/elle est chouette. Oui, ils/elles sont marrant(e)s.
III	11	(B4)	Ça m'a beaucoup plu. Non, j'ai bien aimé. C'était drôlement bien. Moi, j'ai trouvé ça super/formidable/génial!

Expressing dislikes and negative opinions

I	2	(B19)	C'est difficile/la barbe/pas terrible/pas le pied!
I	3	(C12)	Je n'aime pas...
II	7	(B20)	Je n'aime pas ça. C'est pas bon. C'est mauvais. Ça n'a pas de goût. C'est infect.
I	9	(C11)	C'est (trop) violent! C'est bidon/un navet/pas original/un mauvais film/toujours la même chose! Je déteste... !
III	1	(A6)	Il/Elle est moche/ horrible/triste. Ce n'est pas ton style. Non, je n'aime pas ce genre de blouson. Non, je trouve qu'il/elle est horrible. Non, je les trouve ridicules.

III	11	(B4)	Non, j'ai été déçu(e). Si, je me suis ennuyé(e). Ça ne m'a pas marqué(e). Ce n'était pas extraordinaire.

Expressing indecision, indifference, or lack of interest

I	7	(B1)	Bof! Mouais!
II	1	(B4)	C'était assez bien/comme ci, comme ça/pas mal/pas terrible. Assez bien.
II	3	(B6)	Je ne sais pas trop. Ça m'est égal. Comme tu veux. Ce que tu préfères. Je n'ai pas de préférence.
II	10	(C14)	..., ça ne me dit rien. Je n'ai pas le courage de... Ça m'embête de... Ça m'ennuie de... Je n'ai pas (souvent) envie de... Tu parles!
III	2	(B19)	Non, pas encore. Non, j'hésite. Non, je ne sais pas quoi faire. Je ne sais pas encore. Je n'arrive pas à prendre une décision. Je ne sais plus ce que je veux.
III	5	(A5)	Je n'ai pas d'opinion. Ça me laisse indifférent(e). Ça me laisse froid(e). Ça m'est égal. Je m'en moque.
III	9	(A12)	Je ne sais pas quoi faire. J'ai du mal à me décider. Je n'arrive pas à prendre une décision. Je n'ai aucune/pas d'idée.

Expressing agreement

I	3	(C1)	Bon.
I	5	(B1)	O.K.
I	9	(B10)	D'accord.
II	1	(A4)	Je suis d'accord avec toi. Moi aussi. Tu as (Vous avez) raison. Moi non plus.

Expressing disagreement

II 1 (A4)

Je ne suis pas d'accord
  avec toi.
Pas moi.
Au contraire,...
Tu as (Vous avez) tort.
Moi, je...

Expressing doubt and uncertainty

II 7 (B16)

Tu crois?
Tu es sûr(e)?
Vraiment?
C'est vrai?

II 11 (A17)

Je ne (le) crois pas.
Je ne (le) pense pas.
Ça m'étonnerait!
Ça m'étonnerait que nous
  ayons des robots!
J'en doute.

II 11 (C10)

Je ne crois pas que...
Je ne pense pas que...
Je ne suis pas sûr(e) que...
Je ne suis pas certain(e)
  que...
Je doute que...

Expressing certainty

II 11 (A17)

Je t'assure que c'est vrai.
Mais oui/si! C'est évident!
Evidemment.
Je/J'en suis convaincu(e).
Je/J'en suis persuadé(e).
J'en suis sûr(e).

Expressing intentions, goals, wishes, and dreams

II 11 (B9)

J'ai l'intention de...
J'ai envie de...
Je souhaite...
J'espère...
Je désire...
J'aimerais (bien)...
Mon idéal, c'est de...
Mon rêve, c'est de...
J'ai pour projet de...

III 6 (B5)

Je pense...
Ce que je pense faire,
  c'est...
Je veux/voudrais bien...
J'envisage de...
Mon projet/but, c'est de...
J'ai dans l'idée de...

Expressing beliefs and hope

II 11 (C10)

Je crois/pense que...
Je suis sûr(e)/certain(e)
  que...
J'espère que...

Expressing indignation

III 5 (A5)

C'est scandaleux.
C'est pénible.
Je trouve ça
  insupportable/incroyable.
C'est une honte.
Ça ne devrait pas exister.
Il faudrait interdire ça.

Expressing approval

III 5 (A5)

Je trouve ça bien/
  super/génial.
Moi, j'aime ça.
Ça permet de...
C'est utile.
Je suis tout à fait pour.

Making observations

III 5 (A13)

Ce qui est
  frappant/amusant/
  attirant/choquant, c'est...
Ce qui me frappe/
  m'amuse/m'attire/
  me choque, c'est...
Ce qui attire le regard/
  saute aux yeux, c'est...
Ce qui est inhabituel/
  original/nouveau/
  moderne, c'est...
Ce qui est banal/
  exagéré/triste/
  moche, c'est...
Ce que j'apprécie/aime
  bien/préfère, c'est...
Ce qui me plaît (le plus),
  c'est...

Making hypotheses

III 9 (A7)

Si Laurent a besoin de
  conseils, il parle à
  Didier.
Si Laurent ne sait pas
  quoi faire après le bac,
  il fera comme le frère
  de Didier.
Si tu ratais le bac, est-ce
  que tu le repasserais?

III 10 (B12)

Si j'avais su, je ne t'aurais
  pas prêté ma mob.

Expressing possibilities

III 9 (A12)

Peut-être que je serai
  médecin.
Il se peut que je fasse du
  cinéma.
Il est possible que je fasse
  des films.

Je pense m'inscrire à
l'université.

Tu sais comment faire
pour... ?

Asking for explanations
III   11 (B18)   Explique-toi.
Comment tu vas t'y
prendre?
Comment tu feras
pour... ?

Giving explanations
III   11 (B18)   Eh bien, c'est simple...
Tout simplement, je...
Facile! Je...
Rien de plus facile. Je...
Mais oui. Il suffit de...

GRAMMAR SUMMARY

ARTICLES

Singular		Plural
Masculine	Feminine	
un frère **un** ͪ ami	**une** sœur	**des** frères / sœurs **des** ᶻ amis / amies
le frère **l'**ami	**la** sœur **l'**amie	**les** frères / sœurs **les** ᶻ amis / amies
ce frère **cet** ͭ ami	**cette** sœur	**ces** frères / sœurs **ces** ᶻ amis / amies

POSSESSIVE ADJECTIVES

Singular		Plural	Singular		Plural
Masculine	Feminine		Masculine	Feminine	
mon frère **mon** ͪ ami	**ma** sœur **mon** ͪ amie	**mes** frères / sœurs **mes** ᶻ amis / amies	**notre** frère	**notre** sœur	**nos** frères / sœurs **nos** ᶻ amis / amies
ton frère **ton** ͪ ami	**ta** sœur **ton** ͪ amie	**tes** frères / sœurs **tes** ᶻ amis / amies	**votre** frère	**votre** sœur	**vos** frères / sœurs **vos** ᶻ amis / amies
son frère **son** ͪ ami	**sa** sœur **son** ͪ amie	**ses** frères / sœurs **ses** ᶻ amis / amies	**leur** frère	**leur** sœur	**leurs** frères / sœurs **leurs** ᶻ amis / amies

INTERROGATIVE ADJECTIVES: *QUEL*

	Singular	Plural
Masculine	**quel**	**quels**
Feminine	**quelle**	**quelles**

ADJECTIVES: FORMATION OF FEMININE

	Masculine	Feminine
Most adjectives (*add* **-e**)	**Il est brun.**	**Elle est brune.**
Most adjectives ending in **-é** (*add* **-e**)	**Il est fatigué.**	**Elle est fatiguée.**
All adjectives ending in an unaccented **-e** (*no change*)	**Il est jeune.**	**Elle est jeune.**
Most adjectives ending in **-eux** (-eux → -euse)	**Il est généreux.**	**Elle est généreuse.**
All adjectives ending in **-ien** (-ien → -ienne)	**Il est italien.**	**Elle est italienne.**
All adjectives ending in **-if** (-if → -ive)	**Il est sportif.**	**Elle est sportive.**

ADJECTIVES AND NOUNS: FORMATION OF PLURAL

		Masculine	Feminine
Most noun and adjective forms (*add* -s)	Sing. Plur.	**un pantalon vert** **des pantalons verts**	**une jupe verte** **des jupes vertes**
Most noun and <u>masculine</u> adjective forms ending in -al (-al → -aux)	Sing. Plur.	**le sport principal** **les sports principaux**	**la rue principale** **les rues principales**
All noun and <u>masculine</u> adjective forms ending in -eau (*add* -x)	Sing. Plur.	**le nouv<u>eau</u> bateau** **les nouv<u>eaux</u> bateaux**	**la nouvelle voiture** **les nouvelles voitures**
All noun and <u>masculine</u> adjective forms ending in -s (*no change*)	Sing. Plur.	**un autobu<u>s</u> gris** **des autobu<u>s</u> gris**	**une mobylette grise** **des mobylettes grises**
All <u>masculine</u> adjective forms ending in -x (*no change*)	Sing. Plur.	**un garçon paresseu<u>x</u>** **des garçons paresseu<u>x</u>**	**une fille paresseuse** **des filles paresseuses**

ADVERBS: FORMATION

Adjective		Adverb
Masculine	Feminine	
continuel intense **vrai**	**continuelle** **intense** vraie	**continuellement** **intensément** **vraiment**

NEGATIVE EXPRESSIONS

Elle **ne** garde **pas** les enfants.
Elle **ne** les garde **plus.**
Elle **ne** les garde **jamais.**
Elle **n'**a **rien** sur son compte.
Elle **ne** connaît **personne** à Paris.
Elle **n'**aime **ni** danser **ni** chanter.

NOUNS: COMPARATIVE

moins de **autant de** plus de	+	noun	+	**que**

VERBS: COMPARATIVE

verb	+	moins **autant** plus	+	**que**

ADJECTIVES AND ADVERBS: COMPARATIVE AND SUPERLATIVE

Comparative			
moins **aussi** **plus**	+	adjective or adverb	+ **que**

Superlative					
le/la/les	+	**moins** **plus**	+	adjective or adverb	+ **de**

IRREGULAR COMPARATIVE AND SUPERLATIVE FORMS

	Comparative	Superlative
bon(s), bonne(s) **mauvais, -e, -es**	**meilleur(e)(s)** **plus mauvais, -e, -es**	**le/la/les meilleur(e)(s)** **le/la/les plus mauvais, -e, -es** **le/la/les pire(s)**
bien	**mieux**	**le mieux**

REGULAR VERBS: SIMPLE TENSES

	Stem	Ending	Stem	Ending	Stem	Ending
Infinitive	aim	**-er**	chois	**-ir**	attend	**-re**
PRESENT	aim	-e -es -e -ons -ez -ent	chois	-is -is -it -issons -issez -issent	attend	-s -s — -ons -ez -ent
REQUESTS, COMMANDS, SUGGESTIONS	écout	-e -ons -ez	chois	-is -issons -issez	attend	-s -ons -ez

IMPERFECT		
	Stem	Ending
Present tense **nous** form: habit~~ons~~ finiss~~ons~~ entend~~ons~~		-ais -ais -ait -ions -iez -aient

FUTURE		
	Stem	Ending
Infinitive: habiter finir entendr~~e~~		-ai -as -a -ons -ez -ont

CONDITIONAL		
	Stem	Ending
Infinitive: habiter finir entendr~~e~~		-ais -ais -ait -ions -iez -aient

PRESENT SUBJUNCTIVE		
	Stem	Ending
Present tense **ils** form: habit~~ent~~ finiss~~ent~~ entend~~ent~~		-e -es -e -ions -iez -ent

PRESENT PARTICIPLE		
	Stem	Ending
Present tense **nous** form: habit~~ons~~ finiss~~ons~~ entend~~ons~~		-ant

PAST INFINITIVE: FORMATION

Infinitive		Auxiliary Verb	Past Participle
déjeuner arriver se reposer	après	**avoir** **être** **s'être**	**déjeuné** **arrivé(e)(s)** **reposé(e)(s)**

REGULAR VERBS: COMPOUND TENSES

	PASSE COMPOSE		PAST PERFECT		FUTURE PERFECT	
	Auxiliary	Past Participle	Auxiliary	Past Participle	Auxiliary	Past Participle
with **avoir**	ai as a avons avez ont	jou **-é** chois **-i** attend **-u**	avais avais avait avions aviez avaient	jou **-é** chois **-i** attend **-u**	aurai auras aura aurons aurez auront	jou **-é** chois **-i** attend **-u**
with **être**	suis es est sommes êtes sont	rentr **-é(e)(s)** sort **-i(e)(s)** descend **-u(e)(s)**	étais étais était étions étiez étaient	rentr **-é(e)(s)** sort **-i(e)(s)** descend **-u(e)(s)**	serai seras sera serons serez seront	rentr **-é(e)(s)** sort **-i(e)(s)** descend **-u(e)(s)**

	PAST CONDITIONAL		PAST SUBJUNCTIVE	
	Auxiliary	Past Participle	Auxiliary	Past Participle
with **avoir**	aurais aurais aurait aurions auriez auraient	jou **-é** chois **-i** attend **-u**	aie aies ait ayons ayez aient	jou **-é** chois **-i** attend **-u**
with **être**	serais serais serait serions seriez seraient	rentr **-é(e)(s)** sort **-i(e)(s)** descend **-u(e)(s)**	sois sois soit soyons soyez soient	rentr **-é(e)(s)** sort **-i(e)(s)** descend **-u(e)(s)**

POSSESSIVE PRONOUNS

Singular		Plural	
Masculine	Feminine	Masculine	Feminine
le **mien** le **tien** le **sien**	la **mienne** la **tienne** la **sienne**	les **miens** les **tiens** les **siens**	les **miennes** les **tiennes** les **siennes**
le **nôtre** le **vôtre** le **leur**	la **nôtre** la **vôtre** la **leur**	les **nôtres** les **vôtres** les **leurs**	

PRONOUNS

Independent Pronouns	Subject Pronouns	Direct Object Pronouns	Indirect Object Pronouns	Reflexive Pronouns	Reciprocal Pronouns
moi	je (j')	me	me	me	
toi	tu	te	te	te	
lui	il	le	lui	se	
elle	elle	la	lui	se	
nous	nous	nous	nous	nous	nous
vous	vous	vous	vous	vous	vous
eux	ils	les	leur	se	se
elles	elles	les	leur	se	se

PRONOUNS

Pronoun replacing **de** + noun phrase	en
Pronoun replacing **à, dans, sur...** + noun phrase	y

DOUBLE OBJECT PRONOUNS: ORDER

me (m')				
te (t')	le (l')	lui	y	en
se (s')	la (l')	leur		
nous	les			
vous				
se (s')				

INTERROGATIVE PRONOUNS

	People	Things	People and Things
Subject of verb	qui qui est-ce qui	qu'est-ce qui	lequel laquelle lesquels lesquelles
Object of verb	qui qui est-ce que	qui qu'est-ce que	
Object of preposition	de qui à qui	de quoi à quoi	duquel auquel de laquelle à laquelle desquels auxquels desquelles auxquelles

RELATIVE PRONOUNS

	Qui Subject of verb in clause	**Que** Object of verb in clause
People	Pierre discute avec une fille **qui** s'appelle Roxane.	Roxane sort avec un garçon **que** je ne connais pas.
Places	J'ai visité une ville **qui** est près de Strasbourg.	La ville **que** j'ai visitée était intéressante.
Things	On vivra dans des stations **qui** seront construites dans l'espace.	Des robots feront le travail **que** nous faisons actuellement.

SEQUENCE OF TENSES IN SENTENCES WITH *SI*

Probable	**Si** + present → present / future
Less probable	**Si** + imperfect → conditional
Impossible	**Si** + past perfect → past conditional

VERBS FOLLOWED BY AN INFINITIVE

aimer oser penser pouvoir préférer savoir vouloir	+ infinitive

aider s'amuser apprendre arriver commencer donner se forcer inviter réussir	à	+ infinitive

s'arrêter conseiller continuer décider demander se dépêcher dire essayer finir s'occuper oublier parler persuader proposer refuser	de	+ infinitive

EXPRESSIONS FOLLOWED BY AN INFINITIVE

avoir l'air avoir le courage avoir le droit avoir envie avoir l'occasion avoir raison avoir tort être obligé(e)	de	+ infinitive
avoir intérêt avoir du mal être habitué(e)	à	+ infinitive

CONJUNCTIONS FOLLOWED BY THE SUBJUNCTIVE

Je viendrai te voir	**avant que**	tu **partes** en voyage.
Elle m'a téléphoné	**pour que**	je te **dise** de venir.
Il restera à la maison	**jusqu'à ce qu'**	il **aille** mieux.

VERBS AND EXPRESSIONS FOLLOWED BY *QUE* + THE SUBJUNCTIVE

Advice	Il vaut mieux Il est important Il serait bien Il serait (in)utile Il serait préférable
Doubt, uncertainty	douter ne pas croire ne pas penser ne pas être sûr(e) ne pas être certain(e) Ça m'étonnerait
Fear	avoir peur craindre
Necessity	Il faut Il est nécessaire Il est essentiel Il est indispensable Il suffit

Possibilities	Il se peut Il est possible
Regret	regretter C'est dommage C'est regrettable
Relief	avoir de la chance C'est une bonne chose
Surprise	être surpris(e) être étonné(e) Ça m'étonne C'est incroyable
Wishes, preferences	vouloir (bien) aimer (bien/mieux) préférer souhaiter être bien content(e)

VERB INDEX

Following is an alphabetical list of verbs with stem changes, spelling changes, or irregular forms. An infinitive appearing after the verb means that the verb follows one of the patterns shown on pages 272–83. Verbs like **sortir** have been included in the list. All verbs ending in **-ir** that have not been included are like **choisir.**

aboyer, like **essayer,** 272
acheter, 272
aller, 274
apercevoir, like **recevoir,** 280
appeler, 272
apprendre, like **prendre,** 279
arranger, like **manger,** 273
avancer, like **commencer,** 272
avoir, 274

boire, 274
bouger, like **manger,** 273

changer, like **manger,** 273
charger, like **manger,** 273
commencer, 272
comprendre, like **prendre,** 279
conduire, like **produire,** 280
connaître, 275
contenir, like **venir,** 282
convaincre, 275
courir, 275
craindre, like **plaindre,** 278
croire, 276

décevoir, like **recevoir,** 280
déménager, like **manger,** 273
devenir, like **venir,** 282
devoir, 276
dire, 276
dormir, like **sortir,** 281

écrire, 276
élever, like **lever,** 273
engager, like **manger,** 273
ennuyer, like **essayer,** 272
envisager, like **manger,** 273
envoyer, 277

espérer, like **préférer,** 273
essayer, 272
être, 277
exagérer, like **préférer,** 273
exaspérer, like **préférer,** 273

faire, 277
forcer, like **commencer,** 272

inquiéter, like **préférer,** 273
inscrire, like **écrire,** 276
interdire, 277
interroger, like **manger,** 273

jeter, like **projeter,** 273
juger, like **manger,** 273

lancer, like **commencer,** 272
lever, 273
lire, 278

manger, 273
mettre, 278

nager, like **manger,** 273
neiger, like **manger,** 273

offrir, 278
ouvrir, like **offrir,** 278

paraître, like **connaître,** 275
partir, like **sortir,** 281
parvenir, like **venir,** 282
payer, like **essayer,** 272
peindre, like **plaindre,** 278
permettre, like **mettre,** 278
peser, like **lever,** 273
plaindre, 278

plaire, 279
pleuvoir, 279
plonger, like **manger,** 273
pouvoir, 279
préférer, 273
prendre, 279
prévenir, like **venir,** 282
produire, 280
projeter, 273
promener, like **lever,** 273
promettre, like **mettre,** 278

ranger, like **manger,** 273
rappeler, like **appeler,** 272
recevoir, 280
recommencer, like **commencer,** 272
renvoyer, like **envoyer,** 277
repartir, like **sortir,** 281
répéter, like **préférer,** 273
reprendre, like **prendre,** 279
résoudre, 280
revenir, like **venir,** 282
rire, 281

savoir, 281
sentir, like **sortir,** 281
servir, like **sortir,** 281
songer, like **manger,** 273
sortir, 281
soulever, like **lever,** 273
sourire, like **rire,** 281
suivre, 281

valoir, 282
venir, 282
vivre, 282
voir, 282
vouloir, 283

Verbs with Stem and Spelling Changes

Verbs listed in this section are not irregular, but they do show some stem and spelling changes. The forms in which the changes occur are printed in **boldface** type.

ACHETER

Present	**achète, achètes, achète,** achetons, achetez, **achètent**
Commands	**achète,** achetons, achetez
Present Participle	achetant
Passé Composé	*Auxiliary:* avoir *Past Participle:* acheté
Imperfect	achetais, achetais, achetait, achetions, achetiez, achetaient
Past Perfect	*Auxiliary: imperfect of* avoir *Past Participle:* acheté
Future	**achèterai, achèteras, achètera, achèterons, achèterez, achèteront**
Future Perfect	*Auxiliary: future of* avoir *Past Participle:* acheté
Conditional	**achèterais, achèterais, achèterait, achèterions, achèteriez, achèteraient**
Past Conditional	*Auxiliary: conditional of* avoir *Past Participle:* acheté
Subjunctive	**achète, achètes, achète,** achetions, achetiez, **achètent**
Past Subjunctive	*Auxiliary: present subjunctive of* avoir *Past Participle:* acheté

APPELER

Present	**appelle, appelles, appelle,** appelons, appelez, **appellent**
Commands	**appelle,** appelons, appelez
Present Participle	appelant
Passé Composé	*Auxiliary:* avoir *Past Participle:* appelé
Imperfect	appelais, appelais, appelait, appelions, appeliez, appelaient
Past Perfect	*Auxiliary: imperfect of* avoir *Past Participle:* appelé
Future	**appellerai, appelleras, appellera, appellerons, appellerez, appelleront**
Future Perfect	*Auxiliary: future of* avoir *Past Participle:* appelé
Conditional	**appellerais, appellerais, appellerait, appellerions, appelleriez, appelleraient**
Past Conditional	*Auxiliary: conditional of* avoir *Past Participle:* appelé
Subjunctive	**appelle, appelles, appelle,** appelions, appeliez, **appellent**
Past Subjunctive	*Auxiliary: present subjunctive of* avoir *Past Participle:* appelé

COMMENCER

Present	commence, commences, commence, **commençons,** commencez, commencent
Commands	commence, **commençons,** commencez
Present Participle	**commençant**
Passé Composé	*Auxiliary:* avoir *Past Participle:* commencé
Imperfect	**commençais, commençais, commençait,** commencions, commenciez, **commençaient**
Past Perfect	*Auxiliary: imperfect of* avoir *Past Participle:* commencé
Future	commencerai, commenceras, commencera, commencerons, commencerez, commenceront
Future Perfect	*Auxiliary: future of* avoir *Past Participle:* commencé
Conditional	commencerais, commencerais, commencerait, commencerions, commenceriez, commenceraient
Past Conditional	*Auxiliary: conditional of* avoir *Past Participle:* commencé
Subjunctive	commence, commences, commence, commencions, commenciez, commencent
Past Subjunctive	*Auxiliary: present subjunctive of* avoir *Past Participle:* commencé

ESSAYER

Present	**essaie, essaies, essaie,** essayons, essayez, **essaient**
Commands	**essaie,** essayons, essayez
Present Participle	essayant
Passé Composé	*Auxiliary:* avoir *Past Participle:* essayé

Imperfect	essayais, essayais, essayait, essayions, essayiez, essayaient
Past Perfect	*Auxiliary: imperfect of* avoir *Past Participle:* essayé
Future	**essaierai, essaieras, essaiera, essaierons, essaierez, essaieront**
Future Perfect	*Auxiliary: future of* avoir *Past Participle:* essayé
Conditional	**essaierais, essaierais, essaierait, essaierions, essaieriez, essaieraient**
Past Conditional	*Auxiliary: conditional of* avoir *Past Participle:* essayé
Subjunctive	**essaie, essaies, essaie,** essayions, essayiez, **essaient**
Past Subjunctive	*Auxiliary: present subjunctive of* avoir *Past Participle:* essayé

LEVER

Present	**lève, lèves, lève,** levons, levez, **lèvent**
Commands	**lève,** levons, levez
Present Participle	levant
Passé Composé	*Auxiliary:* avoir *Past Participle:* levé
Imperfect	levais, levais, levait, levions, leviez, levaient
Past Perfect	*Auxiliary: imperfect of* avoir *Past Participle:* levé
Future	**lèverai, lèveras, lèvera, lèverons, lèverez, lèveront**
Future Perfect	*Auxiliary: future of* avoir *Past Participle:* levé
Conditional	**lèverais, lèverais, lèverait, lèverions, lèveriez, lèveraient**
Past Conditional	*Auxiliary: conditional of* avoir *Past Participle:* levé
Subjunctive	**lève, lèves, lève,** levions, leviez, **lèvent**
Past Subjunctive	*Auxiliary: present subjunctive of* avoir *Past Participle:* levé

MANGER

Present	mange, manges, mange, **mangeons,** mangez, mangent
Commands	mange, **mangeons,** mangez
Present Participle	**mangeant**
Passé Composé	*Auxiliary:* avoir *Past Participle:* mangé
Imperfect	**mangeais, mangeais, mangeait,** mangions, mangiez, **mangeaient**
Past Perfect	*Auxiliary: imperfect of* avoir *Past Participle:* mangé
Future	mangerai, mangeras, mangera, mangerons, mangerez, mangeront
Future Perfect	*Auxiliary: future of* avoir *Past Participle:* mangé
Conditional	mangerais, mangerais, mangerait, mangerions, mangeriez, mangeraient
Past Conditional	*Auxiliary: conditional of* avoir *Past Participle:* mangé
Subjunctive	mange, manges, mange, mangions, mangiez, mangent
Past Subjunctive	*Auxiliary: present subjunctive of* avoir *Past Participle:* mangé

PREFERER

Present	**préfère, préfères, préfère,** préférons, préférez, **préfèrent**
Present Participle	préférant
Passé Composé	*Auxiliary:* avoir *Past Participle:* préféré
Imperfect	préférais, préférais, préférait, préférions, préfériez, préféraient
Past Perfect	*Auxiliary: imperfect of* avoir *Past Participle:* préféré
Future	préférerai, préféreras, préférera, préférerons, préférerez, préféreront
Future Perfect	*Auxiliary: future of* avoir *Past Participle:* préféré
Conditional	préférerais, préférerais, préférerait, préférerions, préféreriez, préféreraient
Past Conditional	*Auxiliary: conditional of* avoir *Past Participle:* préféré
Subjunctive	**préfère, préfères, préfère,** préférions, préfériez, **préfèrent**
Past Subjunctive	*Auxiliary: present subjunctive of* avoir *Past Participle:* préféré

PROJETER

Present	**projette, projettes, projette,** projetons, projetez, **projettent**
Commands	**projette,** projetons, projetez

Present Participle	projetant
Passé Composé	*Auxiliary:* avoir *Past Participle:* projeté
Imperfect	projetais, projetais, projetait, projetions, projetiez, projetaient
Past Perfect	*Auxiliary: imperfect of* avoir *Past Participle:* projeté
Future	**projetterai, projetteras, projettera, projetterons, projetterez, projetteront**
Future Perfect	*Auxiliary: future of* avoir *Past Participle:* projeté
Conditional	**projetterais, projetterais, projetterait, projetterions, projetteriez, projetteraient**
Past Conditional	*Auxiliary: conditional of* avoir *Past Participle:* projeté
Subjunctive	**projette, projettes, projette,** projetions, projetiez, **projettent**
Past Subjunctive	*Auxiliary: present subjunctive of* avoir *Past Participle:* projeté

Verbs with Irregular Forms

Verbs listed in this section are those that do not follow the pattern of verbs like **aimer,** verbs like **choisir,** or verbs like **attendre.**

ALLER

Present	vais, vas, va, allons, allez, vont
Commands	va, allons, allez
Present Participle	allant
Passé Composé	*Auxiliary:* être *Past Participle:* allé
Imperfect	allais, allais, allait, allions, alliez, allaient
Past Perfect	*Auxiliary: imperfect of* être *Past Participle:* allé
Future	irai, iras, ira, irons, irez, iront
Future Perfect	*Auxiliary: future of* être *Past Participle:* allé
Conditional	irais, irais, irait, irions, iriez, iraient
Past Conditional	*Auxiliary: conditional of* être *Past Participle:* allé
Subjunctive	aille, ailles, aille, allions, alliez, aillent
Past Subjunctive	*Auxiliary: present subjunctive of* être *Past Participle:* allé

AVOIR

Present	ai, as, a, avons, avez, ont
Commands	aie, ayons, ayez
Present Participle	ayant
Passé Composé	*Auxiliary:* avoir *Past Participle:* eu
Imperfect	avais, avais, avait, avions, aviez, avaient
Past Perfect	*Auxiliary: imperfect of* avoir *Past Participle:* eu
Future	aurai, auras, aura, aurons, aurez, auront
Future Perfect	*Auxiliary: future of* avoir *Past Participle:* eu
Conditional	aurais, aurais, aurait, aurions, auriez, auraient
Past Conditional	*Auxiliary: conditional of* avoir *Past Participle:* eu
Subjunctive	aie, aies, ait, ayons, ayez, aient
Past Subjunctive	*Auxiliary: present subjunctive of* avoir *Past Participle:* eu

BOIRE

Present	bois, bois, boit, buvons, buvez, boivent
Commands	bois, buvons, buvez
Present Participle	buvant
Passé Composé	*Auxiliary:* avoir *Past Participle:* bu
Imperfect	buvais, buvais, buvait, buvions, buviez, buvaient

Past Perfect	*Auxiliary: imperfect of* avoir *Past Participle:* bu
Future	boirai, boiras, boira, boirons, boirez, boiront
Future Perfect	*Auxiliary: future of* avoir *Past Participle:* bu
Conditional	boirais, boirais, boirait, boirions, boiriez, boiraient
Past Conditional	*Auxiliary: conditional of* avoir *Past Participle:* bu
Subjunctive	boive, boives, boive, buvions, buviez, boivent
Past Subjunctive	*Auxiliary: present subjunctive of* avoir *Past Participle:* bu

CONNAITRE

Present	connais, connais, connaît, connaissons, connaissez, connaissent
Present Participle	connaissant
Passé Composé	*Auxiliary:* avoir *Past Participle:* connu
Imperfect	connaissais, connaissais, connaissait, connaissions, connaissiez, connaissaient
Past Perfect	*Auxiliary: imperfect of* avoir *Past Participle:* connu
Future	connaîtrai, connaîtras, connaîtra, connaîtrons, connaîtrez, connaîtront
Future Perfect	*Auxiliary: future of* avoir *Past Participle:* connu
Conditional	connaîtrais, connaîtrais, connaîtrait, connaîtrions, connaîtriez, connaîtraient
Conditional Perfect	*Auxiliary: conditional of* avoir *Past Participle:* connu
Subjunctive	connaisse, connaisses, connaisse, connaissions, connaissiez, connaissent
Past Subjunctive	*Auxiliary: present subjunctive of* avoir *Past Participle:* connu

CONVAINCRE

Present	convaincs, convaincs, convainc, convainquons, convainquez, convainquent
Commands	convaincs, convainquons, convainquez
Present Participle	convainquant
Passé Composé	*Auxiliary:* avoir *Past Participle:* convaincu
Imperfect	convainquais, convainquais, convainquait, convainquions, convainquiez, convainquaient
Past Perfect	*Auxiliary: imperfect of* avoir *Past Participle:* convaincu
Future	convaincrai, convaincras, convaincra, convaincrons, convaincrez, convaincront
Future Perfect	*Auxiliary: future of* avoir *Past Participle:* convaincu
Conditional	convaincrais, convaincrais, convaincrait, convaincrions, convaincriez, convaincraient
Past Conditional	*Auxiliary: conditional of* avoir *Past Participle:* convaincu
Subjunctive	convainque, convainques, convainque, convainquions, convainquiez, convainquent
Past Subjunctive	*Auxiliary: present subjunctive of* avoir *Past Participle:* convaincu

COURIR

Present	cours, cours, court, courons, courez, courent
Commands	cours, courons, courez
Present Participle	courant
Passé Composé	*Auxiliary:* avoir *Past Participle:* couru
Imperfect	courais, courais, courait, courions, couriez, couraient
Past Perfect	*Auxiliary: imperfect of* avoir *Past Participle:* couru
Future	courrai, courras, courra, courrons, courrez, courront
Future Perfect	*Auxiliary: future of* avoir *Past Participle:* couru
Conditional	courrais, courrais, courrait, courrions, courriez, courraient
Past Conditional	*Auxiliary: conditional of* avoir *Past Participle:* couru
Subjunctive	coure, coures, coure, courions, couriez, courent
Past Subjunctive	*Auxiliary: present subjunctive of* avoir *Past Participle:* couru

CROIRE

Present	crois, crois, croit, croyons, croyez, croient
Commands	crois, croyons, croyez
Present Participle	croyant
Passé Composé	*Auxiliary:* avoir *Past Participle:* cru
Imperfect	croyais, croyais, croyait, croyions, croyiez, croyaient
Past Perfect	*Auxiliary: imperfect of* avoir *Past Participle:* cru
Future	croirai, croiras, croira, croirons, croirez, croiront
Future Perfect	*Auxiliary: future of* avoir *Past Participle:* cru
Conditional	croirais, croirais, croirait, croirions, croiriez, croiraient
Past Conditional	*Auxiliary: conditional of* avoir *Past Participle:* cru
Subjunctive	croie, croies, croie, croyions, croyiez, croient
Past Subjunctive	*Auxiliary: present subjunctive of* avoir *Past Participle:* cru

DEVOIR

Present	dois, dois, doit, devons, devez, doivent
Present Participle	devant
Passé Composé	*Auxiliary:* avoir *Past Participle:* dû
Imperfect	devais, devais, devait, devions, deviez, devaient
Past Perfect	*Auxiliary: imperfect of* avoir *Past Participle:* dû
Future	devrai, devras, devra, devrons, devrez, devront
Future Perfect	*Auxiliary: future of* avoir *Past Participle:* dû
Conditional	devrais, devrais, devrait, devrions, devriez, devraient
Past Conditional	*Auxiliary: conditional of* avoir *Past Participle:* dû
Subjunctive	doive, doives, doive, devions, deviez, doivent
Past Subjunctive	*Auxiliary: present subjunctive of* avoir *Past Participle:* dû

DIRE

Present	dis, dis, dit, disons, dites, disent
Commands	dis, disons, dites
Present Participle	disant
Passé Composé	*Auxiliary:* avoir *Past Participle:* dit
Imperfect	disais, disais, disait, disions, disiez, disaient
Past Perfect	*Auxiliary: imperfect of* avoir *Past Participle:* dit
Future	dirai, diras, dira, dirons, direz, diront
Future Perfect	*Auxiliary: future of* avoir *Past Participle:* dit
Conditional	dirais, dirais, dirait, dirions, diriez, diraient
Past Conditional	*Auxiliary: conditional of* avoir *Past Participle:* dit
Subjunctive	dise, dises, dise, disions, disiez, disent
Past Subjunctive	*Auxiliary: present subjunctive of* avoir *Past Participle:* dit

ECRIRE

Present	écris, écris, écrit, écrivons, écrivez, écrivent
Commands	écris, écrivons, écrivez
Present Participle	écrivant
Passé Composé	*Auxiliary:* avoir *Past Participle:* écrit
Imperfect	écrivais, écrivais, écrivait, écrivions, écriviez, écrivaient
Past Perfect	*Auxiliary: imperfect of* avoir *Past Participle:* écrit
Future	écrirai, écriras, écrira, écrirons, écrirez, écriront
Future Perfect	*Auxiliary: future of* avoir *Past Participle:* écrit
Conditional	écrirais, écrirais, écrirait, écririons, écririez, écriraient
Past Conditional	*Auxiliary: conditional of* avoir *Past Participle:* écrit

| Subjunctive | écrive, écrives, écrive, écrivions, écriviez, écrivent |
| Past Subjunctive | *Auxiliary: present subjunctive of* avoir *Past Participle:* écrit |

ENVOYER

Present	envoie, envoies, envoie, envoyons, envoyez, envoient
Commands	envoie, envoyons, envoyez
Present Participle	envoyant
Passé Composé	*Auxiliary:* avoir *Past Participle:* envoyé
Imperfect	envoyais, envoyais, envoyait, envoyions, envoyiez, envoyaient
Past Perfect	*Auxiliary: imperfect of* avoir *Past Participle:* envoyé
Future	enverrai, enverras, enverra, enverrons, enverrez, enverront
Future Perfect	*Auxiliary: future of* avoir *Past Participle:* envoyé
Conditional	enverrais, enverrais, enverrait, enverrions, enverriez, enverraient
Past Conditional	*Auxiliary: conditional of* avoir *Past Participle:* envoyé
Subjunctive	envoie, envoies, envoie, envoyions, envoyiez, envoient
Past Subjunctive	*Auxiliary: present subjunctive of* avoir *Past Participle:* envoyé

ETRE

Present	suis, es, est, sommes, êtes, sont
Commands	sois, soyons, soyez
Present Participle	étant
Passé Composé	*Auxiliary:* avoir *Past Participle:* été
Imperfect	étais, étais, était, étions, étiez, étaient
Past Perfect	*Auxiliary: imperfect of* avoir *Past Participle:* été
Future	serai, seras, sera, serons, serez, seront
Future Perfect	*Auxiliary: future of* avoir *Past Participle:* été
Conditional	serais, serais, serait, serions, seriez, seraient
Past Conditional	*Auxiliary: conditional of* avoir *Past Participle:* été
Subjunctive	sois, sois, soit, soyons, soyez, soient
Past Subjunctive	*Auxiliary: present subjunctive of* avoir *Past Participle:* été

FAIRE

Present	fais, fais, fait, faisons, faites, font
Commands	fais, faisons, faites
Present Participle	faisant
Passé Composé	*Auxiliary:* avoir *Past Participle:* fait
Imperfect	faisais, faisais, faisait, faisions, faisiez, faisaient
Past Perfect	*Auxiliary: imperfect of* avoir *Past Participle:* fait
Future	ferai, feras, fera, ferons, ferez, feront
Future Perfect	*Auxiliary: future of* avoir *Past Participle:* fait
Conditional	ferais, ferais, ferait, ferions, feriez, feraient
Past Conditional	*Auxiliary: conditional of* avoir *Past Participle:* fait
Subjunctive	fasse, fasses, fasse, fassions, fassiez, fassent
Past Subjunctive	*Auxiliary: present subjunctive of* avoir *Past Participle:* fait

INTERDIRE

Present	interdis, interdis, interdit, interdisons, interdisez, interdisent
Commands	interdis, interdisons, interdisez
Present Participle	interdisant
Passé Composé	*Auxiliary:* avoir *Past Participle:* interdit
Imperfect	interdisais, interdisais, interdisait, interdisions, interdisiez, interdisaient
Past Perfect	*Auxiliary: imperfect of* avoir *Past Participle:* interdit

Future	interdirai, interdiras, interdira, interdirons, interdirez, interdiront
Future Perfect	*Auxiliary: future of* avoir *Past Participle:* interdit
Conditional	interdirais, interdirais, interdirait, interdirions, interdiriez, interdiraient
Past Conditional	*Auxiliary: conditional of* avoir *Past Participle:* interdit
Subjunctive	interdise, interdises, interdise, interdisions, interdisiez, interdisent
Past Subjunctive	*Auxiliary: present subjunctive of* avoir *Past Participle:* interdit

LIRE

Present	lis, lis, lit, lisons, lisez, lisent
Commands	lis, lisons, lisez
Present Participle	lisant
Passé Composé	*Auxiliary:* avoir *Past Participle:* lu
Imperfect	lisais, lisais, lisait, lisions, lisiez, lisaient
Past Perfect	*Auxiliary: imperfect of* avoir *Past Participle:* lu
Future	lirai, liras, lira, lirons, lirez, liront
Future Perfect	*Auxiliary: future of* avoir *Past Participle:* lu
Conditional	lirais, lirais, lirait, lirions, liriez, liraient
Past Conditional	*Auxiliary: conditional of* avoir *Past Participle:* lu
Subjunctive	lise, lises, lise, lisions, lisiez, lisent
Past Subjunctive	*Auxiliary: present subjunctive of* avoir *Past Participle:* lu

METTRE

Present	met, mets, met, mettons, mettez, mettent
Commands	mets, mettons, mettez
Present Participle	mettant
Passé Composé	*Auxiliary:* avoir *Past Participle:* mis
Imperfect	mettais, mettais, mettait, mettions, mettiez, mettaient
Past Perfect	*Auxiliary: imperfect of* avoir *Past Participle:* mis
Future	mettrai, mettras, mettra, mettrons, mettrez, mettront
Future Perfect	*Auxiliary: future of* avoir *Past Participle:* mis
Conditional	mettrais, mettrais, mettrait, mettrions, mettriez, mettraient
Past Conditional	*Auxiliary: conditional of* avoir *Past Participle:* mis
Subjunctive	mette, mettes, mette, mettions, mettiez, mettent
Past Subjunctive	*Auxiliary: present subjunctive of* avoir *Past Participle:* mis

OFFRIR

Present	offre, offres, offre, offrons, offrez, offrent
Commands	offre, offrons, offrez
Present Participle	offrant
Passé Composé	*Auxiliary:* avoir *Past Participle:* offert
Imperfect	offrais, offrais, offrait, offrions, offriez, offraient
Past Perfect	*Auxiliary: imperfect of* avoir *Past Participle:* offert
Future	offrirai, offriras, offrira, offrirons, offrirez, offriront
Future Perfect	*Auxiliary: future of* avoir *Past Participle:* offert
Conditional	offrirais, offrirais, offrirait, offririons, offririez, offriraient
Past Conditional	*Auxiliary: conditional of* avoir *Past Participle:* offert
Subjunctive	offre, offres, offre, offrions, offriez, offrent
Past Subjunctive	*Auxiliary: present subjunctive of* avoir *Past Participle:* offert

PLAINDRE

Present	plains, plains, plaint, plaignons, plaignez, plaignent
Commands	plains, plaignons, plaignez
Present Participle	plaignant

Passé Composé	*Auxiliary:* avoir *Past Participle:* plaint
Imperfect	plaignais, plaignais, plaignait, plaignions, plaigniez, plaignaient
Past Perfect	*Auxiliary: imperfect of* avoir *Past Participle:* plaint
Future	plaindrai, plaindras, plaindra, plaindrons, plaindrez, plaindront
Future Perfect	*Auxiliary: future of* avoir *Past Participle:* plaint
Conditional	plaindrais, plaindrais, plaindrait, plaindrions, plaindriez, plaindraient
Past Conditional	*Auxiliary: conditional of* avoir *Past Participle:* plaint
Subjunctive	plaigne, plaignes, plaigne, plaignions, plaigniez, plaignent
Past Subjunctive	*Auxiliary: present subjunctive of* avoir *Past Participle:* plaint

PLAIRE

Present	plais, plais, plaît, plaisons, plaisez, plaisent
Commands	plais, plaisons, plaisez
Present Participle	plaisant
Passé Composé	*Auxiliary:* avoir *Past Participle:* plu
Imperfect	plaisais, plaisais, plaisait, plaisions, plaisiez, plaisaient
Past Perfect	*Auxiliary: imperfect of* avoir *Past Participle:* plu
Future	plairai, plairas, plaira, plairons, plairez, plairont
Future Perfect	*Auxiliary: future of* avoir *Past Participle:* plu
Conditional	plairais, plairais, plairait, plairions, plairiez, plairaient
Past Conditional	*Auxiliary: conditional of* avoir *Past Participle:* plu
Subjunctive	plaise, plaises, plaise, plaisions, plaisiez, plaisent
Past Subjunctive	*Auxiliary: present subjunctive of* avoir *Past Participle:* plu

PLEUVOIR

Present	il pleut
Passé Composé	*Auxiliary:* avoir *Past Participle:* plu
Imperfect	il pleuvait
Past Perfect	*Auxiliary: imperfect of* avoir *Past Participle:* plu
Future	il pleuvra
Future Perfect	*Auxiliary: future of* avoir *Past Participle:* plu
Conditional	il pleuvrait
Past Conditional	*Auxiliary: conditional of* avoir *Past Participle:* plu
Subjunctive	il pleuve
Past Subjunctive	*Auxiliary: present subjunctive of* avoir *Past Participle:* plu

POUVOIR

Present	peux, peux, peut, pouvons, pouvez, peuvent
Present Participle	pouvant
Passé Composé	*Auxiliary:* avoir *Past Participle:* pu
Imperfect	pouvais, pouvais, pouvait, pouvions, pouviez, pouvaient
Past Perfect	*Auxiliary: imperfect of* avoir *Past Participle:* pu
Future	pourrai, pourras, pourra, pourrons, pourrez, pourront
Future Perfect	*Auxiliary: future of* avoir *Past Participle:* pu
Conditional	pourrais, pourrais, pourrait, pourrions, pourriez, pourraient
Past Conditional	*Auxiliary: conditional of* avoir *Past Participle:* pu
Subjunctive	puisse, puisses, puisse, puissions, puissiez, puissent
Past Subjunctive	*Auxiliary: present subjunctive of* avoir *Past Participle:* pu

PRENDRE

Present	prends, prends, prend, prenons, prenez, prennent
Commands	prends, prenons, prenez

Present Participle	prenant
Passé Composé	*Auxiliary:* avoir *Past Participle:* pris
Imperfect	prenais, prenais, prenait, prenions, preniez, prenaient
Past Perfect	*Auxiliary: imperfect of* avoir *Past Participle:* pris
Future	prendrai, prendras, prendra, prendrons, prendrez, prendront
Future Perfect	*Auxiliary: future of* avoir *Past Participle:* pris
Conditional	prendrais, prendrais, prendrait, prendrions, prendriez, prendraient
Past Conditional	*Auxiliary: conditional of* avoir *Past Participle:* pris
Subjunctive	prenne, prennes, prenne, prenions, preniez, prennent
Past Subjunctive	*Auxiliary: present subjunctive of* avoir *Past Participle:* pris

PRODUIRE

Present	produis, produis, produit, produisons, produisez, produisent
Commands	produis, produisons, produisez
Present Participle	produisant
Passé Composé	*Auxiliary:* avoir *Past Participle:* produit
Imperfect	produisais, produisais, produisait, produisions, produisiez, produisaient
Past Perfect	*Auxiliary: imperfect of* avoir *Past Participle:* produit
Future	produirai, produiras, produira, produirons, produirez, produiront
Future Perfect	*Auxiliary: future of* avoir *Past Participle:* produit
Conditional	produirais, produirais, produirait, produirions, produiriez, produiraient
Past Conditional	*Auxiliary: conditional of* avoir *Past Participle:* produit
Subjunctive	produise, produises, produise, produisions, produisiez, produisent
Past Subjunctive	*Auxiliary: present subjunctive of* avoir *Past Participle:* produit

RECEVOIR

Present	reçois, reçois, reçoit, recevons, recevez, reçoivent
Commands	reçois, recevons, recevez
Present Participle	recevant
Passé Composé	*Auxiliary:* avoir *Past Participle:* reçu
Imperfect	recevais, recevais, recevait, recevions, receviez, recevaient
Past Perfect	*Auxiliary: imperfect of* avoir *Past Participle:* reçu
Future	recevrai, recevras, recevra, recevrons, recevrez, recevront
Future Perfect	*Auxiliary: future of* avoir *Past Participle:* reçu
Conditional	recevrais, recevrais, recevrait, recevrions, recevriez, recevraient
Past Conditional	*Auxiliary: conditional of* avoir *Past Participle:* reçu
Subjunctive	reçoive, reçoives, reçoive, recevions, receviez, reçoivent
Past Subjunctive	*Auxiliary: present subjunctive of* avoir *Past Participle:* reçu

RESOUDRE

Present	résous, résous, résout, résolvons, résolvez, résolvent
Commands	résous, résolvons, résolvez
Present Participle	résolvant
Passé Composé	*Auxiliary:* avoir *Past Participle:* résolu
Imperfect	résolvais, résolvais, résolvait, résolvions, résolviez, résolvaient
Past Perfect	*Auxiliary: imperfect of* avoir *Past Participle:* résolu
Future	résoudrai, résoudras, résoudra, résoudrons, résoudrez, résoudront
Future Perfect	*Auxiliary: future of* avoir *Past Participle:* résolu
Conditional	résoudrais, résoudrais, résoudrait, résoudrions, résoudriez, résoudraient
Past Conditional	*Auxiliary: conditional of* avoir *Past Participle:* résolu
Subjunctive	résolve, résolves, résolve, résolvions, résolviez, résolvent
Past Subjunctive	*Auxiliary: present subjunctive of* avoir *Past Participle:* résolu

RIRE

Present	ris, ris, rit, rions, riez, rient
Commands	ris, rions, riez
Present Participle	riant
Passé Composé	*Auxiliary:* avoir *Past Participle:* ri
Imperfect	riais, riais, riait, riions, riiez, riaient
Past Perfect	*Auxiliary: imperfect of* avoir *Past Participle:* ri
Future	rirai, riras, rira, rirons, rirez, riront
Future Perfect	*Auxiliary: future of* avoir *Past Participle:* ri
Conditional	rirais, rirais, rirait, ririons, ririez, riraient
Past Conditional	*Auxiliary: conditional of* avoir *Past Participle:* ri
Subjunctive	rie, ries, rie, riions, riiez, rient
Past Subjunctive	*Auxiliary: present subjunctive of* avoir *Past Participle:* ri

SAVOIR

Present	sais, sais, sait, savons, savez, savent
Commands	sache, sachons, sachez
Present Participle	sachant
Passé Composé	*Auxiliary:* avoir *Past Participle:* su
Imperfect	savais, savais, savait, savions, saviez, savaient
Past Perfect	*Auxiliary: imperfect of* avoir *Past Participle:* su
Future	saurai, sauras, saura, saurons, saurez, sauront
Future Perfect	*Auxiliary: future of* avoir *Past Participle:* su
Conditional	saurais, saurais, saurait, saurions, sauriez, sauraient
Past Conditional	*Auxiliary: conditional of* avoir *Past Participle:* su
Subjunctive	sache, saches, sache, sachions, sachiez, sachent
Past Subjunctive	*Auxiliary: present subjunctive of* avoir *Past Participle:* su

SORTIR

Present	sors, sors, sort, sortons, sortez, sortent
Commands	sors, sortons, sortez
Present Participle	sortant
Passé Composé	*Auxiliary:* être *Past Participle:* sorti
Imperfect	sortais, sortais, sortais, sortions, sortiez, sortaient
Past Perfect	*Auxiliary: imperfect of* être *Past Participle:* sorti
Future	sortirai, sortiras, sortira, sortirons, sortirez, sortiront
Future Perfect	*Auxiliary: future of* être *Past Participle:* sorti
Conditional	sortirais, sortirais, sortirait, sortirions, sortiriez, sortiraient
Past Conditional	*Auxiliary: conditional of* être *Past Participle:* sorti
Subjunctive	sorte, sortes, sorte, sortions, sortiez, sortent
Past Subjunctive	*Auxiliary: present subjunctive of* être *Past Participle:* sorti

SUIVRE

Present	suis, suis, suit, suivons, suivez, suivent
Commands	suis, suivons, suivez
Present Participle	suivant
Passé Composé	*Auxiliary:* avoir *Past Participle:* suivi
Imperfect	suivais, suivais, suivait, suivions, suiviez, suivaient
Past Perfect	*Auxiliary: imperfect of* avoir *Past Participle:* suivi
Future	suivrai, suivras, suivra, suivrons, suivrez, suivront
Future Perfect	*Auxiliary: future of* avoir *Past Participle:* suivi

Conditional	suivrais, suivrais, suivrait, suivrions, suivriez, suivraient
Past Conditional	*Auxiliary: conditional of* avoir *Past Participle:* suivi
Subjunctive	suive, suives, suive, suivions, suiviez, suivent
Past Subjunctive	*Auxiliary: present subjunctive of* avoir *Past Participle:* suivi

VALOIR

Present	il vaut
Passé Composé	*Auxiliary:* avoir *Past Participle:* valu
Imperfect	il valait
Past Perfect	*Auxiliary: imperfect of* avoir *Past Participle:* valu
Future	il vaudra
Future Perfect	*Auxiliary: future of* avoir *Past Participle:* valu
Conditional	il vaudrait
Past Conditional	*Auxiliary: conditional of* avoir *Past Participle:* valu
Subjunctive	il vaille
Past Subjunctive	*Auxiliary: present subjunctive of* avoir *Past Participle:* valu

VENIR

Present	viens, viens, vient, venons, venez, viennent
Commands	viens, venons, venez
Present Participle	venant
Passé Composé	*Auxiliary:* être *Past Participle:* venu
Imperfect	venais, venais, venait, venions, veniez, venaient
Past Perfect	*Auxiliary: imperfect of* être *Past Participle:* venu
Future	viendrai, viendras, viendra, viendrons, viendrez, viendront
Future Perfect	*Auxiliary: future of* être *Past Participle:* venu
Conditional	viendrais, viendrais, viendrait, viendrions, viendriez, viendraient
Past Conditional	*Auxiliary: conditional of* être *Past Participle:* venu
Subjunctive	vienne, viennes, vienne, venions, veniez, viennent
Past Subjunctive	*Auxiliary: present subjunctive of* être *Past Participle:* venu

VIVRE

Present	vis, vis, vit, vivons, vivez, vivent
Commands	vis, vivons, vivez
Present Participle	vivant
Passé Composé	*Auxiliary:* avoir *Past Participle:* vécu
Imperfect	vivais, vivais, vivait, vivions, viviez, vivaient
Past Perfect	*Auxiliary: imperfect of* avoir *Past Participle:* vécu
Future	vivrai, vivras, vivra, vivrons, vivrez, vivront
Future Perfect	*Auxiliary: future of* avoir *Past Participle:* vécu
Conditional	vivrais, vivrais, vivrait, vivrions, vivriez, vivraient
Past Conditional	*Auxiliary: conditional of* avoir *Past Participle:* vécu
Subjunctive	vive, vives, vive, vivions, viviez, vivent
Past Subjunctive	*Auxiliary: present subjunctive of* avoir *Past Participle:* vécu

VOIR

Present	vois, vois, voit, voyons, voyez, voient
Commands	vois, voyons, voyez
Present Participle	voyant
Passé Composé	*Auxiliary:* avoir *Past Participle:* vu
Imperfect	voyais, voyais, voyait, voyions, voyiez, voyaient
Past Perfect	*Auxiliary: imperfect of* avoir *Past Participle:* vu
Future	verrai, verras, verra, verrons, verrez, verront

Future Perfect	*Auxiliary: future of* avoir *Past Participle:* vu
Conditional	verrais, verrais, verrait, verrions, verriez, verraient
Past Conditional	*Auxiliary: conditional of* avoir *Past Participle:* vu
Subjunctive	voie, voies, voie, voyions, voyiez, voient
Past Subjunctive	*Auxiliary: present subjunctive of* avoir *Past Participle:* vu

VOULOIR

Present	veux, veux, veut, voulons, voulez, veulent
Commands	veuille, veuillons, veuillez
Present Participle	voulant
Passé Composé	*Auxiliary:* avoir *Past Participle:* voulu
Imperfect	voulais, voulais, voulait, voulions, vouliez, voulaient
Past Perfect	*Auxiliary: imperfect of* avoir *Past Participle:* voulu
Future	voudrai, voudras, voudra, voudrons, voudrez, voudront
Future Perfect	*Auxiliary: future of* avoir *Past Participle:* voulu
Conditional	voudrais, voudrais, voudrait, voudrions, voudriez, voudraient
Past Conditional	*Auxiliary: conditional of* avoir *Past Participle:* voulu
Subjunctive	veuille, veuilles, veuille, voulions, vouliez, veuillent
Past Subjunctive	*Auxiliary: present subjunctive of* avoir *Past Participle:* voulu

PRONUNCIATION

Vowels	Spellings
/i/ as in **si**	il, île, gym
/e/ as in **thé**	été, j'ai, aller, chez
/ɛ/ as in **sept**	sel, père, fête, frais, haie, avaient, peine
/a/ as in **la**	patte, là, femme
/ɔ/ as in **fort**	robe
/o/ as in **mot**	zone, rôle, jaune, chevaux, beau
/u/ as in **tout**	vous
/y/ as in **tu**	dur, sûr
/ø/ as in **ceux**	peu, vœux
/œ/ as in **œuf**	seul, sœur
/ə/ as in **le**	je
/ɛ̃/ as in **pain**	train, plein, fin, timbre, faim
/ã/ as in **dans**	plan, vent, temps, lampe
/ɔ̃/ as in **mon**	bon, nombre
/œ̃/ as in **un**	brun, parfum

Glides	Spellings
/j/ as in **bien**	viande, il y a, travail, oreille
/w/ as in **oui**	Louis, soir
/ɥ/ as in **huit**	nuage, nuit, saluer

Consonants	Spellings
/ɲ/ as in **ligne**	campagne
/R/ as in **rose**	rire, beurre
/s/ as in **souvent**	samedi, aussi, français,
/z/ as in **choisir**	cousin, zéro
/g/ as in **gare**	guide
/ʒ/ as in **jouer**	jeune, village

NUMBERS

CARDINAL

0	zéro	14	quatorze	71	soixante et onze
1	un/une	15	quinze	72	soixante-douze
2	deux	16	seize	80	quatre vingts
3	trois	17	dix-sept	81	quatre-vingt-un/une
4	quatre	18	dix-huit	90	quatre-vingt-dix
5	cinq	19	dix-neuf	91	quatre-vingt-onze
6	six	20	vingt	100	cent
7	sept	21	vingt et un/une	101	cent un/une
8	huit	22	vingt-deux	200	deux cents
9	neuf	30	trente	201	deux cent un/une
10	dix	40	quarante	1 000	mille
11	onze	50	cinquante	1 001	mille un/une
12	douze	60	soixante	1 920	mille neuf cent vingt
13	treize	70	soixante-dix	2 000	deux mille

ORDINAL

1st	premier, première	1er, 1ère	*5th*	cinquième	5^e	*8th*	huitième	8^e
2nd	deuxième	2^e	*6th*	sixième	6^e	*9th*	neuvième	9^e
3rd	troisième	3^e	*7th*	septième	7^e	*10th*	dixième	10^e
4th	quatrième	4^e						

FRENCH-ENGLISH VOCABULARY

This vocabulary list includes all the active words (new words appearing in basic material, listed in the **Vocabulaire** section of each unit) presented in **Notre monde**. Also included are words for recognition only (new words, which may be understood from context, appearing in activities, in the **Faites le Point** and **A Lire** sections, or in review units). Omitted are a few close cognates, glossed words, and words explained in the **Savez-vous que... ?** sections.

Active vocabulary that was introduced in **Nouveaux copains** and **Nous, les jeunes** also appears in this list, followed by the roman numeral **I** or **II**. The vocabulary presented in **Notre monde** is followed by an arabic numeral that refers to the unit in which the word or phrase is introduced. When the arabic numeral is in light type, it indicates vocabulary for recognition only.

Verbs are given in the infinitive. Nouns are always given with a gender marker. If gender is not apparent, however, it is indicated by *m.* (masculine) or *f.* (feminine) following the noun. Irregular plurals are also given, abbreviated *pl.* An asterisk (*) before a word beginning with *h* indicates an aspirate *h*.

A

à *at, in, on, to,* **I**
abandonner *to give up,* **I**
s'abonner *to subscribe,* **11**
aboyer *to bark,* **II**
absolument *absolutely,* **II**
accepter *to accept,* **2**
accompagner *to accompany,* **II**
l' **accueil** (m.) *reception, registration desk,* **II**
accueillant, -e *hospitable, welcoming,* **7**
les **achats** (m.) *purchases,* **II**; **faire des achats** *to go shopping,* **II**
acheter (à) *to buy (for someone),* **I**
un **acte** *action, act, deed,* **10**
actif, -ive *active,* **II**
des **actions** (f.) *actions,* **11**
les **actualités** (f.) *current events,* **6**; **des problèmes** (m.) **d'actualité** *current problems,* **6**
actuellement *currently,* **II**
s'adapter à *to adapt, get used to,* **II**
un(e) **adhérent, -e** *member,* **6**
adhérer *to join,* **11**
adieu *farewell, goodbye,* **II**
admirer *to admire,* **I**
adorer *to love,* **I**
une **adresse** *address,* **I**
un(e) **adversaire** *opponent,* **II**
un **aéroport** *airport,* **I**
les **affaires** (f.) *things,* **1**; **être dans les affaires** *to be in business,* **II**; **une affaire de cœur** *love affair,* **II**
une **affiche** *poster,* **I**
les **affirmations** (f.) *assertions,* **7**
affirmer *to affirm,* **1**
âge : Tu as (Vous avez) quel âge? *How old are you?* **I**
âgé, -e *elderly,* **II**
une **agence** *agency,* **5**
agir *to act,* **10**
agréable *pleasant,* **I**
aider *to help,* **II**
aïgu, -e *keen,* **6**
aimer *to like, love,* **I**
l' **air** (m.) *air,* **II**; **avoir l'air (de)** *to look like,* **I**; **en plein air** *outdoors,* **9**
aise : être à l'aise *to be at ease,* **1**
ajouter *to add,* **1**
un **album** *album,* **I**
l' **alcool** (m.) *alcohol,* **5**
l' **alimentation** (f.) *food,* **II**
allemand, -e *German,* **6**
les **Allemands** (m.) *Germans,* **7**
aller *to go,* **I**; **aller au cinéma** *to go to the movies,* **I**; **Allez! Come on! Go on!** **I**; **Allons-y! Let's go!** **I**; **Il/Elle te va bien.** *It looks nice on you. It's attractive.* **I**; **Ils/Elles te vont bien.** *They look nice on you. They're attractive.* **I**; **Comment allez-vous?** *How are you?* **II**;
aller bon train *to go at a good pace,* **1**
s'en aller *to leave,* **3**
allô *hello (on phone),* **I**
l' **allure** (f.) *pace, speed,* **11**
alors *so, well, then,* **I**; **Et alors? So what?** **I**
alsacien, -ne *Alsatian,* **I**
amateur *amateur,* **II**
une **ambiance** *atmosphere,* **I**; **Il y a de l'ambiance! There's a great atmosphere!** **I**
ambitieux, -euse *ambitious,* **II**
l' **ambition** (f.) *ambition,* **10**
(s')améliorer *to improve (oneself),* **9**
américain, -e *American,* **I**
un(e) **Américain, -e** *American,* **I**
un(e) **ami, -e** *friend,* **I**
l' **amitié** (f.) *friendship,* **10**
l' **amour** (m.) *love,* **10**; **une histoire d'amour** *love story,* **I**
amoureux, -euse (de) *in love (with),* **II**
ample : faire plus ample connaissance *to get better acquainted,* **3**
amusant, -e *amusing,* **I**; *fun,* **II**
amuser *to amuse,* **6**
s'amuser *to have fun,* **II**; **Je me suis amusé(e).** *I had a good time.* **II**; **Tu t'es amusé(e)?** *Did you have a good time?* **II**
un **an** *year,* **I**; **J'ai... ans.** *I'm . . . years old.* **I**

analyser *to analyze,* **5**
ancien, -ne *ancient, old,* **II**
les **anciens** (m.) *old friends,* **II**
l' **anglais** (m.) *English,* **I**
l' **angle** (m.) *angle, corner,* **II;**
    grand angle *wide angle,* **II**
l' **Angleterre** (f.) *England,* **II**
un **animal** (pl. **-aux**) *animal,* **I**
un(e) **animateur, -trice** *activity*
    leader, **II**
animé, -e *lively, heated,* **2**
un **anneau** *ring,* **4**
année : Bonne année! *Happy*
    New Year! **I**
un **anniversaire** *birthday,*
    anniversary, **I**
une **annonce** *announcement, ad,* **II**
annulé, -e *canceled,* **1**
août (m.) *August,* **I**
à peine *barely,* **7**
s'apercevoir *to notice, realize,* **7**
appareil : Qui est à l'appareil?
    Who's calling? **I**
l' **apparence** (f.) *appearance,* **1**
un **appartement** *apartment,* **I**
appeler *to call, phone,* **II**
s'appeler *to be called, named,* **I**
appétit : Bon appétit! *Enjoy*
    your meal! **I**
apporter *to bring,* **I**
apprécier *to appreciate,* **II**
apprendre *to learn,* **II**
un **apprentissage** *apprenticeship,* **II**
approcher *to approach, draw*
    near, **9**
après *after,* **I**
l' **après-midi** (m.) *afternoon,* **I; de**
    l'après-midi *(in) the*
    afternoon, **I**
à propos de *about,* **7**
des **arbres** (m.) *trees,* **6**
Arcachon *town south of*
    Bordeaux, **II**
un **architecte** *architect,* **II**
l' **Ardèche** (f.) *department in*
    southeast France, **II**
les **arènes** (f.) *arena,* **II**
l' **argent** (m.) *money,* **I; l'argent**
    de poche *spending money,*
    allowance, **II**
des **arguments** (m.) *arguments,* **2**
l' **armée** (f.) *army,* **4**
une **armoire** *wardrobe,* **I**
arranger : Ça s'arrangera.
    Things will turn out all right. **3**
un **arrêt** *stop, stopover,* **II**
(s')arrêter *to stop,* **II; arrêter le**
    lycée *to quit high school,* **2**
l' **arrivée** (f.) *arrival,* **I**
arriver *to arrive,* **I; J'arrive!**
    I'm coming! **I; arriver à** *to*
    manage to, **II; Je n'y arrive**

pas! *I can't manage to do it!* **II;**
    Qu'est-ce qui t'arrive?
    What's wrong with you? **II**
arroser *to water,* **II**
l' **art** (m.) *art,* **I; les arts**
    plastiques *art (class),* **I**
des **articles** (m.) *articles,* **6**
l' **aspirateur** (m.) *vacuum cleaner,*
    I; passer l'aspirateur *to*
    vacuum, **I**
un **assassin** *murderer,* **I**
s'asseoir *to sit down,* **6**
assez *rather,* **I; assez de**
    enough, **I; J'en ai assez!** *I'm*
    fed up! **II**
des **assiettes** (f.) **en papier** *paper*
    plates, **II**
assister (à) *to attend,* **II**
assumer *to take upon oneself,* **10**
les **assurances** *insurance,* **9**
assurer *to assure,* **II**
l' **athlétisme** (m.) *track and field,* **I**
attendre *to wait (for),* **I**
attente : dans l'attente d'une
    réponse *awaiting your reply,* **2**
attentif, -ive *attentive,* **3**
attention : faire attention *to be*
    careful, **II; Fais attention.** *Pay*
    attention. **II**
attirant, -e *attractive,* **5**
attirer *to attract,* **1**
une **attraction** *attraction,* **II**
attraper *to catch,* **II**
l' **aube** (f.) *dawn,* **11**
aucun, -e : ne... aucun *no, not*
    any, **2**
les **auditeurs, -trices** *listeners,* **II**
aujourd'hui *today,* **I**
au moins *at least,* **II**
au revoir *goodbye,* **I**
aussi *also, too,* **I**
autant que *as much as,* **7**
l' **automne** (m.) *autumn, fall,* **I; en**
    automne *in the fall,* **I**
une **autorisation** *permission,* **6**
autre *other,* **I; les autres** *the*
    others, **I**
autrement *differently,* **II**
l' **Auvergne** (f.) *region in the*
    center of the Massif Central, **II**
avance : en avance *early,* **11**
avancer *to advance,* **II**
avant (de) *before,* **I; avant tout**
    above all, **2**
l' **avant-première** (f.) *preview,* **11**
avec *with,* **I**
l' **avenir** (m.) *future,* **II**
une **avenue** *avenue,* **I**
avertir : Je t'avertis,... *I'm*
    warning you, . . . , **9**
un **avion** *airplane,* **I**

avis : à mon avis *in my opinion,*
    I
un(e) **avocat, -e** *lawyer,* **I**
avoir *to have,* **I; avoir l'air**
    (de) *to look like,* **I; avoir...**
    ans *to be . . . years old,* **I;**
    avoir besoin de *to need,* **I;**
    avoir envie (de) *to feel like,* **I;**
    avoir faim *to be hungry,* **I;**
    avoir peur de *to be afraid of,*
    I; avoir soif *to be thirsty,* **I;**
    avoir intérêt à *to be in one's*
    interest to, **II; avoir mal à** *to*
    hurt, ache, **II; avoir du mal à**
    to have difficulty, **II; avoir le**
    mal du pays *to be homesick,*
    II; avoir mauvaise mine *to*
    look sick, **II; avoir l'occasion**
    de *to have the opportunity,* **II;**
    avoir raison *to be right,* **II;**
    avoir tort *to be wrong,* **II;**
    Qu'est-ce que tu as? *What's*
    wrong with you? **II; avoir le**
    cafard *to have the blues,* **6;**
    avoir l'intention de *to intend,*
    6
avouer *to admit, confess,* **7**
avril (m.) *April,* **I**

B

baby-sitting : faire du
    baby-sitting *to baby-sit,* **I**
le **bac(calauréat)** *exam taken upon*
    completion of secondary school,
    II
un **badge** *(slogan) button,* **I**
les **bagages** (m.) *luggage, baggage,* **I;**
    aux bagages *at the baggage*
    claim area, **I**
une **bague** *ring,* **I**
une **baguette** *long loaf of bread,* **II**
baisser *to lower,* **11**
un **bal** *dance,* **I**
une **balade** *walk, stroll,* **I**
une **balle** *baseball, tennis ball,* **I**
un **ballon** *inflated ball, balloon,* **I**
banal, -e *banal, ordinary,* **I**
une **banane** *banana,* **II**
une **bande** *group,* **II; des bandes**
    dessinées *comics, comic strips,*
    I
une **banque** *bank,* **I**
barbare *barbarian, barbaric,* **II**
barbe : C'est la barbe! *It's*
    boring! **I**
barber (fam.) *to bore,* **II**
le **bas** *bottom,* **1; en bas** *down*
    below, **II; à bas...** *down*
    with . . . , **7**
le **base-ball** *baseball,* **I**
la **basilique** *basilica,* **II**

le **basket(-ball)** *basketball,* **I**

des **baskets** (f.) *(high) sneakers,* **I**

la **basse** *bass guitar,* **II**

un(e) **bassiste** *bass player,* **II**

un **bateau** (pl. **-x**) *boat,* **I**

des **bâtons** (m.) *ski poles,* **I**

une **batte** *(baseball) bat,* **I**

la **batterie** *drums,* **II**

battre *to beat,* **10; bat son plein** *is in full swing,* **I; battu, -e** *defeated,* **7**

se battre *to fight, struggle,* **9**

bavard, -e *talkative,* **3**

beau, bel, belle, beaux, belles *beautiful,* **I**

beaucoup (de) *many, much, a lot (of),* **I**

une **bédé** *comic book,* **II**

la **Belgique** *Belgium,* **I**

les **bénévoles** (m.) *volunteers,* **11**

un **BEP (Brevet d'études professionnelles)** *diploma in general vocational education,* **9**

un **béret** *beret,* **7**

Berk! *Yuck!* **1**

un **besoin** *need,* **3; avoir besoin de** *to need,* **I**

un **best-seller** *best-seller,* **II**

bête *dumb, stupid,* **II**

les **bêtises** (f.) *nonsense,* **II**

le **beurre** *butter,* **I; le beurre de cacahouètes** *peanut butter,* **I**

le **bicross** *dirtbiking,* **I**

la **bicyclette** *bicycle, bicycling,* **II**

bidon : C'est bidon! *It's trash!* **I**

bien *fine, well, nice,* **I; bien sûr** *surely, of course,* **I**

bientôt *soon,* **II**

bienvenu, -e : Bienvenue! Soyez le/la bienvenu(e)! *Welcome!* **I**

un **bijou** *jewel,* **I; des bijoux** *jewelry,* **I**

une **bijouterie** *jewelry store,* **I**

bilan : faire le bilan *to assess, take stock of,* **II**

un **billet** *ticket, bill (money),* **I**

bimensuel *bimonthly,* **6**

la **biolo(gie)** *biology,* **I**

des **biscuits** (m.) *cookies,* **II**

Bises *Love and kisses,* **I**

bizarre *odd, strange,* **1**

une **blague** *joke,* **7; Sans blague!** *No kidding!* **7**

blaguer *to joke,* **7**

le **blanc** *white,* **I; blanc, blanche** *white,* **I**

blessé, -e *wounded,* **9**

le **bleu** *blue,* **I; bleu, -e** *blue,* **I**

un **blouson** *waist-length jacket,* **I**

le **blues** *blues,* **I**

bof (expression of disdain) *aw,* **I**

boire *to drink,* **II**

le **bois** *wood,* **I; en bois** *wooden,* **I**

une **boisson** *drink, beverage,* **I**

une **boîte** *box,* **I**

un **bol** *bowl,* **I**

bombardé, -e *bombarded,* **5**

les **bombes aérosols** (f.) *aerosol spray cans,* **12**

bon, bonne *good, well, O.K.,* **I; Il fait bon.** *It's nice weather.* **I**

un **bonbon** *piece of candy,* **I**

le **bonheur** *happiness,* **10**

un **bonhomme (de neige)** *snowman,* **II**

bonjour *hello,* **I**

bonsoir *good evening, good night,* **I**

bord : au bord de la mer *at the seashore,* **II**

des **bottes** (f.) *boots,* **I**

la **bouche** *mouth,* **6**

des **boucles** (f.) **d'oreille** *earrings,* **II**

bouger *to move, budge,* **II**

une **bougie** *candle,* **I**

une **boulangerie** *bakery,* **I**

un **boulot** (fam.) *job,* **II**

une **boum** (fam.) *party,* **I**

boume : Ça boume? (fam.) *How's it going?* **II**

la **Bourgogne** *Burgundy,* **I**

Bourse : jouer à la Bourse *to play the stock market,* **II**

bout : au bout de *after,* **9; au bout du fil** *on the phone,* **11**

une **bouteille** *bottle,* **I**

une **boutique** *boutique, shop,* **I**

un **bowling** *bowling alley,* **I**

un **bracelet** *bracelet,* **I**

branché, -e : la mode branchée *the latest style,* **I**

le **bras** *arm,* **10**

Bravo! *Well done!* **II**

bref *in short,* **7**

la **Bretagne** *Brittany,* **I**

brillant, -e *brilliant,* **II**

une **brioche** *brioche,* **I**

une **brochure** *brochure,* **2**

le **brocoli** *broccoli,* **II**

bronzer *to get a tan,* **II; bronzé, -e** *tanned,* **II**

le **bruit** *noise,* **II**

brûlant, -e *scorching,* **1**

brun, -e *brown, brunet, brunette,* **I**

Bruxelles *Brussels,* **I**

un **budget** *budget,* **II**

un **bureau** (pl. **-x**) *desk,* **I; le bureau de change** *currency (money) exchange,* **I**

un **bus** *(public) bus,* **I; en bus** *by (public) bus,* **I**

un **but** *goal,* **II**

C

ça *it, that,* **I; Ça ne fait rien.** *That's all right.* **I; Ça va.** *Fine.* **I; Ça va?** *How are things? (Are things going OK?)* **I**

un **cabinet** *office,* **7**

cacahouètes : le beurre de cacahouètes *peanut butter,* **I**

cacher *to hide,* **10**

un **cadeau** (pl. **-x**) *gift,* **I**

un **cadre** *setting,* **4**

cafard : avoir le cafard *to be down, have the blues,* **6**

le **café** *cafe, coffee,* **I; le café au lait** *coffee with milk,* **I**

la **cafeteria** *cafeteria,* **I**

un **cahier** *notebook,* **I**

un(e) **caissier, -ère** *cashier,* **II**

une **calculette** *pocket calculator,* **I**

calme *calm,* **II**

le **calme** *stillness,* **II**

les **calories** (f.) *calories,* **II**

la **Camargue** *the Rhône delta,* **II**

camerounais, -e *from Cameroon,* **7**

la **campagne** *country,* **I**

camper *to camp,* **II**

le **camping** *camping,* **II**

le **Canada** *Canada,* **I**

le **cancer** *cancer,* **II**

le **canoë** *canoeing,* **II**

le **canoë-kayak** *kayaking,* **II**

la **cantine** *cafeteria,* **II**

un **CAP (Certificat d'aptitude professionnelle)** *certificate in specialized vocational education,* **9**

capable *capable,* **5**

la **capitale** *capital,* **I**

car *because,* **II**

le **caractère** *personality,* **3**

le **carnaval** *carnival,* **II**

un **carnet** *booklet (of tickets, stamps, etc.),* **II**

une **carotte** *carrot,* **II**

un **carrousel** *slide carrousel,* **II**

une **carte** *map, card,* **I; une carte (de vœux)** *greeting card,* **I; une carte postale** *postcard,* **I; une carte de travail** *work permit,* **7**

un **cas** *case,* **3; en tout cas** *in any case,* **2**

un **casque** *helmet,* **I**

casser *to break,* **II**

se casser *to break (a limb, bone),* **10**

une **cassette** *cassette,* **I**

une **catastrophe** *catastrophe,* **I**

la **catégorie** *category,* **II**

la **cathédrale** *cathedral,* **I**

un **cauchemar** *nightmare,* **2**

une **cause** *cause*, **11**; **à cause de**
because of, **II**

ce, cet, cette, ces *this, that, these, those*, **I**

célèbre *famous*, **I**

célibataire *unmarried*, **II**

celui(-là), celle(-là), ceux(-là), celles(-là) *this/that one, the one(s), these, those*, **I**

une **centaine** *about a hundred*, **II**

un **centimètre (cm)** *centimeter*, **I**

une **centrale nucléaire** *nuclear power plant*, **5**

centre : un centre commercial *shopping center, mall*, **I**; **un centre de loisirs/vacances** *vacation camp, resort*, **II**

ce que *how, what*, **II**

ce qui *what*, **2**

des **céréales** (f.) *cereal*, **II**

certain, -e *certain*, **II**; **certains** *certain ones*, **II**

certainement *undoubtedly*, **II**

cesse : sans cesse *without letup*, **5**

c'est *he's, she's, it's, this is, that's, these/those are*, **I**

Chacun va de son côté. *Each one goes his separate way.* **I**

une **chaîne stéréo** *stereo*, **I**

une **chaise** *chair*, **I**

une **chambre** *bedroom*, **I**; **une chambre d'amis** *guest room*, **I**

le **championnat** *championship*, **I**

la **chance** *luck*, **II**

change : le bureau de change *currency (money) exchange*, **I**

changer *to change, exchange*, **I**

une **chanson** *song*, **II**

un **chant** *song*, **II**

chanter *to sing*, **I**

un **chapeau** *hat*, **II**

chaque *each*, **II**

un **char** *float (in a parade)*, **II**

se **charger de** *to undertake, take charge of*, **6**

charmant, -e *charming*, **7**

un(e) **chat, -te** *cat*, **I**

un **chaton** *kitten*, **6**

chaud, -e *warm*, **I**; **Il fait chaud.** *It's warm.* **I**

une **chaussette** *sock*, **I**

une **chaussure** *shoe*, **I**; **des chaussures de ski** *ski boots*, **I**

chauvin, -e *fanatically patriotic*, **7**

un **chef** *chef*, **I**

le **chemin** *way (path)*, **II**

une **chemise** *man's shirt*, **I**

un **chemisier** *woman's tailored shirt*, **I**

un **chèque de voyage** *traveler's*

check, **I**

un **chéquier** *checkbook*, **2**

cher, chère *expensive*, **I**; **pas cher** *inexpensive*, **I**

chercher *to look for*, **I**

le **cheval** (pl. **-aux**) *horse, horseback riding*, **I**

les **cheveux** (m.) *hair*, **I**

chez *(at/to) someone's house*, **I**; **chez le disquaire** *record shop*, **I**; **chez le/la fleuriste** *the florist's*, **I**

un(e) **chien, -ne** *dog*, **I**

chimique *chemical*, **II**

la **Chine** *China*, **II**

les **Chinois** (m.) *Chinese people*, **7**

les **chips** (m.) *potato chips*, **11**

le **chocolat** *chocolate, hot chocolate*, **I**; **une mousse au chocolat** *chocolate mousse*, **I**

choisir *to choose, pick out*, **I**

le **choix** *choice*, **II**

le **chômage** *unemployment*, **II**

choquant, -e *shocking*, **5**

choquer *to shock*, **5**

une **chose** *thing*, **I**

chouette *great*, **I**

Chut! *Shhh!* **II**

ci-dessus *above*, **8**

le **ciel** (pl. **cieux**) *sky*, **I**

un **cinéaste** *film-maker*, **3**

le **cinéma** *movies, movie theater*, **I**; **aller au cinéma** *to go to the movies*, **I**

la **circulation** *traffic*, **12**

circuler *to circulate*, **II**

citer *to cite, name*, **1**

civilisé, -e *civilized*, **II**

clair, -e *clear*, **5**

les **claquettes** (f.) *tap-dancing*, **2**

la **clarinette** *clarinet*, **II**

classe : être classe *to be classy*, **1**

une **classe** *grade*, **I**; **la classe de première** *junior year*, **2**

un **classeur** *loose-leaf notebook*, **I**

classique *classical*, **I**

le **classique** *classical music*, **I**

un **club** *club*, **I**

le **CNES (Centre national d'études spatiales)** *French center for space research*, **II**

le **cœur** *heart*, **3**; **une affaire de cœur** *love affair*, **II**; **mal au cœur** *stomach ache, nausea*, **II**

un **coffret** *jewel case*, **10**

se **coiffer** *to do one's hair*, **1**

une **coiffure** *hairdo*, **I**

un **col roulé** *turtleneck shirt*, **I**

colère : être en colère *to be angry*, **3**

un(e) **collaborateur, -trice** *fellow worker*, **6**

une **collecte** *collection*, **11**

collecter *to collect (for a cause)*, **11**

collectionner *to collect (for a hobby)*, **I**

un **collège** *middle or junior high school*, **I**

coller *to stick (glue) up*, **11**

un **collier** *necklace*, **I**

coloniser *to colonize*, **II**

coloré, -e *colored*, **1**

un **combat** *fight, battle*, **II**

combien (de) *how much, how many*, **I**

comique : un film comique *comedy*, **I**

comme *as (a), like*, **I**; *in the way of*, **II**; *since*, **2**; **Comme tu veux.** *If you want.* **II**

commencer *to start*, **I**; **commencer par** *to begin with (by)*, **II**

comment *how*, **I**; **Comment allez-vous?** *How are you?* **I**; **Comment tu trouves?** *How is it?* **I**; **Comment tu vas t'y prendre?** *How are you going to manage it?* **11**

un **commentaire** *comment*, **1**

commenter *to comment on*, **5**

un(e) **commerçant, -e** *merchant*, **I**

le **commerce** *business*, **9**

communiquer *to communicate*, **II**

une **compétition** *contest*, **II**; *competition*, **7**

complet : à temps complet *full time*, **2**

complètement *completely*, **6**

le **complexe** *complex*, **II**

compliments : Mes compliments pour... *My compliments on . . . ,* **I**

compliqué, -e *complicated*, **2**

le **comportement** *behavior*, **4**

compréhensif, -ive *understanding*, **3**

comprendre *to understand*, **II**

un **compte** *bank account*, **II**; **sur mon compte** *in my account*, **II**

compter *to count*, **II**; **compter sur** *to count on*, **10**

un **concert** *concert*, **I**

un(e) **concitoyen, -ne** *fellow citizen*, **9**

le **concours** *competition*, **5**; *competitive examination*, **9**

la **concurrence** *competition*, **5**

conduire *to drive*, **10**

la **conduite** *behavior*, **3**

confiance : Fais-moi confiance.

Trust me. **10**

les **confidences** (f.) *confidences,* **3**

un(e) **confident, -e** *confidant,* **II**

se confier à *to confide in,* **3**

la **confiture** *jam,* **I**

un **conflit** *conflict,* **3**

la **connaissance** *knowledge,* **9; faire (la) connaissance** *to get acquainted,* **II; faire plus ample connaissance** *to get better acquainted,* **3**

connaître *to know, be acquainted with,* **I**

consacrer *to devote,* **7; consacré, -e (à)** *devoted (to),* **II**

conscience : prendre conscience (de) *to become aware (of),* **11**

un **conseil** *advice,* **II**

conseiller *to advise,* **II**

les **conséquences** (f.) *consequences,* **10**

conserver *to keep, preserve,* **II; conservé, -e** *preserved,* **II**

consoler *to console,* **II**

construire *to put together, build up,* **9; construit, -e** *built,* **II**

consulter *to consult,* **9**

contenir *to contain,* **II**

content, -e *happy, glad,* **II**

continuellement *continually,* **II**

continuer *to continue,* **I**

le **contraire** *opposite,* **II; au contraire** *on the contrary,* **II**

le **contraste** *contrast,* **5**

une **contravention (au stationnement)** *(parking) ticket,* **10**

contre *against,* **5; par contre** *on the other hand,* **5**

le **contrôle des passeports** *passport check,* **I**

convaincre *to convince,* **2; J'en suis convaincu(e).** *I'm convinced of it.* **II**

une **conversation** *conversation,* **6**

un(e) **copain, copine** *pal, friend,* **I**

copier *to copy,* **11**

un(e) **correspondant, -e** *pen pal,* **I**

correspondre à *to suit,* **9**

corriger *to correct,* **1**

un **costume** *man's suit,* **1**

côté : à côté *nearby,* **I; à côté de** *next (door) to,* **I; Chacun va de son côté.** *Each one goes his separate way.* **I**

la **couche** *layer,* **12**

se coucher *to go to bed,* **II**

coucou *hi,* **II**

les **couleurs** (f.) *colors,* **I**

le **couloir** *hall,* **I**

coup : un coup de soleil *sunburn,* **II; un coup de vent**

gust of wind, **12**

la **coupe de cheveux** *haircut,* **1**

couper la parole *to interrupt,* **3**

la **coupure** *cut, break, interruption,* **5**

la **cour** *courtyard,* **II**

le **courage** *courage,* **II; Je n'ai pas le courage de...** *I don't feel up to . . . ,* **II; Bon courage!** *Cheer up!* **2**

courant : être au courant (de) *to know (about), be up to date (on),* **11**

courir *to run,* **II**

le **courrier** *mail,* **6**

un **cours** *course, class,* **I; au cours de** *during,* **7; des cours particuliers** *private lessons,* **9**

les **courses** (f.) *shopping,* **II; races,** **2; la course aux armements** *arms race,* **II; une course de taureaux** *bullfight,* **II**

court, -e *short,* **I; à court de** *short of,* **II**

un(e) **cousin, -e** *cousin,* **I**

le **coût** *cost,* **9**

un **couteau** *knife,* **12**

coûter *to cost,* **I**

craindre : Je crains... *I'm afraid . . . ,* **6**

la **crainte** *fear,* **10**

craquer (fam.) *to be about to collapse,* **II**

une **cravate** *tie,* **1**

un **crayon** *pencil,* **I**

créatif, -ive *creative,* **5**

la **création** *creation,* **6**

créer *to create,* **II**

crevé, -e *exhausted,* **II**

un **cri** *shout,* **II**

criard, -e *loud, garish,* **I**

crier *to shout,* **II**

critiquer *to criticize,* **2**

croire *to believe,* **II; Tu crois?** *Do you think so?* **I; Je crois** *I believe,* **II**

un **croissant** *croissant,* **I**

une **crosse** *hockey stick,* **I**

cuir : en cuir *in leather,* **1**

la **cuisine** *kitchen,* **I; cooking,* **II**

cuisinier, -ère *cook,* **6**

les **cuisses** (f.) **de grenouilles** *frogs' legs,* **7**

culturel, -le *cultural,* **6**

culturellement *culturally,* **II**

curieux, -euse *curious,* **I**

un **curriculum vitae** *résumé,* **9**

D

d'abord *first (of all),* **I**

d'accord *O.K.,* **I; être d'accord**

to agree, **I**

d'ailleurs *besides,* **2**

dames : jouer aux dames *to play checkers,* **II**

dangereux, -euse *dangerous,* **II**

dans *in, with,* **I**

la **danse** *dance,* **II**

danser *to dance,* **I; danser comme une savate** *to dance like a clumsy idiot,* **I**

un(e) **danseur, -euse** *dancer,* **2**

Dassault *French aeronautics company,* **II**

la **date** *date,* **I**

de (d') *of, from,* **I**

le **débarras** *storeroom,* **I**

débarrasser la table *to clear the table,* **3**

le **débat** *debate,* **5**

des **débouchés** (m.) *prospects,* **9**

debout : se mettre debout *to stand up,* **7**

se débrouiller *to manage,* **2**

le **début** *beginning,* **II**

un(e) **débutant, -e** *beginner,* **II**

débuter *to begin,* **II**

une **décapotable** *convertible,* **7**

décembre *December,* **I**

décevoir *to disappoint,* **9; déçu, -e** *disappointed,* **11**

une **décharge publique** *garbage dump,* **11**

décider *to decide,* **I; décidé, -e** *decided,* **II; décider de** *to decide, determine,* **9**

se décider *to make up one's mind,* **9**

une **décision** *decision,* **II; prendre une décision** *to make a decision,* **II**

déclarer *to declare,* **I**

décontracté, -e *easy-going,* **7**

décoré, -e *decorated,* **I**

découvrir *to discover,* **10**

décrire *to describe,* **1**

un **défaut** *flaw,* **3**

(se) défendre *to defend (oneself),* **II; défendu, -e** *forbidden,* **6**

un **défilé** *parade,* **II**

déguisé, -e *disguised,* **5**

dehors *outside,* **3; en dehors de** *outside of, beyond,* **II**

déjà *already,* **I**

déjeuner *to have lunch,* **II**

le **déjeuner** *lunch,* **I; le petit déjeuner** *breakfast,* **I**

délicieux, -euse *delicious,* **I**

demain *tomorrow,* **I**

demander (à) *to ask,* **I; Vous demandez quel numéro?** *What number are you calling?* **I**

des **démarches** (f.) *steps,* **6**

démarrer *to start (a car)*, II
déménager *to move*, II
demie : et demie *half past (the hour)*, I
une **demi-heure** *a half-hour*, I
démodé, -e *out of style*, II
une **dent** *tooth*, II
le **dentifrice** *toothpaste*, 5
un(e) **dentiste** *dentist*, I
le **départ** *departure*, II
dépaysé, -e *uprooted*, II
se **dépêcher** *to hurry*, II; **Dépêche-toi!** *Hurry!* II
dépendre (de) *to depend (on)*, I
dépenser *to spend*, II
dépensier, -ère *spendthrift*, II
depuis *(ever) since, for*, II; **depuis que** *since*, II
déraper *to skid*, 10
dernier, -ère *last*, I
dernièrement *recently*, 1
se **dérouler** *to take place*, 9
des *some*, I
descendre *to go down*, I
une **descente** *descent*, II
désespéré, -e *discouraged*, II
le **désespoir** *despair*, 10
un **désir** *desire*, II
désolé, -e *sorry*, I; *desolate*, 11
dès que *as soon as*, II
un **dessert** *dessert*, I
un(e) **dessinateur, -trice** *artist*, 6
les **dessins** (m.) *drawings*, 6; **un dessin animé** *cartoon*, I
destiné, -e *destined, intended for*, 7
détester *to hate*, I
se **détruire** *to decompose*, 12
deuxième *second*, I
devant *in front of*, I
devenir *to become*, 5
deviner *to guess*, 1
devoir *to have to, must*, II; **je/tu devrais** *I/you should*, II; **J'aurais dû...** *I should have . . .* , 10
les **devoirs** (m.) *homework*, I
dévoré, -e *devoured, eaten*, II
d'habitude *usually*, I
une **diapo(sitive)** *slide*, II
un **dictionnaire** *dictionary*, I
différemment *differently*, II
différent, -e *different*, I
difficile *difficult, hard*, I
les **difficultés** (f.) *difficulties*, 2
diffusé, -e *broadcast*, II
(le) **dimanche** *(on) Sunday(s)*, I
dîner *to eat dinner*, I
le **dîner** *dinner, supper*, I; **l'heure du dîner** *dinner time*, I
un **diplôme** *diploma*, 2
dire *to say*, I; **Dis!** *Say!* I; **Ça**

ne me dit rien. *That doesn't appeal to me.* II; **Ça te dit de... ?** *Do you want to . . . ?* II; **Qu'est-ce qu'elle a dit?** *What did she say?* II; **dire du mal de** *to speak ill of*, 7
directement *directly*, II
un(e) **directeur, -trice** *director*, 5
une **discothèque** *disco*, I
les **discours** (m.) *words*, 3
une **discussion** *discussion*, II
discuter *to talk*, I; *to discuss, argue*, II
la **disparition** *extinction*, 12
disparu, -e *disappeared*, 5
une **dispute** *argument*, 3
se **disputer** *to argue, fight*, II
disquaire : chez le disquaire *record shop*, I
un **disque** *record*, I
une **dissertation** *essay*, 6
les **distractions** (f.) *amusements*, II
distribuer *to distribute*, II
divertir *to entertain*, 5
le **docteur** *doctor*, II
un **dollar** *dollar*, I
domestique *domestic, household*, II
dommage *pity, too bad*, II; **C'est dommage!** *That's too bad!* II
donc *therefore*, II
donner *to give*, I; **Ça donne faim.** *It makes you hungry.* I
dormir *to sleep*, II
le **dortoir** *dormitory*, II
la **douane** *customs*, I
un(e) **douanier, -ère** *customs agent*, I
doucement *gently, easy*, 11
la **douche** *shower*, 1
doué, -e *gifted, talented*, 5
doute : sans doute *undoubtedly*, 2
douter : Tu ne doutes de rien! *You're very confident!* 9
douteux, -euse *questionable*, 3
doux, douce *sweet, gentle*, 3
une **douzaine** *dozen*, I
douzième *twelfth*, I
un **dragueur** *flirt*, II
un **dramaturge** *playwright*, 1
la **drogue** *drug*, 5
droit *straight*, II; **tout droit** *straight ahead*, I
le **droit** *right*, II; **avoir le droit de** *to have the right to*, II
droite : à droite (de) *to the right (of)*, I
drôle *funny*, I
drôlement *pretty, very*, II; **drôlement bien** *extremely well*, I

la **duchesse** *duchess*, II
dur, -e *hard, difficult*, II
la **durée** *duration*, 9
durer *to last*, II
dynamique *dynamic*, II

E

l' **eau** (f.) *water*, I; **l'eau minérale** *mineral water*, I
échange : en échange *in exchange*, II
une **écharpe** *scarf*, I
échecs : jouer aux échecs *to play chess*, II
échouer (à) *to fail*, 9
un **éclair** *eclair*, II
un **éclairage** *light*, 5
éclatant, -e *radiant*, 6
éclater *to burst out*, 4
une **école** *school*, I
économe *economical, thrifty*, II
économiser *to economize, save*, II
écouter *to listen (to)*, I
un **écran** *projection screen*, II
écrire *to write*, II
un **écrivain** *writer*, 3
un **éditorial** *editorial*, 6
éducatif, -ive *educational*, II
effacer *to erase*, 1
efficace *efficient*, 7
un **effort** *effort*, II
égal, -e (m.pl. **-aux**) *equal*, II; **Ça m'est égal.** *I don't care.* II
égaler *to equal*, I
l' **égalité** (f.) *equality*, 11
une **église** *church*, I
égoïste *selfish*, I
eh bien *well*, I
électrique *electric*, II
un(e) **électrotechnicien, -ne** *electronics technician*, 9
élégant -e *elegant*, I
un(e) **élève** *pupil, student*, I
élever *to raise*, II
éloge : faire l'éloge de *to praise*, 1
embêter *to annoy*, II
embrasser *to kiss*, II; *to embrace*, 5; **Tout le monde t'embrasse.** *Everyone sends you their love.* II
une **émission** *TV program, show*, I
emmener *to take (someone somewhere)*, II
une **émotion** *emotion*, II
émouvant, -e *touching*, I
l' **emplacement** (m.) *location*, I
un **emploi** *job*, I
un **emploi du temps** *schedule*, I
un(e) **employé, -e** *employee*, I
emporter *to bring*, I

emprunter (à) to borrow (from), **II**

en in, by, on, to, **I**; **en haut de** at the top of, **I**; **en plus** too, **I**; **en bas** down below, **II**; **en direct** on the air, **II**; **en tout cas** in any case, **2**

encore more, again, **I**; **Encore! Not again!** **I**; **encore un(e)** another, **I**; **encore un peu** a little more, **I**; **pas encore** not yet, **I**

un **endroit** place, **I**

énergique energetic, **II**

énervant, -e irritating, **2**

énerver to upset, **II**

s'énerver to get upset, **3**

un **enfant** child, **I**

l' **enfer** (m.) hell, **II**

enfin finally, **I**; well, **II**

s'enfuir to escape, **3**

s'engager to begin, **1**

l' **enlèvement** (m.) removal, **10**

enneigé, -e snow-covered, **II**

l' **ennui** (m.) trouble, **7**

ennuyer to bore, **3**

s'ennuyer to get bored, **II**

ennuyeux, -euse boring, **II**

énorme enormous, huge, **7**

énormément enormously, **II**

une **enquête** survey, **4**

enregistré, -e recorded, **9**

un **enregistrement** recording, **9**

une **enseigne** sign, **I**

l' **enseignement** (m.) education, **9**

ensemble together, **I**

ensuite then, **I**

entassé, -e packed, crammed, **1**

entendre to hear, **II**; **entendre parler de** to hear about, **2**; **entendre dire** to hear say, **7**

s'entendre bien (avec) to get along well (with), **II**

entier, -ère entire, **7**

un **entraînement** practice, training, **II**

s'entraîner to train, work out, **II**

entre between, **I**

l' **entrée** (f.) entrance, **I**

une **entreprise** corporation, **9**

entrer to come in, enter, **I**

envers toward, **11**

envie : avoir envie (de) to feel like, **I**

envier to envy, **II**

les **environs** (m.) outskirts, **2**

envisager (de) to consider, **6**

envoyer to send, **I**

épater to impress, **1**

l' **épaule** (f.) shoulder, **II**

l' **épicerie** (f.) grocery store, **I**

une **épidémie** epidemic, **5**

une **époque** epoch, age, era, **II**

épousé, -e married, **10**

épouvantable terrible, **9**

épouvanté, -e terrified, **10**

éprouver to feel, **10**

épuisé, -e exhausted, **II**

équilibré, -e balanced, **II**

une **équipe** team, **5**

l' **équitation** (f.) horseback riding, **II**

une **erreur** error, wrong number, **I**

un **escalator** escalator, **I**

un **escalier** stairs, **I**

un **escargot** snail, **7**

l' **esclavage** (m.) slavery, **4**

l' **espace** (m.) room, space, **II**

l' **espagnol** (m.) Spanish, **I**

Espèce de romantique! (fam.) You romantic! **7**

espérer to hope, **I**

l' **espoir** (m.) hope, **5**

l' **esprit** (m.) spirit, **11**

un **essai** try, tryout, trial, **5**

essayer (de) to try, **II**

essentiel, -le essential, **II**

essuyer to wipe, **12**

et and, **I**

établir to establish, **12**

un **étage** floor, **I**; **au premier/ deuxième/troisième étage** on the second/third/fourth floor, **I**

une **étagère** bookcase, **I**

un **étang** pond, **II**

les **Etats-Unis** (m.) the United States, **I**

l' **été** (m.) summer, **I**; **en été** in the summer, **I**

les **étoiles** (f.) stars, **9**

étonner : Ça m'étonnerait! That would surprise me! **II**; **étonné, -e** surprised, **6**

étranger, -ère foreign, **II**; **à l'étranger** abroad, **7**

être to be, **I**; **être d'accord** to agree, **I**; **être dans les affaires** to be in business, **II**; **être en forme** to be in good shape, **II**; **être en panne** to be out of order, **II**; **être à l'aise** to be at ease, **1**; **être classe** to be classy, **1**; **être en tort** to be in the wrong, **10**

étroit, -e narrow, tight, **I**

les **études** (f.) studies, **II**

un(e) **étudiant, -e** student, **I**

étudier to study, **II**

l' **Europe** (f.) Europe, **I**

eux them, **I**

évident : C'est évident! That's obvious! **II**

éviter to avoid, **4**

évoluer to evolve, **7**

exactement exactly, **1**

exagérer to exaggerate, **1**; **exagéré, -e** exaggerated, **5**

un **examen** (m.) exam, **I**

exaspérer to exasperate, irritate, **5**

excellent, -e excellent, **I**

exclusif, -ive exclusive, **6**

une **excuse** excuse, **11**

s'excuser de to excuse oneself for, **3**; **excusez-moi** excuse me, **I**

l' **exemple** (m.) example, **9**

un **exercice** exercise, **II**

exister to exist, **II**

exotique exotic, **5**

une **expérience** experiment, **7**

des **explications** (f.) explanations, **6**

expliquer to explain, **II**

s'expliquer : Explique-toi. Make yourself clear. **11**

un **exposé** report, **5**

exposer to exhibit, **II**

une **exposition** show, exhibit, **II**

exprès purposely, **II**

exprimer to express, **II**

extra(ordinaire) terrific, great, **I**

extravagant, -e extravagant, wild, **I**

F

fabriquer to make, **II**

fabuleux, -euse fabulous, **II**

face : en face (de) across (from), **I**; **face à** faced with, **8**

se fâcher to get angry, **3**; **fâché, -e** angry, **11**

facile easy, **I**

faciliter to make easier, **9**

une **façon** way, **II**; **de toute façon** in any case, anyhow, **5**

des **factures** (f.) bills, **7**

faible weak, **II**

les **faiblesses** (f.) weaknesses, **9**

la **faim** hunger, **II**; **avoir faim** to be hungry, **I**; **Ça donne faim.** It makes you hungry. **I**

faire to do, make, **I**; **Ça fait joli.** That looks pretty. **I**; **Ça ne fait rien.** That's all right. **I**; **faire de** to take part in (sports), **I**; **faire du baby-sitting** to baby-sit, **I**; **faire l'idiot** to act stupid, **I**; **faire du lèche-vitrines** to go window-shopping, **I**; **Fais (Faites) comme chez toi (vous).** Make yourself at home. **I**; **Il fait bon.** It's nice weather. **I**; **Il fait**

chaud/frais/froid. *It's warm/cool/cold.* **I; Il fait dix.** *It's ten (degrees).* **I; Il fait moins dix.** *It's ten below (zero).* **I; Il fait quel temps?** *What's the weather like?* **I; Il fait quelle température?** *What's the temperature?* **I; faire des achats** *to go shopping,* **II; faire attention** *to be careful, pay attention,* **II; faire le bilan** *to assess, take stock of,* **II; faire (la) connaissance** *to get acquainted,* **II; faire la grasse matinée** *to sleep late,* **II; faire des grimaces** *to make a (funny) face,* **II; faire son marché** *to do one's grocery shopping,* **II; faire partie de** *to belong to,* **II; faire un régime** *to go on a diet,* **II; Fais-toi une raison.** *Make the best of it.* **II; (Ne) t'en fais pas!** *Don't worry!* **II; faire la tête** *to sulk,* **3; faire part** *to present,* **6; faire parvenir** *to send, forward,* **9; faire la morale** *to lecture, preach,* **10; Fais-moi confiance.** *Trust me.* **10; Faites gaffe!** *Look out!* **10**
se faire des illusions *to fool oneself,* **7; se faire mal** *to hurt oneself,* **10**
fait : en fait *in fact,* **6**
une **famille** *family,* **I; en famille** *with one's family,* **I**
un(e) **fana(tique)** *fan,* **II**
fantastique *fantastic,* **II**
un **fantôme** *ghost,* **II**
fascinant, -e *fascinating,* **II**
un **fast-food** *fast-food restaurant,* **II**
fatigant, -e *tiring,* **II**
fatigué, -e *tired,* **I**
faut : Il faut *must, have to, It is necessary,* **I; Il me/te faut** *I/you need,* **I**
une **faute** *fault, mistake,* **3**
faux, fausse *false,* **I**
favoriser *to favor, encourage,* **5**
Félicitations! *Congratulations!* **II**
féliciter *to congratulate,* **10**
féminin, -e *feminine,* **7**
Féministe! *Feminist!* **II**
une **femme** *wife, woman,* **I**
une **fenêtre** *window,* **I**
une **ferme** *farm,* **II**
fermer *to close,* **I**
le **festival de Cannes** *well-known film festival,* **6**
une **fête** *party, holiday,* **I; Bonne fête!** *Happy birthday! Happy saint's day!* **I**

fêter *to celebrate,* **8**
un **feu d'artifice** *fireworks,* **II**
une **feuille** *sheet of paper,* **I**
feuilleter *to leaf through (a book, magazine),* **5**
un **feuilleton** *soap opera,* **I**
février (m.) *February,* **I**
se ficher de *not to care about,* **1**
fier, -ère *proud,* **II**
se figurer : Figure-toi! *Believe it or not!* **1**
un **filet** *net,* **I**
la **fille** *girl, daughter,* **I**
un **film** *movie, film,* **I; un film comique** *comedy,* **I; un film d'horreur** *horror movie,* **I; un film policier** *detective film, mystery,* **I; un film de science-fiction** *science-fiction movie,* **I; un film vidéo** *videocassette,* **I**
un **fils** *son,* **I**
la **fin** *end,* **II**
la **finale** *final game, finals,* **I**
finalement *finally,* **2**
financier, -ère : une aide financière *financial assistance,* **6**
finir *to finish, end,* **I**
fixer *to set,* **II**
un **flash** *flash,* **II**
une **fleur** *flower,* **I**
fleuriste : chez le/la fleuriste *the florist's,* **I**
un **fleuve** *river,* **I**
flipper : jouer au flipper *to play pinball,* **2**
flou, -e *vague,* **6**
la **flûte** *flute,* **II**
une **fois** *one time, once,* **I; deux fois** *twice,* **I**
le **folk** *folk music,* **I**
la **folie** *madness, insanity,* **2**
un(e) **fonceur, -euse** *bold, courageous person,* **II**
fonctionner *to function, work,* **II**
le **fond** *bottom,* **3; au fond de** *at the end of,* **I**
fondre *to melt, dissolve,* **5**
le **foot(ball)** *soccer,* **I**
se forcer (à) *to force oneself (to),* **II**
des **forces** (f.) *strength,* **11; à force de** *by means of,* **6**
la **formation** *education,* **2**
forme : garder la forme *to keep in shape,* **I; être en forme** *to be in good shape,* **II; en pleine forme** *in great shape,* **II**
former *to form,* **II**
formidable *great,* **II**
une **formule de politesse** *letter*

ending, **2**
fort *loudly,* **II; plus fort** *louder,* **II**
un **fort** *strong point,* **II**
fort, -e *strong,* **II; Ça, c'est trop fort!** *That's going too far!* **3**
fortifiant, -e *fortifying,* **II**
une **fortune** *fortune,* **7**
fou, fol, folle, fous, folles *raving mad,* **10**
une **foule** *crowd,* **II**
des **foyers** (m.) **pour étudiants** *student housing,* **2**
frais, fraîche *cool,* **I; Il fait frais.** *It's cool.* **I**
des **frais** (m.) *expenses,* **7; les frais d'hébergement** *lodging expenses,* **3**
un **franc (F)** *franc,* **I**
le **français** *French,* **I**
français, -e *French,* **I**
un(e) **Français, -e** *French person,* **I**
la **France** *France,* **I**
frappant, -e *striking,* **5**
frapper *to strike,* **5**
un **frère** *brother,* **I**
le **fric** (slang) *money,* **II**
un **frigo** *fridge,* **I**
des **frites** (f.) *french fries,* **I**
le **froid** *cold (weather),* **II**
froid, -e *cold,* **I; Il fait froid.** *It's cold.* **I**
le **fromage** *cheese,* **I**
des **fruits** (m.) *fruits,* **I**
fumer *to smoke,* **II**
un **funiculaire** *cable car,* **II**
furieux, -euse *furious,* **II**
une **fusée** *rocket,* **9**

G

gaffe : Faites gaffe! *Look out!* **10**
gagner *to earn, win,* **II**
gai, -e *gay, happy,* **II**
un **gant** *baseball glove,* **I**
le **garage** *garage,* **II**
garantir *to guarantee,* **II**
le **garçon** *boy,* **I**
garder *to guard,* **I; to keep, take care of,* **II**
un(e) **gardien, -ne de la paix** *police officer (in a city),* **9**
la **gare** *railroad station,* **I**
un **gâteau** *cake,* **I**
gauche : à gauche (de) *to the left (of),* **I**
gelé, -e *frozen,* **II**
la **gendarmerie** *police station,* **I**
gêner *to bother,* **5**
général, -e (m.pl. **-aux**) *general,* **II**

généreux, -euse *generous,* I

la générosité *generosity,* 10

Genève *Geneva,* I

génial, -e (m.pl. **-aux**) *fantastic, great,* I

un genre *kind,* I

les gens (m.) *people,* I

gentil, -le *nice,* I

la géo(graphie) *geography,* I

la glace *ice cream,* I; *ice, mirror,* II

un gladiateur *gladiator,* II

une gomme *eraser,* I

le goût *taste,* I

le goûter *afternoon snack,* I

goûter *to taste,* 7

grâce à *thanks to,* II

un gramme (g) *gram,* I

grand, -e *big, large,* I

grand-chose *a lot,* 2

une grand-mère *grandmother,* I

un grand-père *grandfather,* I

les grands-parents (m.) *grandparents,* I

gratuit, -e *free, without cost,* 11

grave *serious, important,* II

une grève *strike,* II; **une grève des transports en commun** *public transportation strike,* II

griffer *to claw, scratch,* II

grimaces : faire des grimaces *to make a (funny) face,* II

gris, -e *gray,* I

grisâtre *grayish,* 6

gros, -se *big, thick,* I

guérir *to cure,* II

la guerre *war,* II

un guide *guidebook,* I; **un guide (touristique)** *(tour) guide,* I

une guitare *guitar,* I

la gym(nastique) *gym, P.E.,* I; *gymnastics,* II

H

s'habiller *to get dressed,* 1

les habitants (m.) *inhabitants,* 7

habiter *to live (in), reside,* I

les habits (m.) *clothes,* 7

une habitude *habit,* II

habitué, -e *used to, accustomed,* II

***handicapé, -e** *handicapped,* II

un *haricot vert *string bean,* II

***haut, -e** *high,* II; **en haut de** *at the top of,* I

***hein** *huh? is it? right?* I

hélas *alas,* II

hésiter *to hesitate,* II

une heure (h) *hour,* I; **à quelle heure** *what time,* I; **A tout à l'heure.** *See you later.* I; **Il est quelle heure?** *What time is it?* I; **Il est... heure(s).** *It's . . . o'clock.* I; **l'heure du dîner** *dinner time,* I; **tout à l'heure** *in a minute,* I; **à l'heure** *on time,* II; **quatre dollars de l'heure** *four dollars an hour,* 7

heureusement *luckily, fortunately,* I

heureux, -euse *happy,* I

hier *yesterday,* I

l' histoire (f.) *history, story,* I; **une histoire d'amour** *love story,* I

l' hiver (m.) *winter,* I; **en hiver** *in the winter,* I

le *hockey *hockey,* I

un homme *man,* I

la *honte *shame,* 5

hop *bam,* 1

un hôpital (pl. **-aux**) *hospital,* I

un horaire *schedule, timetable,* I

horreur : un film d'horreur *horror movie,* I

horrible *horrible,* II

hors de *outside of,* 12

un *hors-d'œuvre (pl. **hors-d'œuvre**) *hors d'œuvre,* I

un hôtel *hotel,* I

humanitaire *humanitarian,* 11

I

ici *here,* I

un idéal *ideal,* II

idéal, -e *ideal,* II

une idée *idea,* I; **se faire une idée de** *to get a feel for,* II

idiot, -e *stupid,* I

un(e) idiot, -e *idiot,* 3; **faire l'idiot** *to act stupid,* I

une île *island,* II

illusions : se faire des illusions *to fool oneself,* 7

illustrer *to illustrate,* II

il y a *there is, there are,* I

une image *picture, image,* 5

imaginer *to imagine,* II

imiter *to imitate,* 1

immense *immense, huge,* I

un immeuble *apartment house,* I

des immigrés (m.) *immigrants,* 11

immortel, -le *immortal,* II

impatience : avec impatience *impatiently,* 6

s'impatienter (contre) *to get impatient (with),* 10

un imperméable *raincoat,* I

l' important (m.) *important thing,* II

impossible *impossible,* I

des impôts (m.) *taxes,* 7

impressionnant, -e *impressive,* I

incompatible *incompatible,* II

incompréhensible *incomprehensible,* II

l' inconnu, -e *unknown,* II

incroyable *unbelievable,* 5

l' Inde (f.) *India,* II

indécis, -e *undecided,* 2

l' indépendance (f.) *independence,* II

indépendant, -e *independent,* II

s'indigner *to become indignant,* 5

indispensable *indispensable,* II

un(e) industriel, -le *manufacturer,* 12

infect, -e *disgusting, rotten,* II

un(e) infirmier, -ère *nurse,* I

les informations (f.) *news,* I

l' informatique (f.) *computer science,* I

informer *to inform,* 6

un ingénieur *engineer,* I

inhabituel, -le *unusual,* 5

des initiatives (f.) *initiative,* 11

injuste *unfair, unjust,* II

inquiet, -ète *worried,* II

s'inquiéter *to worry,* II; **Ne t'inquiète pas.** *Don't worry.* II

les inscriptions (f.) *registration,* 2

s'inscrire *to register,* 2; **inscrit, -e** *enrolled,* II

insister *to insist,* 2

un instant *instant, moment,* II

un instrument *instrument,* II

insupportable *intolerable,* 5

l' intégration (f.) *integration,* 11

intensément *intensely,* II

les intentions (f.) *intentions, purpose,* 6; **avoir l'intention de** *to intend,* 6

interdire *to forbid, prohibit,* 5; **interdit, -e** *forbidden,* II

intéresser *to interest,* II; **Ça t'intéresse de... ?** *Are you interested in . . . ?* II

intérêt : avoir intérêt à *to be in one's interest to,* II

une interro(gation) *quiz,* I

interroger *to question,* 5

une interview *interview,* I

intransigeant, -e *uncompromising, stubborn,* 11

inutile *useless,* II

inventer *to invent,* II

inverser : Inversez les rôles. *Reverse roles.* 1

une invitation *invitation,* I

un(e) invité, -e *guest,* 1

inviter *to invite,* I

irremplaçable *irreplaceable,* 3

un itinéraire *itinerary, route,* II

l' **ivoire** (m.) *ivory,* 12

J

jaloux, -ouse *jealous,* 7
jamais : (ne...) jamais *never,* II
la **jambe** *leg,* II
le **jambon** *ham,* I
janvier (m.) *January,* I
les **Japonais** (m.) *Japanese people,* 7
un **jardin** *garden,* I; **un jardin anglais** *informal garden,* I
le **jaune** *yellow,* I; **jaune** *yellow,* I
le **jazz** *jazz,* I
un **jean** *jeans,* I
jeter *to throw,* 11
un **jeu** (pl. **-x**) *game show, game,* I; **les Jeux Olympiques** *Olympic Games, Olympics,* I
(le) **jeudi** *(on) Thursday(s),* I
jeune *young,* I
les **jeunes** (m.) *young people, the youth* I; **les jeunes français** *French young people,* I; **la Maison des jeunes (MJC)** *youth recreation center,* I
la **jeunesse** *youth,* 7
des **joggers** (m.) *running shoes,* I
le **jogging** *jogging,* I
la **joie** *joy,* II
joli, -e *pretty, attractive,* I; **Ça fait joli.** *That looks pretty.* I
jouer *to play,* I; **jouer à** *to play (a game),* I; **jouer au baby-foot** *to play table soccer,* I; **jouer comme un pied** *to play like an idiot,* I; **jouer de** *to play (a musical instrument),* I; **jouer à la Bourse** *to play the stock market,* II
un **jour** *day,* I; **tous les jours** *every day,* I; **les jours de repos** *days off,* 9
un **journal** (pl. **-aux**) *diary,* I; *newspaper,* II
un(e) **journaliste** *reporter,* I
une **journée** *day,* II; **toute la journée** *all day long,* II
joyeux, -euse *joyous, happy,* II; **Joyeuse Pâque!** *Happy Passover!* I; **Joyeuses Pâques!** *Happy Easter!* I; **Joyeux anniversaire!** *Happy birthday!* I; **Joyeux Noël!** *Merry Christmas!* I
le **judo** *judo,* II
juger *to judge,* 1
juillet (m.) *July,* I
juin (m.) *June,* I
une **jupe** *skirt,* I
le **jus** *juice,* I; **le jus de fruit** *fruit juice,* I

jusqu'à *until,* II; **jusqu'à ce que** *until,* 9
juste *just, only,* II
justement *as a matter of fact, exactly,* II

K

un **kilo (kg)** *kilo(gram),* I
un **kilomètre (km)** *kilometer,* I

L

la *it, her,* II
là *there,* I; **juste là** *right there,* I
là-bas *over there,* I
lâcher *to let go, release,* II
là-haut *up there,* II
laisser *to leave,* I; *to allow, let,* 3
le **lait** *milk,* I
une **lampe** *lamp,* I
lancer *to launch, start,* 5
les **langues** (f.) *languages,* 9
un **lapin** *rabbit,* II; **Elle m'a posé un lapin.** *She stood me up.* 3
large *wide, loose,* I
le **laser** *laser,* II
laver *to wash,* II
le *it, him,* II
le, la, l', les *the,* I
lèche-vitrines : faire du lèche-vitrines *to go window-shopping,* I
des **lecteurs, -trices** *readers,* 6
la **lecture** *reading,* 6
un **légume** *vegetable,* I
le long de *along,* II
le **lendemain** *the next day,* II
lentement *slowly,* II
lequel, lesquels, laquelle, lesquelles *which one(s),* 5
les *them,* II
leur *(to or for) them,* I
le **leur, la leur, les leurs** *theirs,* 3
leur, leurs *their,* I
se lever *to get up,* II
le **lever du soleil** *sunrise,* 5
un(e) **libraire** *bookseller,* I
une **librairie** *bookstore,* I
libre *free, unoccupied,* I
lié, -e *tied, linked,* 11
un **lieu** *place,* 3; **avoir lieu** *to take place,* 2
la **limonade** *lemon soda,* I
le **linge** *laundry,* 5
lire *to read,* I
une **liste** *list,* I
un **lit** *bed,* I
un **litre** *liter,* I
la **littérature** *literature,* 6
le **living** *living room,* I

un **livre** *book,* I
un **local** *place,* II
la **location** *rental,* 3
loin *far (off),* II; **loin de** *far from,* II
lointain, -e *faraway, distant,* II
les **loisirs** (m.) *free time,* II
long, longue *long,* II
longtemps *a long time,* II; **Ça fait longtemps que je ne t'ai pas vu(e)!** *It's been a long time since I've seen you!* II; **Il y a si longtemps!** *It's been such a long time!* II
lorsque *when,* 9
louer *to rent,* II
lui *(to or for) him/her,* I
(le) **lundi** *(on) Monday(s),* I
lutter *to fight, combat,* 11
le **lycée** *high school,* I
un(e) **lycéen, -ne** *high school student,* I
lyonnais, -e *from Lyons,* II
un(e) **Lyonnais, -e** *person who lives in Lyons,* II

M

ma *my,* I
mâcher *to chew,* 7
Macho! *Male chauvinist!* II
madame (Mme) *Mrs., madam, ma'am,* I
mademoiselle (Mlle) *miss,* I
un **magasin** *store,* I; **un grand magasin** *department store,* I
un **magazine** *magazine,* I
un **magnétoscope** *VCR, videocassette recorder,* I
magnifique *magnificent,* I
mai (m.) *May,* I
maigre *thin, skinny,* 5
un **maillot de bain** *bathing suit,* I
la **main** *hand,* II
maintenant *now,* I
le **maire** *mayor,* 2
la **mairie** *town hall,* I
mais *but,* I; **mais non** *of course not,* I
une **maison** *house, home,* I; **la Maison des jeunes (MJC)** *youth recreation center,* I; **une maison d'édition** *publishing house,* 9
majeur, -e *of age,* 2
mal *poorly, badly,* II; **pas mal** *not bad,* I
mal : avoir du mal à *to have difficulty,* II; **avoir le mal du pays** *to be homesick,* II; **avoir mal à** *to hurt, ache,* II; **mal au cœur** *stomach ache, nausea,* II;

dire du mal de *to speak ill of,* 7; **se faire mal** *to hurt oneself,* 10

malade *sick,* II

les **maladies** (f.) *diseases,* II

malheureusement *unfortunately,* II

malheureux, -euse *unfortunate, unhappy,* 10

malin, maligne *clever, smart,* I

maltraité, -e *mistreated, abused,* 11

maman *Mom,* I

un **manège** *merry-go-round,* 3

manger *to eat,* I

les **manières** (f.) *manners,* 3

une **manifestation** *show, demonstration,* II

un **mannequin** *model,* 7

manquer *to miss,* II; **manquer de** *to lack,* II; **... me manque** *I miss . . . ,* II

un **manteau** (pl. **-x**) *coat,* I

le **maquillage** *makeup,* 1

se maquiller *to put on makeup,* 1

marché : faire son marché *to do one's grocery shopping,* II

la **marche** *walking,* II

marcher *to walk,* I; *to get started, function,* II; **Ça marche?** (fam.) *Is it going well?* II

(le) **mardi** *(on) Tuesday(s),* I

un **mari** *husband,* I

mariage : l'anniversaire (m.) **de mariage** *wedding anniversary,* I

se marier (avec) *to get married (to),* II; **marié, -e** *married,* II

une **maroquinerie** *leather-goods shop,* I

la **marque** *brand,* 4

marquer : Ça ne m'a pas tellement marqué(e). *It didn't have much impact on me.* 11

marrant, -e *funny,* 1

marre : J'en ai marre de... *I'm sick of . . . ,* 6

le **marron** *brown,* I; **marron** *brown,* I

mars (m.) *March,* I

un **match** (pl. **-es**) *game,* I; **un match de foot** *soccer game,* I

les **maths (mathématiques)** (f.) *math,* I

une **matière** *school subject,* II; **la matière plastique** *plastic,* II

le/du **matin** *(in) the morning,* I

matinée : faire la grasse matinée *to sleep late,* II

mauvais, -e *bad,* I

un(e) **mécanicien, -ne** *mechanic,* 10

méchant, -e *mean,* I

un **médecin** *doctor*

la **médecine** *field of medicine,* 9

un **médicament** *medicine,* I

se méfier (de) *to beware (of),* 10

meilleur, -e *better, best,* II; **Meilleurs vœux/souhaits!** *Best wishes!* I

un **membre** *member,* I

même *same, even,* I

une **mémoire** *memory,* I; **un trou de mémoire** *memory lapse,* I

les **mémoires** (m.) *memoirs,* II

le **ménage** *housework,* II

un **mensonge** *lie,* 1

la **mer** *sea,* I; **au bord de la mer** *at the seashore,* II

merci *thank you, thanks,* I

(le) **mercredi** *(on) Wednesday(s),* I

une **mère** *mother,* I

merveilleux, -euse *marvelous,* II

mes *my,* I

une **mesure** *measure,* II

mesurer *to measure,* I

un **métier** *trade, craft,* II

un **mètre (m)** *meter,* I

le **métro** *subway,* I; **en métro** *by subway,* I

mettre *to put (on), wear,* I; **mettre la table** *to set the table,* I

se mettre *to begin,* 10

les **meubles** (m.) *furniture,* 5

miauler *to meow,* II

midi (m.) *noon,* I

le **mien, les miens, la mienne, les miennes** *mine,* 3

mieux *better,* I; **aimer mieux** *to prefer, like better,* I

mignon, -ne *cute,* I

des **millions** (m.) *millions,* II

mine : avoir mauvaise mine *to look sick,* II

un **minimum** *minimum,* II

minuit (m.) *midnight,* I

mis(e) à mort *put to death,* II

la **mise à mort** *killing,* II

la **misère** *misery,* 12

une **mob(ylette)** *moped,* I; **en mob(ylette)** *by moped,* I

moche *ugly,* 1

la **mode** *style,* I; **à la mode** *stylish,* I; **la mode branchée** *the latest style,* II; **la mode rétro** *the style of the Fifties,* I; **la mode sport** *the sporty style/look,* I

moderne *modern,* II

moi *me,* I; **moi aussi** *me too,* II; **moi non plus** *neither do I,* II

moins *minus,* I; **Il fait moins dix.** *It's ten degrees below (zero).* I; **au moins** *at least,* II; **moins de** *fewer, less,* II; **de moins en moins** *less and less,* 5; **moins que** *less than,* 7

un **mois** *month,* I

la **moitié** *half,* II

des **moments** (m.) *moments,* 2

mon *my,* I

le **monde** *world,* II; **tout le monde** *everybody,* I

monsieur (M.) *Mr., sir,* I

la **montagne** *mountain,* I; **à la montagne** *in the mountains,* I; **les montagnes russes** *roller coaster,* II

monter *to take up,* I; *to assemble, organize,* II; *to go up, climb,* 1

une **montgolfière** *hot-air balloon,* 10

une **montre** *watch,* I

Montréal *Montreal,* I

montrer *to show,* I

un **monument** *monument,* I

se moquer de *not to care about, to make fun of,* 5

morale : faire la morale *to lecture, preach,* 10

un **morceau** (pl. **-x**) *number, piece,* I

mort, -e *dead,* II

un **mot** *word,* 5; **un mot de remerciements** *thank-you note,* I; **un petit mot** *note,* I

le **moteur** *motor,* II

motivé, -e *motivated,* 5

une **moto** *motorcycle,* I; **en moto** *by motorcycle,* I

mou, molle, mous, molles *weak, lifeless, spineless,* 6

mouais *(expression of disinterest) Who cares?* I

un **mouchoir** *handkerchief,* I

mourir *to die,* 4

une **mousse au chocolat** *chocolate mousse,* I

des **moutons** (m.) *sheep,* 11

le **mouvement** *movement, action,* 5

un **moyen** *means,* II

moyen, -ne *average,* II

les **murs** (m.) *walls,* 6

musclé, -e *muscular,* 5

la **musculation** *body building,* II

le **musée** *museum,* I

un(e) **musicien, -ne** *musician,* II

la **musique** *music,* I

N

nager *to swim,* I

une **nappe** *tablecloth,* II

la **natation** *swimming,* I

la **nature** *nature*, **II**

naturel, -le *natural*, **II**

navet : C'est un navet! *It's a dud!* **I**

né, -e *born*, **7**

ne... pas *not*, **I; ne... jamais** *never*, **II; ne... plus** *no longer*, **II; ne... que** *only*, **II; ne... rien**, *nothing* **II; ne... aucun(e)** *no, not any*, **2; ne... ni... ni...** *neither . . . nor*, **7; ne... personne** *nobody*, **7; ne... point** *not*, **10**

nécessaire *necessary*, **II**

neiger *to snow*, **I**

neuf : Quoi de neuf? *What's new?* **II**

un **neveu** (pl. **-x**) *nephew*, **II**

le **nez** *nose*, **7**

ni : ne... ni... ni *neither . . . nor*, **7**

n'importe comment *anyhow, any old way*, **1**

n'importe quoi *anything*, **5**

Noël : Joyeux Noël! *Merry Christmas!* **I**

le **noir** *black*, **I; noir, -e** *black*, **I**

un **nom** *name*, **I**

nombreux, -euse *numerous*, **II**

non *no*, **I**

normal, -e *normal*, **II**

nos *our*, **I**

la **note** *grade*, **II**

notre *our*, **I**

le **nôtre, la nôtre, les nôtres** *ours*, **3**

se **nourrir** *to feed, nourish*, **II**

nourrissant, -e *nourishing*, **II**

la **nourriture** *food*, **6**

nouveau, nouvel, nouvelle, nouveaux, nouvelles *new*, **I; de nouveau** *again*, **3**

des **nouvelles** *news*, **II; une nouvelle** *short story*, **11**

novembre (m.) *November*, **I**

un **nuage** *cloud*, **I**

nul, -le *hopeless, useless*, **II**

un **numéro** *number*, **I; issue*, **6; Vous demandez quel numéro?** *What number are you calling?* **I**

nutritif, -ive *nutritive*, **II**

O

un **objectif** *lens*, **II**

les **objets trouvés** (m.) *lost and found*, **I**

une **obligation** *obligation*, **II**

obligatoire *mandatory*, **10**

obligé, -e *obliged*, **II**

observer *to observe*, **II**

obtenir *to obtain*, **2; obtenu** *obtained*, **1**

une **occasion** *opportunity*, **II; avoir l'occasion de** *to have the opportunity*, **II**

s'**occuper (de)** *to take charge (of)*, **II; occupé, -e** *busy*, **I**

octobre (m.) *October*, **I**

l' **odeur** (f.) *odor*, **II**

œil : Mon œil! *Yeah, right!* **1**

des **œufs** (m.) *eggs*, **I**

une **œuvre** *work*, **9**

l' **Office** (m.) **de tourisme** *Tourist Office*, **I**

offrir *to offer, give*, **I**

un **oiseau** (pl. **-x**) *bird*, **II**

une **omelette** *omelette*, **I**

on *one, we, you, they, people in general*, **I; On y va?** *Shall we go?* **I**

un **oncle** *uncle*, **I**

un **opéra** *opera*, **II**

optimiste *optimistic*, **II**

les **options** (f.) *options*, **6**

un **orage** *thunderstorm*, **I**

l' **orange** (m.) *orange (color)*, **I; orange** *orange*, **I; une orange** *orange (fruit)*, **II**

un **orchestre** *orchestra*, **II**

un **ordinateur** *computer*, **I**

organiser *to organize, arrange*, **I**

l' **orientation** (f.) *direction (of study)*, **9**

s'**orienter** *to choose one's course of study*, **9**

original, -e (m. pl. **-aux**) *original*, **I**

oser *to dare*, **II**

où *where*, **I; when*, **2**

ou *or*, **I; ou bien** *or else*, **I**

oublier *to forget*, **I**

oui *yes*, **I**

un **ouragan** *hurricane*, **I**

des **ours** (m.) *bears*, **11**

ouvert, -e *open*, **II**

un(e) **ouvrier, -ère** *blue-collar worker*, **I**

ouvrir *to open*, **I**

P

le **Pacifique** *Pacific*, **II**

des **pages** (f.) *pages*, **6**

le **pain** *bread*, **I**

pair : travailler au pair *to work as a mother's helper*, **II**

une **paire** *pair*, **I**

paisible *calm*, **11**

la **paix** *peace*, **12**

un **pamplemousse** *grapefruit*, **II**

un **panier** *basket*, **II**

panne : être en panne *to be out of order, break down*, **II**

un **pantalon** *pants, slacks*, **I**

papa *Dad*, **I**

une **papeterie** *stationery store*, **I**

des **papiers gras** (m.) *sticky, dirty papers*, **11**

Pâque : Joyeuse Pâque! *Happy Passover!* **I**

Pâques : Joyeuses Pâques! *Happy Easter!* **I**

par *per*, **I; from*, **10; une fois par semaine** *once a week*, **I; un week-end par mois** *one weekend a month*, **II; par exemple** *for example*, **6**

paraître *to appear, seem*, **7; il paraît (que)** *it seems (that)*, **II**

un **parapluie** *umbrella*, **I**

le **parc** *park*, **I; un parc d'attractions** *amusement park*, **II**

parce que *because*, **I**

pardon *excuse me*, **I**

pareil, -le *similar, such*, **II; alike*, **1**

les **parents** (m.) *parents*, **I**

paresseux, -euse *lazy*, **I**

parfait, -e *perfect*, **I**

parfaitement *perfectly*, **II**

parfois *sometimes*, **II**

le **parfum** *perfume*, **I**

parfumé, -e *perfumed*, **7**

une **parfumerie** *perfume shop*, **I**

parler *to speak, talk*, **I; Tu parles!** (fam.) *You've got to be kidding!* **II**

parmi *among*, **11**

la **parole** *word*, **II; couper la parole** *to interrupt*, **3**

parrainer *to sponsor*, **11**

partager *to share*, **3**

participer *to take part, participate*, **II**

particulier, -ère : des cours particuliers *private lessons*, **9**

partie : faire partie de *to belong to*, **II**

partir *to leave*, **I; à partir de** *from . . . on(ward)*, **II**

partout *everywhere*, **II**

parvenir : faire parvenir *to send, forward*, **9**

pas : ne... pas *not*, **I; pas encore** *not yet*, **I; pas mal** *not bad*, **I; pas de problèmes** *no problem*, **I; pas terrible/pas le pied** *not so great*, **I**

le **pas** *step*, **3**

un **passage (pour) piétons** *pedestrian crosswalk*, **10**

le **passé** *past*, **II**

passé, -e *last*, II

un **passeport** *passport*, I; **le contrôle des passeports** *passport check*, I

passer *to play (a movie), to go by/through, to spend (time)*, I; *to take (a test)*, II; **passer l'aspirateur** *to vacuum*, I; **passer sur** *to go up on*, I; **passer te prendre** *to come and pick you up*, 11

se passer *to happen*, 10; **Qu'est-ce qui se passe?** *What's going on?* 2

un **passe-temps** *pastime*, I

une **passion** *passion*, I

passionnant, -e *exciting*, II

passionné, -e (de) *enthusiastic (about)*, II

le **pâté** *pâté*, I

les **pâtes (f.)** *pasta*, II

patient, -e *patient*, II

patienter *to be patient*, 2

le **patin à glace** *ice-skating*, I

une **patinoire** *skating rink*, I

des **patins (m.)** *ice skates*, I

la **pâtisserie** *pastry shop*, I

la **patrie** *homeland*, 10

une **pause** *pause*, 5

pauvre *poor*, II

payer *to pay*, II; **payé, -e** *paid*, II

un **pays** *country*, II

le **paysage** *landscape*, 7

la **peau** *skin*, 7

la **pêche** *fishing*, II

se peigner *to comb one's hair*, 1

peindre *to paint*, 6

peine : Ce n'est pas la peine (de)... *It's not worth the trouble (to) . . .*, 6; **la peine de mort** *death penalty*, 6; **à peine** *barely*, 7

un **peintre** *painter*, I

la **peinture** *painting*, II

une **pellicule** *film (for camera)*, II

la **pelouse** *lawn*, II

pendant *during*, I

une **penderie** *closet*, I

pénible : C'est vraiment pénible! *It's really a pain!* 5

penser *to think*, I; **Qu'est-ce que tu en penses?** *What do you think of that?* I

perdre *to lose*, I

un **père** *father*, I

perfectionnement : une école de perfectionnement *professional school*, 2

se perfectionner *to improve*, 2

permettre *to permit, allow*, 5

le **permis de conduire** *driver's license*, 2

la **permission** *permission*, II

la **personnalité** *personality*, 1

une **personne** *person*, II; **(ne...) personne** *nobody*, 7

persuader *to persuade*, II

peser *to weigh*, II; **peser le pour et le contre** *to weigh the pros and cons*, 2

un **pesticide** *pesticide*, II

petit, -e *little, small*, I

le **pétrole** *oil*, 7

peu *little, not much*, II; **encore un peu** *a little more*, I; **un peu de** *a little*, I

un **peuple** *people*, 7

peur : avoir peur de *to be afraid of*, I

peut-être *maybe*, I; *perhaps*, II

le **phare** *headlight*, 10

une **pharmacie** *drugstore*, I

un(e) **pharmacien, -ne** *pharmacist*, II

la **philatelie** *stamp collecting*, II

une **photo** *photo, picture*, I

un(e) **photographe** *photographer*, I

la **photo(graphie)** *photography*, I; **faire de la photo** *to take pictures*, I

la **physique** *physics*, I

le **piano** *piano*, II

une **pièce** *room*, I; **une pièce de théâtre** *play*, II

un **pied** *foot*, I; **à pied** *on foot*, I; **C'est le pied!** *It's fun!* I; **jouer comme un pied** *to play like an idiot*, I; **pas le pied** *not so great*, I

un **piège** *trap*, 1

une **pierre** *stone*, I; **en pierre** *(made) of stone*, I

le **pilotage automatique** *automatic piloting*, II

un **pilote** *pilot*, II

piloter *to pilot*, II

des **pilules (f.)** *pills*, II

le **ping-pong** *ping pong*, II

un **pique-nique** *picnic*, II

pique-niquer *to picnic*, II

piquer des idées *to steal ideas*, 1

pire : de pire en pire *worse and worse*, 6

une **piscine** *swimming pool*, I

une **place** *square*, I; **des places** *seats*, 11

une **plage** *beach*, I

se plaindre *to complain*, II

plaire : s'il vous plaît *please*, I; **Ça t'a plu?** *Did you like it?* II; **Ça m'a plu.** *I liked it.* II; **Ça te plairait de... ?** *Would it please you to . . . ?* II; **Ça te plaît?** *Do you like it?* II

se plaire : Tu vas te plaire ici. *You're going to like it here.* II

plaisanter *to joke*, I

plaisir : avec plaisir *with pleasure*, I; **faire plaisir à** *to please*, II

un **plan** *map (of a city)*, I

la **planche à voile** *windsurfing*, I

une **planète** *planet*, II

plein (de) *a lot (of)*, I

plein, -e (de) *full (of)*, I

pleurer *to cry*, II

pleuvoir *to rain*, I; **Il pleut.** *It's raining. It'll rain.* I; **Il a plu.** *It rained.* II

la **pluie** *rain*, II

la **plupart (de)** *the majority (of)*, 4

plus *more, most, plus*, I; **au plus** *at most*, I; **en plus** *too*, I; **ne... plus** *no longer*, I; **le plus simple** *the simplest thing*, I; **plus tard** *later (on)*, I; **en plus** *in addition*, II; **plus que** *more than*, 7

plusieurs *several*, I

plutôt *more (of), rather, instead*, I; **plutôt que** *rather than*, 10

un **pneu** *tire*, 7

la **poche** *pocket*, 7; **l'argent de poche** *spending money, allowance*, II

point : ne... point *not*, 10

pointu, -e *pointed*, I

la **pointure** *size (shoes)*, I

une **poire** *pear*, II

le **poisson** *fish*, I

policier, -ère *detective*, I

polluer *to pollute*, II

la **pollution** *pollution*, II

un **polo** *polo shirt*, I

une **pomme** *apple*, II

une **pomme de terre** *potato*, II

une **pompe** *push-up*, II

un **port de plaisance** *marina*, I

une **porte** *door*, I

un **portefeuille** *wallet*, I

porter *to wear*, I

les **portières (f.)** *car doors*, II

poser *to put*, 11; **poser une question** *to ask a question*, II; **Elle m'a posé un lapin.** *She stood me up.* 3

positif, -ive *positive*, 6

la **possibilité** *possibility*, II

possible *possible*, 2

la **poste** *post office*, I

un **poster** *poster*, I

la **poterie** *pottery*, II

des **potes (m.) (fam.)** *pals*, 11

la **poubelle** *garbage can*, II

un **pouce** *inch*, I

une **poule** *chicken*, II

le **poulet** *chicken,* I

pour *for, in order to,* I; **pour que** *so that,* 9

pourquoi *why,* I

pourri, -e *rotten,* 11

poursuivant *pursuing, continuing,* 7

pousser *to push,* 5; *to urge,* 9; *to grow,* 11

pouvoir *to be able to, can,* I; **Je n'en peux plus!** *I can't continue!* II; **Il se peut que je...** *I might . . . ,* 9

le **pouvoir** *power,* 6

pratique *practical,* I

pratiquer *to take part in,* II

précis, -e *precise, definite,* 6

préciser *to specify, make clear,* 5

une **préférence** *preference,* II

préférer *to prefer,* I

un **préjugé** *prejudice,* 7

prendre *to take, to have (to eat or drink),* I; **prendre une résolution** *to make a resolution,* II; **prendre une décision** *to make a decision,* 9; **prendre conscience (de)** *to become aware (of),* 11

s'y prendre : Comment tu vas t'y prendre? *How are you going to manage it?* 11

préoccupé, -e *preoccupied, worried,* 11

préparer *to prepare, make,* I

près (de) *near,* I

une **présélection** *preselection,* 9

la **présentation** *appearance,* 6

présenter *to introduce,* 5

presque *almost,* I

pressé, -e *in a hurry,* II

prêt, -e *ready,* I

prétentieux, -euse *pretentious, showy,* 7

prêter *to lend,* II

une **preuve** *proof, evidence,* 4

prévenir *to warn, anticipate,* 9

prévu : quelque chose de prévu *something planned,* 3

prie : Je vous prie d'agréer l'expression de mes sentiments respectueux *Sincerely yours,* 2

le **principal** *the important thing,* 1

principal, -e (m. pl. **-aux**) *main,* I

le **printemps** *spring,* I; **au printemps** *in the spring,* I

pris, -e *busy, occupied,* II

une **prise** *hold,* II

le **prix** *price,* 1; *prize,* 5

probablement *probably,* II

un **problème** *problem,* I; **pas de problèmes** *no problem,* I; **des problèmes d'actualité** *current problems,* 6

un **procédé de fabrication** *manufacturing process,* 11

prochain, -e *next,* II

produire *to produce,* II

un **produit** *product,* 5

un **prof(esseur)** *teacher,* I

une **profession** *occupation,* I

profit : au profit de *for the benefit of,* 11

profiter (de) *to take advantage (of),* II

le **programme** *program,* 11

programmer *to program,* II

un(e) **programmeur, -euse** *computer programmer,* I

des **progrès** (m.) *progress,* II

un **projecteur** *projector,* II

un **projet** *project, plan,* II

projeter *to project,* II

une **promenade** *walk,* 11

promener *to walk (an animal),* II

se promener *to walk,* II

promettre *to promise,* II

proposer *to propose, suggest,* II

propre *own,* II

les **propriétaires** (m.) *owners,* 11

un **prospectus** *handbill, flier,* II

protéger *to protect,* 11

protester *to protest,* 11

provençal, -e *from Provence,* II

la **Provence** *Provence,* I

une **province** *province,* I; **en province** *in the provinces,* I

le **proviseur** *principal,* 6

provoquer *to provoke,* 11

proximité : à proximité de *near,* 3

prudent, -e *wise, careful,* 9

le **public** *audience,* II

un(e) **publiciste** *ad agent,* 5

publicitaire *concerned with advertising, publicity,* 5

la **publicité** *ad, commercial, publicity,* 5

publier *to publish,* 1

un **pull** *pullover,* I

punir *to punish,* 3

pur, -e *pure,* II

un **pyjama** *pajamas,* I

les **Pyrénées** (f.) *mountains separating France from Spain,* II

Q

quand *when,* I

un **quart** *quarter,* I; **et quart** *quarter past (the hour),* I; **moins**

le **quart** *quarter of/to (the hour),* I; **un quart d'heure** *a quarter-hour,* I

un **quartier** *neighborhood,* I

que *what,* I; **ne... que** *only,* II

les **Québécois** (m.) *inhabitants of Quebec,* I

quel, quels, quelle, quelles *which, what,* I; **Quel (Quelle)... !** *What a . . . !* I

quelque chose *something,* I; **quelque chose de prévu** *something planned,* 3

quelquefois *sometimes,* I

quelque part *somewhere,* II

quelques *some,* II

qu'est-ce que *what,* I; **Qu'est-ce que c'est?** *What is it/that?* I; **Qu'est-ce qu'il y a à la télé?** *What's on TV?* I

qu'est-ce qui *what,* II

une **question** *question,* I; **Quelle question!** *What a question!* I

queue : faire la queue *to stand in line,* 11

qui *who, whom,* I

qui est-ce que *whom,* II

qui est-ce qui *who,* II

Qu'il/elle est (+ adj.)! *It's so (+ adj.)!* I

quitter *to leave,* II; **Ne quittez pas.** *Hold on (telephone).* I

quoi *what,* I

quotidien, -ne *daily,* II

R

le **racisme** *racism,* 11

raconter *to tell,* II

une **radio** *radio,* I

la **raison** *reason,* II; **avoir raison** *to be right,* II; **Fais-toi une raison.** *Make the best of it.* II

raisonnable *reasonable,* 7

râler *to complain, fume,* II

ramasser *to pick up,* 11

ramener *to bring back,* 10

ranger *to straighten up, tidy up,* I

rapide *fast,* II

rapidement *rapidly,* II

rappeler *to call again/back,* II

rapporter *to tell, report,* 5; *to bring back,* 5

se rapporter à *to relate, refer to,* 5

les **rapports** (m.) *relationships,* 3

une **raquette** *(tennis) racket,* I

se raser *to shave,* 1

ras-le-bol : J'en ai ras-le-bol! *I've had it up to here!* 6

un **rasoir électrique** *electric razor,* I

rassurer to reassure, **2; rassuré, -e** reassured, **6**

se rassurer : Rassure-toi! *Don't worry!* **10**

rater to miss, **II;** to fail, **9**

ravi, -e delighted, **II**

un **rayon** department (in a store), **I**

les **réactions** (f.) reactions, **6**

réagir to react, **2**

réalisé, -e realized, made, **1**

la **réalité** reality, **7**

un(e) **réceptionniste** receptionist, desk clerk, **II**

recevoir to receive, **I**

la **recherche** search, **I;** research, **II**

un **récit** account, **11**

recommencer to start again, **II**

la **réconciliation** reconciliation, **3**

se réconcilier to reconcile, make up, **3**

reconnaître to recognize, **5**

la **récré(ation)** recess, break, **I**

un(e) **rédacteur, -trice** editor, **6**

redoubler to repeat a grade, **II**

réduire to reduce, **12**

réfléchir to reflect, **2**

la **réflexion** reflection, thought, **2**

un **réfrigérateur** refrigerator, **I**

refuser to refuse, **II**

le **regard** look, "eye," **5**

regarder to look at, watch, **I**

la **régie** production, **9**

régime : faire un régime to go on a diet, **II**

une **région** region, **II**

une **règle** ruler, **I;** rule, **II**

regrettable regrettable, **II**

regretter to be sorry, **I;** to regret, miss, **II**

la **reine** queen, **II**

les **relations** (f.) relations, relationships, **3**

une **remarque** comment, **6**

remarquer to notice, **1**

rembourser to pay back, **10**

remédier à to remedy, **12**

remerciements : un mot de remerciements thank-you note, **I**

remercier to thank, **I**

la **remise en forme** remaking, **II**

les **remparts** (m.) city walls, **I**

remporter to win (a prize), **5**

rencontrer to meet, **II**

rencontres : faire des rencontres to meet, **I**

un **rendez-vous** rendezvous, **I; se donner rendez-vous** to agree to meet somewhere, **3**

rendre to give back, return, **II; rendre visite à** to visit (a person), **5**

se rendre to make oneself, **10; se rendre compte de** to realize, **7**

les **renseignements** (m.) information, **I; aux renseignements** at the information desk, **I**

se renseigner to get information, **2**

rentrer to return, come/go home, **I**

renverser to overthrow, **6**

renvoyer to suspend (a student), **1;** to expel (a student), **6;** to fire (an employee), **12**

réparer to repair, **II**

repartir to leave again, **II**

un **repas** meal, **I**

répéter to rehearse, **II**

un **répondeur** telephone answering machine, **1**

répondre (à) to answer, **I; Ça ne répond pas.** There's no answer. **I**

un **reportage** news report, commentary, **I**

se reposer to rest, **II**

reprendre to start again, **II**

réservé, -e reserved, **II**

la **résistance** resistance, endurance, **II**

une **résolution** resolution; **prendre une résolution** to make a resolution, **II**

résoudre to solve, **II**

le **respect** respect, **11**

respirer to breathe, **II**

la **responsabilité** responsibility, **II**

se ressembler to look like each other, **3**

un **restaurant** restaurant, **II**

le **reste** rest, remainder, **II**

rester to stay, **I; il reste** there remain(s), **II**

le **résultat** result, **6**

résumer to summarize, **1**

rétablir la vérité to re-establish the truth, **7**

le **rétablissement** restoration, **II**

retard : en retard late, **I**

retirer to remove, **6**

retraite : à la retraite retired, **I**

rétro : la mode rétro the style of the Fifties, **I**

les **retrouvailles** (f.) reunion, **II**

retrouver to meet (again), **II; retrouver des couleurs** to get your color back, **II**

se retrouver to get together, **3**

une **réunion** meeting, **2**

réunir to collect, get together, **11**

réussir to succeed, **II; réussir (à)** to pass (a test), **9**

la **réussite** success, **7**

un **rêve** dream, **II**

réveillé, -e awakened, **II**

revenir to come back, **6**

rêver to dream, **I**

un(e) **rêveur, -euse** dreamer, **II**

le **rez-de-chaussée** ground floor, **I; au rez-de-chaussée** on the ground floor, **I**

riche rich, **II**

ridicule ridiculous, **1**

rien : (ne...) rien nothing, **II; Ça ne fait rien.** That's all right. **I; Ce n'est rien.** It's nothing. **I**

rigoler to laugh, have fun, **1**

rigolo, -te funny, **5**

rimer to rhyme, **5**

rire to laugh, **9**

risquer to risk, **9**

les **risques** (m.) risks, **9**

le **riz** rice, **I**

une **robe** dress, **I**

les **robots** (m.) robots, **II**

le **rock** rock (music), **I**

un **roi** king, **I**

romain, -e Roman, **II**

les **Romains** (m.) Romans, **II**

un **roman** novel, **1**

romantique romantic, **3**

une **rondelle** (hockey) puck, **I**

rose pink, **I**

le **rouge** red, **I; rouge** red, **I**

le **rouge à lèvres** lipstick, **1**

rouler to ride, drive, **7**

route : Bonne route! Have a good trip! (by car) **I; En route!** Let's get going! **II**

la **rubrique** column, **8**

rude harsh, **II**

la **rue** street, **I**

une **ruelle** alley, **8**

les **Russes** Russians, **7**

la **Russie** Russia, **II**

S

sa his, her, **I**

un **sac** bookbag, handbag, purse, **I**

un **sac à dos** backpack, **I**

le **Saint-Laurent** Saint Lawrence River, **II**

la **saison** season, **I**

une **salade** salad, **I**

sale (fam.) nasty, **3**

la **saleté** dirt, **5;** trash, **11**

salle : la salle à manger dining room, **I; la salle de bains** bathroom, **I**

le **salon** living room, **I**

salut hello, hi, bye, see you, **I**

(le) **samedi** (on) Saturday(s), **I**

une **sandale** *sandal*, I
un **sandwich** (pl. **-es**) *sandwich*, I
le **sang** *blood*, 6
sans *without*, II; **sans cesse** *without letup*, 5
les **sans-abri** *homeless people*, 11
la **santé** *health*, II; **Bonne santé!** *Get well soon!* I
satisfait, -e *satisfied*, II
une **sauce** *sauce*, I
le **saucisson** *salami*, I
sauf *except*, I
sauter aux yeux *to be strikingly obvious*, 5
savate : danser comme une savate *to dance like a clumsy idiot*, I
la **Savoie** *Savoy*, I
savoir *to know (how)*, I
le **saxophone** *saxophone*, II
scandaleux, -euse *scandalous*, 5
la **scène** *scene*, II; *stage*, 11
la **science-fiction** *science fiction*, I
scolaire (adj.) *school*, II
une **séance** *session*, 1
une **seconde** *second*, 1
secours : Au secours! *Help!* II
secret, -ète *secretive*, 3
la **sécurité** *safety*, 9
un **séjour** *stay;* **un séjour linguistique** *stay to learn a language*, II
selon *according to*, 11
la **semaine** *week*, I; **une fois par semaine** *once a week*, I
sembler *to seem*, 2
sensibiliser *to sensitize*, 5
sensible *sensitive*, 3
se sentir *to feel*, II
septembre (m.) *September*, I
une **série** *series*, I
sérieux, -euse *serious*, II
serrer les dents *to grit one's teeth*, 4
un(e) **serveur, -euse** *waiter, waitress*, II
un **service** *favor*, 10; **les services** *services*, II
servir *to serve*, 6; **Ça ne sert à rien.** *It doesn't do any good.* II
ses *his, her*, I
seul, -e *only*, I; *alone*, 1
seulement *only*, II
sévère *strict*, II
un **short** *shorts*, I
si *if, yes*, I; *so*, II
un **siècle** *century*, I
le **sien, les siens, la sienne, les siennes** *his, hers*, 3
signaler : Je te signale que... *Let me point out that . . . ,* 9
la **signification** *meaning*, 5

s'il vous plaît *please*, I
simple *simple*, 2; **le plus simple** *the simplest thing*, I
simplement *simply*, 11
simplifiant *simplifying*, 7
sincère *sincere*, 1
la **sincérité** *sincerity*, 10
le **site** *site, location*, I
une **situation** *situation*, 2
situé, -e *situated*, I
le **ski** *skiing*, I; **des skis** *skis*, I
un **slogan** *slogan*, 5
sobre *restrained*, 5
social, -e (m. pl. **-aux**) *social*, 7
une **sœur** *sister*, I
soif : avoir soif *to be thirsty*, I
(se) soigner *to take care of*, II
soigneusement *carefully*, 9
le **soin** *care*, 1
le **soir** *night, evening*, I; **le samedi soir** *(on) Saturday evenings*, I; **le/du soir** *(in) the evening*, I
une **soirée** *party, evening*, II
un **soldat** *soldier*, 4
une **solde** *sale*, 1
le **soleil** *sun*, I; **Il y a du soleil.** *It's sunny.* I; **attraper un coup de soleil** *to sunburn*, II; **un coup de soleil** *sunburn*, II; **le lever du soleil** *sunrise*, 5
la **solitude** *loneliness*, 11
une **solution** *solution*, I
un **solvant** *solvent*, II
le **sommaire** *table of contents (in a newspaper or magazine)*, 6
son *his, her*, I
le **son** *sound*, 5
un **sondage** *poll*, 1
songer (à) *to think (about)*, II
sonner *to ring (a doorbell)*, 1
sophistiqué, -e *sophisticated*, 7
la **sortie** *exit*, I; *evening out, outing*, 1
sortir *to go out*, I; *to take out*, II; *to appear, come out*, 6
un **sou** *dime*, 7
souffler *to blow (out)*, I; *to get one's breath back*, 10
souffrir *to suffer*, 10
un **souhait** *wish*, II; **Meilleurs souhaits!** *Best wishes!* I
souhaiter *to wish*, 2
souple *flexible*, I
les **sourcils** (m.) *eyebrows*, 6
Souriez! *Smile!* II
un **souvenir** *memory*, II
se souvenir *to remember*, 10
souvent *often*, I
la **SPA (Société protectrice des animaux)** *Humane Society*, 11
spécial, -e (m. pl. **-aux**) *special*, II

spécialisé, -e *specialized*, 2
la **spéléologie** *cave exploring*, II
splendide *splendid*, II
spontané, -e *spontaneous*, 3
un **sport** *sport*, I; **le sport** *sports*, I; **la mode sport** *the sporty style/look*, I
sportif, -ive *athletic*, II
un **squelette** *skeleton*, II
le **stade** *stadium*, I
un **stage** *training course*, II
une **station-service** *gas station*, II
un **steak-frites** *steak and french fries*, 7
un **stéréotype** *stereotype*, 7
strict, -e *strict*, II
stupide *stupid*, 3
un **style** *style*, I
un **stylo** *pen*, I
le **sud** *south*, I
suffit : Ça suffit! *That's enough!* I; **Il suffit (de)...** *It's enough . . . ,* 6
la **suite** *continuation*, I
suivre *to follow, take*, II
un **sujet** *subject*, 10; **au sujet de** *regarding, concerning, about*, II
super *super*, I
superbe *superb*, I
sur *in (a photo), on*, I
sûr, -e *sure*, 2; **bien sûr** *surely, of course*, I
sûrement *certainly*, II
le **surf** *surfing*, I
surgir *to crop up*, 2
la **surpopulation** *overpopulation*, II
surprenant, -e *surprising*, 7
surpris, -e *surprised*, 6
une **surprise** *surprise*, I
surtout *especially, mainly, mostly*, I
un **survêt(ement)** *jogging suit, sweatsuit*, I
un **sweat(-shirt)** *sweatshirt*, 1
swinguer : Ça va swinguer! *It's going to swing!* I
sympa(thique) *nice*, I

T

ta *your*, I
le **tabac** *tobacco*, 5
une **table** *table*, I; **mettre la table** *to set the table*, I; **une table de nuit** *night stand*, I
une **tablette** *bar*, I
la **tâche** *task*, II; **les tâches domestiques** *chores*, II
la **taille** *size*, I
un **tailleur** *woman's suit*, 2
tant pis *(that's just) too bad*, 4

une **tante** *aunt*, I
tantôt... tantôt *sometimes . . .
sometimes*, 5
taper à la machine *to type*, II
tard *late*, II; **plus tard** *later
(on)*, I
tarif réduit *reduced rate*, 6
une **tartine** *slice of bread and butter*,
II
un **tas (de)** *a lot (of)*, I
une **tasse** *cup*, I
le **taureau** (pl. **-x**) *bull*, II
un **taxi** *taxi*, I; **les taxis** *taxi stand*,
I
la **technologie** *shop (class)*, I; **les
technologies** *technologies*, II
un **tee-shirt** *T-shirt*, I
une **télécommande** *remote control
(for a TV)*, 5
un **téléphone** *telephone*, I
téléphoner (à) *to phone, call*, I
la **télé(vision)** *television, TV*, I
tellement *so much*, II
un **témoin** *witness*, 11
la **température** *temperature*, I; **Il
fait quelle température?**
What's the temperature? I
le **temps** *time*, I; **combien de
temps** *how long*, I; **au temps
de** *at the time of*, II; **de temps
en temps** *from time to time*,
II; **à temps complet** *full time*,
2
le **temps** *weather*, I; **Il fait quel
temps?** *What's the weather
like?* I
tenir : vous tenez *you're
holding*, 6
le **tennis** *tennis*, I; **des tennis**
(m.) *sneakers (low)*, I
terminer *to finish*, 2; **terminé, -e**
finished, ended, II
la **terrasse** *terrace*, I
la **terre** *ground, earth*, 11; **par
terre** *on the ground*, 11
terrible : pas terrible *not so
great*, I
tes *your*, I
la **tête** *head*, II; **faire la tête** *to
sulk*, 3
le **thé** *tea*, I
théâtre : faire du théâtre *to
take part in a theater group*, II;
une pièce de théâtre *play*, II
le **thème** *theme*, 1
une **thermos** *thermos*, II
le **tien, les tiens, la tienne, les
tiennes** *yours*, 3
tiens *hey, say*, I; *here*, II
le **Tiers Monde** *Third World*, 11
un **timbre** *stamp*, I
timide *shy, timid*, II

tirer *to draw (conclusions)*, 8
un **tissu** *fabric*, 5
le **titre** *title*, 3
toi *you*, I
les **toilettes** (f.) *toilet, restroom*, I
un **toit** *roof*, I
tolérant, -e *tolerant*, 3
une **tomate** *tomato*, II
tomber *to fall*, 11; **laisser
tomber** *to drop*, 11
ton *your*, I
tondre *to mow*, II
le **tonus** *muscle tone*, II
tort : avoir tort *to be wrong*, II;
être en tort *to be in the
wrong*, 10
tôt *early*, 11
toujours *always*, I
le **tour** *turn, spin, tour, ride*, II
une **tour** *tower*, I
un(e) **touriste** *tourist*, II
tourner *to turn*, I
un **tournoi** *tournament*, II
tout *all, everything*, II
tout : tout à fait *totally*, I; **tout
de suite** *right away*, I; **tout de
même** *anyway*, II
tout, toute, tous, toutes *all,
entirely*, I; **tous les ans** *every
year*, I; **tous les soirs** *every
evening/night*, I; **tout le
monde** *everybody*, I; **tout le
temps** *all the time*, II; **toutes
faites** *ready-made,
preconceived*, 7
un **train** *train*, I; **aller bon train**
to go at a good pace, 1
le **trajet** *route, journey*, II
une **tranche** *slice*, I
tranquille *calm*, 10; **Laisse-moi
tranquille!** *Leave me alone!* 11
tranquillement *quietly,
peacefully*, II
le **travail** *work, schoolwork*, I; **Au
travail!** *Down to work!* I
travailler *to work*, I; **travailler
au pair** *to work as a mother's
helper*, II
travailleur, -euse *hardworking*,
II
travers : à travers *through*, 6
traverser *to cross*, 10
trempé, -e *soaked*, II
très *very*, I
tricher *to cheat*, 10
triste *sad*, I
troisième *third*, I
le **trombone** *trombone*, II
se tromper *to be mistaken*, 1
la **trompette** *trumpet*, II
trop *too*, I; **trop de** *too much,
too many*, I; **Je ne sais pas**

trop. *I'm not (very) sure.* 9
le **trottoir** *sidewalk*, 11
un **trou** *hole*, I; **un trou de
mémoire** *memory lapse*, I
une **trousse** *pencil case*, I
trouver *to find*, I; **Comment tu
trouves?** *How is it?* I; **Tu
trouves?** *Do you think so?* I
un **truc** *gadget, thing*, 1
un **tube** *hit (song)*, I
tuer *to kill*, II
un **type** *guy*, I

U

un, une *a, an, one*, I
l' **université** (f.) *university*, 7
une **usine** *factory*, II
utile *useful*, 5; **se rendre utile**
to make oneself useful, II

V

les **vacances** (f.) *vacation*, I; **Bonnes
vacances!** *Have a good
vacation!* I
une **vache** *cow*, II
la **vaisselle** *dishes*, II
une **valeur** *value*, 10
une **valise** *suitcase*, I
varié, -e *varied*, I
les **variétés** (f.) *variety show*, I
vaut : il vaut mieux que... *it's
better that . . .* , II
végétarien, -ne *vegetarian*, II
la **veille** *eve*, II
le **vélo** *cycling*, I; **en vélo** *by
bicycle*, I; **un vélo** *bicycle*, I
un(e) **vendeur, -euse** *salesman,
saleswoman*, II
vendre *to sell*, II
(le) **vendredi** *(on) Friday(s)*, I
venir *to come*, I; **venir de** *to
have just*, II
le **vent** *wind*, I; **Il y a du vent.**
It's windy. I
un **verre** *glass*, II
vers *about, toward*, II
des **vers** (m.) *lines (of a poem)*, 1
le **vert** *green*, I; **vert, -e** *green*, I
le **vertige** *vertigo, fear of heights*, II
une **veste** *jacket, blazer*, I
un **vestige** *trace, relic*, II
un **vêtement** *article of clothing*, I;
les vêtements *clothes*, I
un **viaduc** *viaduct*, I
la **viande** *meat*, I
vide *empty*, 3
une **vie** *life*, I; **Quelle vie!** *What a
life!* I
**vieux, vieil, vieille, vieux,
vieilles** *old*, I; **mon vieux**
old buddy, 7

vif, vive *bright*, **I**
une **villa** *country house*, **II**
un **village** *village*, **I**
une **ville** *city, town*, **I**
le **vin** *wine*, **7**
une **vingtaine** *about twenty*, **II**
violent, -e *violent*, **I**
un **virage** *turn*, **10**
un **visage** *face*, **I**
une **visite** *visit*, **I; rendre visite à**
to visit (a person), **5**
visiter *to visit*, **I**
une **vitamine** *vitamin*, **II**
vite *quickly, fast*, **I**
vitesse : à toute vitesse *at full
speed*, **9**
une **vitrine** *store window*, **1**
vivre *to live*, **II; vive** *long live
. . . , hurrah for . . .* , **II**
un **vœu** (pl. **-x**) *wish*, **I; une carte
(de vœux)** *greeting card*, **I;
Meilleurs vœux!** *Best wishes!*
I
voici *here is/are*, **I**
voie : en pleine voie *in the
middle of the lane*, **10**

voilà *there is/are, here is/are,
here/there you are*, **I; le voilà**
there it is, **I**
la **voile** *sailing*, **II**
voir *to see*, **I; voyons** *let's see*,
5
un(e) **voisin, -e** *neighbor*, **II**
une **voiture** *car*, **I; en voiture** *by
car*, **I**
la **voix** *voice*, **II**
un **vol** *flight*, **I**
voler *to steal*, **10**
un(e) **voleur, -euse** *thief*, **12**
le **volley(-ball)** *volleyball*, **I**
la **volonté** *will, wishes*, **2**
volontiers *of course, gladly*, **I**
vos *your*, **I**
votre *your*, **I**
le **vôtre, la vôtre, les vôtres** *yours*,
3
vouloir *to want*, **I; Si tu veux.**
If you want to. **I; Je voudrais**
I would like, **II; vouloir dire**
to mean, **II**
vous *you*, **I**
un **voyage** *trip*, **II; Bon voyage!**

*Have a good trip! (by plane,
ship)* **I**
vrai, -e *true*, **I**
vraiment *really*, **I**
une **vue** *view*, **I**

W

un **week-end** *weekend*, **I**
un **western** *Western*, **I**

Y

y *there*, **I**
un **yacht** *yacht*, **II**
le **yaourt** *yogurt*, **II**
les **yeux** (m.) *eyes*, **1; sauter aux
yeux** *to be strikingly obvious*, **5**

Z

un **zéro** *zero*, **I; Il fait zéro.** *It's
zero (degrees).* **I**
un **zoom** *zoom lens*, **II**
Zut! *Darn it!* **I**

ENGLISH-FRENCH VOCABULARY

In this vocabulary list, the English definitions of all active French words in **Nouveaux copains,** in **Nous, les jeunes,** and in **Notre monde** are given, followed by the French. The words introduced in **Nouveaux copains** and **Nous, les jeunes** are identified by a roman numeral **I** or **II.** Each word introduced in **Notre monde** is identified by an arabic numeral that refers to the unit in which it is presented. It is important to use a French word in its correct context. The use of a word can be checked easily by referring to the unit in which it appears.

French words and phrases are presented in the same way as in the French-English Vocabulary.

A

a, an, one *un, une,* I
a, per *par,* II; **once a week** *une fois par semaine,* I; **one weekend a month** *un week-end par mois,* II
able: to be able to, can *pouvoir,* I
about *au sujet de, vers,* II
above all *avant tout,* 2
absolutely *absolument,* II
abused *maltraité, -e,* 11
to **accept** *accepter,* 2
to **accompany** *accompagner,* II
account: bank account *un compte,* II; **in my account** *sur mon compte,* II
to **ache** *avoir mal à,* II
acquainted: to be acquainted with *connaître,* I; **to get acquainted** *faire (la) connaissance,* II; **to get better acquainted** *faire plus ample connaissance,* 3
across (from) *en face (de),* I
to **act** *agir,* 10; **to act stupid** *faire l'idiot,* I
action, act, deed *un acte,* 10; **actions** *des actions* (f.), 11; **movement** *le mouvement,* 5
active *actif, -ive,* II
activity leader *animateur, -trice,* II
ad, announcement *une annonce,* II; **ad** *la publicité,* 5
to **adapt** *s'adapter,* II
ad agent *un(e) publiciste,* 5
addition: in addition *en plus,* II
address *une adresse,* I
to **admire** *admirer,* I
to **admit** *avouer,* 7
to **advance** *avancer,* II
advantage: to take advantage (of) *profiter (de),* II
advertising: concerned with advertising, publicity *publicitaire,* 5

advice *un conseil,* II
to **advise** *conseiller,* II
affair: love affair *une affaire de cœur,* II
to **affirm** *affirmer,* 1
afraid: to be afraid of *avoir peur de,* I; **I'm afraid . . .** *Je crains... ,* 6
after *après,* I
afternoon *l'après-midi* (m.); **in the afternoon** *de l'après-midi,* I
again *encore,* II; **Not again!** *Encore!* I
against *contre,* 5
age, epoch, era *une époque,* II; **of age** *majeur, -e,* 2
agency *une agence,* 5
to **agree** *être d'accord,* I; **to agree to meet somewhere** *se donner rendez-vous,* 3
air *l'air* (m.), II; **on the air** *en direct,* II
airplane *un avion,* I
airport *un aéroport,* I
alas *hélas,* II
album *un album,* I
alcohol *l'alcool* (m.), 5
alike *pareil, -le,* 1
all (pron.) *tout,* I; (adj.) *tout, toute, tous, toutes,* I
to **allow, let** *laisser,* 3; **to permit** *permettre,* 5
allowance, spending money *l'argent* (m.) *de poche,* II
all right: That's all right. *Ça ne fait rien.* I
almost *presque,* I
alone: Leave me alone! *Laisse-moi tranquille!* 11
along *le long de,* II
a lot *grand-chose,* 2; **a lot (of)** *beaucoup (de), plein (de), un tas (de),* I
already *déjà,* I

Alsatian *alsacien, -ne,* I
also, too *aussi,* I
always *toujours,* I
amateur *amateur,* II
ambition *l'ambition* (f.), 10
ambitious *ambitieux, -euse,* II
American *américain, -e,* I; **(person)** *un(e) Américain, -e,* I
to **amuse** *amuser,* 6
amusement park *un parc d'attractions,* II
amusements *les distractions* (f.), II
amusing *amusant, -e,* II
to **analyze** *analyser,* 5
ancient, old *ancien, -ne,* II
and *et,* I
angle, corner *l'angle* (m.), II; **wide angle** *grand angle,* II
angry *fâché, -e,* 11; **to get angry** *se fâcher,* 3
animal *un animal* (pl. *-aux*), I
anniversary, birthday *un anniversaire,* I
announcement, ad *une annonce,* II
to **annoy** *embêter,* II
another *encore un(e),* II
to **answer** *répondre (à),* I; **There's no answer.** *Ça ne répond pas.* I
to **anticipate, warn** *prévenir,* 9
anyhow *de toute façon,* 5
anything *n'importe quoi,* 5
anyway *tout de même,* II
apartment *un appartement,* I; **apartment house** *un immeuble,* I
appeal: That doesn't appeal to me. *Ça ne me dit rien.* II
to **appear, come out** *sortir,* 6; **to seem** *paraître,* 7
appearance *l'apparence* (f.), 1; *la présentation,* 6
apple *une pomme,* II
to **appreciate** *apprécier,* II
apprenticeship *un apprentissage,* II
to **approach, draw near** *approcher,* 9

April *avril* (m.), **I**
architect *un architecte*, **II**
arena *les arènes* (f.), **II**
to **argue, discuss** *discuter*, **II; to fight**
se disputer, **II**
arguments *des arguments* (m.), **2**
arm *le bras*, **10**
to **arrange, organize** *organiser*, **I**
arrival *l'arrivée* (f.), **I**
to **arrive** *arriver*, **I**
art *l'art* (m.), **I; art (class)** *les arts*
plastiques, **I**
articles *des articles* (m.), **6**
artist *un(e) dessinateur, -trice*, **6**
as *comme*, **I; as soon as** *dès que*,
II; as much as *autant que*, **7**
to **ask** *demander (à)*, **I; to ask a**
question *poser une question*, **II**
to **assemble, organize** *monter*, **II**
to **assess, take stock of** *faire le bilan*,
II
to **assure** *assurer*, **II**
at *à*, **I**
athletic *sportif, -ive*, **II**
atmosphere *une ambiance*, **I;**
There's a great atmosphere! *Il y*
a de l'ambiance! **I**
to **attend** *assister (à)*, **II**
attention: Pay attention. *Fais*
(Faites) attention. **II**
attentive *attentif, -ive*, **3**
to **attract** *attirer*, **1**
attraction *une attraction*, **II**
attractive *joli, -e*, **I; *attirant, -e*, 5**
audience *le public*, **II**
August *août* (m.), **I**
aunt *une tante*, **I**
autumn, fall *l'automne* (m.), **I; in**
the autumn *en automne*, **I**
avenue *une avenue*, **I**
average *moyen, -ne*, **II**
aw (expression of disdain) *bof*, **I**
awakened *réveillé, -e*, **II**
aware: to become aware (of)
prendre conscience (de), **11**

B

to **baby-sit** *faire du baby-sitting*, **I**
backpack *un sac à dos*, **I**
bad *mauvais, -e*, **I; (That's) too**
bad! *(C'est) dommage!* **II**
badly *mal*, **II**
baggage *les bagages* (m.), **I; at the**
baggage claim area *aux bagages*,
I
bakery *une boulangerie*, **I**
balanced *équilibré, -e*, **II**
ball: baseball, tennis ball *une*
balle, **I; (inflated ball, balloon)**
un ballon, **I**
bam *hop*, **1**
banal, ordinary *banal, -e*, **I**

banana *une banane*, **II**
bank *une banque*, **I**
bar (chocolate) *une tablette*, **I**
barbarian, barbaric *barbare*, **II**
to **bark** *aboyer*, **II**
baseball (sport) *le base-ball*, **I;**
baseball glove *un gant*, **I**
basilica *la basilique*, **II**
basket *un panier*, **II**
basketball (sport) *le basket(-ball)*, **I**
bass: bass guitar *la basse*, **II; bass**
player *un(e) bassiste*, **II**
bat (baseball) *une batte*, **I**
bathing suit *un maillot de bain*, **I**
bathroom *la salle de bains*, **I**
battle, fight *un combat*, **II**
to **be** *être*, **I; to be in business** *être*
dans les affaires, **II; to be in good**
shape *être en forme*, **II; to be out**
of order *être en panne*, **II; to be**
at ease *être à l'aise*, **1; to be**
classy *être classe*, **1; to be down**
avoir le cafard, **6; to be in the**
wrong *être en tort*, **10**
beach *une plage*, **I**
bean: string bean *un haricot vert*, **II**
beautiful *beau, bel, belle, beaux,*
belles, **I**
because *parce que*, **I; *car*, II;**
because of *à cause de*, **II**
to **become** *devenir*, **5**
bed *un lit*, **I; to go to bed** *se*
coucher, **II**
bedroom *une chambre*, **I**
before *avant (de)*, **I**
to **begin** *commencer*, **I; *débuter*, II;**
s'engager, **1; to begin with/by**
commencer par, **II**
beginner *un(e) débutant, -e*, **II**
beginning *le début*, **II**
Belgium *la Belgique*, **I**
to **believe** *croire*, **II; I believe** *Je*
crois, **II; Believe it or not!**
Figure-toi! **I**
to **belong to** *faire partie de*, **II**
below: down below *en bas*, **II**
benefit: for the benefit of *au profit*
de, **11**
beret *un béret*, **7**
besides *d'ailleurs*, **2**
best *meilleur, -e*, **II; Best wishes!**
Meilleurs vœux/souhaits! **I; Make**
the best of it. *Fais-toi une raison.*
II
best-seller *un best-seller*, **II**
better *mieux*, **I; *meilleur, -e*, II; to**
prefer, like better *aimer mieux*, **I;**
It's better that . . . *Il vaut mieux*
que..., **II**
between *entre*, **I**
beverage *une boisson*, **I**
to **beware (of)** *se méfier (de)*, **10**

bicycle *un vélo*, **I; *la bicyclette*, II;**
by bicycle *en vélo*, **I**
bicycling *la bicyclette*, **II**
big, large *grand, -e*, *gros, -se*, **I**
bill (money) *un billet*, **I**
biology *la biolo(gie)*, **I**
bird *un oiseau* (pl. -x), **II**
birthday *un anniversaire*, **I; Happy**
birthday! *Joyeux/Bon*
anniversaire! Bonne fête! **I**
black *le noir*, **I; *noir, -e*, I**
to **blow (out)** *souffler*, **I**
blue *le bleu*, **I; *bleu, -e*, I; blues**
(music) *le blues*, **I; to have the**
blues *avoir le cafard*, **6**
boat *un bateau* (pl. -x), **I**
body building *la musculation*, **II**
bold, courageous person *un(e)*
fonceur, -euse, **II**
bombarded *bombardé, -e*, **5**
book *un livre*, **I; bookbag** *un sac*,
I; bookcase *une étagère*, **I**
booklet (of tickets, stamps) *un*
carnet, **II**
bookseller *un(e) libraire*, **I;**
bookstore *une librairie*, **I**
boots *des bottes* (f.), **I; ski boots**
des chaussures de ski, **I**
to **bore** *barber* (fam.), **II; *ennuyer*, 3;**
to get bored *s'ennuyer*, **II**
boring *ennuyeux, -euse*, **II; It's**
boring! *C'est la barbe!* **I**
to **borrow (from)** *emprunter (à)*, **II**
to **bother** *gêner*, **5**
bottle *une bouteille*, **I**
boutique, shop *une boutique*, **I**
bowl *un bol*, **I**
bowling alley *un bowling*, **I**
box *une boîte*, **I**
boy *un garçon*, **I**
bracelet *un bracelet*, **I**
bread *le pain*, **I; long loaf of**
bread *une baguette*, **II**
break, recess *la récré(ation)*, **I;**
interruption *la coupure*, **5**
to **break** *casser*, **II; to break down**
être en panne, **II; to break (a limb,**
bone) *se casser*, **10**
breakfast *le petit déjeuner*, **I**
to **breathe** *respirer*, **II**
bright *vif, vive*, **I**
brilliant *brillant, -e*, **II**
to **bring** *apporter, emporter*, **I**
brioche *une brioche*, **I**
Brittany *la Bretagne*, **I**
broadcast *diffusé, -e*, **II**
broccoli *le brocoli*, **II**
brochure *une brochure*, **2**
brother *un frère*, **I**
brown *le marron*, **I; *marron, brun,*
-e, I**
brunet(te) *brun, -e*, **I**

Brussels *Bruxelles,* I
buddy: old buddy *mon vieux,* 7
to **budge, move** *bouger,* II
budget *un budget,* II
built *construit, -e,* II
bull *le taureau* (pl. *-x*), II;
bullfight *une course de taureaux,*
II
Burgundy *la Bourgogne,* I
bus (public) *un bus,* I; **by bus** *en
bus,* I
business *le commerce,* 9; **to be in
business** *être dans les affaires* (f.),
II
busy *occupé, -e,* I; *pris, -e,* II
but *mais,* I
butter *le beurre,* I; **peanut butter**
le beurre de cacahouètes, I
button (slogan) *un badge,* I
to **buy (for someone)** *acheter (à),* I
by *en,* I; **per** *par,* I; **by means of**
à force de, 6

C

cable car *un funiculaire,* II
cafe *un café,* I
cafeteria *une cafeteria,* I; *la
cantine,* II
cake *un gâteau* (pl. *-x*), I
calculator: pocket calculator *une
calculette,* I
call: to be called, named *s'appeler,*
I; **to call, phone** *téléphoner (à),* I;
appeler, II; **What number are you
calling?** *Vous demandez quel
numéro?* I; **Who's calling?** *Qui est
à l'appareil?* I; **to call, phone
again/back** *rappeler,* II
calm *calme,* II; *tranquille,* 10
calories *les calories* (f.), II
to **camp** *camper,* II
camp: vacation camp, resort *un
centre de loisirs/vacances,* II
camping *le camping,* II
Canada *le Canada,* I
cancer *le cancer,* II
candle *une bougie,* I
candy: piece of candy *un bonbon,* I
canoeing *le canoë,* II
capable *capable,* 5
capital *la capitale,* I
car *une voiture,* I; **by car** *en
voiture,* I
card *une carte,* I; **greeting card**
une carte de vœux, I; **postcard** *une
carte postale,* I
care *le soin,* 1; **Who cares?**
Mouais. I; **I don't care.** *Ça m'est
égal.* II; **to take care of** *garder, (se)
soigner,* II; **not to care about** *se
ficher de,* 1; *se moquer de,* 5

careful, wise *prudent, -e,* 9; **to be
careful** *faire attention,* II
carnival *le carnaval,* II
carrot *une carotte,* II
carrousel (for slides) *un carrousel,*
II
cartoon *un dessin animé,* I
case *un cas,* 3; **in any case** *en tout
cas,* 2; *de toute façon,* 5
cashier *un(e) caissier, -ère,* II
cassette *une cassette,* I
cat *un(e) chat, -te,* I
catastrophe *une catastrophe,* I
to **catch** *attraper,* II
category *la catégorie,* II
cathedral *une cathédrale,* I
cause *une cause,* 11
cave exploring *la spéléologie,* II
centimeter *un centimètre (cm),* I
century *un siècle,* I
cereal *des céréales* (f.), II
certain *certain, -e,* II; **certain ones**
certains, II
certainly *sûrement,* II
chair *une chaise,* I
championship *le championnat,* I
to **change** *changer,* II
charming *charmant, -e,* 7
check: traveler's check *un chèque
de voyage,* I
checkers: to play checkers *jouer
aux dames,* II
Cheer up! *Bon courage!* 2
cheese *le fromage,* I
chef *un chef,* I
chemical *chimique,* II
chess: to play chess *jouer aux
échecs,* II
to **chew** *mâcher,* 7
chicken *le poulet,* I; *une poule,* II
child *un enfant,* I
China *la Chine,* I
chocolate, hot chocolate *le
chocolat,* I; **chocolate mousse** *une
mousse au chocolat,* I
choice *le choix,* II
to **choose** *choisir,* I; **to choose one's
course of study** *s'orienter,* 9
chores *les tâches domestiques* (f.), II
Christmas: Merry Christmas!
Joyeux Noël! I
church *une église,* I
to **circulate** *circuler,* II
citizen: fellow citizen *un(e)
concitoyen, -ne,* 9
city, town *une ville,* I
civilized *civilisé, -e,* II
clarinet *la clarinette,* II
class, course *un cours,* I
classical *classique,* I; **classical
music** *le classique,* I
classy: to be classy *être classe,* 1

clear *clair, -e,* 5; **Make yourself
clear.** *Explique-toi.* 11
clever, smart *malin, maligne,* I
to **close** *fermer,* I
closet *une penderie,* I
clothing: article of clothing *un
vêtement,* I; **clothes** *les vêtements,*
I
cloud *un nuage,* I
club *un club,* I
coat *un manteau* (pl. *-x*), I
coffee *le café,* I; **coffee with milk**
le café au lait, I
cold *froid, -e,* I; **(weather)** *le froid,*
II; **It's cold.** *Il fait froid,* I
collapse: to be about to collapse
craquer (fam.), II
to **collect (for a hobby)** *collectionner,*
I; **(for a cause)** *collecter,* 11
collection (for a cause) *une collecte,*
11
to **colonize** *coloniser,* II
color *une couleur,* I; **to get your
color back** *retrouver des couleurs,*
II
colored *coloré, -e,* 1
to **comb one's hair** *se peigner,* 1
to **come** *venir,* I; **I'm coming!**
J'arrive! I; **to come/go home**
rentrer, I; **to come in** *entrer,* I;
Come on! *Allez!* II; **to come
back** *revenir,* 6; **to come out,
appear** *sortir,* 6; **to come and
pick you up** *passer te prendre,* 11
comedy *un film comique,* I
comic: comic book *une bédé,* II;
comic strips, comics *des bandes
dessinées* (f.), I
comment *un commentaire,* 1; *une
remarque,* 6
to **comment on** *commenter,* 5
commercial *la publicité,* 5
to **communicate** *communiquer,* II
competition *la concurrence,* 5; *la
compétition,* 7
to **complain** *se plaindre,* II; **to fume**
râler, II
completely *complètement,* 6
complex *le complexe,* II
complicated *compliqué, -e,* 2
**compliments: My compliments
on . . .** *Mes compliments pour...,* I
computer *un ordinateur,* I
computer programmer *un(e)
programmeur, -euse,* I
computer science *l'informatique* (f.), I
concerning *au sujet de,* II
concert *un concert,* I
to **confess** *avouer,* 7
confidant *un(e) confident, -e,* II
to **confide in** *se confier à,* 3
confidences *les confidences* (f.), 3

confident: You're very confident!
Tu ne doutes de rien! 9
conflict *un conflit,* 3
Congratulations! *Félicitations!*
II
consequences *les conséquences* (f.),
10
to **consider** *envisager (de),* 6
to **console** *consoler,* II
to **consult** *consulter,* 9
to **contain** *contenir,* II
contest *une compétition,* II
continually *continuellement,* II
continuation *la suite,* I
to **continue** *continuer,* I; **I can't
continue!** *Je n'en peux plus!* II
contrary: on the contrary *au
contraire,* II
contrast *le contraste,* 5
conversation *une conversation,* 6
convertible *une décapotable,* 7
to **convince** *convaincre,* 2; **I'm
convinced of it.** *J'en suis
convaincu(e).* II
cook *un(e) cuisinier, -ère,* 6
cookies *des biscuits* (m.), II
cooking *la cuisine,* II
cool *frais, fraîche,* I; **It's cool.** *Il
fait frais.* I
to **copy** *copier,* 11
corporation *une entreprise,* 9
to **cost** *coûter,* I
to **count** *compter,* II; **to count on**
compter sur, 10
country *la campagne,* I; **nation** *un
pays,* II
courage *le courage,* II
courageous, bold person *un(e)
fonceur, -euse,* II
course: of course *bien sûr,
volontiers,* I; **of course not** *mais
non,* I
courtyard *la cour,* II
cousin *un(e) cousin, -e,* I
cow *une vache,* II
to **create** *créer,* II
creation *la création,* 6
creative *créatif, -ive,* 5
croissant *un croissant,* I
to **crop up** *surgir,* 2
crowd *une foule,* II
to **cry** *pleurer,* II
cultural *culturel, -le,* 6
culturally *culturellement,* II
cup *une tasse,* I
to **cure** *guérir,* II
curious *curieux, -euse,* I
currency (money) exchange *le
bureau de change,* I
current: current events *les
actualités* (f.), 6; **current**

problems *les problèmes* (m.),
d'actualité 6
currently *actuellement,* II
customs *la douane,* I; **customs
agent** *un(e) douanier, -ère,* I
cut, interruption *la coupure,* 5
cute *mignon, -ne,* I
cycling *le vélo,* I

D

Dad *papa,* I
daily *quotidien, -ne,* II
dance *un bal, la danse,* II
to **dance** *danser,* I; **to dance like a
clumsy idiot** *danser comme une
savate,* I
dancer *un(e) danseur, -euse,* 2
dangerous *dangereux, -euse,* II
to **dare** *oser,* II
Darn it! *Zut!* I
date *la date,* I
daughter *une fille,* I
day *un jour,* I; *une journée,* II;
every day *tous les jours,* I; **all
day long** *toute la journée,* II; **the
next day** *le lendemain,* II
dead *mort, -e,* II
death: put to death *mis(e) à mort,* II
debate *le débat,* 5
to **decide** *décider,* I; **decided** *décidé,
-e,* II; **to determine** *décider de,* 9
decision *une décision,* II; **to make a
decision** *prendre une décision,* II
to **declare** *déclarer,* I
decorated *décoré, -e,* I
deed, action, act *un acte,* 10
to **defend (oneself)** *(se) défendre,* II
definite, precise *précis, -e,* 6
degrees: It's ten (degrees). *Il fait
dix.* I; **It's ten below (zero).** *Il fait
moins dix.* I
delicious *délicieux, -euse,* I
delighted *ravi, -e,* II
demonstration *une manifestation,* II
dentist *un(e) dentiste,* I
department (in a store) *un rayon,* I
departure *le départ,* II
to **depend (on)** *dépendre (de),* I
descent *une descente,* II
desire *un désir,* II
desk *un bureau* (pl. *-x*), I
desk clerk *un(e) réceptionniste,* II
dessert *le dessert,* I
destined, intended for *destiné, -e,* 7
detective *policier, -ère,* I
to **devote** *consacrer,* 7; **devoted (to)**
consacré, -e (à), II
devoured *dévoré, -e,* II
diary *un journal* (pl. *-aux*), I

dictionary *un dictionnaire,* I
diet: to go on a diet *faire un
régime,* II
different *différent, -e,* I
differently *autrement, différemment,*
II
difficult *difficile,* I; *dur, -e,* II
difficulties *les difficultés* (f.), 2; **to
have difficulty** *avoir du mal à,* II
dime *un sou,* 7
dining room *la salle à manger,* I
dinner *le dîner,* I; **dinner time**
l'heure du dîner, I; **to eat dinner**
dîner, I
diploma *un diplôme,* 2
direction (of study) *l'orientation*
(f.), 9
directly *directement,* II
director *un(e) directeur, -trice,* 5
dirtbiking *le bicross,* I
disappointed *déçu, -e,* 11
disco *une discothèque,* I
discouraged *désespéré, -e,* II
to **discuss, argue** *discuter,* II
discussion *une discussion,* II
diseases *les maladies* (f.), II
disguised *déguisé, -e,* 5
disgusting, rotten *infect, -e,* II
dishes *la vaisselle,* II
distant, faraway *lointain, -e,* II
to **distribute** *distribuer,* II
to **do** *faire,* I; **to do one's grocery
shopping** *faire son marché,* II
doctor *un médecin,* I; *le docteur,* II
dog *un(e) chien, -ne,* I
dollar *un dollar,* I
domestic, household *domestique,* II
door *la porte,* I; **car doors** *les
portières* (f.), II
dormitory *le dortoir,* II
down: to go down *descendre,* I; **to
be down** *avoir le cafard,* 6
dozen *une douzaine,* I
drawings *les dessins* (m.), 6
to **draw near, approach** *approcher,* 9
dream *un rêve,* II
to **dream** *rêver,* I
dreamer *un(e) rêveur, -euse,* II
dress *une robe,* I
dressed: to get dressed *s'habiller,* 1
drink *une boisson,* I
to **drink** *boire,* II
to **drive** *conduire,* 10; **to ride** *rouler,*
7
to **drop** *laisser tomber,* 11
drug *la drogue,* 5
drugstore *une pharmacie,* I
drums *la batterie,* II
duchess *la duchesse,* II
dud: It's a dud! *C'est un navet!* I
dumb, stupid *bête,* II

during   *pendant*, **I**
dynamic   *dynamique*, **II**

E

each   *chaque*, **II; Each one goes his separate way.**   *Chacun va de son côté.* **I**
early   *en avance*, **11**
to **earn**   *gagner*, **II**
earrings   *des boucles d'oreilles* (f.), **II**
ease: to be at ease   *être à l'aise*, **1**
Easter: Happy Easter!   *Joyeuses Pâques!* **I**
easy   *facile*, **I**
easy-going   *décontracté, -e*, **7**
to **eat**   *manger*, **I; to eat dinner**   *dîner*, **I; eaten**   *dévoré, -e*, **II**
eclair   *un éclair*, **II**
economical   *économe*, **II**
to **economize**   *économiser*, **II**
editorial   *un éditorial*, **6**
education   *la formation*, **2**
educational   *éducatif, -ive*, **II**
efficient   *efficace*, **7**
effort   *un effort*, **II,**
eggs   *des œufs* (m.), **I**
elderly   *âgé, -e*, **II**
electric   *électrique*, **II**
electronics technician   *un(e) électrotechnicien, -ne*, **9**
elegant   *élégant, -e*, **I**
else: or else   *ou bien*, **I**
to **embrace**   *embrasser*, **5**
emotion   *une émotion*, **II**
employee   *un(e) employé, -e*, **I**
to **encourage, favor**   *favoriser*, **5**
end   *la fin*, **II; at the end of**   *au fond de*, **I**
to **end, finish**   *finir*, **I;**   *terminer*, **2; ended, finished**   *terminé, -e*, **II**
endurance   *la résistance*, **II**
energetic   *énergique*, **II**
engineer   *un ingénieur*, **I**
England   *l'Angleterre* (f.), **II**
English (language)   *l'anglais* (m.), **I**
Enjoy your meal!   *Bon appétit!* **I**
enormous   *énorme*, **7**
enormously   *énormément*, **II**
enough   *assez (de)*, **I; That's enough!**   *Ça suffit!* **I; It's enough . . .**   *Il suffit (de)... ,* **6**
enrolled   *inscrit, -e*, **II**
to **entertain**   *divertir*, **5**
enthusiastic (about)   *passionné, -e (de)*, **II**
entire   *entier, -ère*, **7**
entrance   *l'entrée* (f.), **I**
to **envy**   *envier*, **II**

epoch, age, era   *une époque*, **II**
equal   *égal, -e* (m. pl.   *-aux*), **II**
to **equal**   *égaler*, **I**
equality   *l'égalité* (f.), **11**
eraser   *une gomme*, **I**
error   *une erreur*, **I**
escalator   *un escalator*, **I**
especially   *surtout*, **I**
essential   *essentiel, -le, indispensable*, **II**
Europe   *l'Europe* (f.), **I**
eve   *la veille*, **II**
even   *même*, **I**
evening   *un soir*, **I;**   *une soirée*, **II; every evening**   *tous les soirs*, **I; (in) the evening**   *le/du soir*, **I; (on) Saturday evenings**   *le samedi soir*, **I**
events: current events   *les actualités* (f.), **6**
every: every evening/night   *tous les soirs*, **I; every year**   *tous les ans*, **I**
everybody   *tout le monde*, **I**
everything, all   *tout*, **I**
everywhere   *partout*, **II**
to **evolve**   *évoluer*, **7**
exactly   *justement*, **II;**   *exactement*, **1**
to **exaggerate**   *exagérer*, **1; exaggerated**   *exagéré, -e*, **5**
exam(ination)   *un examen*, **I; taken upon completion of secondary school**   *le bac(calauréat)*, **II; competitive examination**   *le concours*, **9**
example   *l'exemple* (m.), **9; for example**   *par exemple*, **6**
to **exasperate**   *exaspérer*, **5**
excellent   *excellent, -e*, **I**
except   *sauf*, **I**
to **exchange**   *changer*, **I; in exchange**   *en échange*, **II**
exciting   *passionnant, -e*, **II**
exclusive   *exclusif, -ive*, **6**
excuse   *une excuse*, **11**
excuse me   *excusez-moi, pardon*, **I; to excuse oneself for**   *s'excuser de*, **3**
exercise   *un exercice*, **II**
exhausted   *crevé, -e, épuisé, -e*, **II**
exhibit   *une exposition*, **II**
to **exhibit**   *exposer*, **II**
to **exist**   *exister*, **II**
exit   *la sortie*, **I**
exotic   *exotique*, **5**
expensive   *cher, chère*, **I**
experiment   *une expérience*, **7**
to **explain**   *expliquer*, **II**
explanations   *des explications* (f.), **6**
to **express**   *exprimer*, **II**
extravagant, wild   *extravagant, -e*, **I**

extremely well   *drôlement bien*, **I**
eyes   *les yeux* (m.), **1**

F

fabulous   *fabuleux, -euse*, **II**
face   *un visage*, **I; to make a (funny) face**   *faire des grimaces* (f.), **II**
fact: in fact   *en fait*, **6**
factory   *une usine*, **II**
to **fail**   *échouer (à), rater*, **9**
fall, autumn   *l'automne* (m.), **I; in the fall**   *en automne*, **I**
to **fall**   *tomber*, **11**
false   *faux, fausse*, **I**
family   *une famille*, **I; with one's family**   *en famille*, **I**
famous   *célèbre*, **I**
fan   *un(e) fan(atique)*, **II**
fantastic   *génial, -e*, **I;**   *fantastique*, **II**
far (off)   *loin*, **II; far from**   *loin de*, **II; That's going too far!**   *Ça, c'est trop fort!* **3**
faraway, distant   *lointain, -e*, **II**
farewell, goodbye   *adieu*, **II**
farm   *une ferme*, **II**
fascinating   *fascinant, -e*, **II**
fast   *vite*, **I;**   *rapide*, **II**
fast-food restaurant   *un fast-food*, **II**
father   *un père*, **I**
fault   *une faute*, **3**
favor   *un service*, **10**
to **favor, encourage**   *favoriser*, **5**
February   *février* (m.), **I**
fed: I'm fed up!   *J'en ai assez!* **II**
to **feed, nourish**   *se nourrir*, **II**
to **feel**   *se sentir*, **II; to feel like**   *avoir envie (de)*, **I; to get a feel for**   *se faire une idée de*, **II; I don't feel up to . . .**   *Je n'ai pas le courage de...,* **II**
feminine   *féminin, -e*, **7**
Feminist!   *Féministe!* **II**
festival: well-known film festival   *le festival de Cannes*, **6**
fewer, less   *moins de*, **II**
fight, battle   *un combat*, **II**
to **fight, argue**   *se disputer*, **II**
film   *un film*, **I; (for camera)**   *une pellicule*, **II**
final game, finals   *la finale*, **I**
finally   *enfin*, **I;**   *finalement*, **2**
financial assistance   *une aide financière*, **6**
to **find**   *trouver*, **I**
fine   *bien, ça va*, **I**
to **finish, end**   *finir*, **I;**   *terminer*, **2; finished, ended**   *terminé, -e*, **II**
fireworks   *un feu d'artifice*, **II**

first (of all) *d'abord,* I
fish *le poisson,* I
fishing *la pêche,* II
flash *un flash,* II
flexible *souple,* I
flier, handbill *un prospectus,* II
flight *un vol,* I
flirt *un dragueur,* II
float (in a parade) *un char,* II
floor *un étage,* I; **the ground floor** *le rez-de-chaussée,* I; **on the second/third/fourth floor** *au premier/deuxième/troisième étage,* I
florist: the florist's *chez le/la fleuriste,* I
flower *une fleur,* I
flute *la flûte,* II
folk music *le folk,* I
to **follow** *suivre,* II
food *l'alimentation* (f.), II
to **fool oneself** *se faire des illusions,* 7
foot *un pied,* I; **on foot** *à pied,* I
for, in order to *pour,* I; **since** *depuis,* II
to **forbid** *interdire,* 5; **forbidden** *interdit, -e,* II
to **force oneself (to)** *se forcer (à),* II
foreign *étranger, -ère,* II
to **forget** *oublier,* I
to **form** *former,* II
fortifying *fortifiant, -e,* II
fortunately *heureusement,* I
fortune *une fortune,* 7
franc *un franc (F),* I
France *la France,* I
free, unoccupied *libre,* I; **without cost** *gratuit, -e,* 11
French *français, -e,* I; **(language)** *le français,* I; **(person)** *un(e) Français, -e,* I
French center for space research *le CNES (Centre national d'études spatiales),* II
french fries *des frites* (f.), I
Friday *vendredi* (m.), I; **on Friday(s)** *le vendredi,* I
fridge *un frigo,* I
friend *un(e) ami, -e, un copain, une copine,* I; **old friends** *les anciens* (m.), II
friendship *l'amitié* (f.), 10
frogs' legs *les cuisses* (f.) *de grenouilles,* 7
from *de,* I; *par,* 10; **from . . . on(ward)** *à partir de,* II
front: in front of *devant,* I
frozen *gelé, -e,* II
fruits *des fruits* (m.), I; **fruit juice** *le jus de fruit,* I
full (of) *plein, -e (de),* I

to **fume, complain** *râler,* II
fun, amusing *amusant, -e,* II; **It's fun!** *C'est le pied!* I; **to have fun** *s'amuser,* II; *rigoler,* 1; **to make fun of** *se moquer de,* 5
to **function** *fonctionner, marcher,* II
funny *drôle,* I; *marrant, -e,* 1
furious *furieux, -euse,* II
future *l'avenir* (m.), II

G

gadget, thing *un truc,* 1
game *un match* (pl. *-es*), *un jeu* (pl. *-x*), I; **game show** *un jeu* (pl. *-x*), I; **Olympic Games, Olympics** *les Jeux Olympiques,* I; **soccer game** *un match de foot,* I
garage *le garage,* II
garbage: garbage can *la poubelle,* II; **garbage dump** *une décharge publique,* 11
garden *un jardin,* I; **informal garden** *un jardin anglais,* I
garish, loud *criard, -e,* I
gas station *une station-service,* II
gay, happy *gai, -e,* II
general *général, -e* (m.pl. *-aux*), II
generosity *la générosité,* 10
generous *généreux, -euse,* I
Geneva *Genève,* I
gently, easy *doucement,* 11
geography *la géo(graphie),* I
get: Get well soon! *Bonne santé!* I; **to get acquainted** *faire (la) connaissance,* II; **to get along well (with)** *s'entendre bien (avec),* II; **to get bored** *s'ennuyer,* II; **to get a feel for** *se faire une idée de,* II; **to get married (to)** *se marier (avec),* II; **to get started** *marcher,* II; **to get a tan** *bronzer,* II; **to get up** *se lever,* II; **to get used to** *s'adapter à,* II; **to get your color back** *retrouver des couleurs,* II; **to get dressed** *s'habiller,* 1; **to get information** *se renseigner,* 2; **to get angry** *se fâcher,* 3; **to get together** *se retrouver,* 3; **to get upset** *s'énerver,* 3
ghost *un fantôme,* II
gift *un cadeau* (pl. *-x*), I
gifted *doué, -e,* 5
girl *une fille,* I
to **give** *donner, offrir,* I; **to give up** *abandonner,* I; **to give back, return** *rendre,* II
glad *content, -e,* II
gladiator *un gladiateur,* II
gladly *volontiers,* I
glass *un verre,* II
glove (baseball) *un gant,* I

to **go** *aller,* I; **Go on!** *Allez!* I; **Let's go!** *Allons-y!* I; **Shall we go?** *On y va?* I; **to go by/through** *passer,* I; **to go down** *descendre,* I; **to go to the movies** *aller au cinéma,* I; **to go out** *sortir,* I; **to go up on** *passer sur,* I; **to go window-shopping** *faire du lèche-vitrines,* I; **How's it going?** *Ça boume?* (fam.) II; **Is it going well?** *Ça marche?* (fam.) II; **Let's get going!** *En route!* II; **to go to bed** *se coucher,* II; **to go on a diet** *faire un régime,* II; **to go shopping** *faire des achats,* II; **to go at a good pace** *aller bon train,* 1; **What's going on?** *Qu'est-ce qui se passe?* 2
goal *un but,* II
good, O.K. *bon, bonne,* I; **It doesn't do any good.** *Ça ne sert à rien.* II
goodbye *au revoir, salut,* I; *adieu,* II
good evening *bonsoir,* I
grade *une classe,* I; *la note,* II
gram *un gramme (g),* I
grandfather *un grand-père,* I
grandmother *une grand-mère,* I
grandparents *les grands-parents* (m.), I
grapefruit *un pamplemousse,* II
gray *gris, -e,* I
grayish *grisâtre,* 6
great *chouette, extra(ordinaire), génial, -e* (m.pl. *-aux*), I; *formidable,* II; **not so great** *pas terrible, pas le pied,* I
green *le vert,* I; *vert, -e,* I
grocery store *une épicerie,* I
ground: ground floor *le rez-de-chaussée,* I; **on the ground floor** *au rez-de-chaussée,* I; **on the ground** *par terre,* 11
group *une bande,* II
to **guarantee** *garantir,* II
to **guard** *garder,* I
guest *un(e) invité, -e,* 1; **guest room** *une chambre d'amis,* I
guide *un guide,* I; **tour guide** *un guide touristique,* I
guidebook *un guide,* I
guitar *une guitare,* I
guy *un type,* I
gym, gymnastics, P.E. *la gym(nastique),* I

H

habit *une habitude,* II
hair *les cheveux* (m.), I; **to do one's hair** *se coiffer,* 1
hairdo *une coiffure,* I

half *la moitié*, **II; a half-hour** *une demi-heure*, **I; half past (the hour)** *et demie*, **I**

hall *le couloir*, **I**

ham *le jambon*, **I**

hand *la main*, **II; on the other hand** *par contre*, **5**

handbag *un sac*, **I**

handbill, flier *un prospectus*, **II**

handicapped *handicapé, -e*, **II**

handkerchief *un mouchoir*, **I**

to **happen** *se passer*, **10**

happy *heureux, -euse*, **I;** *content, -e, gai, -e, joyeux, -euse*, **II**

hard *difficile*, **I;** *dur, -e*, **II**

hardworking *travailleur, -euse*, **II**

harsh *rude*, **II**

hat *un chapeau*, **II**

to **hate** *détester*, **I**

to **have** *avoir*, **I; to have (to eat or drink)** *prendre*, **I; to have to** *Il faut*, **I;** *devoir*, **II; to have difficulty** *avoir du mal à*, **II; to have the opportunity** *avoir l'occasion de*, **II; to have the right to** *avoir le droit de*, **II; to have the blues** *avoir le cafard*, **6; I've had it up to here!** *J'en ai ras-le-bol!* **6**

he *il*, **I; he's** *c'est*, **I**

head *la tête*, **II**

headlight *le phare*, **10**

health *la santé*, **II**

to **hear** *entendre*, **II; to hear about** *entendre parler de*, **2; to hear say** *entendre dire*, **7**

heated, lively *animé, -e*, **2**

hell *l'enfer* (m.), **II**

hello *bonjour, salut*, **I; (on phone)** *allô*, **I**

helmet *un casque*, **I**

to **help** *aider*, **II; Help!** *Au secours!* **II**

her *la*, **II; (to or for) her** *lui*, **I;** *son, sa, ses*, **I; hers** *le sien, les siens, la sienne, les siennes*, **3**

here *ici*, **I;** *tiens*, **II; here is/are** *voici, voilà*, **I**

to **hesitate** *hésiter*, **II**

hey, say *tiens*, **I**

hi *coucou*, **II**

to **hide** *cacher*, **10**

high *haut, -e*, **II**

high school *un lycée*, **I; high school student** *un(e) lycéen, -ne*, **I; to quit high school** *arrêter le lycée*, **2**

him *le*, **II; (to or for) him** *lui*, **I**

his *son, sa, ses*, **I;** *le sien, les siens, la sienne, les siennes*, **3**

history *l'histoire* (f.), **I**

hit (song) *un tube*, **I**

hockey *le hockey*, **I; hockey puck** *une rondelle*, **I; hockey stick** *une crosse*, **I**

hold *une prise*, **II; Hold on (telephone).** *Ne quittez pas.* **I**

hole *un trou*, **I**

holiday *une fête*, **I**

homeless people *les sans-abri*, **11**

homesick: to be homesick *avoir le mal du pays*, **II**

homework *les devoirs* (m.), **I**

to **hope** *espérer*, **I**

hopeless, useless *nul, nulle*, **II**

horrible *horrible*, **II**

horror movie *un film d'horreur*, **I**

hors d'oeuvre *un hors-d'œuvre* (pl. *hors-d'œuvre*), **I**

horse *le cheval* (pl. -aux), **I; horseback riding** *le cheval*, **I;** *l'équitation* (f.), **II**

hospitable *accueillant, -e*, **7**

hospital *un hôpital* (pl. -aux), **I**

hotel *un hôtel*, **I**

hour *une heure* (h), **I**

house, home *une maison*, **I; to/at someone's house** *chez*, **I; country house** *une villa*, **II; student housing** *des foyers pour étudiants* (m.), **2**

household, domestic *domestique*, **II**

housework *le ménage*, **II**

how *comment*, **I;** *ce que*, **II; How are things?** *Ça va?* **I; How is it?** *Comment tu trouves?* **I; how long** *combien de temps*, **I; how much, how many** *combien (de)*, **I; How old are you?** *Tu as (Vous avez) quel âge?* **I; How are you?** *Comment allez-vous?* **II; How's it going?** *Ça boume?* **II; How are you going to manage it?** *Comment tu vas t'y prendre?* **11**

huge, immense *immense*, **I;** *énorme*, **7**

huh? *hein?* **I**

humanitarian *humanitaire*, **11**

hundred: about a hundred *une centaine*, **II**

hunger *la faim*, **II**

hungry: It makes you hungry. *Ça donne faim.* **I; to be hungry** *avoir faim*, **I**

hurrah: hurrah for . . . , long live . . . *vive... ,* **II**

hurricane *un ouragan*, **I**

to **hurry** *se dépêcher*, **II; Hurry!** *Dépêche-toi!* **II; in a hurry** *pressé, -e*, **II**

to **hurt, ache** *avoir mal à*, **II; to hurt oneself** *se faire mal*, **10**

husband *un mari*, **I**

I

I *je*, **I**

ice *la glace*, **I; ice cream** *une glace*, **II**

ice-skating *le patin à glace*, **I; ice skates** *des patins* (m.), **I**

idea *une idée*, **I**

ideal *un idéal*, **II;** *idéal, -e*, **II**

idiot *un(e) idiot, -e*, **3; to dance like a clumsy idiot** *danser comme une savate*, **I; to play like an idiot** *jouer comme un pied*, **I**

if *si*, **I**

to **illustrate** *illustrer*, **II**

image, picture *une image*, **5**

to **imagine** *imaginer*, **II**

to **imitate** *imiter*, **1**

immense, huge *immense*, **I**

immigrants *des immigrés* (m.), **11**

immortal *immortel, -le*, **II**

impact: It didn't have much impact on me. *Ça ne m'a pas tellement marqué(e).* **11**

impatiently *avec impatience*, **6**

important *grave*, **II; the important thing** *l'important* (m.), **II;** *le principal*, **1**

impossible *impossible*, **I**

impressive *impressionnant, -e*, **I**

to **improve** *se perfectionner*, **2**

in *à, dans, en*, **I; in (a photo)** *sur*, **I; in order to** *pour*, **I**

inch *un pouce*, **I**

incompatible *incompatible*, **II**

incomprehensible *incompréhensible*, **II**

independence *l'indépendance* (f.), **II**

independent *indépendant, -e*, **II**

India *l'Inde* (f.), **II**

indignant: to become indignant *s'indigner*, **5**

indispensable *indispensable*, **II**

inexpensive *pas cher*, **I**

to **inform** *informer*, **6**

information *les renseignements* (m.), **I; at the information desk** *aux renseignements*, **I; to get information** *se renseigner*, **2**

initiative *des initiatives* (f.), **11**

to **insist** *insister*, **2**

instant *un instant*, **II**

instead *plutôt*, **I**

instrument *un instrument*, **II**

integration *l'intégration* (f.), **11**

to **intend** *avoir l'intention de*, **6; intended for, destined** *destiné, -e*, **7**

intensely *intensément*, **II**

intentions, purpose *les intentions* (f.), **6**

to **interest** *intéresser*, **II; Are you**

interested in . . . ? *Ça t'intéresse de... ?* **II; to be in one's interest to** *avoir intérêt à,* **II**
to **interrupt** *couper la parole,* **3**
interruption *la coupure,* **5**
interview *une interview,* **I**
intolerable *insupportable,* **5**
to **introduce** *présenter,* **5**
to **invent** *inventer,* **II**
invitation *une invitation,* **I**
to **invite** *inviter,* **I**
irreplaceable *irremplaçable,* **3**
to **irritate** *exaspérer,* **5**
irritating *énervant, -e,* **2**
island *une île,* **II**
issue, 6 *le numéro*
it *ça,* **I;** *il, elle,* **I;** *le, la,* **II; it's** *c'est,* **I; It's so (+ adj.)!** *Qu'il/elle est (+ adj.)!* **I**
itinerary *un itinéraire,* **II**

J

jacket: waist-length jacket *un blouson,* **I; blazer** *une veste,* **I**
jam *la confiture,* **I**
January *janvier* (m.), **I**
jazz *le jazz,* **I**
jealous *jaloux, -ouse,* **7**
jeans *un jean,* **I**
jewel *un bijou,* **I; jewelry** *des bijoux,* **I; jewelry store** *une bijouterie,* **I**
job *un boulot* (fam.), *un emploi,* **II**
jogging *le jogging,* **I; jogging suit** *un survêt(ement),* **I**
joke *une blague,* **7**
to **joke** *plaisanter,* **I;** *blaguer,* **7**
journey *un voyage,* **II; (distance covered)** *le trajet,* **II**
joy *la joie,* **II**
joyous, happy *joyeux, -euse,* **II**
to **judge** *juger,* **1**
judo *le judo,* **II**
juice *le jus,* **I; fruit juice** *le jus de fruit,* **I**
July *juillet* (m.), **I**
June *juin* (m.), **I**
junior year *la (classe de) première,* **2**
just *juste,* **II; to have just** *venir de,* **II**

K

kayaking *le canoë-kayak,* **II**
to **keep** *garder, conserver,* **II; to keep in shape** *garder la forme,* **I**
kidding: You've got to be kidding! *Tu parles!* (fam.) **II; No kidding!** *Sans blague!* **7**
to **kill** *tuer,* **II**
killing *la mise à mort,* **II**

kilo(gram) *un kilo (kg),* **I**
kilometer *un kilomètre (km),* **I**
kind *un genre,* **I**
king *un roi,* **I**
to **kiss** *embrasser,* **II**
kisses: Love and kisses *Bises,* **I**
kitchen *la cuisine,* **I**
to **know (how)** *savoir,* **I; to be acquainted with** *connaître,* **I**

L

to **lack** *manquer de,* **II**
lamp *une lampe,* **I**
languages *les langues* (f.), **9**
large, big *grand, -e, gros, -se,* **I**
laser *le laser,* **II**
last *dernier, -ère,* **I;** *passé, -e,* **II,**
to **last** *durer,* **II**
late *en retard,* **I;** *tard,* **II**
later (on) *plus tard,* **I; See you later.** *A toute à l'heure.* **I**
to **laugh, have fun** *rigoler,* **1**
to **launch, start** *lancer,* **5**
lawn *la pelouse,* **I**
lawyer *un(e) avocat, -e,* **I**
lazy *paresseux, -euse,* **I**
to **leaf through (a book, magazine)** *feuilleter,* **5**
to **learn** *apprendre,* **II**
least: at least *au moins,* **II**
leather-goods shop *une maroquinerie,* **I**
to **leave** *laisser, partir,* **I;** *quitter,* **II;** *s'en aller,* **3; to leave again** *repartir,* **II**
to **lecture, preach** *faire la morale,* **10**
left: to the left (of) *à gauche (de),* **I**
leg *la jambe,* **II**
lemon soda *la limonade,* **I**
to **lend** *prêter,* **II**
lens *un objectif,* **II; zoom lens** *un zoom,* **II**
less, fewer *moins de,* **II; less and less** *de moins en moins,* **5; less than** *moins que,* **7**
lessons: private lessons *des cours particuliers,* **9**
to **let go** *lâcher,* **II**
lie *un mensonge,* **1**
life *une vie,* **I; What a life!** *Quelle vie!* **I**
lifeless, spineless, weak *mou, molle, mous, molles,* **6**
like *comme,* **I**
to **like** *aimer,* **I; Do you like it?** *Ça te plaît?* **II; Did you like it?** *Ça t'a plu?* **II; I liked it.** *Ça m'a plu.* **II; I would like** *Je voudrais,* **II; You're going to like it here.** *Tu vas te plaire ici.* **II**
lipstick *le rouge à lèvres,* **1**

list *une liste,* **I**
to **listen (to)** *écouter,* **I**
listeners *les auditeurs, -trices,* **II**
liter *un litre,* **I**
literature *la littérature,* **6**
little *petit, -e,* **I; not much** *peu,* **II; a little** *un peu (de),* **I; a little more** *encore un peu,* **I**
to **live** *vivre,* **II; to live (in), reside** *habiter,* **I**
lively, heated *animé, -e,* **2**
living room *le living, le salon,* **I**
location *l'emplacement* (m.), *un site,* **I**
long *long, longue,* **II**
longer: no longer *ne... plus,* **I**
look, "eye" *le regard,* **5**
to **look at, watch** *regarder,* **I; to look for** *chercher,* **I; to look like** *avoir l'air de,* **I; It looks nice on you.** *Il/Elle te va bien.* **I; They look nice on you.** *Ils/Elles te vont bien.* **I; That looks pretty.** *Ça fait joli.* **I; to look sick** *avoir mauvaise mine,* **II; Look out!** *Faites gaffe!* **10**
loose (clothing) *large,* **I**
to **lose** *perdre,* **I**
lost and found *les objets trouvés,* **I**
lot: a lot *grand-chose,* **2; a lot (of)** *beaucoup (de), plein (de), un tas (de),* **I**
loud, garish *criard, -e,* **I**
loudly *fort,* **II; louder** *plus fort,* **II**
love: Love and kisses *Bises,* **I; love story** *une histoire d'amour,* **I; Everyone sends you their love.** *Tout le monde t'embrasse.* **II; in love (with)** *amoureux, -euse (de),* **II; love affair** *une affaire de cœur,* **II**
to **love** *aimer, adorer,* **I**
luck *la chance,* **II**
luckily *heureusement,* **I**
luggage *les bagages* (m.), **I**
lunch *le déjeuner,* **I; to have lunch** *déjeuner,* **II**
Lyons: from Lyons *lyonnais, -e,* **II**

M

mad: raving mad *fou, fol, folle, fous, folles,* **10**
magazine *un magazine,* **I**
magnificent *magnifique,* **I**
mail *le courrier,* **6**
main *principal, -e* (m. pl. *-aux*), **I**
mainly, mostly, especially *surtout,* **I**
to **make** *faire, préparer,* **I;** *fabriquer,* **II; It makes you hungry.** *Ça donne faim.* **I; Make yourself at**

home. *Fais (Faites) comme chez toi (vous).* I; **Make the best of it.** *Fais-toi une raison.* II; **to make a (funny) face** *faire des grimaces,* II; **to make oneself useful** *se rendre utile,* II; **to make a resolution** *prendre une résolution,* II; **to make up, reconcile** *se réconcilier,* 3; **to make fun of** *se moquer de,* 5; **to make a decision** *prendre une décision,* 9; **to make up one's mind** *se décider,* 9; **Make yourself clear.** *Explique-toi.* 11

makeup *le maquillage,* 1; **to put on makeup** *se maquiller,* 1

Male chauvinist! *Macho!* II

mall *un centre commercial,* I

man *un homme,* I

to **manage** *se débrouiller,* 2; **I can't manage to do it!** *Je n'y arrive pas!* II; **to manage to** *arriver à,* II; **How are you going to manage it?** *Comment tu vas t'y prendre?* 11

many, much, a lot (of) *beaucoup (de), un tas (de), plein (de),* I

map *une carte,* I; **(of a city)** *un plan,* I

March *mars (m.),* I

marina *un port de plaisance,* I

married *marié, -e,* II; **to get married (to)** *se marier (avec),* II

marvelous *merveilleux, -euse,* II

math *les maths (mathématiques) (f.),* I

matter: as a matter of fact *justement,* II

May *mai (m.),* I

maybe *peut-être,* I

me *moi,* I; **me too** *moi aussi,* II

meal *un repas,* I

mean *méchant, -e,* I

to **mean** *vouloir dire,* II

means *un moyen,* II

measure *une mesure,* II

to **measure** *mesurer,* I

meat *la viande,* I

mechanic *un(e) mécanicien, -ne,* 10

medicine *un médicament,* I; **field of medicine** *la médecine,* 9

to **meet** *faire des rencontres,* I; *rencontrer,* II; **to meet again** *retrouver,* II

member *un membre,* I

memoirs *les mémoires (m.),* II

memory *une mémoire,* I; *un souvenir,* II; **memory lapse** *un trou de mémoire,* I

to **meow** *miauler,* II

merchant *un(e) commerçant, -e,* I

meter *un mètre (m),* I

midnight *minuit (m.),* I

might: I might . . . *Il se peut que je... ,* 9

milk *le lait,* I

millions *des millions (m.),* II

mind: to make up one's mind *se décider,* 9

mine *le mien, les miens, la mienne, les miennes,* 3

minimum *un minimum,* II

minus *moins,* I

minute: in a minute *tout à l'heure,* I

mirror *une glace,* II

miss *mademoiselle (Mlle),* I

to **miss** *manquer, regretter, rater,* II; **I miss . . .** *... me manque,* II

mistake *une faute,* 3

mistaken: to be mistaken *se tromper,* 1

mistreated *maltraité, -e,* 11

model *un mannequin,* 7

modern *moderne,* II

Mom *maman,* I

moment *un instant,* II; **moments** *des moments (m.),* 2

Monday *lundi (m.),* I; **on Monday(s)** *le lundi,* I

money *l'argent (m.),* I; *le fric (slang),* II; **spending money, allowance** *l'argent (m.) de poche,* II

month *un mois,* I

Montreal *Montréal,* I

monument *un monument,* I

moped *une mob(ylette),* I; **by moped** *en mobylette,* I

more *encore, plus,* I; **a little more** *encore un peu,* I; **more (of)** *plutôt,* I; **more than** *plus que,* 7

morning *le matin,* I; **in the morning** *le/du matin,* I

most *plus,* I; **at most** *au plus,* I

mother *une mère,* I

motivated *motivé, -e,* 5

motor *le moteur,* II

motorcycle *une moto,* I; **by motorcycle** *en moto,* I

mountain *la montagne,* I; **in the mountains** *à la montagne,* I

mousse *une mousse,* I; **chocolate mousse** *une mousse au chocolat,* I

to **move** *déménager,* II; **to budge** *bouger,* II

movement, action *le mouvement,* 5

movie *un film,* I; **movies** *le cinéma,* I; **comedy** *un film comique,* I; **detective film, mystery** *un film policier,* I; **horror movie** *un film d'horreur,* I; **movie theater** *le cinéma,* I; **science-fiction movie** *un film de science-fiction,* I

to **mow** *tondre,* II

Mr., sir *monsieur (M.),* I

Mrs., madam, ma'am *madame (Mme),* I

much *beaucoup (de),* I; **as much as** *autant que,* 7

murderer *un assassin,* I

muscle tone *le tonus,* II

muscular *musclé, -e,* 5

museum *un musée,* I

music *la musique,* I; **classical music** *le classique,* I; **folk music** *le folk,* I; **rock music** *le rock,* I

musician *un(e) musicien, -ne,* II

must *devoir,* II

my *mon, ma, mes,* I

N

name *un nom,* I

narrow, tight *étroit, -e,* I

nasty *sale (fam.),* 3

natural *naturel, -le,* II

nature *la nature,* II

near *près (de),* I; **nearby** *à côté,* I

necessary *nécessaire,* II; **It is necessary** *Il faut,* I

necklace *un collier,* I

to **need** *avoir besoin de,* I; **I/you need** *Il me/te faut,* I

neighbor *un(e) voisin, -e,* II

neighborhood *un quartier,* I

neither: neither do I *moi non plus,* II; **neither . . . nor** *ne... ni... ni,* 7

nephew *un neveu (pl. -x),* II

net *un filet,* I

never *(ne...) jamais,* II

new *nouveau, nouvel, nouvelle, nouveaux, nouvelles,* I; **What's new?** *Quoi de neuf?* II

news *les informations (f.),* I; *des nouvelles (f.),* II

newspaper *le journal,* II

news report, commentary *un reportage,* I

next *prochain, -e,* II; **next (door) to** *à côté de,* I; **the next day** *le lendemain,* II

nice *bien, gentil, -le, sympa(thique),* I; **It's nice weather.** *Il fait bon.* I

night stand *une table de nuit,* I

no *non,* I; *ne... aucun(e),* 2; **no problem** *pas de problèmes,* I; **no longer** *ne... plus,* I

nobody *(ne...) personne,* 7

noise *le bruit,* II

nonsense *les bêtises (f.),* II

noon *midi (m.),* I

normal *normal, -e,* II

not *ne... pas,* I; **not bad** *pas mal,* I; **not so great** *pas le pied, pas*

terrible, I; **not yet** *pas encore,* I;
not any *ne... aucun(e),* 2
note *un petit mot,* I; **thank-you**
note *un mot de remerciements,* I
notebook *un cahier,* I; **loose-leaf**
notebook *un classeur,* I
nothing *(ne...) rien,* I; **It's**
nothing. *Ce n'est rien.* I
to **notice** *remarquer,* 1; *s'apercevoir,* 7
to **nourish, feed** *se nourrir,* II
nourishing *nourrissant, -e,* II
November *novembre (m.),* I
now *maintenant,* I
number *un numéro,* I; **piece**
(music) *un morceau (pl. -x),* I;
What number are you calling?
Vous demandez quel numéro? I;
Wrong number. *C'est une erreur.*
I
numerous *nombreux, -euse,* II
nurse *un(e) infirmier, -ère,* I
nutritive *nutritif, -ive,* II

O

obligation *une obligation,* II
obliged *obligé, -e,* II
to **observe** *observer,* II
obvious: That's obvious! *C'est*
évident! II; **to be strikingly**
obvious *sauter aux yeux,* 5
o'clock: It's . . . o'clock. *Il est...*
heure(s). I
occupation *une profession,* I
October *octobre (m.),* I
odd *bizarre,* 1
odor *l'odeur (f.),* II
of *de,* I
to **offer, give** *offrir,* I
often *souvent,* I
O.K. *bon, d'accord,* I
old *vieux, vieil, vieille, vieux,*
vieilles, I; **ancient** *ancien, -ne,* II;
How old are you? *Tu as (Vous*
avez) quel âge? I; **I am . . . years**
old. *J'ai... ans.* I
omelette *une omelette,* I
on *à, sur,* I
once, one time *une fois,* I
one, people in general *on,* I
only *seul, -e,* I; *seulement, ne...*
que, II
to **open** *ouvrir,* I; **open** *ouvert, -e,* II
opera *un opéra,* II
opinion: in my opinion *à mon*
avis, I
opponent *un(e) adversaire,* II
opportunity *une occasion,* II; **to**
have the opportunity *avoir*
l'occasion de, II
opposite *le contraire,* II
optimistic *optimiste,* II

options *les options (f.),* 6
or *ou,* I; **or else** *ou bien,* I
orange *orange,* I; **(fruit)** *une*
orange, II; **(color)** *l'orange (m.),* I
orchestra *un orchestre,* II
order: to be out of order *être en*
panne, II
ordinary, banal *banal, -e,* I
to **organize, arrange** *organiser,* I; **to**
assemble *monter,* II
original *original, -e (m. pl. -aux),* I
other *autre,* I; **the others** *les*
autres, I; **on the other hand** *par*
contre, 5
our *notre, nos,* I; **ours** *le nôtre, la*
nôtre, les nôtres, 3
outside of *en dehors de,* II
outskirts *les environs (m.),* 2
overpopulation *la surpopulation,* II
over there *là-bas,* I
own *propre,* II

P

pace: to go at a good pace *aller bon*
train, 1
Pacific *le Pacifique,* II
pages *des pages (f.),* 6
pain: It's really a pain! *C'est*
vraiment pénible! 5
to **paint** *peindre,* 6
painter *un peintre,* I
painting *la peinture,* II
pair *une paire,* I
pajamas *un pyjama,* I
pal, friend *un copain, une copine,* I
pants, slacks *un pantalon,* I
paper: sheet of paper *une feuille,* I;
paper plates *des assiettes (f.) en*
papier, II; **sticky, dirty papers**
des papiers gras (m.), 11
parade *un défilé,* II
parents *les parents (m.),* I
park *le parc,* I; **amusement park**
un parc d'attractions, II
party *une fête, une boum (fam.),* I;
une soirée, II; **The party's in full**
swing. *La boum bat son plein.* I
to **pass (a test)** *réussir (à),* 9
passion *une passion,* I
Passover: Happy Passover! *Joyeuse*
Pâque! I
passport *un passeport,* I; **passport**
check *le contrôle des passeports,* I
past *le passé,* II
pasta *les pâtes (f.),* II
pastime *un passe-temps,* I
pastry shop *une pâtisserie,* I
pâté *le pâté,* I
patient *patient, -e,* II; **to be**
patient *patienter,* 2

patriotic: fanatically patriotic
chauvin, -e, 7
pause *une pause,* 5
to **pay** *payer,* II; **paid** *payé, -e,* II
peacefully *tranquillement,* II
peanut butter *le beurre de*
cacahouètes, I
pear *une poire,* II
pen *un stylo,* I
pencil *un crayon,* I; **pencil case**
une trousse, I
pen pal *un(e) correspondant, -e,* I
people *les gens (m.),* I; *un peuple,*
7
per *par,* I
perfect *parfait, -e,* I
perfectly *parfaitement,* II
perfume *le parfum,* I; **perfume**
shop *une parfumerie,* I
perfumed *parfumé, -e,* 7
perhaps *peut-être,* II
permission *la permission,* II; *une*
autorisation, 6
to **permit, allow** *permettre,* 5
person *une personne,* II; **from**
Lyons *un(e) Lyonnais, -e,* II
personality *la personnalité,* 1; *le*
caractère, 3
to **persuade** *persuader,* II
pesticide *un pesticide,* II
pharmacist *un(e) pharmacien, -ne,* II
to **phone, call** *téléphoner (à), appeler,* I;
to phone again/back *rappeler,* II
photo *une photo,* I
photographer *un(e) photographe,* I
photography *la photo(graphie),* I; **to**
take pictures *faire de la photo,* I
physics *la physique,* I
piano *le piano,* II
to **pick (out)** *choisir,* I; **to pick up**
ramasser, 11
picnic *un pique-nique,* II
to **picnic** *pique-niquer,* II
picture, image *une image,* 5
piece *un morceau,* II
pills *des pilules (f.),* II
pilot *un pilote,* II
to **pilot** *piloter,* II; **automatic**
piloting *le pilotage automatique,*
II
ping pong *le ping-pong,* II
pink *rose,* I
pity *dommage,* II
place *un endroit,* I; *un local,* II
plan *un projet,* II
planet *une planète,* II
planned: something planned
quelque chose de prévu, 3
plastic *la matière plastique,* II
plates: paper plates *des assiettes*
(f.) en papier, II
play *une pièce de théâtre,* II

to **play** *jouer*, I; **to play (a game)** *jouer à*, I; **to play like an idiot** *jouer comme un pied*, I; **to play (a movie)** *passer*, I; **to play (a musical instrument)** *jouer de*, I; **to play table soccer** *jouer au baby-foot*, I; **to play the stock market** *jouer à la Bourse*, II

pleasant *agréable*, I

please *s'il vous plaît*, I

to **please** *faire plaisir*, II; **Would it please you to ...?** *Ça te plairait de...?* II

pleasure: with pleasure *avec plaisir*, I

plus *plus*, I

pocket *la poche*, 7

to **point out: Let me point out that ...** *Je te signale que...* , 9

pointed *pointu, -e*, I

police officer (in a city) *un(e) gardien, -ne de la paix*, 9; **police station** *la gendarmerie*, I

to **pollute** *polluer*, II

pollution *la pollution*, II

polo shirt *un polo*, I

pond *un étang*, II

poor *pauvre*, II

poorly *mal*, II

positive *positif, -ive*, 6

possibility *la possibilité*, II

possible *possible*, 2

postcard *une carte postale*, I

poster *une affiche, un poster*, I

post office *la poste*, I

potato *une pomme de terre*, II; **potato chips** *les chips* (m.), 11

pottery *la poterie*, II

practical *pratique*, I

practice, training *un entraînement*, II

to **preach, lecture** *faire la morale*, 10

precise, definite *précis, -e*, 6

preconceived, ready-made *toutes faites*, 7

to **prefer** *préférer, aimer mieux*, I

preference *une préférence*, II

prejudice *un préjugé*, 7

preoccupied, worried *préoccupé, -e*, 11

to **prepare** *préparer*, I

preselection *une présélection*, 9

to **preserve, keep** *conserver*, II; **preserved** *conservé, -e*, II

pretentious, showy *prétentieux, -euse*, 7

pretty *joli, -e*, I; **very** *drôlement*, II; **That looks pretty.** *Ça fait joli.* I

price *le prix*, 1

principal *le proviseur*, 6

probably *probablement*, II

problem *un problème*, I; **no problem** *pas de problèmes*, I; **current problems** *des problèmes d'actualité*, 6

to **produce** *produire*, II

product *un produit*, 5

production *la régie*, 9

program *le programme*, 11

to **program** *programmer*, II

progress *des progrès* (m.), II

to **prohibit** *interdire*, 5

project *un projet*, II

to **project** *projeter*, II

projector *un projecteur*, II

to **promise** *promettre*, II

to **propose** *proposer*, II

pros and cons: to weigh the pros and cons *peser le pour et le contre*, 2

to **protest** *protester*, 11

proud *fier, -ère*, II

Provence *la Provence*, I; **from Provence** *provençal, -e*, II

province *une province*, I; **in the provinces** *en province*, I

to **provoke** *provoquer*, 11

publicity *la publicité*, 5; **concerned with advertising, publicity** *publicitaire*, 5

to **publish** *publier*, 1

pullover *un pull*, I

pupil *un(e) élève*, I

purchases *les achats* (m.), II

pure *pur, -e*, II

purpose, intentions *les intentions* (f.), 6

purposely *exprès*, II

purse *un sac*, I

pursuing, continuing *poursuivant*, 7

to **push** *pousser*, 5

push-up *une pompe*, II

to **put (on)** *mettre*, I

Q

quarter *un quart*, I; **a quarter-hour** *un quart d'heure*, I; **quarter of/to (the hour)** *moins le quart*, I; **quarter past (the hour)** *et quart*, I

Quebec: inhabitants of Quebec *les Québécois*, II

queen *la reine*, II

question *une question*, I; **What a question!** *Quelle question!* I

to **question** *interroger*, 5

quickly *vite*, I

quietly *tranquillement*, II

to **quit high school** *arrêter le lycée*, 2

quiz *une interro(gation)*, I

R

rabbit *un lapin*, II

race: arms race *la course aux armements*, II

racism *le racisme*, 11

racket (tennis) *une raquette*, I

radio *une radio*, I

railroad station *la gare*, I

rain *la pluie*, II

to **rain** *pleuvoir*, I; **It's raining.** *Il pleut.* I; **It rained.** *Il a plu.* II

raincoat *un imperméable*, I

to **raise** *élever*, II

rapidly *rapidement*, II

rather *assez, plutôt*, I; **rather than** *plutôt que*, 10

razor: electric razor *un rasoir électrique*, I

reactions *les réactions* (f.), 6

to **read** *lire*, I

readers *des lecteurs, -trices*, 6

reading *la lecture*, 6

ready *prêt, -e*, I

ready-made, preconceived *toutes faites*, 7

reality *la réalité*, 7

to **realize** *s'apercevoir, se rendre compte de*, 7

really *vraiment*, I

reason *la raison*, II

reasonable *raisonnable*, 7

to **reassure** *rassurer*, 2; **reassured** *rassuré, -e*, 6

to **receive** *recevoir*, I

reception *l'accueil* (m.), II

receptionist *un(e) réceptionniste*, II

recess *la récré(ation)*, I

to **reconcile, make up** *se réconcilier*, 3

reconciliation *la réconciliation*, 3

record *un disque*, I; **record shop** *chez le disquaire*, I

recorded *enregistré, -e*, 9

recording *un enregistrement*, 9

red *le rouge*, I; *rouge*, I

to **reflect** *réfléchir*, 2

reflection, thought *la réflexion*, 2

refrigerator *un réfrigérateur*, I

to **refuse** *refuser*, II

regarding *au sujet de*, II

region *une région*, II

to **register** *s'inscrire*, 2

registration *les inscriptions* (f.), 2

registration desk *l'accueil* (m.), II

to **regret** *regretter*, II

regrettable *regrettable*, II

to **rehearse** *répéter*, II

relations, relationships *les relations* (f.), *les rapports* (m.), 3

to **release** *lâcher* II

relic *un vestige*, II

remain(s): there remain(s) *il reste,* **II**

remainder *le reste,* **II**

remaking *la remise en forme,* **II**

rendezvous *un rendez-vous,* **I**

to **rent** *louer,* **II**

to **repair** *réparer,* **II**

to **repeat a grade** *redoubler,* **II**

reply: awaiting your reply *dans l'attente d'une réponse,* 2

report *un exposé,* 5

reporter *un(e) journaliste,* **I**

research *la recherche,* **II**

reserved *réservé, -e,* **II**

resistance *la résistance,* **II**

resolution *une résolution,* **II; to make a resolution** *prendre une résolution,* **II**

resort: vacation resort, camp *un centre de vacances/loisirs,* **II**

respect *le respect,* 11

responsibility *la responsabilité,* **II**

rest: the rest *le reste,* **II**

to **rest** *se reposer,* **II**

restaurant *un restaurant,* **II; fast-food restaurant** *un fast-food,* **II**

restoration *le rétablissement,* **II**

restrained *sobre,* 5

restroom *les toilettes* (f.), **I**

result *le résultat,* 6

résumé *un curriculum vitae,* 9

retired *à la retraite,* **I**

to **return (home)** *rentrer,* **I; to return (something), give back** *rendre,* **II**

reunion *les retrouvailles* (f.), **II**

Rhône: the Rhône delta *la Camargue,* **II**

to **rhyme** *rimer,* 5

rice *le riz,* **II**

rich *riche,* **II**

ride *un tour,* **II**

to **ride, drive** *rouler,* 7

ridiculous *ridicule,* 1

right *juste,* **I;** *le droit,* **II; right? huh?** *hein?* **I; right away** *tout de suite,* **I; right there** *juste là,* **I; to the right (of)** *à droite (de),* **I; to be right** *avoir raison,* **II; to have the right to** *avoir le droit de,* **II; Yeah, right!** *Mon œil!* 1; **Things will turn out all right.** *Ça s'arrangera.* 3

ring *une bague,* **I**

to **risk** *risquer,* 9

risks *les risques* (m.), 9

river *un fleuve,* **I; Saint Lawrence River** *le Saint-Laurent,* **II**

robots *les robots* (m.), **II**

rock music *le rock,* **I**

roller coaster *les montagnes russes* (f.), **II**

Roman *romain, -e,* **II; (people)** *les Romains,* **II**

romantic *romantique,* 3; **You romantic!** *Espèce de romantique!* (fam.) 7

roof *un toit,* **I**

room *une pièce,* **I; space** *l'espace* (m.), **II; bathroom** *la salle de bains,* **I; dining room** *la salle à manger,* **I; guest room** *une chambre d'amis,* **I; living room** *le salon, le living,* **I**

rotten, disgusting *infect, -e,* **II**

route *le trajet,* **II**

rule *la règle,* **II**

ruler *une règle,* **I**

to **run** *courir,* **II**

Russia *la Russie,* **II**

S

sad *triste,* **I**

sailing *la voile,* **II**

saint: Happy saint's day! *Bonne fête!* **I**

salad *une salade,* **I**

salami *le saucisson,* **I**

sale *une solde,* 1

salesman, saleswoman *un(e) vendeur, -euse,* **I**

same *même,* **I**

sandal *une sandale,* **I**

sandwich *un sandwich* (pl. *-es*), **I**

satisfied *satisfait, -e,* **II**

Saturday *samedi* (m.), **I; on Saturday(s)** *le samedi,* **I**

sauce *une sauce,* **I**

to **save** *économiser,* **II**

Savoy *la Savoie,* **I**

saxophone *le saxophone,* **II**

to **say** *dire,* **I; Say!** *Dis!* **I; hey** *tiens,* **I; What did she say?** *Qu'est-ce qu'elle a dit?* **II**

scandalous *scandaleux, -euse,* 5

scarf *une écharpe,* **I**

scene *la scène,* **II**

schedule *un emploi du temps, un horaire,* **I**

school *une école,* **I; (adj.)** *scolaire,* **II; high school** *un lycée,* **I; middle or junior high school** *un collège,* **I; professional school** *une école de perfectionnement,* 2

science fiction *la science-fiction,* **I**

to **scratch, claw** *griffer,* **II**

screen: projection screen *un écran,* **II**

sea *la mer,* **I**

search *une recherche,* **I**

seashore: at the seashore *au bord de la mer,* **II**

season *une saison,* **I**

seats *des places* (f.), 11

second *deuxième,* **I; on the second floor** *au premier étage,* **I; (time)** *une seconde,* 1

secretive *secret, -ète,* 3

to **see** *voir,* **I; let's see** *voyons,* 5

to **seem** *sembler,* 2; **to appear** *paraître,* 7; **it seems (that)** *il paraît (que),* **II**

selfish *égoïste,* **I**

sell *vendre,* **II**

to **send** *envoyer,* **I; to forward** *faire parvenir,* 9; **Everyone sends you their love.** *Tout le monde t'embrasse.* **II**

sensitive *sensible,* 3

to **sensitize** *sensibiliser,* 5

September *septembre* (m.), **I**

series *une série,* **I**

serious *sérieux, -euse, grave,* **II**

to **serve** *servir,* 6

services *les services* (m.), **II**

to **set** *fixer,* **II; to set the table** *mettre la table,* **I**

several *plusieurs,* **I**

shame *la honte,* 5

shape: to keep in shape *garder la forme,* **I; to be in good shape** *être en forme,* **II; in great shape** *en pleine forme,* **II**

to **shave** *se raser,* 1

she *elle,* **I; she's** *c'est,* **I**

Shhh! *Chut!* **II**

shirt: man's shirt *une chemise,* **I; polo shirt** *un polo,* **I; turtleneck shirt** *un col roulé,* **I; woman's tailored shirt** *un chemisier,* **I**

to **shock** *choquer,* 5

shocking *choquant, -e,* 5

shoe *une chaussure,* **I; running shoes** *des joggers* (m.), **I**

shop *une boutique,* **I; (class)** *la technologie,* **I**

shopping *les courses* (f.), **II; shopping center** *un centre commercial,* **I; to do one's grocery shopping** *faire son marché,* **II; to go shopping** *faire des achats,* **II**

short *court, -e,* **I; short of** *à court de,* **II; in short** *bref,* 7

shorts *un short,* **I**

should *devrais,* **II; I should have . . .** *J'aurais dû... ,* 10

shoulder *l'épaule* (f.), **II**

shout *un cri,* **II**

to **shout** *crier,* **II**

show *un spectacle, une manifestation, une exposition,* **II; (television)** *une émission,* **I**

to **show** *montrer,* **I**

showy, pretentious *prétentieux, -euse,* 7

shy *timide*, II
sick *malade*, II; **to look sick** *avoir mauvaise mine*, II; **I'm sick of . . .** *J'en ai marre de...* , 6
sidewalk *le trottoir*, 11
sign *une enseigne*, I
similar *pareil, -le*, II
simple *simple*, 2; **the simplest thing** *le plus simple*, I
simplifying *simplifiant*, 7
simply *simplement*, 11
since *depuis (que)*, II; **because** *comme*, 2
sincere *sincère*, 1
Sincerely yours *Je vous prie d'agréer l'expression de mes sentiments respectueux*, 2
sincerity *la sincérité*, 10
to **sing** *chanter*, I
sister *une sœur*, I
site *un site*, I
situated *situé, -e*, I
situation *une situation*, 2
size *la taille*, I; **(shoes)** *la pointure*, I
skating rink *une patinoire*, I
skeleton *un squelette*, II
to **skid** *déraper*, 10
skiing *le ski*, I; **skis** *des skis*, I; **ski boots** *les chaussures de ski*, I; **ski poles** *des bâtons* (m.), I
skinny *maigre*, 5
skirt *une jupe*, I
sky *le ciel*, I
slacks, pants *un pantalon*, I
to **sleep** *dormir*, I; **to sleep late** *faire la grasse matinée*, II
slice *une tranche*, I; **slice of bread and butter** *une tartine*, II
slide *une diapo(sitive)*, II
slogan *un slogan*, 5
slowly *lentement*, II
small *petit, -e*, I
smart, clever *malin, maligne*, I
Smile! *Souriez!* II
to **smoke** *fumer*, II
snack: afternoon snack *le goûter*, I
snail *un escargot*, 7
sneakers (high) *des baskets* (f.), I; **(low)** *des tennis* (m.), I
to **snow** *neiger*, I; **snow-covered** *enneigé, -e*, II; **snowman** *un bonhomme (de neige)*, II
so *alors*, I; *si*, II; **So what?** *Et alors?* I; **so much** *tellement*, II; **so that** *pour que*, 9
soaked *trempé, -e*, II
soap opera *un feuilleton*, I
soccer *le foot(ball)*, I
social *social, -e* (m. pl. *-aux*), 7
sock *une chaussette*, I
solution *une solution*, I

to **solve** *résoudre*, II
solvent *un solvant*, II
some, any *des, du, de la, de l'*, I; **some** *quelques*, I
something *quelque chose*, I; **something planned** *quelque chose de prévu*, 3
sometimes *quelquefois*, I; *parfois*, II; **sometimes . . . sometimes** *tantôt... tantôt*, 5
somewhere *quelque part*, II
son *un fils*, I
song *une chanson, un chant*, II
soon *bientôt*, II; **as soon as** *dès que*, II
sophisticated *sophistiqué, -e*, 7
sorry *désolé, -e*, I; **to be sorry** *regretter*, I
south *le sud*, I
space *l'espace* (m.), II
Spanish (language) *l'espagnol* (m.), I
to **speak** *parler*, I; **to speak ill of** *dire du mal de*, 7
special *spécial, -e* (m. pl. *-aux*), II
specialized *spécialisé, -e*, 2
to **spend (time)** *passer*, I; **(money)** *dépenser*, II
spendthrift *dépensier, -ère*, II
spin *un tour*, II
spineless *mou, molle, mous, molles*, 6
splendid *splendide*, II
spontaneous *spontané, -e*, 3
sport *un sport*, I; **sports** *le sport*, I; **the sporty style/look** *la mode sport*, I
spring *le printemps*, I; **in the spring** *au printemps*, I
square *une place*, I
stadium *un stade*, I
stage *la scène*, 11
stairs *un escalier*, I
stamp *un timbre*, I; **stamp collecting** *la philatélie*, II
to **start** *commencer*, I; **(a car)** *démarrer*, II; **to launch** *lancer*, 5; **to get started** *marcher*, II; **to start again** *recommencer, reprendre*, II
stationery store *une papeterie*, I
stay *un séjour*, II; **stay to learn a language** *un séjour linguistique*, II
to **stay** *rester*, I
steak and french fries *un steak-frites*, 7
to **steal ideas** *piquer des idées*, 1
step *le pas*, 3; **steps (of a process)** *des démarches* (f.), 6
stereo *une chaîne stéréo*, I
stereotype *un stéréotype*, 7
to **stick (glue) up** *coller*, 11
stillness *le calme*, II

stock: to play the stock market *jouer à la Bourse*, II
stomach ache, nausea *mal au cœur*, II
stone *une pierre*, I; **(made) of stone** *en pierre*, I
stop, stopover *un arrêt*, II
to **stop** *(s')arrêter*, II
store *un magasin*, I; **department store** *un grand magasin*, I
storeroom *le débarras*, I
story *une histoire*, I; **love story** *une histoire d'amour*, I
straight *droit*, II; **straight ahead** *tout droit*, I
to **straighten up** *ranger*, II
strange *bizarre*, 1
street *une rue*, I
strength *des forces* (f.), 11
strict *sévère, strict, -e*, II
strike *une grève*, II; **public transportation strike** *une grève des transports en commun*, II
to **strike** *frapper*, 5
striking *frappant, -e*, 5
strong *fort, -e*, II; **strong point** *un fort*, II
stubborn *intransigeant, -e*, 11
student *un(e) élève, un(e) étudiant, -e*, I
studies *les études* (f.), II
to **study** *étudier*, II
stupid *idiot, -e*, I; *bête*, II; *stupide*, 3; **to act stupid** *faire l'idiot*, I
style *un style, la mode*, I; **the latest style** *la mode branchée*, I; **the style of the Fifties** *la mode rétro*, I; **the sporty style/look** *la mode sport*, I; **stylish** *à la mode*, I; **out of style** *démodé, -e*, II
subject (school) *une matière*, II
subway *le métro*, I; **by subway** *en métro*, I
to **succeed** *réussir*, II
success *la réussite*, 7
such *pareil, -le*, II
to **suggest** *proposer*, II
to **suit** *correspondre à*, 9
suitcase *une valise*, I
to **sulk** *faire la tête*, 3
summer *l'été* (m.), I; **in the summer** *en été*, I
sun *le soleil*, I; **It's sunny.** *Il y a du soleil.* I
sunburn *un coup de soleil*, II
to **sunburn** *attraper un coup de soleil*, II
Sunday *dimanche* (m.), I; **on Sunday(s)** *le dimanche*, I
sunrise *le lever du soleil*, 5
super *super*, I

superb *superbe*, I

supper *le dîner*, I

sure *sûr, -e*, **2**; **I'm not (very) sure.** *Je ne sais pas trop.* **9**

surely *bien sûr*, I

surfing *le surf*, I

surprise *une surprise*, I; **That would surprise me!** *Ça m'étonnerait!* II

surprised *surpris, -e*, **6**

to **suspend (a student)** *renvoyer*, **1**

sweatshirt *un sweat(-shirt)*, **1**

sweatsuit *un survêt(ement)*, I

to **swim** *nager*, I

swimming *la natation*, I; **swimming pool** *une piscine*, I

to **swing: It's going to swing!** *Ça va swinguer!* I

T

T-shirt *un tee-shirt*, I

table *une table*, I; **night stand** *une table de nuit*, I; **to set the table** *mettre la table*, I; **tablecloth** *une nappe*, II

table of contents (in a newspaper or magazine) *le sommaire*, **6**

to **take** *prendre*, I; **to take (to eat or drink)** *prendre*, I; **to take part in** *faire de*, I; *pratiquer, participer*, II; **to take pictures** *faire de la photo*, I; **to take up** *monter*, I; **to take (a course)** *suivre*, II; **to take (a test)** *passer*, II; **to take (someone somewhere)** *emmener*, II; **to take advantage (of)** *profiter (de)*, II; **to take care of** *garder, (se) soigner*, II; **to take charge of** *s'occuper de*, II; **to take out** *sortir*, II; **to take stock of, assess** *faire le bilan*, II; **to take charge of, undertake** *se charger de*, **6**; **to take place** *se dérouler*, **9**; **to take upon oneself** *assumer*, **10**

talented *doué, -e*, **5**

to **talk** *discuter, parler*, I

talkative *bavard, -e*, **3**

tan: to get a tan *bronzer*, II; **tanned** *bronzé, -e*, II

task *tâche*, II

taste *le goût*, I

taxi *un taxi*, I; **taxi stand** *les taxis*, I

tea *le thé*, I

teacher *un prof(esseur)*, I

team *une équipe*, **5**

technologies *les technologies* (f.), II

telephone *un téléphone*, I

television, TV *la télé(vision)*, I; **television program** *une émission*,

I; **What's on TV?** *Qu'est-ce qu'il y a à la télé?* I

to **tell** *raconter*, II

temperature *la température*, I; **What's the temperature?** *Il fait quelle température?* I

tennis *le tennis*, I

terrace *la terrasse*, I

terrible *épouvantable*, **9**

terrific *extra(ordinaire)*, I

to **thank** *remercier*, I; **thank you, thanks** *merci*, I; **thank-you note** *un mot de remerciements*, I; **thanks to** *grâce à*, II

that *ce, cet, cette*, I; *ça*, I; **that one** *celui(-là), celle(-là)*, I; **that's** *c'est*, I; **That's all right.** *Ça ne fait rien.* I

the *le, la, les*, I

theater: to take part in a theater group *faire du théâtre*, II

their *leur, leurs*, I; **theirs** *le leur, la leur, les leurs*, **3**

them *eux, elles*, I; *les*, II; **(to or for) them** *leur*, I

theme *le thème*, **1**

then *alors, puis, ensuite*, I

there *là, y*, I; **over there** *là-bas*, I; **right there** *juste là*, I; **there is/are** *il y a, voilà*, I; **there it is** *le/la voilà*, I; **there you are** *voilà*, I; **up there** *là-haut*, II

therefore *donc*, II

thermos *une thermos*, II

these *ces*, I; *ceux(-là), celles(-là)*, I; **these are** *c'est*, I

they *ils, elles, on*, I

thick *gros, -se*, I

thin *maigre*, **5**

thing *une chose*, I; **gadget** *un truc*, **1**; **things** *les affaires* (f.), **1**; **the simplest thing** *le plus simple*, I; **something** *quelque chose*, I; **the important thing** *l'important*, II; *le principal*, **1**

to **think** *penser*, I; **to think (about)** *songer (à)*, II; **Do you think so?** *Tu crois? Tu trouves?* I; **What do you think of that?** *Qu'est-ce que tu en penses?* I

third *troisième*, I; **on the third floor** *au deuxième étage*, I; **Third World** *le Tiers Monde*, **11**

thirsty: to be thirsty *avoir soif*, I

this *ce, cet, cette*, I; **this is** *c'est*, I; **this one, the one** *celui(-là), celle(-là)*

those *ces*, I; *ceux(-là), celles(-là)*, I; **those are** *c'est*, I

thought, reflection *la réflexion*, **2**

thrifty *économe*, II

to **throw** *jeter*, **11**

thunderstorm *un orage*, I

Thursday *jeudi* (m.), I; **on Thursday(s)** *le jeudi*, I

ticket *un billet*, I

to **tidy up** *ranger*, I

tie *une cravate*, **1**

tight, narrow *étroit, -e*, I

time *le temps*, I; **dinner time** *l'heure du dîner*, I; **one time** *une fois*, I; **what time** *à quelle heure*, I; **What time is it?** *Il est quelle heure?* I; **a long time** *longtemps*, II; **all the time** *tout le temps*, II; **at the time of** *au temps de*, II; **Did you have a good time?** *Tu t'es amusé(e)?* II; **free time** *les loisirs* (m.), II; **from time to time** *de temps en temps*, II; **I had a good time.** *Je me suis amusé(e)*, II; **It's been a long time since I've seen you.** *Ça fait longtemps que je ne t'ai pas vu(e)!* II; **It's been such a long time!** *Il y a si longtemps!* II; **on time** *à l'heure*, II

timetable *un horaire*, I

timid *timide*, II

tired *fatigué, -e*, I

tiring *fatigant, -e*, II

to *à, en*, I

tobacco *le tabac*, **5**

today *aujourd'hui*, I

together *ensemble*, I

toilet *les toilettes* (f.), I

tolerant *tolérant, -e*, **3**

tomato *une tomate*, II

tomorrow *demain*, I

too *trop*, I; **also** *aussi, en plus*, I; **too much, too many** *trop (de)*, I

tooth *une dent*, II; **toothpaste** *le dentifrice*, **5**

top: at the top of *en haut de*, I

totally *tout à fait*, I

touching *émouvant, -e*, I

tour *un tour*, II

tourist *un(e) touriste*, II; **Tourist Office** *l'Office* (m.) *de tourisme*, I

tournament *un tournoi*, II

toward *vers*, II

tower *une tour*, I

town, city *une ville*, I

town hall *la mairie*, I

trace *un vestige*, II

track and field *l'athlétisme* (m.), I

trade, craft *un métier*, II

train *un train*, I

to **train** *s'entraîner*, II

training, practice *un entraînement*, II; **training course** *un stage*, II

trash *une saleté*, **11**; **It's trash!** *C'est bidon!* I

trees *des arbres* (m.), **6**

trip *un voyage*, II; **Have a good**

trip! (by plane, ship) *Bon voyage!*
  I; Have a good trip! (by car)
  Bonne route! I
trombone *le trombone,* II
trouble *l'ennui (m.),* 7; It's not
  worth the trouble (to) . . . *Ce*
  n'est pas la peine (de)... , 6
true *vrai, -e,* I
trumpet *la trompette,* II
Trust me. *Fais-moi confiance.* 10
try, tryout, trial *un essai,* 5
to try *essayer (de),* II
Tuesday *mardi (m.),* I; on
  Tuesday(s) *le mardi,* I
turn *le tour,* II; corner *un virage,*
  10
to turn *tourner,* I; Things will turn
  out all right. *Ça s'arrangera.* 3
turtleneck shirt *un col roulé,* I
twelfth *douzième,* I
twenty: about twenty *une*
  vingtaine, II
twice *deux fois,* I
to type *taper à la machine,* II

U

ugly *moche,* 1
umbrella *un parapluie,* I
unbelievable *incroyable,* 5
uncle *un oncle,* I
uncompromising *intransigeant, -e,*
  11
to understand *comprendre,* II
understanding *compréhensif, -ive,* 3
to undertake, take charge of *se*
  charger de, 6
undoubtedly *certainement,* II;
  sans doute, 2
unemployment *le chômage,* II
unfair, unjust *injuste,* II
unfortunate, unhappy *malheureux,*
  -euse, 10
unfortunately *malheureusement,* II
United States: the United States
  les Etats-Unis (m.), I
university *l'université (f.),* 7
unknown *l'inconnu, -e,* II
unmarried *célibataire,* II
unoccupied, free *libre,* I
until *jusqu'à,* II; *jusqu'à ce que,* 9
unusual *inhabituel, -le,* 5
uprooted *dépaysé,-e,* II
to upset *énerver,* II; to get upset
  s'énerver, 3
up there *là-haut,* II
to urge *pousser,* 9
used to, accustomed *habitué, -e,* II;
  to get used to *s'adapter à,* II
useful *utile,* 5; to make oneself
  useful *se rendre utile,* II

useless *inutile,* II; hopeless *nul,*
  nulle, II
usually *d'habitude,* I

V

vacation *les vacances (f.),* I; Have a
  nice vacation! *Bonnes vacances!* I
to vacuum *passer l'aspirateur,* I
vacuum cleaner *l'aspirateur (m.),* I
vague *flou, -e,* 6
value *une valeur,* 10
varied *varié, -e,* I
variety show *les variétés (f.),* I
vegetable *un légume,* I
vegetarian *végétarien, -ne,* II
vertigo, fear of heights *le vertige,*
  II
very *très,* I; *drôlement,* II
viaduct *un viaduc,* I
videocassette *un film vidéo,* I;
  videocassette recorder, VCR *un*
  magnétoscope, I
view *une vue,* I
village *un village,* I
violent *violent, -e,* I
visit *une visite,* I
to visit *visiter,* I
vitamin *une vitamine,* II
vocational education: certificate in
  specialized *un CAP (Certificat*
  d'aptitude professionnelle), 9;
  diploma in general *un BEP*
  (Brevet d'études professionnelles), 9
voice *la voix,* II
volleyball (sport) *le volley(-ball),* I

W

to wait (for) *attendre,* I
waiter, waitress *un(e) serveur,*
  -euse, II
to walk *marcher,* I; *se promener,* II;
  to walk (an animal) *promener,* II
walk, stroll *une balade,* I
walking *la marche,* II
wallet *un portefeuille,* I
walls *les murs (m.),* 6; city walls
  les remparts (m.), I
to want *vouloir,* I; If you want to. *Si*
  tu veux. I; Do you want to . . . ?
  Ça te dit de... ? II; If you want.
  Comme tu veux. II
war *la guerre,* II
wardrobe *une armoire,* I
warm *chaud, -e,* I; It's warm. *Il*
  fait chaud. I
to warn, anticipate *prévenir,* 9; I'm
  warning you, . . . *Je t'avertis,... ,*
  9
to wash *laver,* II
watch *une montre,* I
to watch, look at *regarder,* I

water *l'eau (f.),* I; mineral water
  l'eau minérale, I
to water *arroser,* I
way, path *le chemin,* II; manner
  une façon, II; in the way of
  comme, II
we *nous, on,* I
weak *faible,* II; *mou, molle, mous,*
  molles, 6
to wear *porter, mettre,* I
weather *le temps,* I; It's nice
  weather. *Il fait bon.* I; What's the
  weather like? *Il fait quel temps?* I
wedding anniversary *l'anniversaire*
  (m.) de mariage, I
Wednesday *mercredi (m.),* I; on
  Wednesday(s) *le mercredi,* I
week *une semaine,* I; once a week
  une fois par semaine, I
weekend *un week-end,* I
to weigh *peser,* II; to weigh the pros
  and cons *peser le pour et le*
  contre, 2
Welcome! *Bienvenue! Soyez le/la*
  bienvenu(e)! I
welcoming *accueillant, -e,* 7
well *alors, bien, eh bien, bon, bonne,*
  I; *enfin,* II; Get well soon!
  Bonne santé! I; Well done! *Bravo!*
  II
Western *un western,* I
what *quoi, qu'est-ce que,* I; *que,* I;
  qu'est-ce qui, II; *ce que,* II; *ce*
  qui, 2; It's so (+ adj.)! *Qu'il/elle*
  est (+ adj.)! I; What a . . . ! *Quel*
  (Quelle)... ! I; What is it/that?
  Qu'est-ce que c'est? I
when *quand,* I; *où,* 2
where *où,* I
which *quel(s), quelle(s),* I; which
  one(s) *lequel, lesquels, laquelle,*
  lesquelles, 5
white *le blanc,* I; *blanc, blanche,* I
who *qui,* I; *qui est-ce qui,* II
whom *qui,* I; *qui est-ce que,* II
why *pourquoi,* I
wide *large,* I
wife *une femme,* I
wild, extravagant *extravagant, -e,* I
to win *gagner,* II
wind *le vent,* I; It's windy. *Il y a*
  du vent. I
window *une fenêtre,* I; store
  window *une vitrine,* 1
window-shopping: to go
  window-shopping *faire du*
  lèche-vitrines, I
windsurfing *la planche à voile,* I
wine *le vin,* 7
winter *l'hiver (m.),* I; in the
  winter *en hiver,* I
wise, careful *prudent, -e,* 9

wish *un vœu* (pl. *-x*), **I**; *un souhait*, **II**; **Best wishes!** *Meilleurs vœux/souhaits!* **I**

with *avec*, **I**

without *sans*, **II**; **without letup** *sans cesse*, **5**

woman *une femme*, **I**

wood *le bois*, **I**; **wooden** *en bois*, **I**

word *la parole*, **II**; *un mot*, **5**

work *le travail*, **I**; **(art)** *une œuvre*, **9**; **Down to work!** *Au travail!* **I**

to **work** *travailler*, **I**; **function** *fonctionner, marcher*, **II**; **to work as a mother's helper** *travailler au pair*, **II**; **to work out** *s'entraîner*

work permit *une carte de travail*, **7**

worker: factory worker, blue-collar worker *un(e) ouvrier, -ère*, **I**; **fellow worker** *un(e) collaborateur, -trice*, **6**

world *le monde*, **II**

to **worry** *s'inquiéter*, **II**; **Don't worry!** *(Ne) t'en fais pas! Ne t'inquiète pas.* **II**; **worried** *inquiet, -ète*, **II**; **Don't worry!** *Rassure-toi!* **10**; **preoccupied** *préoccupé, -e*, **11**

worse and worse *de pire en pire*, **6**

worth: It's not worth the trouble (to) . . . *Ce n'est pas la peine (de)... ,* **6**

to **write** *écrire*, **II**

wrong: to be wrong *avoir tort*, **II**; **What's wrong with you?** *Qu'est-ce qui t'arrive? Qu'est-ce que tu as?* **II**; **to be in the wrong** *être en tort*, **10**

Y

yacht *un yacht*, **II**

year *un an*, **I**; **every year** *tous les ans*, **I**; **Happy New Year!** *Bonne année!* **I**

yellow *le jaune*, **I**; *jaune*, **I**

yes *oui, si*, **I**

yesterday *hier*, **I**

yet: not yet *pas encore*, **I**

yogurt *le yaourt*, **II**

you *on, tu, toi, vous*, **I**

young *jeune*, **I**; **French young people** *les jeunes français*, **I**; **young people, the youth** *les jeunes (m.)*, **I**

your *ton, ta, tes, votre, vos*, **I**; **yours** *le tien, les tiens, la tienne, les tiennes, le vôtre, la vôtre, les vôtres*, **3**

youth *la jeunesse*, **7**; **youth recreation center** *la Maison des jeunes*, **I**

Yuck! *Berk!* **1**

Z

zero *un zéro*, **I**; **It's zero (degrees).** *Il fait zéro.* **I**; **It's ten below (zero).** *Il fait moins dix.* **I**

GRAMMAR INDEX

Here is an alphabetical list of grammatical structures. The roman numeral I tells you that the structures were introduced in **Nouveaux copains,** and the roman numeral II in **Nous, les jeunes.** Roman numeral III lets you know that the structures were introduced in **Notre monde.** Following the roman numerals, you'll see *either* the number of the unit *or* the number of the unit and the letter of the section where you learned the structure.

à: before names of cities and countries, I 5; contractions with **le, les,** I 5

acheter: present, I 11. *See Verb Index,* 271.

adjectives: demonstrative adjectives, I 1, I 2; possessive adjectives, I 6; agreement and position, I 7; **beau, nouveau, vieux,** I 7; interrogative adjectives, I 11; used as nouns, I 11; review, II 3; ending in **-al** and **-if,** II 3; comparative forms, II 9, III 7 (A4); superlative forms, II 10

adverbs: between auxiliary and past participle, I 10, II 3; formation and position, II 3; comparative forms, II 9, II 10, III 7 (A4); superlative forms, II 10

agreement: of possessive adjectives, I 6; of adjective with noun or pronoun, I 7; of past participle with subject, II 1, III 10 (B10), III 11 (B14); of past participle with direct-object pronouns, II 5, III 1 (A13), III 10 (B10), III 11 (B14); of past participle with reflexive pronouns, II 7, III 1 (B11); of past participle with relative pronouns, II 11; of subject and verb in relative clauses, II 11; of past participle with reciprocal pronouns, III 3 (B5); of reflexive pronoun when using **en** + present participle, III 6 (B10)

aimer, verbs like: present, I 3; **aimer mieux,** I 3; use of **j'aimerais,** III 2 (A8). *See Grammar Summary,* 264.

aller: present, I 5; **aller** + infinitive to express future time, I 5; review, II 1; subjunctive, II 7; future II 11. *See Verb Index,* 271.

s'appeler: I 1. *See Verb Index,* 271.

apprendre: present, II 2; past participle, II 2; subjunctive, II 5. *See Verb Index,* 271.

après: in past infinitive, II 10

articles: gender markers, I 1; **ce, cet, cette,** I 1; **ces,** I 2; **le, la, l',** I l; **les,** I 2; **un, une,** I l; **des,** I 2

à quelle heure: I 5

attendre, verbs like: present, I 5. *See Grammar Summary,* 264.

avoir: present, I 2; requests or commands, I 6; in **passé composé,** I 10, II 1; past participle, I 10, II 1; subjunctive, II 7; future, II 11. *See Verb Index,* 271.

beau: I 7

boire: present, II 7; past participle, II 7; subjunctive, II 7. *See Verb Index,* 271.

ce, cet, cette, ces: *see* articles.

celui, celle, ceux, celles: demonstrative pronouns, I 11; review, III 5 (A16)

choisir, verbs like: present, I 9. *See Grammar Summary,* 264.

-ci: with demonstrative pronouns, III 5 (A16)

combien: I 2, I 3, I 5, I 11

commands or requests: I 6; suggestions, I 7; with indirect-object pronouns, I 11, II 6; with **en,** II 2; with direct-object pronouns, II 5, II 6; with reflexive pronouns, II 7; with double object pronouns, III 10 (A8)

comment: I 3, I 5

comparisons: with nouns, II 9; with adjectives and adverbs, II 9; review, II 10, III 7 (A4); superlatives of adjectives and adverbs, II 10; with verbs, III 7 (A5)

comprendre: present, II 2; past participle, II 2; subjunctive, II 5. *See Verb Index,* 271.

conditional: regular verbs, III 2 (A9); irregular verbs, III 2 (A9); stem-changing verbs, III 2 (A9); conditional vs. present, III 2 (A9); review, III 9 (A6); past, III 10 (B10)

connaître: present, I 7; vs. **savoir,** I 10; past participle, II 1. *See Verb Index,* 271.

contractions: with **à,** I 5; with **de,** I 5; used before possessive pronouns, III 3 (A11)

croire: like **voir,** II 5. *See Verb Index,* 271.

de: before names of cities and countries, I 5; contractions with **le, les,** I 5; in negative constructions instead of **du, de la, de l', des** or **un, une,** I 6

demonstrative pronouns: **celui, celle, ceux, celles,** I 11; review, III 5 (A16)

devoir: present, II 2; past participle, II 2; future, II 11; use of **je devrais,** III 2 (A8). *See Verb Index,* 271.

direct object pronouns: **le, la, les,** II 5; position, II 5, II 6; in commands, II 5, II 6; review, II 5, II 6, III 1 (A13), III 10 (A7); in **passé composé,** II 5, II 6; past participle agreement, II 5; **me, te, nous, vous,** II 6; as double object pronouns, III 10 (A8)

dormir: like **sortir,** I 9. *See Verb Index, 271.*

double object pronouns: combinations, III 10 (A8); combinations following affirmative commands, III 10 (A8)

élision: with articles, I 1; explained, I 1, I 2; with subject pronouns, I 2, I 3; with **ne,** I 3; with **qu'est-ce que,** I 6; with **de,** I 6; in questions, II 3; with direct-object pronouns, II 5, II 6; with indirect-object pronouns, II 5, II 6; with reflexive pronouns, II 7

en: before names of countries, I 5; as pronoun, II 2; in commands, II 2; review, II 5, III 10 (A7); in **passé composé,** II 5; **en** + present participle to form **gérondif,** III 6 (B10); as double object pronoun, III 10 (A8)

en train de: II 9

envoyer: present, I 10; future, II 11. *See Verb Index, 271.*

être: present, I 1; requests or commands, I 6; past participle, I 10, II 1; in **passé composé,** II 1; subjunctive, II 7; imperfect, II 9; with **en train de,** II 9; future, II 11. *See Verb Index, 271.*

faire: present, I 3; talking about sports, I 3; past participle, I 10, II 1; subjunctive, II 5; future, II 11. *See Verb Index, 271.*

faut: il faut, I 2; followed by the subjunctive, II 5; imperfect, II 9; future, II 11. *See Verb Index, 271.*

feminine: gender, I 1, I 2

future: expressed by **aller** + infinitive, I 5; regular verbs, II 11; stem-changing verbs, II 11; **avoir, être, faire,** II 11; other irregular verbs, II 11; using **quand,** II 11; review, III 9 (A6)

future perfect: formation and use, III 11 (B14); past participle agreement, III 11 (B14); future perfect vs. future, III 11 (B14)

gender: explained, I 1; singular noun markers, I 1; plural noun markers, I 2

le gérondif: en + present participle, III 6 (B10)

imperfect: formation, II 9; **être,** II 9; using the imperfect, II 9; review, II 9

impersonal expressions: followed by **que** + subjunctive, III 6 (A15); followed by (**de** +) infinitive, III 6 (A15)

independent pronouns: II 2; in comparisons, II

indirect object pronouns: **lui, leur,** I 11; in commands or requests, I 11, II 6; review, II 5, II 6,

III 1 (A13), III 10 (A7); in **passé composé,** II 5, II 6; **me, te, nous, vous,** II 6; position, II 6; as double object pronouns, III 10 (A8)

infinitive: explained, I 3; following **aller,** I 5; with reflexive pronouns, II 7; past infinitive, II 10; infinitive vs. subjunctive, III 2 (B7); following impersonal expressions, III 6 (A15); in negative constructions, III 7 (B6)

interrogative adjectives: **quel, quelle, quels, quelles,** I 11

interrogative pronouns: review, II 10; as subject of verb, II 10; as object of verb, II 10; as object of preposition, II 10; **lequel, laquelle, lesquels, lesquelles,** III 5 (A17)

-là: with demonstrative pronouns, I 11; review, III 5 (A16)

le, la, l', les: as articles, I 1, I 2; as direct-object pronouns, II 5, II 6

lequel, laquelle, lesquels, lesquelles: interrogative pronouns, III 5 (A17)

le leur, la leur, les leurs: possessive pronouns, III 3 (A11)

liaison: explained, I 2; with articles, I 2; with subject pronouns, I 3; with **aux,** I 5; with **des,** I 5; with possessive adjectives, I 6; with **y,** I 7; with adjectives preceding nouns, I 7, I 11; in **passé composé,** II 1; with **en,** II 2; with inversion, II 3; with direct-object pronouns, II 5, II 6; with indirect-object pronouns, II 6

lire: past participle, I 10, II 1. *See Verb Index, 271.*

lui, leur: indirect-object pronouns, I 11; review, II 5; II 6; in **passé composé,** II 6

masculine: gender, I 1, I 2

meilleur: comparative use, II 9; superlative use, II 10

mettre: present, I 10; past participle, I 10, II 1. *See Verb Index, 271.*

le mien, la mienne, les miens, les miennes: possessive pronouns, III 3 (A11)

mieux: comparative use, II 9, III 7 (A5); superlative use, II 10

negative constructions: **ne... pas,** I 3; **pas** alone, I 3; **de** after a negative instead of **du, de la, de l', des** or **un, une,** I 6; review, II 6, III 7 (B5); other words used with **ne: plus, jamais, rien, que,** II 6; **ne... personne, ne... ni... ni,** III 7 (B6)

le nôtre, la nôtre, les nôtres: possessive pronouns, III 3 (A11)

nouns: gender of, I 1; plural of, I 2; adjectives used as, I 11; comparisons of, II 9, II 10, III 7 (A4)

nouveau: I 7

numbers: cardinal numbers 0–20, I 1; cardinal numbers 20–1,000, I 5; ordinal numbers, I 2, I 6. *See Numbers, 285.*

offrir: present, I 11; past participle, I 11, II 1. *See Verb Index, 271.*

on: subject pronoun, I 3; in suggestions, I 7; with reciprocal pronoun, III 3 (A7); past participle agreement, III 10 (B10)

où: I 3, I 5

ouvrir: like **offrir**, I 11; past participle, II 1. *See Verb Index, 271.*

partir: like **sortir**, I 9. *See Verb Index, 271.*

passé composé: with **avoir**, I 10; in negative constructions, I 10, II 6, III 7 (B6); with adverbs, I 10, II 3; review, II 1, II 9; with **être**, II 1; past participle agreement of verbs using **être**, II 1; **liaison**, II 1; in questions, II 3; with **le, la, les**, II 5; with **me, te, nous, vous**, II 6; with reflexive pronouns, II 7, III 1 (B11), III 1 (B12); **passé composé** vs. imperfect, II 9; with relative pronouns, II 11; with reciprocal pronouns, III 3 (B5)

past infinitive: II 10

past participle: formation, I 10; irregular past participles, I 10, II 1; agreement, II 1, II 5, II 7, II 11, III 1 (A13), III 1 (B11); III 3 (B5); III 5(B7); III 10 (B10); III 11 (B14)

past perfect: formation and use, III 5 (B7); past participle agreement, III 5 (B7); past perfect vs. **passé composé**, III 5 (B7)

se plaindre (de): present, III 6 (A4); past participle, III 6 (A4); subjunctive, III 6 (A4)

pleuvoir: present, I 7; imperfect, II 9; future, II 11. *See Verb Index, 271.*

plural: of nouns, I 2; of noun markers, I 2; of adjectives, I 7; of possessive adjectives, 1 6

possessive adjectives: I 6

possessive pronouns: III 3 (A11)

pourquoi: I 5

pouvoir: present, I 9; past participle, I 10, II 1; subjunctive, II 7; future, II 11. *See Verb Index, 271.*

préférer: present, I 9. *See Verb Index, 271.*

prendre: present, I 6; past participle, I 10, II 1; review, II 2; verbs like, II 2; subjunctive, II 5. *See Verb Index, 271.*

prepositions: with names of cities and countries, I 5

present participle: formation, III 6 (B10); irregular forms **avoir, être, savoir**, III 6 (B10); **en** + present participle to form **gérondif**, III 6 (B10); reflexive pronoun agreement, III 6 (B10)

present tense: verbs like **aimer**, I 3; verbs like **attendre**, I 5; verbs like **sortir**, I 9; verbs like **choisir**, I 9. *For other verbs, see individual listings.*

pronouns: subject, I 1; **tu** vs. **vous**, I 1; use of **on**, I 3; **il(s), elle(s)** referring to things, I 6; **y**, I 7; demonstrative pronouns, I 11, III 5 (A16); indirect object pronouns, I 11, II 5, II 6, III 1 (A13), III 10 (A7); direct object pronouns, II 5, II 6,

III 1 (A13), III 10 (A7); **en,** I 5, II 2, II 5; independent pronouns, II 2, II 9; reflexive pronouns, II 7, III 1 (B11), III 3 (A6); interrogative pronouns, II 10, III 5 (A17); relative pronouns, II 11; reciprocal pronouns, III 3 (A7), III 3 (B5); possessive pronouns, III 3 (A11); double object pronouns, III 10 (A8)

quand: question word, 1 5; in future, II 11

quantity: in general, some, a serving, I 6; expressions of, I 10; comparisons of, II 9, II 10

que: in exclamations, I 11; in negative constructions, II 6; in comparisons of adjectives and adverbs, II 9, II 10; interrogative pronoun, II 10; relative pronoun, II 11

quel, quelle, quels, quelles: interrogative adjectives, I 11; in exclamations, I 11

qu'est-ce que: I 3, I 6, II 10

qu'est-ce qui: II 10

questions: yes/no questions, I 3; information questions, I 3, I 5, I 6; review, II 3; with **est-ce que**, II 3; using inversion, II 3, with **passé composé**, II 3

qui: interrogative pronoun, I 5, **II** 10; relative pronoun, II 11

qui est-ce que: II 10

qui est-ce qui: II 10

quoi: I 3, I 5, I 6, II 10

recevoir: present, I 11; past participle, I 11; subjunctive, II 5; future, II 11. *See Verb Index, 271.*

reciprocal pronouns: position and use, III 3 (A7); in **passé composé**, III 3 (B5)

reflexive pronouns: position, II 7; in commands, II 7; with infinitives, II 7; with **passé composé**, II 7; review, III 1 (B11), III 3 (A6)

reflexive verbs: III 1 (B12); review, III 3 (A6)

relative pronouns: **qui** and **que**, II 11; in **passé composé**, II 11

requests or commands: formation and use of second-person singular and plural forms, I 6; irregular forms **avoir, être**, I 6; suggestions, I 7; with indirect object pronouns, I 11, II 6; with **en**, II 2; with direct object pronouns, II 5, II 6; with reflexive pronouns, II 7; with double object pronouns, III 10 (A8)

savoir: present, I 10; past participle, I 10, II 1; vs. **connaître**, I 10; subjunctive, II 7; future, II 11. *See Verb Index, 271.*

se sentir: present, II 7

se servir: present, III 6 (A4); past participle, III 6 (A4); subjunctive, III 6 (A4)

si: as answer to negative questions, I 5

le sien, la sienne, les siens, les siennes: possessive pronouns, III 3 (A11)

sortir, verbs like: present, I 9. *See Verb Index, 271.*

subject pronouns: referring to people, I 1; use of **on,** I 3; **il(s), elle(s)** referring to things, I 6

subjunctive: present, II 5; with **il faut que,** II 5; with **vouloir que,** II 5; irregular forms, II 5, II 7; review, II 7, III 9 (B6); past, II 10; subjunctive vs. infinitive, III 2 (B7); following impersonal expressions, III 6 (A15); following **pour que, avant que, jusqu'à ce que,** III 9 (B7)

suggestions: I 7; requests, I 6; with indirect object pronouns, I 11, II 6; with **en,** II 2; with direct object pronouns, II 5, II 6; with reflexive pronouns, II 7; with double object pronouns, III 10 (A8)

suivre: present, II 7; past participle, II 7. *See Verb Index, 271.*

le tien, la tienne, les tiens, les tiennes: possessive pronouns, III 3 (A11)

tu: vs. **vous,** I 1

un, une, des: *see* articles.

venir: present, II 2; subjunctive, II 5; future, II 11. *See Verb Index, 271.*

verbs: ending in **-er,** I 3; ending in **-re,** I 5; ending in **-ir** (like **sortir**), I 9; ending in **-ir** (like **choisir**), I 9; in comparisons, III 7 (A5). *For other verbs, see individual listings.*

vieux: I 7

vivre: present, II 3; past participle, II 3; vs. **habiter,** II 3. *See Verb Index, 271.*

voir: past participle, I 10, II 1; present, II 5; subjunctive, II 5; future, II 11. *See Verb Index, 271.*

le vôtre, la vôtre, les vôtres: possessive pronouns, III 3 (A11)

vouloir: present, I 9; past participle, I 10, II 1; followed by the subjunctive, II 5; subjunctive, II 7; future, II 11; use of **je voudrais,** III 2 (A8). *See Verb Index, 271.*

vous: vs. **tu,** I 1

y: use and position, I 7; review, II 5, III 10 (A7); in **passé composé,** II 5, II 6; as double object pronoun, III 10 (A8)